Tradition in den Musikkulturen –
heute und morgen

Konferenzbericht

Bericht
über die wissenschaftliche Konferenz des Internationalen Musikrates

*Tradition in den Musikkulturen –
heute und morgen*

2. bis 4. Oktober 1985
in Berlin (Hauptstadt der DDR)

VEB Deutscher Verlag für Musik Leipzig

Herausgegeben im Auftrag des Musikrates der DDR
von Günter Mayer
Redaktionelle Mitarbeit: Eckehard Binas
Redaktionsschluß: 20.11.86

Bericht über die wissenschaftliche Konferenz des Internationalen Musikrates :
Tradition i. d. Musikkulturen –
heute u. morgen, 2. bis 4. Okt. 1985 /
hrsg. von Günter Mayer u. Eckehard Binas. –
1. Aufl. – Leipzig: Deutscher Verlag für Musik,
1987. – 182 S.
NE: Mayer, Günter [Hrsg.]

ISBN 3-370-00083-0

1. Auflage
© VEB Deutscher Verlag für Musik Leipzig 1987
Lizenznummer 418-515/A 30/87
Printed in the German Democratic Republic
Gesamtherstellung: Offizin Andersen Nexö,
Graphischer Großbetrieb, Leipzig III/18/38
Gestaltung: Egon Hunger, Leipzig
LSV 8387
Bestellnummer 518 526 4
03600

Inhalt

Vorbemerkung des Herausgebers 7
PROGRAMM DER KONFERENZ 13
GEORG KNEPLER: Traditionen in den Musikkulturen – heute und morgen (Eröffnungsreferat) 15

Roundtable-Gespräch: **Das Werk von Schütz, Bach und Händel in der Musikpraxis der Gegenwart** 24

Referatekette I: **Tradition in den Musikkulturen**

OLAVO ALÈN RODRIGUEZ: Some aspects of the present situation of the different musics of the world and their future 38
GEORGIJ GEODAKJAN: The heritage of folklore and contemporary music in Soviet Armenia 45
JAN LING: Folk music revival – a case study of Swedish Folk Music today, focused on the keyed fiddle club of Lilla Edet 51

Tradition im zeitgenössischen Schaffen

FRANK SCHNEIDER: Tradition im zeitgenössischen Schaffen. Positionen – Probleme – Perspektiven (Referat) 57
Roundtable-Gespräch 90

Traditionelle Musik und musikalisches Erbe in Erziehung und Bildung

SIGRID ABEL-STRUTH: Über die erzieherisch-bildende Funktion der Massenmedien (Referat) 79
Roundtable-Gespräch 90

Referatekette II: **Tradition in den Musikkulturen**

KAZUO ISHIBASHI FUKUSHIMA: The place of tradition in the music culture of Japan 102
RICARDO D. TRIMILLOS: Tradition and colonialism in the Philippines, a diachronic phenomenon 108
ERICH STOCKMANN: Volksmusik in Europa – Tradition und Gegenwart 116

Tradition in den Musikkulturen und kulturelle Identität

KRISTER MALM: Die Musikindustrie in kleinen Ländern (Filmvorführung) 123
Round-table-Gespräch: **Probleme – Positionen – Perspektiven in der und für die Musikpolitik** 125

ABSCHLUSSDISKUSSION 140

JOACHIM HERZ: Tradition und Fortschritt. Meinungen eines Interpreten (Referat) 155

ANHANG

LUPWISHI MBUYAMBA: Traditions dans les cultures musicales et identité culturelle. Problèmes et Perspectives: l'expérience de l'Afrique Centrale 161
JOSEF MERTIN: Zum 400. Geburtstag von Heinrich Schütz 167
JOHN PETER LEE ROBERTS: Cultural sovereignty and music policy in the electronic media 171

TEILNEHMERLISTE 180

Vorwort

Für das Jahr 1985 hatte der Internationale Musikrat – die Vereinigung von 20 bedeutenden internationalen Musikorganisationen und 64 Nationalen Musikräten – dem Nationalen Musikrat der Deutschen Demokratischen Republik die ehrenvolle Aufgabe übertragen, die 21. Generalversammlung, die 6. Weltmusikwoche und die Internationale Wissenschaftliche Konferenz in unserem Lande zu veranstalten. Diese Entscheidung der Exekutive des Internationalen Musikrates ergab sich nicht zuletzt aus der Tatsache, daß 1985 international ein Jubiläumsjahr der Ehrung von Heinrich Schütz, Johann Sebastian Bach und Georg Friedrich Händel gewesen ist; daß diese drei großen Komponisten der Musikgeschichte auf dem Territorium der heutigen DDR geboren worden sind, hier ihr Leben lang bzw. in ihrer Jugend wirksam waren und in der Musikkultur unseres Landes als zentraler Bestandteil der nationalen Traditionen einen ganz besonderen Platz einnehmen. Alle diejenigen, die aus aller Welt gekommen waren, konnten sich in zahlreichen Konzertveranstaltungen in Dresden, Leipzig und Berlin von der lebendigen Aneignung dieses großen Erbes überzeugen.

Allerdings waren sowohl die erstmalige thematische Diskussion auf der 21. Generalversammlung als auch die Thematik der Internationalen Wissenschaftlichen Konferenz nicht auf diese, für die Weltmusikkultur wichtige Traditionslinie beschränkt. Im Hinblick auf die weltweite Orientierung des Internationalen Musikrates war die erste inhaltliche Debatte in der Geschichte des IMC dem Thema «The State of Musics» gewidmet und als Thema für die Internationale Wissenschaftliche Konferenz das Thema «Tradition in den Musikkulturen – heute und morgen» gewählt worden. So konnte die Internationale Wissenschaftliche Konferenz einen speziellen Aspekt des allgemeinen Themas der Diskussion auf der 21. Generalversammlung, nämlich den der Tradition, wieder aufnehmen und im Hinblick auf verschiedene spezielle Fragestellungen vertiefen. Insofern bildete die Aneignung des Erbes von Heinrich Schütz, Johann Sebastian Bach und Georg Friedrich Händel, vor allem was deren Platz in den gegenwärtigen Musikkulturen betrifft, zwar den Ausgangspunkt, jedoch standen auf der Konferenz im Mittelpunkt die Fragen, welchen Stellenwert die verschiedenen Traditionen in den einzelnen Musikkulturen der Welt heute haben, welche Einflüsse die zunehmende Internationalisierung der Musikprozesse in der modernen Welt auf deren Aneignung in den jeweils nationalen oder regionalen Musikkulturen ausübt, schließlich: inwieweit die gegenwärtige Praxis durch verschiedene Konzepte künftiger Entwicklung geprägt wird.

Die Internationale Wissenschaftliche Konferenz des IMC 1985, deren Ergebnisse im vorliegenden Protokoll veröffentlicht werden, hat einen wirksamen Beitrag dazu geleistet, den Eurozentrismus abzubauen: alle Weltregionen waren vertreten, die meisten haben aktiven Anteil an der Konferenz genommen. Dabei sind, ausgehend von der Frage nach dem Stellenwert der nationalen und internationalen Traditionen vor allem komplexe Zusammenhänge (Beziehungen) der Musikkulturen dargestellt und diskutiert worden, das heißt die jeweilige Ganzheit der Musikverhältnisse und -prozesse in den verschiedenen Bereichen der Musikkultur, der darin wirksamen Institutionen und der sie leitenden Konzepte musikkultureller Entwicklung. Daraus ergab sich, daß Gesamtdarstellungen der Tradition in den Musikkulturen sowie deren resümierende Diskussion unter dem Gesichtspunkt der kulturellen Identität vorherrschend waren. Damit sind diesbezügliche Bestrebungen der UNESCO (MONDIACULT, Mexiko 1982) aufgegriffen und musikspezifisch weitergeführt worden.

Zwei spezielle Bereiche der Musikkultur hat die Konferenz besonders hervorgehoben: den Stellenwert der Tradition in musikalischer Bildung und Erziehung sowie den der Tradition im gegenwärtigen Komponieren.

Schließlich hat die zentrale Rolle der Massenmedien (und der neueren Medienrevolution) für das Schicksal der Traditionen und die weitere Entwicklung der Musikkulturen das Gesamtprogramm der Konferenz und deren Ergebnisse wesentlich bestimmt. Das ist insofern wichtig, da auf diese Weise das Thema der IMC-Konferenz 1983 (Stockholm) «Musik und moderne Medien» weitergeführt und zugleich generell die Notwendigkeit für intensiveres musikwissenschaftliches Arbeiten gerade in dieser

Richtung überzeugend demonstriert worden ist: auch für neue Methoden der Forschung und die publizistische Auswertung ihrer Resultate (präsentiert in der einstündigen Vorführung von Filmdokumenten aus der ersten international vergleichenden Studie über «Musikindustrie in kleinen Ländern» vor dem Roundtable-Gespräch über «Probleme – Positionen – Perspektiven in der und für die Musikpolitik»). Im Protokoll sind eine kritische Haltung gegen den weitverbreiteten Medien-Pessimismus und ein konstruktives Herangehen an die in den modernen Medien liegenden Potenzen für die Bewahrung und Belebung der Traditionen und die Entwicklung der Musikkulturen überhaupt vorherrschend.

Schließlich sei der Leser darauf hingewiesen, daß das Gesamtprogramm der Konferenz – und damit deren Protokoll – durch den Wechsel verschiedener Veranstaltungsformen strukturiert ist: Einleitungsreferat als Aufriß der allgemeinen Fragestellung, ohne Diskussion (Plenum); erstes Roundtable-Gespräch, ohne Einleitungsreferat (Plenum); 2 Referateketten mit nur kurzen Anfragen (Plenum); 2 Roundtable-Gespräche mit Einleitungsreferaten und allgemeiner Diskussion (parallel); Roundtable-Gespräch nach der Filmvorführung, ohne Einleitungsreferat, zur Diskussion der in den Referateketten aufgeworfenen Fragen (Plenum); abschließendes Referat, ohne Diskussion (Plenum). Diskussionsbeiträge von Rednern, die nicht als Referenten oder Teilnehmer der jeweiligen Roundtable-Gespräche aufgeführt sind, wurden stets in der freien Aussprache gehalten.

Im Anhang des Konferenzberichtes sind – außer dem namentlichen Verzeichnis aller Konferenzteilnehmer – solche Beiträge abgedruckt, die speziell für die Konferenz vorbereitet worden sind, so nicht gehalten werden konnten, dem Leser aber nicht vorenthalten werden sollen.

Предисловие

Международный музыкальный совет – объединение 20 важных международных музыкальных организаций и 64 национальных музыкальных советов – поручил Национальному музыкальному совету Германской Демократической Республики почетную задачу организации в 1985 году в нашей стране 21-й Генеральной ассамблеи, 6-й Недели мировой музыки и Международной научной конференции. Это решение Исполкома Международного музыкального совета не в последнюю очередь было связано с тем, что 1985 год был годом отмечаемых международным сообществом юбилеев Генриха Шюца, Иоганна Себастьяна Баха и Георга Фридриха Генделя. Эти три великих композитора в истории музыки родились на территории нынешней ГДР, здесь они прожили всю свою жизнь или провели годы своей юности, а в музыкальной культуре нашей страны они занимают видное место, составляя неотъемлемую часть национальной традиции. Приехавшие со всего мира гости могли воочию убедиться в бережном и живом отношении к этому великому наследию, которому были посвящены многочисленные концерты в Дрездене, Лейпциге и Берлине.

Следует отметить, что ни впервые проводимая тематическая дискуссия на 21-й Генеральной ассамблее, ни тематика Международной научной конференции не ограничивались вопросами этой важной для мировой музыкальной культуры традиции. В свете всемирной ориентации Международного музыкального совета первое в истории ММС подобное обсуждение было посвящено теме «Состояние музыки», а на Международной научной конференции рассматривалась тема «Традиция в музыкальных культурах в наши дни и в будущем». Таким образом, на Международной научной конференции внимание вновь было обращено к одному из важных вопросов общего обсуждения, состоявшегося на 21-й Генеральной ассамблее, а именно к вопросу традиции с одновременным более глубоким изучением разных сторон этого вопроса.

Следовательно, вопросы отношения к наследию Генриха Шюца, Иоганна Себастьяна Баха и Георга Фридриха Генделя, в первую очередь их места в современных музыкальных культурах, служили отправной точкой, но в центре внимания обсуждения на конференции стояли вопросы о значении разных традиций в разных музыкальных культурах современного мира, о влиянии возрастающей интернационализации музыкальных процессов в современном мире на их отражение в национальных или региональных музыкальных культурах, наконец, о воздействии различных концепций будущего развития на нынешнюю музыкальную практику.

Международная научная конференция 1985 года в рамках ММС, итоги которой представлены в настоящем протоколе, внесла весомый вклад в дело ослабления евроцентризма – присутствовали представители всех регионов мира, большинство которых принимало активное участие в конференции. Исходя из вопроса о значении национальных и интернациональных традиций рассматривались и обсуждались, прежде всего, комплексные взаимосвязи между музыкальными культурами, т. е. целостность музыкальных отношений и процессов в различных областях музыкальной культуры, действующие в них учреждения и концепции культурно-музыкального развития, которыми они руководствуются. Отсюда вытекает преобладающее место общих изложений по вопросам традиции в музыкальных культурах, а также их обобщающее обсуждение с точки зрения культурной самобытности. Таким образом, были учтены и развиты в отношении музыки соответствующие рекомендации ЮНЕСКО (МОНДИАКУЛЬТ, Мехико 1982 г.).

На конференции особо были выделены два частных вопроса музыкальной культуры, а именно, значение традиции для музыкального образования и воспитания, а также значение традиции в современном процессе сочинения музыки.

Важное место в общей программе конференции и ее итогах отводилось вопросам роли средств массовой информации (и современной революции этих средств) для судеб традиции и дальнейшего развития музыкальных культур. Это важно в том плане, что тем самым продолжалось обсуждение темы конференции ММС в 1983 году (Стокгольм) «Музыка и современные средства массовой информации» с одновременным убедительным выявлением необходимости дальнейшей, интенсивной музыкально-научной работы именно в этом направлении, в свете новых методов исследования и публицистического использования его результатов (которому был посвящен одночасовой показ фильма об итогах первого международного сравнительного анализа «Музыкальной промышленности в малых странах», который состоялся перед беседой за круглым столом на тему «Проблемы, позиции и перспективы в музыкальной политике и для нее»). В протоколе преобладают критическая позиция в отношении широко распространенного пессимизма относительно роли средств массовой информации и конструктивный подход к возможностям, которые открывают современные средства массовой информации как для сохранения и возрождения традиций, так и для развития музыкальных культур вообще.

В заключение обращаем внимание на то, что общая структура программы конференции и, тем самым, ее протокола, характеризуются чередованием различных по форме мероприятий – доклад-введение в качестве изложения общей постановки вопроса, без обсуждения (пленарное заседание); I-я беседа за круглым столом, без вводного доклада (пленарное заседание); 2 серии докладов с краткими прениями по ним (пленарное заседание); 2 беседы за круглым столом с вводными докладами и общей дискуссией (состоявшиеся параллельно); беседа за круглым столом после показа фильма, без вводного доклада, для обсуждения вопросов, поднятых в сериях докладов (пленарное заседание); заключительный доклад без обсуждения (пленарное заседание). Изложения выступающих, на указанных в списках докладчиков или участников соответствующих бесед за круглым столом, всегда осуществлялись в ходе свободной дискуссии.

В приложении к отчету о конференции, помимо списка всех участников, приведены доклады, специально подготовленные для конференции и не зачитанные на ней по тем или иным причинам, но с которыми нам хотелось бы познакомить читателей.

Preface

For the year 1985 the International Music Council – association of 20 important international music organizations and 64 national music councils – had given the National Music Council of the German Democratic Republic the honorable task of organizing the 21st General Assembly, the 6th World Music Week and the International Scientific Conference in our country. This decision taken by the Executive of the International Music Council resulted not least from the fact that, internationally, 1985 has been a jubilee year of celebrations in honour of Heinrich Schuetz, Johann Sebastian Bach and George Frederick Handel; that these three great composers of the music history were born on what is now the territory of the GDR, that they worked here the whole of their lifes, resp. their early lives, and that they are occupying a singular place in our country's music culture as central figures of national traditions. All those who came from throughout the world could ascertain by evidence the vivid appropriation of this great heritage, through numerous concerts in Dresden, Leipzig, and Berlin.

Nevertheless, neither the first thematic discussion at the 21st General Assembly nor the topics of the International Scientific Conference were limited to that tradition line alone which certainly is important for the world music culture. As regards to the worldwide vocation of the International Music Council, the first substantial debate in IMC's history was devoted to the subject "The State of Musics", and for the International Scientific Conference the theme has been chosen "Tradition in Music Cultures – today and tomorrow". Thus the International Scientific Conference could take up again in the 21st General Assembly a special aspect of the discussion's general theme, namely that of tradition, and emphasize it in respect of various special questionings.

So far, the appropriation of Heinrich Schuetz's, Johann Sebastian Bach's, and George Frederick Handel's heritage was the starting point, especially with regard to their place in the actual music cultures, but the conference focussed on these questions: how are the various traditions in the diverse music cultures of the present-day world evaluated; what influence does the growing internationalization of music processes in the modern world exercise on their appropriation in the national or regional music cultures; finally, to what extent is the actual practice affected by various concepts of future development?

IMC's 1985 International Scientific Conference whose results are published in the present minutes has effectively contributed to remove eurocentrism: all world regions were present, most of them have taken an active part in the conference. Starting from the position of national and international traditions, complex connections of music cultures have been described and discussed above all, i.e. the relevant integrity of musical conditions and processes in the various spheres of music culture, the institutions operating there and the leading concepts of musical cultural development. Hence it followed that all-round pictures of tradition in the music cultures and their summary discussion under the aspect of cultural identity prevailed. Therewith, the relevant efforts of UNESCO (MONDIACULT, Mexico 1982) have been seized and carried on, in musical specification.

The conference has emphasized two special spheres of music culture particularly: the valuation of tradition in music education and in present-day musical composition.

Finally the central rôle of the mass media (and of the new media revolution) for the fate of traditions and of the further development of music cultures has essentially marked the general program of the conference and its results. That is important in so much as the subject of the 1983 Stockholm IMC-Conference "Music and modern media" has been held on in this way, and as the necessity of more intensive musicological action even in this direction has been demonstrated conclusively at the same time: also for new methods of research and publicational analyse of its results (presented in an one hour's display of film documents from the first international comparative study on "Music industries in small countries" prior to the round table on "Problems – Positions – Perspectives in and for musical policy"). In the minutes, a critical attitude towards the widespread media pessimism is predominating and a constructive approach to the potentialities in the modern media for preserving and revivifying traditions and for developing music cultures at all.

At the end it may be pointed out to the reader that the general program of the conference — and therewith of its minutes — is structured by the change of forms: opening report as a lay-out of the general questioning, without discussion (plenum); first round table without introductory report (plenum); 2 report series with short inquiries (plenum); 2 round tables with introductory reports and general debate (parallel); round table after the film exhibition, without introductory report for the discussion on questions raised in the report series (plenum); closing report without discussion (plenum). Those interventions by speakers who are not mentioned as rapporteurs or participants of the respective round tables have always been presented in the free discussion.

Annexed to the conference report the reader will find — besides a list of all participants — such contributions which have been prepared especially for the conference but could not be presented in that form and should not be withheld from the reader.

Préface

Pour l'année 1985, le Conseil International de la Musique — association de 20 importantes organisations musicales internationales et de 64 conseils nationaux de musique — avait confié au Conseil Musical National de la République Démocratique Allemande l'honorable tâche d'organiser dans notre pays la 21e Assemblée Générale, la 6e Semaine Mondiale de la Musique et la Conférence Scientifique Internationale. Cette décision prise par l'Exécutif du Conseil International de la Musique résultait pas en dernier lieu du fait que, sur le plan international, 1985 a été une année jubilaire d'hommage à Heinrich Schütz, Jean-Sébastien Bach et Georges Frédéric Haendel; que naquirent dans le territoire de l'actuelle RDA ces trois grands compositeurs de l'histoire musicale, qu'ils ont œuvré ici de leurs vie resp. durant leur jeunesse et qu'ils occupent une place tout à fait particulière dans la culture musicale de notre pays en tant qu'élément central des traditions nationales. Tous ceux qui étaient venus du monde entier ont pu vérifier l'appropriation vivante de ce grand héritage, dans les nombreux concerts à Dresde, Leipzig et Berlin.

Cependant, ni la première discussion thématique lors de la 21e Assemblée Générale ni la thématique de la Conférence Scientifique Internationale n'étaient limitées à cette seule ligne de tradition importante, certes, pour la culture musicale mondiale. Vu la vocation universelle du Conseil International de la Musique, le premier débat substantiel dans l'histoire du CIM était consacré au sujet «The state of Musics» et il a été choisi pour thème de la Conférence Scientifique Internationale «Tradition dans les cultures musicales — aujourd'hui et demain». Aussi la Conférence Scientifique Internationale pouvait-elle reprendre à la 21e Assemblée Générale un aspect spécial du thème général de la discussion — soit celui de la tradition — et l'approfondir à légard de divers termes du problème spéciaux.

Sur ce point, certes, l'appropriation de l'héritage de Heinrich Schütz, Jean-Sébastien Bach et Georges Frédéric Haendel a été le point de départ, surtout quant à leur place dans les cultures musicales actuelles, mais se sont placées au centre de la conférence ces questions: quelle est la position des diverses traditions dans les diverses cultures musicales du monde d'aujourd'hui; quelle est l'influence qu'exerce l'internationalisation croissante des processus musicaux dans le monde moderne sur leur appropriation dans les cultures musicales resp. nationales et régionales; enfin, dans quelle mesure est empreinte la pratique actuelle des divers concepts de développement futur?

La Conférence Scientifique Internationale 1985 du CIM dont les résultats sont publiés dans le présent compte rendu, a efficacement contribué à réduire l'eurocentrisme: toutes les regions mondiales étaient représentées et ont pris une part active à la conférence. Partant de l'évolution des traditions nationales et internationales, c'est avant tout les rapports complexes des cultures musicales qui ont été exposés et discutés, c'est dire l'intégralité des conditions et processus musicaux dans les divers domaines de la culture musicale, des institutions y opérant et des concepts déterminants du développement musico-culturel. Il en résultait que les tours d'horizon sur la tradition dans les cultures musicales ainsi que leur discussion récapitulative sous l'aspect de l'identité culturelle l'emportaient. Ceci étant, les efforts y relatifs de l'UNESCO (MONDIACULT, Mexique 1982) ont été saisis et avancés sur le plan spécifiquement musical.

Ce sont deux sphères spéciales de la culture musicale qu'a mis en relief la conférence: l'évaluation de la tradition dans l'éducation musicale ainsi que dans la création compositionnelle de nos jours.

Enfin, le rôle central joué par les mass media (et par la nouvelle révolution médiale) pour le sort des traditions et de l'évolution des traditions musicales a marqué essentiellement la programmation de la conférence et ses résultats. C'est d'importance parce que, en procédant de la sorte, a été poursuivi le thème de la conférence CIM 1983 (Stockholm) «Musique et médias modernes» et à la fois démontrée de façon convainquante la nécessité générale d'une action musicologique intensifiée précisément dans cette direction: même en faveur de nouvelles méthodes de la recherche et de l'analyse publiciste de ses résultats (présentés dans la projection d'une heure de documents cinématographiques extraits de la première étude comparée internationale sur «Industries musicales dans les petits pays» précédant la table ronde sur «Problèmes – Positions – Perspectives dans et pour la politique musicale»). Dans le compte rendu sont prédominantes une attitude critique envers le pessimisme médial courant et une approche constructive des potentialités reposant dans les médias modernes pour la préservation et vivification des traditions ainsi que, plus généralement, pour l'évolution des cultures musicales.

A noter enfin pour le lecteur que le programme général de la conférence – partant de son compte rendu – est structuré par le changement de diverses formes: exposé liminaire comme synopsis des termes du problème, sans discussion (plénum); première table ronde, sans rapport introductif (plénum); 2 chaînes d'exposés avec brèves questions (plénum); 2 tables rondes avec exposés introductifs et débat général (parallèlement); projection de film suivie d'une table ronde, sans rapport introductif, pour la discussion sur les questions soulevées dans les chaînes d'exposés (plénum); rapport de clôture sans discussion (plénum). Les interventions d'orateurs pas mentionnés comme rapporteurs ou participants des tables rondes respectives ont été chaque fois présentées dans la discussion libre.

En annexe du compte rendu de la conférence – outre la liste de tous les congressistes – on trouvera de telles contributions qui ont été préparées spécialement pour la conférence mais, n'ayant pu être présentées de telle façon, ne doivent pas être retenues au lecteur.

Programm

2. Oktober 1985

Eröffnungsreferat

Georg Knepler (DDR): **Traditionen in den Musikkulturen – heute und morgen**

Roundtable-Gespräch

Das Werk von Schütz, Bach und Händel in der Musikpraxis der Gegenwart

Chairman: Eduard Melkus (Österreich)
Teilnehmer:
Jaroslav Bužga (ČSSR)　　　　　　Jens Peter Larsen (Dänemark)
Ludwig Finscher (BRD)　　　　　　Hans Pischner (DDR)
Ferdinand Klinda (ČSSR)　　　　　Walther Siegmund-Schultze (DDR)

Referatekette I

Tradition in den Musikkulturen

Chairman: Dieter Christensen (BRD)
Referate:
Washington Omondi (Kenia)　　　Georgij Geodakjan (UdSSR)
Olavo Alèn Rodríguez (Kuba)　　　Jan Ling (Schweden)

3. Oktober 1985

Tradition im zeitgenössischen Schaffen

Referat

Frank Schneider (DDR): **Tradition im zeitgenössischen Schaffen. Positionen – Probleme – Perspektiven**

Roundtable-Gespräch

Chairman: Dimiter Christoff (VR Bulgarien)
Teilnehmer:
Leo Brouwer (Kuba)　　　　　　　Marlos Nobre (Brasilien)
Klaus Huber (Schweiz)　　　　　　Qu Wei (VR China)
Georgij Kantscheli (UdSSR)

Traditionelle Musik und musikalisches Erbe in Erziehung und Bildung

Referat

SIGRID ABEL-STRUTH (BRD): **Über die erzieherisch-bildende Funktion der Massenmedien bei der Vermittlung traditioneller Musik und des musikalischen Erbes**

Roundtable-Gespräch

Chairman: KURT BLAUKOPF (Österreich)
Teilnehmer:
JAN LING (Schweden)   J. M. OJHA (Indien)
TRAN VAN KHE (SR Vietnam)   PETER SPAHN (DDR)

Referatekette II

Tradition in den Musikkulturen

Chairman: TRAN VAN KHE (SR Vietnam)
Referate:
KAZUO ISHIBASHI FUKUSHIMA (Japan)   ERICH STOCKMANN (DDR)
RICARDO D. TRIMILLOS (USA)

4. Oktober 1985

Tradition in den Musikkulturen und kulturelle Identität Film

Krister Malm (Schweden): **Die Musikindustrie in kleinen Ländern**

Roundtable-Gespräch

Probleme – Positionen – Perspektiven in der und für die Musikpolitik

Chairman: JOHN PETER LEE ROBERTS (Kanada)
Teilnehmer:
MANUEL ENRIQUEZ (Mexiko)   JAN STESZEWSKI (VR Polen)
LUPWISHI MBUYAMBA (Zaire)   ROGER WALLIS (Großbritannien)
LUIGI PESTALOZZA (Italien)

Abschlußdiskussion

Chairman: GÜNTER MAYER (DDR)
Teilnehmer:
KURT BLAUKOPF (Österreich)   TRAN VAN KHE (SR Vietnam)
DIETER CHRISTENSEN (BRD)   WALTHER SIEGMUND-SCHULTZE (DDR)
DIMITER CHRISTOFF (VR Bulgarien)   JOHN PETER LEE ROBERTS (Kanada)

Referat

JOACHIM HERZ (DDR): **Tradition und Fortschritt – Meinungen eines Interpreten**

Georg Knepler

Traditionen in den Musikkulturen – heute und morgen

Liebe Kolleginnen und Kollegen!

Es muß Ihnen offenbar geworden sein in diesen Tagen, in denen Sie so viel schöne Musik von Schütz, Bach und Händel hören konnten, so viele Platten, Noten, Bücher und Artikel – und so viele Reden – über sie zu sehen und hören bekommen haben, daß wir unsere Traditionen ernst nehmen. Lassen Sie mich von hier ausgehen und einige Aspekte von Tradition erörtern, was ja auch das Thema unserer Konferenz ist.

Die Zeiten liegen glücklicherweise hinter uns, da europäische Forscher es als selbstverständlich ansahen, daß europäische Traditionen Gültigkeit für den Rest der Welt hätten, und daß dies auch für Musik gälte. Auch heute, wie Sie vermutlich wissen, sind Vorstellungen dieser Art nicht vollkommen verschwunden, aber sie sind wenigstens auf dem Rückzug, zum Sterben verurteilt, und wagen sich kaum mehr offen ans Tageslicht. Die Ethnomusikologie hat die Auffassungen zumindest von Musikwissenschaftlern während der letzten wenigen Jahrzehnte verändert. Die Fülle von Musik aus zahllosen Ländern und Regionen, die uns erreicht hat, ist überwältigend reich und schön. Es ist nicht genug zu sagen, daß wir tief beeindruckt sind von der Phantasie, dem Reichtum musikalischer Erfindung, der praktisch unbegrenzten Zahl von Musikinstrumenten, von der Verbindung von Musik mit Poesie, Tanz und Körperbewegung, die wir, wenn nicht an Ort und Stelle, so doch auf Filmen, Bändern und Platten zu sehen und hören bekamen, und von denen wir in einer wachsenden Zahl informierender Bücher und Artikel lesen konnten. Es ist mehr als all das. Wir haben begonnen zu verstehen, nicht-europäische Traditionen müssen – auch für uns Europäer – ernst genommen werden. Umrisse einer Weltmusikkultur zeichnen sich, wenn auch noch etwas unsicher, ab, in der die Tradition jedes Volkes aufgehoben sein wird in einer Menschheitstradition.

Aber nicht ohne Schwierigkeiten. Musikstücke, die aus verschiedenen Weltgegenden kommen, können so verschieden voneinander sein, wie es die Sprachen sind, und vielleicht noch verschiedener. Wir alle wissen das. Es ist keineswegs so einfach, wie es der Spruch haben will, Musik sei eine internationale Sprache. Es bedarf einer Menge guten Willens und Sensibilität, einer Menge Kenntnisse und Anstrengungen, in die besondere Bedeutung anderer Völker Musik einzudringen. Und doch gibt es gewisse Eigenschaften, die aller Musik, woher immer sie kommt, gemeinsam sind, universelle Eigenschaften oder kurz: Universalien.

Eine solche universale Eigenschaft besteht darin, daß allüberall, wo Menschen musizieren, Instrumente gebraucht werden. Während alle Sprachen, von denen wir Kenntnis haben – immerhin zwei- bis dreitausend –, mit den natürlichen Sprechwerkzeugen ihr Auslangen finden – Larynx und Atem, Lippen, Zunge, Zähne und so fort –, kennen wir keine musikalische Kultur, die nicht zusätzlich zu den natürlichen Stimmwerkzeugen auch künstliche Instrumente verwendet. Und, auch darin von den Sprachen verschieden, die alle zusammengenommen nicht mehr als wenige Dutzend von Klängen, den sogenannten Phonemen, kennen, weiß Musik von keinen derartigen Beschränkungen. Alles was klingt, jedes Geräusch, natürlich oder künstlich, musikalisch oder nicht, kann integriert werden – und ist wahrscheinlich schon in irgendeiner Musik integriert worden. Überhaupt sind die Komponenten, aus denen Musik sich zusammensetzt und aus denen sie entstand, universalen Charakters. Jede Musik enthält Klänge, die uns die Emotionen ihrer Produzenten, deren inneren Status verraten, uns sagen, ob sie angespannt oder entspannt sind, erregt oder ruhig und so weiter. Selbstverständlich sind diese Symptome innerer Zustände verwandelt worden; sie sind musikalisiert, Skalen und Metren unterworfen worden, künstlich zum Teil der verschiedenen Musiksprachen gemacht worden. Aber vorhanden sind sie. Ferner enthält jede Musik Elemente der Naturnachahmung: Vogelrufe und Tierstimmen, Wind und Regen und ungezählte andere Dinge. Manchmal sind diese Nachahmungen so naturalistisch wie es nur geht, manchmal tendieren sie dazu, so wie die Stimmen der inneren Natur der Menschen, auf künstlichere Weise in die Musiksprache einbezogen zu werden. Aber vorhanden sind auch sie immer. Letztlich, aber keineswegs an letzter Stelle, was ihre Wichtigkeit angeht, kennen wir keine Musik, die nicht Sprachelemente enthielte. Musik ahmt die Sprache nach oder macht sie mit, meist die poetische Sprache, ihr Auf und Ab, ihr Schwer und Leicht, ihr Betont und Unbetont.

Und alle Musik, woher immer sie auch kommt, wie alt oder wie neu sie auch sei, kennt das gleichzeitige Zusammenklingen heterogener Elemente. Rhythmische Pulse artikulieren melodische Linien, Melodie geht zusammen mit Begleitung, miteinander kollidierende Rhythmen werden zusammengezwungen, Stimmen und Instrumente mit ihren verschiedenartigen Klangspektren gehen Hand in Hand und so weiter und so fort.

Da das alles so ist, da alle Musik trotz ihrer Verschiedenartigkeit in vieler Hinsicht dennoch Universalien hat, kann man verstehen, daß musikalische Errungenschaften von einer zur anderen Musikkultur übernommen werden können. Und genau das ist auch in praxi in ungezählten Fällen geschehen. Händel hat Elemente englischer Musik übernommen, Bach französische, Mozart italienische, Debussy russische, Balakirew östliche, Messiaen indische und so weiter. Auch ganze nationale Musikkulturen können von anderen beeinflußt worden sein. Alles das sind durchaus normale und friedliche Vorgänge und sie können sehr nützlich sein.

Aber Vorgänge dieser Art nehmen einen anderen Charakter an, wenn, aus welchen Gründen auch immer, die eine oder andere Musikkultur beherrschenden Charakter gewinnt. Und gerade das passiert in der Welt von heute.

Lassen Sie mich an dieser Stelle den Versuch machen, kurz zu erklären, warum Komponisten wie Schütz, Bach und Händel (und Dutzende andere) uns so nahe und teuer sind. – Die Anfänge europäischer Komposition liegen gar nicht so sehr weit zurück. Sieht man von Vorläufern ab, so begann Komposition wahrscheinlich kaum vor dem 11. oder 12. Jahrhundert und war am Anfang alles eher als weitverbreitet. Bloß an wenigen Stellen Westeuropas, ausgeübt von Klerikern in vielbesuchten Kirchen und Klöstern, begann Komposition (in dem Sinn, in dem wir das Wort verwenden) zu blühen.

Der historische Hintergrund war kein geruhsamer. Heftige Klassenkämpfe tobten, ausgetragen mit Waffengewalt und mit geistigen Mitteln. Der Gedanke, der europäischer Komposition zu Grunde liegt, hat mit diesen Kämpfen zu tun; der Gedanke besteht nämlich darin, zwei Traditionen, die bislang fremd, um nicht zu sagen feindlich, einander gegenübergestanden waren, miteinander zu versöhnen: Kirchengesang einerseits und Lieder und Tänze, wie sie von Bauern, den städtischen Plebejern und Spielleuten gepflegt wurden, andererseits. Der Kirchengesang wurde in Europa nur vokal und ohne Mitwirkung von Instrumenten ausgeführt, einstimmig, dem Sinn und der Struktur der Worte in hoch formalisierter Weise folgend. Volkstümliche Lieder und Tänze, in beinahe vollkommenem Gegensatz dazu, gründeten, wie immer auch damals, auf physiologisch begründeten Rhythmen, wie denen der Körperbewegung, Instrumente wurden dabei verwendet, sie konnten mehrstimmig sein und die Worte waren oft weltlich. Manche Kirchenmänner hielten sie für teuflisch. Die wechselseitige Durchdringung dieser beiden Welten revolutionierte mit der Zeit das Musikmachen in Europa; es brachte die Ausarbeitung neuer Prinzipien und Regeln mit sich; neue Musik mußte von nun an auf dem Papier ausgearbeitet und notiert werden; das Niveau musikalischer Erfindung hob sich auf neue Höhen. Ein großer Reichtum komponierter Genres und Formen entsprang, Musik für Gelegenheiten in Kirche, Palast und Bürgerhaus, für öffentlichen und für privaten Brauch, für Festlichkeiten und Alltag, Kirchenmusik, Oper, Lieder und Tänze, komponiert für Sänger und alle denkbaren Instrumente und Instrumentenkombinationen. Die traditionellen Formen des Musikmachens, mündlich von Vater und Mutter an die Jungen weitergegeben, erhielten sich, besonders auf dem Lande, im Volk, das andererseits zumindest in den Kirchen auch in Berührung mit komponierter Musik kam. Zur Zeit von Heinrich Schütz, im 17. Jahrhundert, hatten verschiedene europäische Länder ihre nationalen Besonderheiten herausgebildet. So war beispielsweise Italien damals schon (wie es auch heute ist) das Land melodiöser Vokalmusik und eines hohen Standards entwickelter Gesangskunst, während Deutschland beispielsweise das Land vokaler Mehrstimmigkeit war, wie sie in den Niederlanden sich herausgebildet hatte. Dabei tendierten die verschiedenen musikalischen Möglichkeiten jeweils zu ihren Extremen, um gleichzeitig miteinander zu verschmelzen: Ohne ihre sinnlichen Qualitäten im geringsten einzubüßen, tendierte Musik mehr und mehr dahin, sehr konkrete Bedeutung und sehr konkreten Ausdruck – im Rahmen strenger und lehrbarer Regeln – anzunehmen. Es wurde zu einem der Kennzeichen europäischer Musik, miteinander in Einklang zu bringen: musikalisches Handwerk und Emotionen, Einhaltung von Regeln und Phantasie, Bedeutung und Schönheit. Das Weltbild sowohl wie die moralischen Zielvorstellungen, die sie motivierten, schöpften unsere Komponisten aus der christlichen Religion in verschiedenen, historisch sich wandelnden Ausprägungen. – Von Schützens Musik, obwohl sie auch weltliche Stücke wie Opern und Ballette einschloß, ist nur religiöse Musik überliefert. Die damals modernen Errungenschaften italienischer Komponisten – Schütz verbrachte wiederholt lange Aufenthalte in Italien – integrierte er in seinen Stil. Das vielleicht charakteristischste Merkmal seines Werkes ist die Art, in der er die Worte, die er in Musik setzte – nicht bloß ihre Bedeutung, sondern auch ihren emotionalen Gehalt – mit größerer Prägnanz und Ausdruckskraft zu musikalischem Leben brachte, als dies bislang in deutscher Musik gelungen war. Schütz lebte in Zeiten grausamer Kriege und Leiden der Menschen. Nicht nur das klingt uns aus seiner Musik entgegen; er gab auch Anklagen gegen die Großen über die Leiden der Armen Stimme. Daß Schütz' weltliche Kompositionen nicht bewahrt wurden, mag, zumindest zum Teil, damit zu tun haben, daß er sie für weniger wichtig hielt.

Das war anders mit der Musik Johann Sebastian Bachs. In seinem enzyklopädischen Werk sind die Suiten für Orchester und die für Soloinstrumente, sind die zweimal 24 Präludien und Fugen, das «Wohltemperierte Klavier», die «Kunst der Fuge» und das «Musikalische Opfer», sind die Konzerte für Violine oder Klavier und Orchester ebenso wichtig – und ebenso mit Bedeutung und Ausdruck geladen – wie die Vokalwerke, die Passionen, die h-Moll-Messe und die Kantaten. Bach hat zwar nie eine Oper komponiert, aber einige seiner weltlichen Kantaten enthalten alle Elemente, die zu einer Oper gehörten, besonders zu einer komischen. Bach hatte auch französische und italienische Traditionen, zusätzlich zu der deutschen, in der er ausgebildet wurde, in sich aufgenommen. Ferner war eine Entwicklung von außerordentlicher Bedeutung zu seiner Zeit – und nicht zuletzt dank seiner eigenen Arbeiten daran – zur Reife gekommen: Die gleichschwebende Temperatur wurde allgemein akzeptiert und ermöglichte nunmehr nicht bloß die freie Verwendung aller zwölf Tonarten – 24, wenn Sie die Molltonarten separat rechnen wollen –, sondern auch die Modulation von jeder in jede. Die Disposition von Tonartenblöcken innerhalb ein und desselben Stückes als neues Mittel musikalischer Gestaltbildung gehörte von nun an zum Instrumentarium des Komponisten. Bach stellte Modulationen, besonders chromatische, und frei entfaltete Kontrapunkte in den Dienst einer wahrhaft bisher unerhörten musikalischen Phantasie. Einen unerschöpflich scheinenden Reichtum musikalischer Erfindung, Hand in Hand mit der Fähigkeit, aus scheinbar unergiebigem musikalischem Material große Musikstücke zu entwickeln, die mit Leben und überraschenden Wendungen nur so überfließen, stellte er in den Dienst einer poetischen Konzeption von der Welt, der Rolle Gottes und der Menschen.

Auch in Georg Friedrich Händels Werk bewundern wir vor allem die musikalische Inspiration, mit der er Motive menschlicher Handlungen und menschlicher Reaktionen auf die Ereignisse des Lebens unwiderstehlich mitreißend zu Musik werden läßt. Händel gehört sicherlich zu den größten Komponisten, die wir kennen, aber er hätte es kaum ohne die ungewöhnlichen Chancen, die er hatte, werden können, Deutschlands, Frankreichs, Englands und besonders Italiens musikalische Errungenschaften in sich aufzunehmen. Ein Mann des Theaters und großer Hörermassen – in diesen beiden Hinsichten Bach nicht ähnlich –, war er ein Meister der knappsten musikalischen Formulierungen. Er, der wie kaum ein anderer wußte, gewaltige Steigerungen in grandiosen, mitreißenden Chor- und Orchesterstücken aufzubauen, er konnte andererseits auch mit einer knappen einfachen Melodie oder mit einer Folge weniger Akkorde den Hörer in Bann schlagen. Eines seiner ständig wiederkehrenden Themen ist die Befreiung der Menschen von Krieg und Elend. Seine mehr als vierzig Opern und seine annähernd dreißig Oratorien, die Fülle seiner Kantaten, Instrumentalstücke für Soloinstrumente und für Orchester enthalten Musik, die für Generationen von Musikern vieler Ländern Quelle der Inspiration war.

Vielleicht ist es mir gelungen, Ihnen andeutungsweise verständlich zu machen, wie es kommt, daß wir in den Werken unserer großen Komponisten immer neue Wunder an Schönheit und Kompositionskunst entdecken. Es wäre uns eine Genugtuung zu wissen, daß Sie unseren Enthusiasmus teilen oder zumindest verstehen.

Alles das gilt natürlich für Dutzende von Komponisten, deren Geburtsdaten sich nicht zu dem einzigartigen Jubiläum dieser drei gesellen. Aber zumindest zwei will ich noch erwähnen, von denen es sich so fügt, daß die Jahreszahl 1985 ein Jubiläum ergibt: den mit Bach und Händel gleichaltrigen höchst originellen Domenico Scarlatti und Alban Berg, der vor hundert Jahren zur Welt kam und vor fünfzig Jahren starb. Die radikale musikalische Methode seines Lehrers Arnold Schönberg wandelte er mit meisterlicher Kompositionstechnik in eine einzigartige, moderne, zwingende musikalische Sprache, sensibel und sinnlich, in der er Kritik an der Bürgerwelt und Hoffnung, Mitleid mit den Erniedrigten und Beleidigten und Visionen einer kommenden neuen Welt zur faszinierenden Einheit brachte.

Wir sind fest überzeugt davon, daß die Wirkung der Komponisten, von denen die Rede war, auf Europa nicht beschränkt sein sollte und brauchte. Aber die Frage, auf welche Weise deren Tradition für Musikkulturen fruchtbar gemacht werden kann, die auf vollkommen anderen Voraussetzungen in einer völlig anderen Welt beruhen, kann nur mit großer Bedachtsamkeit beantwortet werden; wenn sich zu dieser Frage eine allgemeine Regel formulieren läßt, so lautet sie: ‹Nicht durch Nachahmung!› Und das aus mehreren Gründen.

Viele Länder in der Welt von heute, die mit den hochindustrialisierten Ländern in bezug auf Technik und Produktionsweise nicht gleichgezogen haben, haben dennoch – genauer: deshalb – ein kostbares Erbe bewahrt: Arbeitsteilung und Spezialisierung haben nicht einen Punkt erreicht, wo die Mehrzahl der Menschen aufgehört hat, musikalisch aktiv zu sein. In Europa hingegen wurden die Wunder der großen Komponisten gerade mit diesem Preis bezahlt. Nicht nur der materielle Reichtum war ungleich verteilt, als unsere großen Komponisten ihre Werke schrieben; die herrschende Klasse hatte auch bessere Chancen, am kulturellen Reichtum der Nation Anteil zu haben, eine größere Reserve an Freizeit und Muße und ein so gut wie vollständiges Privileg an Bildung und Information. Sosehr große Komponisten der Vergangenheit es auch angestrebt haben mögen, mit ihrer Musik die Mehrheit der Menschen zu erreichen, ihre Möglichkeiten dazu waren gleich Null. Und auch, was wir «Volksmusik» nennen – die selbstgemachte Musik der Bauern, der städtischen Plebejer und die der Spielleute –, wurde mehr und mehr zurückgedrängt und zu einer Sache der Alten. Es ist Teil unserer Musikgeschichte, daß Bauern, städtische Plebejer und große und wachsende Teile des Bürgertums vergaßen, wie man selbst musiziert. Kommerzialismus drang ein. Musik wurde ein Ding, mit dem man Geld macht, eine Ware. Die tragischen Konsequenzen dieser Entwicklung können im Leben und Werk und in den Wunschvorstellungen unserer Komponisten aufgedeckt werden.

Aber die Zeiten haben sich inzwischen verändert. Musikkulturen der Zukunft brauchen nicht den gleichen Weg zu gehen – in der Tat, sie könnten es auch gar nicht, selbst wenn man es wollte. Es gibt eine Chance, derer wir uns bewußt sein müssen, Musikkulturen aufzubauen, in denen es eine Selbstverständlichkeit ist, des gewöhnlichen Sterblichen musikalische Kreativität zu bewahren und zu entwickeln. Auf diesen Punkt will ich noch zurückkommen, aber zunächst noch ein weiteres Argument ins Feld führen. Europa hat seine Größe, seine Reichtümer und seine Kunst während grausamer Klassenkämpfe erworben, in einem bestimmten Sinn auch durch sie. Heftige Schlachten zwischen feudalen Landbesitzern und Bauern, zwischen bürgerlichen Kapitalbesitzern und dem modernen Proletariat haben die Umstände bestimmt, unter denen große Kunst geschaffen wurde. Auch haben die jeweils herrschenden Klassen Europas den Rest der Welt ausgebeutet. In Spanien und Portugal, in den Niederlanden, in England und Frankreich, in Deutschland und Österreich blühten Musik und die Künste. Aber sie blühten auch auf Kosten der Völker in Afrika und Asien und in Lateinamerika, auch auf Kosten der Völker in den weniger entwickelten Teilen Europas, wie vor allem Osteuropas. All diese Völker wurden auf das grausamste unterdrückt und ausgebeutet. «Die tiefe Heuchelei und eingeborene Barbarei der bürgerlichen Kultur liegt offen vor Augen, sowie wir uns von ihrer Heimat, wo sie sich respektabler Manieren befleißigt, den Kolonien zuwenden, in denen sie in ihrer ganzen Nacktheit auftritt.»[1] Das ist ein Satz, den Karl Marx vor etwa 130 Jahren geschrieben hat; setzen wir «unterentwickelte Länder» anstelle von «Kolonien», so gilt er heute noch. Lassen Sie mich auch einige Worte eines brillanten deutschen Autors und Philosophen, Walter Benjamin mit Namen, zitieren, die aus dem Jahre 1937 stammen, als er im Exil vor der Nazibarbarei lebte: Was man an Kunst und Wissenschaft überblicke, schrieb er, sei samt und sonders von einer Abkunft, die man «nicht ohne Grauen betrachten kann. Es dankt sein Dasein nicht nur der Mühe der großen Genien, die es geschaffen haben, sondern in mehr oder minderem Grade auch der namenlosen Fron ihrer Zeitgenossen. Es ist niemals ein Dokument der Kultur, ohne zugleich ein solches der Barbarei zu sein.»[2] Das erinnert an einen berühmten Satz von Marx. Vom menschlichen Fortschritt sprechend, würdigt er zunächst die Tatsache, daß die bürgerliche Produktionsweise die materielle Basis einer weltweiten Kultur geschaffen habe, Voraussetzungen einer neuen Welt, und dann heißt es: «Erst wenn eine große soziale Revolution das Werk der bürgerlichen Epoche, den Weltmarkt und die modernen Produktionskräfte gemeistert hat und sie der vereinigten Kontrolle der fortgeschrittensten Völker unterworfen hat, erst dann wird der menschliche Fortschritt aufhören, jenem abscheulichen heidnischen Götzen zu gleichen, der den Nektar nur aus den Schädeln der Erschlagenen trinken wollte.»[3]

Man kann nicht sagen, daß diese Art von Zuständen ein für allemal beseitigt worden wären; sicher nicht. Und dennoch, die Chancen für eine musikalische Weltkultur, die sich von der in Klassengesellschaften geborenen unterscheidet, werden sichtbar. Die Forderungen nach einer neuen ökonomischen Weltordnung – eine Forderung, die von Millionen von Menschen erhoben wird –, die sich von der jetzigen unterscheidet, in der die Ärmsten der Welt den Reichsten Milliarden Dollar schulden, die sie buchstäblich mit Hunger, ja der Vernichtung ihrer eigenen Grundlagen bezahlen sollen, diese Forderung kann nicht mehr zum Schweigen gebracht werden. Frauen aus 150 Ländern, die sich vor kurzem in Nairobi trafen, haben das Ende des Zustands gefordert, in dem die Frauen, von denen man schätzt, daß sie zwei Drittel der Arbeit in der Welt verrichten, bloß ein Zehntel des Einkommens der Welt und weniger als ein Hundertstel des Eigentums ihr eigen nennen. Nicht-kapitalistische Wege der Entwicklung werden in vielen Ländern, wenn auch mit großen Schwierigkeiten, erprobt. Sozialistische Länder haben historische Schritte getan und gezeigt, daß ein Leben ohne Kapitalisten, daß neue Typen von Beziehungen zwischen Menschen möglich sind. Wir leben in einer Zeit der Revolutionen und Veränderungen. Wir brauchen unser Leben nicht nach Modellen der Vergangenheit auszurichten; wir können das auch gar nicht. Und das gilt auch für unsere musikalischen Traditionen. Bloß dann, wenn es uns gelingen wird, die Bedingungen grundlegend zu ändern, unter denen sie entstanden sind, werden wir das Fruchtbare entwickeln können, das in unseren Traditionen lebt.

Die Schwierigkeiten dabei sind groß. Nehmen Sie bloß die Rolle des Kommerzialismus. Statistiker haben ausgerechnet, daß für je ein Kulturprodukt – Film, Platte, Kassette, Musikdrucke –, daß für je ein derartiges Produkt, das aus der sogenannten Dritten Welt nach den USA geht, eintausend Produkte den umgekehrten Weg nehmen. Dieses Verhältnis von 1:1000 gibt ein realistisches Bild der heutigen Zustände. Große Monopole in den USA haben aus den Bedürfnissen der Menschen nach Kunst Geld zu pressen gelernt. Und unter den Gütern, die auf solche Weise profitabel gemacht wurden, steht, wie wir alle wissen, Musik obenan. Pop-Musik beherrscht die Phantasie junger Menschen, und das ist ein kompliziertes Phänomen. Da die Mehrheit der Menschen, wie bereits gesagt, aufgehört hat, Musik für sich selbst zu machen, ist zweierlei eingetreten. Junge Menschen haben entdeckt, daß man Musik doch selbst machen kann, Musik von heute, voll von Ideen, die junge Menschen beschäftigen, Musik, die mit allen Mitteln und Raffinessen moderner Technik umgeht, aggressiv und kritisch oft, sentimental manchmal und immer ungehemmt. Schnell waren Kapitalisten zur Hand, die die profitbringenden Möglichkeiten dieser Bewegung witterten. Skrupellose Unternehmer haben eine wirkungsvolle Maschinerie aufgebaut, um mit höchstspezialisierten Technikern, entwickeltster Technik, wirksamster Propaganda aus Pop-Musik Kapital zu schlagen.

Wie kann man sich, wenn das alles so ist, die Entwicklung einer wahren demokratischen Musikkultur vorstellen? Es kann nicht die Sache von uns Europäern sein, unseren Gästen und Freunden aus aller Welt zu sagen, was sie tun und lassen sollen. Aber es kann auch nicht falsch sein, eine große Aussprache über alle diese Probleme zu beginnen, was angesichts der Tatsache, daß sie auch unsere Musikkultur zutiefst berühren, um so dringlicher ist. Ich schlage vor, daß der Internationale Musikrat in gemeinsamer Arbeit ein langfristiges Programm zur Entwicklung einer weltweiten demokratischen Musikkultur ausarbeitet, und die Vorschläge, die ich nun, meine Ausführungen abschließend, vorbringen will, mögen als Diskussionspunkte für ein solches Programm verstanden werden.

Die zentrale Idee, die hinter diesen meinen Vorschlägen steht, ist es, Hindernisse zu beseitigen, die einer allseitigen Entfaltung menschlicher musikalischer Fähigkeiten im Wege stehen, und das bedeutet notwendigerweise die Beseitigung von Hindernissen, die menschlicher allgemeiner Entwicklung im Wege stehen. Wir leben in einer Epoche, in der die Menschen die Voraussetzungen geschaffen haben, Hunger und Krankheiten, Unwissenheit und Kriegsdrohung abzuschaffen. Wir stehen inmitten einer technischen Revolution, deren Potenzen alles übertreffen, was die Menschheit bisher hervorgebracht hat. Die Entschlossenheit, diese Potenzen zu gutem Zweck zu gebrauchen, sollte hinter allem stehen, was wir unternehmen. Denn andererseits leben wir in einer Epoche, in der es möglich ist, die menschliche Rasse buchstäblich zu vernichten. Niemand kann sagen, daß diese Gefahr nicht besteht oder daß wir sie, wenn wir Musikprogramme aufstellen, aus unseren Vorstellungen verbannen sollten. Sowohl diese Gefahr als auch diese Möglichkeiten sind weder gott- noch naturgegeben, sie sind von Menschen gemacht. Was nun unsere Musikpolitik angeht, sollten wir nicht gestatten, daß eine kleine Zahl mächtiger multinationaler Konzerne sie für uns macht. Der praktisch ungehemmte Strom von Musik, den sie aussenden, enthält viele Vorstellungen, Haltungen, Ideen von Leuten, die nicht Freunde einer fortschrittlichen demokratischen nationalen Entwicklung sind. In Opposition zu solchen Ideen, aber nicht in Opposition zu den jungen Menschen, die an ihrer Verbreitung beteiligt sind, sollten wir jedermanns angeborene musikalische Fähigkeiten, jedermanns Neigung, sich in Musik, in Poesie, im Tanz auszudrücken, entwickeln. Das muß in den Schulen beginnen. Dabei brauchen wir nicht zu warten, bis wir eine genügend große Zahl ausgebildeter Musiklehrer haben. Es ist verhältnismäßig einfach, Künstler dazu zu bringen, dorthin zu gehen, wo die Jugend ist: eben in die Schulklassen, um den Kindern zu erklären, woran sie arbeiten, und sie daran mitwirken zu lassen, ein Musikstück zu komponieren und aufzuführen, einen Tanz oder die Rezitation eines Gedichts aufs Programm zu setzen, gemeinsam ein Bild zu malen oder eine Plastik herzustellen, an der Aufführung eines Films oder Fernsehstückes mitzuwirken und so weiter. Die einzige Bedingung: Was die Künstler an die Kinder herantragen, darf der Förderung des Fortschritts, des Internationalismus und des Friedens nicht widersprechen. Diese Politik, die man kurz «Kunst den Kindern» nennen könnte, brauchte nicht in nationalen Grenzen steckenzubleiben. Jungen und Mädchen in Afrika oder Lateinamerika sollten und könnten mit deutschen oder französischen oder russischen Künstlern in Berührung kommen, so wie, umgekehrt, afrikanische oder chinesische oder lateinamerikanische Künstler in europäischen Schulen zu Gast sein könnten und so weiter.

Bei der Ausbildung Erwachsener müssen wir im Sinn haben, daß es nicht genug ist, Berufsmusiker auszubilden, und daß das allein nicht unsere Pläne bestimmen darf. Um es zugespitzt auszudrücken: Die Art und Weise, in der sich die Künste, einschließlich der Musik, in den industrialisierten Ländern in der Vergangenheit entwickelt haben (und es zum großen Teil auch heute tun), hat einen außerordentlich hohen Standard von Berufsmusikern hervorgetrieben, aber das große Musikpublikum auf dem Niveau von Amateuren, von Außenseitern in bezug auf das Kunstniveau von Komponisten und ausübenden Musikern gebracht. Das war in Klassengesellschaften unvermeidlich. Wir aber wollten beides anstreben – hohes Niveau für außerordentliche Talente und hohes Niveau für jedermann. Wenn wir künstlerische Kreativität der Millionen fördern, wird es nicht schwer sein, auch außerordentliche Talente zu finden und zu fördern; wenn wir aber in erster Linie auf das Auffinden und die Förderung außerordentlicher Talente uns konzentrieren, wie Europa es seit einigen Hunderten von Jahren getan hat, dürfen wir uns nicht wundern, wenn wir die altmodischen Verkehrsformen von Kunst in Klassengesellschaften reproduzieren. Es ist nützlich, daran zu denken, daß die Bedingungen, unter denen die großen Komponisten der Vergangenheit gearbeitet haben, unwiderruflich vorbei sind und mit diesen Bedingungen auch Kommunikationsformen zwischen Musikern und Publikum. Die Haltungen und Erwartungen potentieller Musikliebhaber von heute sind andere geworden, von Berufsmusikern von heute darf man unter anderem erwarten, daß sie mit Nicht-Berufsmusikern, -tänzern, -schauspielern zusammenarbeiten.

Das hat praktische Konsequenzen. Es gibt eine Reihe von Ländern, die es erschwingen können, große Opernhäuser und/oder Konzertsäle zu bauen oder zu erneuern, in denen Musikwerke im Stile Europas aufgeführt werden können. Das aber ist nicht notwendige Voraussetzung moderner Musikkulturen und kann, im Gegenteil, zur Restaurierung oder Neuschaffung bürgerlicher Musikverhältnisse führen, die wir ja überwinden sollten. Es ist wichtiger, Klubs, Kulturhäuser, Veranstaltungszentren einzurichten, in denen Leute sich treffen können, traditionelle und moderne Musik und Tänze, Gebräuche üben, Feste und Spiele abhalten und die Kunst anderer Regionen, Völker, Nationen kennenlernen können.

Es braucht kaum ausdrücklich gesagt zu werden, daß jede erdenkliche Mühe angewandt werden sollte, wo immer die Bedingungen es gestatten, nationale musikalische Traditionen zu erhalten, wo möglich Gruppen von Forschern oder gar ein Institut zur Erhaltung und Entwicklung der nationalen Musik ins Leben zu rufen (so wie es in Havanna besteht). Traditionelle Musik, Tänze, Musikinstrumente und andere sind meist von der Gefahr des Aussterbens bedroht; wir sollten aufzeichnen, bewahren, entwickeln, so gut es gehen will. Und andererseits sollte es nicht versäumt werden, die künstlerischen Erlebnisse und Erfahrungen von Völkern allüberall zu internationalisieren. Es gibt natürlich, wie wir wissen, internationale Feste, wie das im Juli dieses Jahres in Moskau, es gibt reisende Ensembles und dergleichen mehr. Aber auf diesem Gebiet könnte und sollte mehr getan werden. Der internationale Erfahrungsaustausch ist immer noch weitgehend Fußballern und Pop-Stars überlassen. Zusätzlich zu ihnen sollten charakteristische Formen nationaler Kunst durch reisende Ensembles der besten Künstler bekannt gemacht werden. Auch an Orten, wo es keine Opernhäuser und Konzertsäle gibt, könnten improvisierte Konzerte 'und Opernaufführungen, Theaterveranstaltungen und Kunstausstellungen zu regelmäßigen Ereignissen werden. Wenn wir mit Hilfe solcher und ähnlicher Maßnahmen Verständnis und Liebe für Internationalismus und die unerschöpflichen Reichtümer der Kunst und der Musik aller Völker zu wecken verstehen, werden wir viel zur Errichtung eines alternativen Kulturlebens getan haben.

Alle diese Maßnahmen dürfen nicht verstanden werden als gegen die Entwicklung moderner Technik gerichtet. Das Rad technischer und industrieller Entwicklung wird sich nicht zurückdrehen lassen, noch auch sollten wir uns das wünschen. Der Feind ist nicht die Technik, sondern der falsche Gebrauch von Technik. Platten und Kassetten, Fernsehen und Videogeräte, Schallwandlung und -übertragung und alles, was dazu gehört, kann guten sowohl wie schlechten Zwecken zugeführt werden. Wo immer es finanziell und technisch zu ermöglichen ist, sollten moderne Geräte zur Verfügung stehen und junge Musiker in ihrer Anwendung geschult werden. Es wäre falsche Politik, moderne Technik den Profitmachern zu überlassen.

Das gleiche gilt von modernen Kompositionstechniken. So wie es wünschenswert, ja notwendig ist, daß jeder Komponist die großen Traditionen europäischer Vergangenheit kennt und versteht, sollte er im Prinzip auch mit allen Techniken vertraut sein, die heute irgendwo in der Welt entwickelt werden. Schließlich kommen einige der führenden modernen Komponisten aus Brasilien, Korea, Kuba.

Was immer wir planen und tun, sollte einem Ziel zustreben: der Entfaltung der musikalischen Möglichkeiten der Menschen. Wir sollten Auge und Ohr offenhalten für die musikalischen Erwartungen, Wunschvorstellungen und Potenzen der Millionen von Menschen, die nach einer Alternative zu den jetzigen Zuständen streben. Ihre Musikalität freizusetzen, das ist mehr als ein Symbol; es wird eines der Instrumente ihrer Befreiung sein.[4]

Anmerkungen

1 Karl Marx «Die künftigen Ergebnisse der britischen Herrschaft in Indien» in: Marx/Engels, Werke Bd. 9, Berlin 1960, S. 225.
2 Walter Benjamin: Schriften Bd. 2, Frankfurt a. M. 1966, S. 311.
3 Karl Marx: a. a. O., S. 226.
4 Die Ausführungen sind einer Arbeit von Robert Weimann («Realität und Realismus» in: Sinn und Form 36/1984/S. 924 ff.) und einer Arbeit von Gerd Rienäcker über Schütz, Bach und Händel verpflichtet.

Traditions in Musical Cultures – Today and Tomorrow (Summary)

Proceeding from the assessment that Eurocentristic concepts are on a decline in musical research, the author says that signs of a world musical culture can be noticed under which the traditions of any people will be neutralized. According to the author, one of the elements that are making national to international culture and, hence, to world culture, are the so-called musical universals. These are chiefly instruments, the entire spectrum of sound shaped in a mimetic way, elements of expression, rhythmic impulses, the simultaneous sounding together of heterogenous elements etc. Taking Schuetz, Bach, Handel and their social environment as examples, the author tried to explain why the work by these master composers is so close and dear to our musical culture. The historical background is marked by stiff class struggles waged with both armoured and intellectual means. European musical compositions have something to do with these battles. The emotional quality of composed music lives within the field of tension between craft and emotion, national and international elements, controllable semantics and phantasy. One of the prerequisites for the development of a world musical culture and, hence, for a human tradition, is a new international economic order which is being demanded so strongly, the author says. It is not commercialization brought about by capitalist avarice that must determine the development of musical culture. The question which of the European art music traditions shall be made productive for other musical cultures should be answered with great caution: "imitation" must in no way play a role in this process. The author called on the International Music Council through concerted efforts to elaborate a long-term programme for the development of a democratic world musical culture. He made a number of proposals to this end: as far as our music policy is concerned we should not allow a minor number of influential multinational corporations to work out that strategy for us. The author's concept culminated in what he described as "art to the children". Under it, schools everywhere should start to develop innate talents with the children. He launched a similar appeal to all artists who have contacts with children, youths, and educationists. Such processes should be more internationalized. To stem restoration or additional creation of bourgeois music concepts it is important to establish clubs, houses of culture, and other spots for cultural events where people can come and meet to foster traditional and modern music and dance, to preserve customs, organize festivals and games and to provide opportunities to get to know the cultures of other regions, peoples and nations. As far as musical instruction of adults is concerned, it should not be oriented to training skilled musicians exclusively, but also guarantee a high standard of amateur music-making so that it becomes a mass feature. In this, latest findings of high technology should neither be neglected nor regarded as being alien to musical development. What matters is to exploit them to serve humanist goals.

Traditions dans les cultures musicales – aujourd'hui et demain (résumé)

Partant de la constatation que les conceptions eurocentristes dans la recherche musicale sont en retraite, on commence à reconnaître les contours d'une culture musicale mondiale dans laquelle les traditions de chaque nation se verront transfusées. Un des membres qui font de la culture nationale une culture internationale et enfin une culture mondiale, c'est selon le rapporteur un facteur dit «universaux musicaux». Tels avant tout les instruments, tout le spectre sonore représenté mimétiquement, éléments de langue, impulsion rythmiques, coincidences sonores d'éléments hétérogènes etc ... A l'aide des exemples de Schütz, Bach et Haendel et de leur ambiance sociale respective, on a essayé de résoudre la question de savoir pourquoi le production de ces maîtres est si proche de et si chère à notre culture musicale, précisément. L'arrière-plan historique se caractérise par des luttes acharnées des classes, vidées par force armée et par des moyens intellectuels. La composition musicale en Europe a trait à ces luttes. La qualité sensible de la musique composée vit dans le champ de tension entre artisanat et émotionalité, entre le national et l'international, entre sémantique réglée et fantaisie. Le devenir d'une culture musicale mondiale, donc d'une tradition de l'humanité, présuppose entre autre le nouvel ordre économique du monde exigé par des millions, constate de rapporteur. Il faut que ce ne soit pas au commercialisme et aux intérêts capitalistes de profit, qui le produisent, à déterminer le développement de la culture musicale. A la question de savoir quelle tradition de musique artificielle en Europe pourra être fertilisée pour d'autres cultures musicales, il faut répondre avec toute circonspection: en aucun cas par «imitation». Le rapporteur propose que le Conseil International de la Musique élaborera en travail commun un programme à long terme pour le développement d'une culture musicale universelle sur le plan démocratique. Dans ce but, il soumet un certain nombre de suggestions: en ce qui concerne notre politique musicale, nous ne devons pas admettre qu'elle serait faite pour nous par un petit nombre d'industries multinationales. Le concept du rapporteur est axé sur ce qu'il résume par la formule «les arts aux enfants». Dans les écoles, on devrait commencer par déployer partout les facultés innées; mais le même appel s'adresse à la fois aux artistes qui sont en contact avec les enfants, jeunes et éducateurs. Ces processus-là devraient être internationalisés davantage. Opposé à la restauration ou nouvelle création des conditions musicales bourgeoises, le rapporteur souligne qu'il vaut mieux d'instituer des clubs, des maisons de la culture et des centres de spectacles où peuvent se rencontrer des gens, s'exercer à la musique moderne, aux danses et aux coutumes, organiser des fêtes et jeux et faire la connaissance des autres régions, peuples et nations. La formation des adultes ne devrait orienter que vers la profession musicale mais aider à faire de la pratique musicale, également chez les amateurs, un phénomène de masse. Ce faisant, les réalisations technologiques les plus récentes ne doivent point être ignorées, ni même considérées comme hostiles au développement musical. Il ne s'agit que de les appliquer d'une façon humaniste.

Roundtable-Gespräch

Das Werk von Bach, Händel und Schütz in der Musikpraxis der Gegenwart

EDUARD MELKUS: Ich darf Sie zu dem ersten Roundtable dieser Konferenz begrüßen. Ich danke für diese rege Teilnahme und fühle mich sehr geehrt, daß ich als ausübender Musiker, als Geiger, der sich allerdings ein Leben lang mit Interpretations- und musikwissenschaftlichen Fragen befaßt hat, als Chairman dieses Roundtable fungieren darf. Ich komme von der Wiener Musikhochschule.

Ich begrüße den Musikwissenschaftler Professor Larsen aus Kopenhagen. Er ist einer der wesentlichen Initiatoren und wesentlichsten Händel- und Haydn-Forscher, ich darf wohl sagen, dieses Jahrhunderts. Neben ihm Professor Bužga, von der Musikhochschule an der Akademie, der tschechoslowakischen, in Prag. Er ist ein wesentlicher tschechischer Musikwissenschaftler, der sich mit der Musik des 18. Jahrhunderts befaßt hat. Ich begrüße Herrn Professor Siegmund-Schultze, den wichtigsten Initiator für Händel in Halle und in der ganzen DDR und ein ganzes Leben lang an der Universität Halle in Forschung und Lehre tätig. Sodann Professor Hans Pischner, den wir alle in vielfachen Funktionen verehren: als praktischen Cembalisten, der noch mit Oistrach viel musiziert hat, als Organisator, als langjährigen Leiter der Staatsoper und als wesentlichen Bach-Forscher. Schließlich begrüße ich meinen lieben Kollegen Klinda aus Bratislava, einen der bedeutendsten Organisten unserer Zeit, der grad in der Interpretation der Musik auch des 18. Jahrhunderts und Bachs Wesentliches geleistet hat.

WALTHER SIEGMUND-SCHULTZE: Ich halte kein Einleitungsreferat, sondern mache nur einige einleitende Bemerkungen. Und zwar deshalb, weil ich einer der beiden Vertreter der DDR bin, in der unser Kongreß stattfindet und in der eine Bach-Händel-Schütz-Ehrung stattgefunden hat und noch stattfindet. Sie läuft das ganze Jahr 1985 hindurch. Die Schütz-Ehrung haben wir Mitte Oktober noch vor uns. Die DDR hat gute Gründe, sich besonders um diese drei großen Komponisten zu kümmern. Sie sind sämtlich auf dem Territorium der jetzigen DDR geboren. Sie stammen sämtlich aus der großen mitteldeutschen Musiktradition, aus der Tradition auch von Luther her, der Schütz, Bach und Händel sehr beeinflußt hat. Ich weise darauf hin, daß wir in diesem Jahr im Februar in Halle, im März in Leipzig, Eisenach und Köthen und jetzt, noch im Oktober, in Dresden und Köstritz, dem Geburtsort von Schütz, und in Weißenfels, wo er viele Jahre seines Lebens verbracht hat, die Schütz-Ehrung durchführen werden. Diese Tradition von Ehrungen der großen Meister, besonders von Bach und Händel, gibt es in Deutschland schon lange. Seit 1945 fühlen gerade wir hier eine besonders große Verpflichtung dafür. Wir haben uns beschäftigt mit der Entwicklung einer Erbe-Konzeption, insbesondere seit dem großen Bach-Fest 1950, zum 200. Todestag von Johann Sebastian Bach, das ja Wissenschaftler und Künstler vieler Länder zusammenführte. Daran schlossen sich die ersten Händel-Festspiele 1952 an, also schon vor 33 Jahren. Das war kein besonderes Datum, aber man kann unsere Komponisten ja auch aufführen, wenn keine runden Jahreszahlen sind, wie in diesem Jahr. Wir hatten 1959 die erste Händel-Ehrung der DDR, zum 200. Todestag von Georg Friedrich Händel, und führten 1972 eine erste größere Schütz-Ehrung zum 300. Todestag von Heinrich Schütz durch.

Unser Bestreben war und ist es, den besonderen, den progressiven Charakter der Musik dieser drei Meister vom Standpunkt eines historischen Musikverständnisses im Musikleben zur Wirkung zu bringen. Es geht ja bei unserem Kolloquium um das Musikleben, nicht um die drei Komponisten isoliert, sondern wie sie heute wirken, wie ihre Musik zur Wirkung gebracht werden kann. Es wurde schon Anfang vorigen Jahres beim Ministerium für Kultur der DDR ein Bach-Händel-Schütz-Komitee gegründet, das auch Thesen zur Bach-Händel-Schütz-Ehrung herausgegeben hat. Es ist unser besonderes Anliegen und wird es auch weiterhin sein, uns stets mit eng historisierenden, also bloß auf die vor zweihundert oder dreihundert Jahren damals übliche Musikpraxis und auch mit einseitig theologischen oder rein musikantischen Tendenzen der Interpretation wissenschaftlich auseinanderzusetzen, einen historischen Sinn zu entwickeln, in welchem alle diese Aspekte der drei großen Komponisten: die mehr religiösen Seiten, die mehr musikantischen, musikalischen, aber auch historischen Bedingtheiten und vor allem die Schönheiten ihrer Musik zusammengebracht werden. Dazu ist eine ständige Zusammenarbeit von Künstlern und Wissenschaftlern notwendig, um eine unverfälschte Wiedergabe und Rezeption der Musik dieser drei Klassiker, wie ich ausdrücklich sage – auch Schütz – zu erreichen. Wir erstreben einen regen internationalen Austausch, zugleich aber eine Breitenwirkung in unserem eigenen Lande, durch Gastspiele, Vortragstätigkeit im In- und Ausland. Dieses Jahr hat einen großen Aufschwung in der Bach-Händel-Schütz-Rezeption gebracht, nicht bloß in Dresden, Halle oder in Leipzig, sondern in unserer ganzen Republik. Und das Wichtige ist, daß wir uns nicht bloß zu diesen Festtagen mit den drei Komponisten beschäftigen. Zum Beispiel ist unser Bestreben, auch durch die Händel-Festspiele nicht bloß zu den Festtagen zwei oder drei Händel-Opern aufzuführen, sondern das ganze Jahr hindurch und nicht bloß in Halle, sondern auf vielen Bühnen unserer Republik. Wir freuen uns, daß seit 1952, ähnlich wie bei Bach seit 1950, diese Wirkung immer breiter wurde und, glaube ich, auch eine internationale Geltung erreicht hat.

Eduard Melkus: Ich habe mir selbst eine große Reihe von Fragen zu unserem Thema «Das Werk von Schütz, Bach und Händel in der Musikpraxis der Gegenwart» gestellt, z. B. die Frage: Wie kommt es eigentlich zu diesem vermehrten Interesse für historische Musik? Sicher war zuerst historischer Forschungsdrang ein wesentliches Element. Ist es historisches Gefühl, ist es Nostalgie, ist es auch nur Konsumbefriedigung, weil einfach ununterbrochen heutzutage irgendwo ein Mikrofon offen ist, irgendwo ein Lautsprecher läuft und Musik durchlaufen muß? Das sind Fragen, die wir aber jetzt zurückstellen werden, um uns zuerst den drei Komponistenpersönlichkeiten im einzelnen zuzuwenden.

Ich habe mit großer Freude festgestellt, das wenigstens in der DDR große, ausschließliche Schütz-Feste veranstaltet werden. Wenn man sich sonst international umsieht, so ist in diesem Jubiläumsjahr für Schütz sehr wenig geschehen. Und gemessen jedenfalls an den Aufführungen von Händel und Bach kann man sagen, es hat sich verhalten wie ungefähr, ich möchte nicht übertreiben, aber 1:50, wenn nicht 1:100, zumindest wenn ich auch die Länge der Werke in Betracht ziehe. Und das müßte uns zu denken geben. Ich möchte also daher als erstes die Frage nach dieser so geringen Popularität von Heinrich Schütz stellen. Und ich bedauere sehr, daß mein verehrter Lehrer Josef Mertin, der so Wesentliches zur Schütz-Interpretation beigetragen hat, nicht kommen konnte. Er war eingeladen.

Walther Siegmund-Schultze: Wir werden in wenigen Tagen auch eine Schütz-Konferenz in Dresden durchführen. Nach der Meldung der Referenten ist diese fast so umfangreich, wie die zur Bach- und Händel-Konferenz dieses Jahres. Also mindestens die Musikwissenschaft in der DDR, aber auch in der BRD und in anderen Ländern, beschäftigt sich sehr viel mit Heinrich Schütz. Ich glaube, es wäre falsch, wie Bach und Händel etwa nun Bach, Händel und Schütz zu vergleichen. Man muß jeweils den historischen Standort sehen. Und da zeigt sich, daß bei Schütz die Tradition des lutherischen Chorals und der großen Renaissance-Musik – ja, er ist eigentlich ein später Renaissance-Musiker – noch eine viel größere Rolle spielt als bei Bach und Händel. Das Große bei ihm erscheint mir, und das hindert in manchem seine Breitenwirkung, daß er zwar in Italien jahrelang bei dem besten italienischen Meister, Giovanni Gabrieli, studiert hat und daß er da auch ein sehr gutes Opus, die «Italienischen Madrigale», vollendet hat, daß er dann aber, bis auf wenige Werke (die uns eigentlich kaum erhalten sind, wie Opern, Ballette), sich ganz auf die evangelisch-protestantische Kirchenmusik konzentriert hat, weil er mit seinen Werken in Dresden die Menschen erreichen wollte, und zwar die einfachen Bürger, die ja damals alle in die Kirche gingen. Das hat er in einer großartigen Weise verstanden. Es ist also eine bewußte Beschränkung. Ich glaube nicht, daß diese protestantische Zielrichtung seiner Musik als irgendwie eng angesehen werden kann, sondern sie ist Ausdruck des Lebensgefühls der damaligen Zeit, gerade in Dresden, in protestantischen Ländern. Er hat sie mit einer Meisterschaft zum Ausdruck gebracht, wie sie gleichwertig neben den beiden anderen Komponisten steht. Er ist der erste große, international anerkannte deutsche Komponist und der erste Klassiker der deutschen Musik.

Hans Pischner: Es ist ja interessant, daß wir gerade, was Schütz anbelangt, eben doch noch eine große Lücke haben in der Aufführung und in der Aufführungspraxis. Und ich stelle mir die Frage, inwieweit im 19. Jahrhundert beispielsweise Bach als Kirchenmusiker so im Vordergrund stand, daß Schütz völlig hintenan stand, und dann die Stadt, in der er gewirkt hat, Dresden (das soll kein Vorwurf gegen Dresden sein) berühmt wurde als die große Strauss-Stadt und wir jetzt eigentlich erst dabei sind, Dresden auch als Schütz-Stadt zu entdecken.

Jens Peter Larsen: Wenn Professor Pischner sagt, daß Bach im 19. Jahrhundert als Kirchenmusiker besonders hervortrat, so scheint mir, daß das erst gegen Ende des Jahrhunderts möglich gewesen ist. Denn die Kantaten waren damals nicht gedruckt. An Schütz haben wir gestern im Eröffnungskonzert Gelegenheit gehabt, etwas für ihn Besonderes zu beobachten. Händel hat seine Oratorien im Theater aufgeführt. Bach hat natürlich sein «Magnificat» für die Kirche geschrieben. Aber die Thomaskirche ist ja nicht einer der akustisch ganz großen Räume gewesen. Die chorische Musik von Schütz paßt einfach in einen so großen Saal, aber verglichen mit Kirchen mit ganz großen Gewölben, mit diesem Nachhall, da war eigentlich der Raum kaum groß genug für Schütz. Diese mehrchörigen Sachen fordern eine andere Akustik als man gewöhnlich in einem auch so großen Konzertsaal wie gestern vorfindet. Die Werke von Heinrich Schütz noch mehr als die Händels (auch das gestern aufgeführte war eine kirchliche Komposition) gehören in einen größeren Rahmen, einen kirchlichen Rahmen hinein. Sie sind, was Besseler «umgangsmäßige Musik» nannte. Und das hat wohl auch damit zu tun, daß sie sich nicht ganz so leicht wie Bach und Händel in einen Konzertsaal übertragen lassen.

Ferdinand Klinda: Ich muß mit großem Bedauern feststellen, daß es bei uns keine Schütz-Renaissance gibt. Es werden nur Werke seines tschechischen Zeitgenossen Adam Michnaz Otradovic aufgeführt. Diese sind denen von Heinrich Schütz insofern ähnlich, als hier die tschechische Sprache zu bedeutender Ausprägung kommt. Der Komponist lebte etwa vom Anfang des 17. Jahrhunderts bis in die siebziger Jahre des 17. Jahrhunderts, aber es bestehen da keine direkten Verbindungen zwischen Schütz und ihm, denn es war damals die Zeit nach der Schlacht auf dem Weißen Berge, in der Böhmen in die österreichische Monarchie eingegliedert wurde und die Beziehungen zu den protestantischen Ländern vollkommen abgebrochen wurden.

Walther Siegmund-Schultze: Schütz war ja längere Zeit auch in Kopenhagen, hat weltliche Musik komponiert für den dortigen königlichen Hof, was also für Dresden nicht so in Frage kam. Was uns jetzt an Schütz noch so bewegt, meine ich, ist diese unverfälschte Übernahme des biblischen oder lutherischen Wortes mit einer unerhört starken Deklamationssprache, die vorbildlich noch für unsere Zeit und unsere Komponisten sein kann. Ich habe das bemerkt, sowohl in unserer Republik wie auch im Ausland, auch in den südosteuropäischen Ländern. Die Zuhörer waren sehr beeindruckt von der Macht dieser Musik. Obwohl es sich meistens um die deutsche oder lateinische Sprache handelt, denke ich, daß eben die unerhörte, emotionale Kraft dieser Musik uns noch etwas zu sagen hat. Durch ihre deklamatorische Kraft, die auch über Jahrhunderte weiterwirkte, indirekt auch auf Bach und auf Händel, gehört sie durchaus zu unserem besten Erbe. Und es ist auch keine Schwierigkeit, einige der Chöre von Heinrich Schütz, vielleicht nicht alles, aufzuführen. Und die Hörer sind dann genauso begeistert wie von anderer Musik.

Eduard Melkus: Leider Gottes, finde ich, bleibt die Frage offen, warum so wenig Schütz gemacht wird? Wir machen alle wunderbare Worte. Wir haben eine wunderbare Laudatio gehört. Ich erinnere mich an das Lessing-Wort «Wer wird nicht einen Klopstock loben, jedoch ihn lesen kaum». So ähnlich scheint es mir immer noch mit Schütz zu gehen. Also irgendwo muß doch ein Haken liegen. Und ich möchte also beim Thema Schütz nicht nur auf die Dresdener Konferenz hoffen.

Siegfried Bimberg: Ich bin der Meinung, daß die anscheinend geringe Popularität eine Frage der Leistungsfähigkeit der Chöre ist. Wenn Schütz namentlich für Chöre geschrieben hat, dann ist die Aufführbarkeit gebunden an einen hohen Leistungsstand. Ich meine, daß dieser hohe Leistungsstand damals allgemein nicht gegeben war. Aus dem 19. Jahrhundert haben wir keine Aufnahmen. In der Gegenwart sind es leider nur wenige Chöre, die diesen Anforderungen nachkommen können. Wenn ich an die Madrigale denke, ist das das Gebiet, was zur schwierigsten Praxis im Madrigalgesang überhaupt gehört. Die Schützschen Madrigale richtig zu singen, sauber mit Ausdruck zu singen, ist mindestens genauso schwer wie Gesualdo oder Monteverdi, wenn nicht gar noch schwerer. Ich habe selbst jahrzehntelang Schütz interpretiert, neben den anderen italienischen, englischen und deutschen Meistern. Es wird genau hingehört. Das Publikum hört nicht weg. Das heißt: die Popularität hängt an den wenigen, die Schütz aufführen.

Andererseits: Die Leute im Konzertsaal sind an ein großes Orchester gewöhnt. Und wenn das nicht dabei ist, dann ist es für sie keine Musik. Ich übertreibe, aber hier ist vielleicht eine der Ursachen für Vorurteile auch gegenüber der Schützschen Musik. Wenn ich die Motetten höre, geistliche Chormusik etwa, dann ist damit natürlich der gleiche Leistungsanspruch verbunden, der eben von einem gewissen Niveau aus realisiert werden muß. Ich will nicht sagen, wenn Instrumente dabei sind, dann kann man mehr anhören, aber wir haben ja alle Ohren.

Es ist in diesem Jahr viel musiziert, es ist aber auch viel geschludert worden. Dennoch hielte ich es für notwendig, daß man sich mehr für die A-cappella-Kunst von Heinrich Schütz interessiert.

GERD RIENÄCKER: Ich möchte dem vier Probleme hinzufügen. Das eine hängt ja mit der Schütz-Rezeption überhaupt zusammen. Schütz war über viele Jahrzehnte ein Spezialfall evangelischer Gemeinden, oder auch ein Spezialfall einzelner Chöre außerhalb der Gemeinden. Das hing schon mit Mißverständnissen seiner ursprünglichen Wirksamkeit zusammen. Wolfram Steude hat herausgearbeitet, daß ein großer Teil der Kirchenmusik überhaupt nicht in Gottesdiensten, sondern bei der Hoftafel aufgeführt wurde. Wir wissen wenig über die ursprünglichen Aufführungsorte und haben zu schnell die Uraufführungsorte begrenzt und meinten, es wäre nur ein Spezialfall für den Gottesdienst. Das läßt sich ja gerade in Kirchenzeitschriften sehr gut nachlesen. Das zweite Problem: Wer sich mit Schütz beschäftigt, kann einen bestimmten Musikbegriff nicht übernehmen, der für die Bach-Pflege auch verbindlich war. Bach war längere Zeit auch ein Spezialfall für die Idee der absoluten Musik. Diese Idee ist auf Schütz nicht anwendbar. Wer mit Schütz zu tun hat, muß zwei Bedingungen beachten. Erstens einen Musikbegriff, der mit Umgangsmusik zu tun hat und nicht nur mit der Darbietung, und zweitens einen Musikbegriff, der sehr stark mit dem Wort verknüpft ist. Es gibt keinen Takt Instrumentalmusik von Schütz, der nicht ganz genau nach den Regeln der Wortdeklamation komponiert ist. Und der hat nun mit der lateinischen, der italienischen und deutschen Sprache zu tun. Damit haben wir aber ein drittes Problem: Wer sich mit Schütz befaßt, muß sich, von welcher weltanschaulichen Position auch immer, intensiv – wie Luther – mit dem Bibelwort auseinandersetzen und dann versuchen zu begreifen, welche Rolle Bibelworte heutzutage für Menschen spielen, die nicht Christen sind. Denn es kann ja nicht sein, daß sich nur Christen mit dem Bibelwort beschäftigen. In ihm ist auch für Menschen anderer Weltanschauungen sehr viel zu entdecken. Man kann in bezug auf Schütz nicht sagen: eine sehr schöne Musik, aber kein guter Text. Da gibt es eine seltsame Einheit von Text und Musik, und wir haben sie uns neu zu entdecken gelernt. Ein viertes Problem: Es hat ja auch Jahrzehnte von Schütz-Interpretationen gegeben, die ein seltsames Ideal alter Musik hervorbrachten. Getragen, undramatisch, nicht deklamierend, im gleichbleibenden Forte, mit geleierten Silben. Und diese alte Musik hat dann halt nur besondere Interessenten angelockt und sehr viele, die sich mit Fragen neuer Musik beschäftigen, sehr viele, die sich auch mit dem 19. Jahrhundert beschäftigen, nur als archaisierende Musik interessiert. Und wir erleben gerade erst wieder international einen Umbruch der Schütz-Interpretation, der uns zeigt, daß die Musik von Heinrich Schütz eine hochmoderne Kunst ist. Wir sind gerade jetzt mitten in der Entdeckung dessen. Viele Komponisten sagen, wir haben ja eigentlich von Schütz noch gar nicht so viel gewußt und fangen an, ihn wieder zu entdecken. Es wird mehr aufgeführt werden, insoweit wir Schütz für uns entdecken, und zwar nicht als Spezialfall alter Musik.

KARL-HEINZ KÖHLER: Auf Anregung von Professor Melkus hatten wir auch Professor Mertin aus Wien zu diesem Roundtable eingeladen, der sich aber alters- und krankheitswegen entschuldigen mußte. Dafür hat er uns aber ein Papier übersandt und uns gestattet, daraus zu zitieren, was immer wir wollen. Professor Mertin weist auf drei wichtige Problemkreise bezüglich Schützscher Musik hin, darauf, daß diese Musik in einer anderen Notation geschrieben ist, als wir sie seit dem 18. Jahrhundert gewohnt sind: daß er von der Mensuralnotation herkommt. Die hat ganz andere Gesetze, als dann die artikulierte Musik des 18. Jahrhunderts. Sie geht von einem Großraum, dem Tactus aus, dem sich kleinere Teile zuschmiegen, durch die sogenannten Proportionen. Ohne jetzt hier in fachliche Details zu verfallen, ist es aber abwegig, hier nun «zerklopfende Artikulationen» anzuwenden, wie er sich ausdrückt. Das zweite Problem betrifft die Stimmung. Professor Mertin hat sich ein Leben lang, seit 1919, mit der Musik Schützens beschäftigt und ist solchen Fragen auf Grund von Instrumentenuntersuchungen nachgegangen. Er hat herausgefunden, daß wir beim Stimmen vom «Cornetenton» auszugehen haben, der etwa einen Ganzton über dem herkömmlichen Kammerton liegt. Im übrigen verweist er meiner Meinung nach völlig zu Recht darauf, daß ja die wohltemperierte Stimmung noch gar nicht erfunden war, sondern wir uns eigentlich dem Klangideal der mitteltönigen Stimmung annähern müßten. Und zum dritten schneidet er das Problem der Besetzung an und negiert die Möglichkeiten der Monumentalbesetzung. Er plädiert also für eine durchsichtige und nur sehr schmale Besetzung, dafür, daß die Instrumente sich mehr als Partner denn als Begleiter verstehen. Er verweist also mit Recht darauf, und das bringt mich wieder zum Stichwort Leistungsanspruch zurück, daß eine Menge wissenschaftliche Vorarbeit geleistet worden ist, die von der Praxis zur Kenntnis genommen werden muß. Und das ist eine Sache, die jeden Musikwissenschaftler, der sich der Praxis, und jedem Praktiker, der sich der Wissenschaft verbunden weiß, aus dem Herzen spricht. Mertin sagt: Die Krankheiten, an denen wir leiden, sind zwei. «Die zünftige Musikwissenschaft weicht einem lebendigen Musizieren aus» und die Praktiker weigern sich zumeist, «jene musikwissenschaftlich erarbeiteten Grundlagen in einem Spezialstudium aufzuarbeiten, sie verlassen sich auf ihre Routine und ihren Mutterwitz und nun passieren peinliche Fehler». Hier schlägt Herr Mertin einen Duktus des zornigen alten Mannes an, dem ich mich gerne anschließe.

EDUARD MELKUS: Gerade mangelnde Deklamation, Erkenntnisse der Interpretation, der Notation, zum Beispiel das Kapitel des Triplum ist ein schwieriges Problem. Die neue Schütz-Edition hat in einem Bestreben, Schütz zu popularisieren, zugleich auch Schütz verbürgerlicht und zerstückelt. Denn sie haben das große Triplum in eine alte Notation gedrängt, die genau auch der Sesqualtera entspricht, so daß man als Interpret ohne genaues Studium diese ganz verschiedenen Bewegungsformen gar nicht mehr auseinanderhalten kann. Schütz schreibt Großtakte. Gelegentlich finden Sie über fünf, sechs Takte nicht einen einzigen Taktstrich. Das betrifft das Wissen um die Deklamation. Das heißt, wenn wir dann schön brav immer wieder nach jedem 4/4- oder 3/2-Takt einen Taktstrich finden, so kommen wir automatisch zu einem viel schärferen im modernen Sinn akzentuierten Interpretieren anstelle einer echten Wortinterpretation und Wortdeklamation. Was mich am meisten aber stört, ist, daß Schütz immer hauptsächlich als Renaissance-Komponist und als Fortführer einer Gabrieli-Schule angesehen wird. Wir vergessen, daß selbst im Jahr 1612 bereits der Orfeo von Monteverdi aufgeführt und in ganz Italien eine Sensation war. Schützens eigene Musik ist auch schon in der Frühzeit ein Beleg dafür, daß er gerade die «seconda prattica», das heißt den rezitativischen Stil des Monteverdi nachahmt, in sich aufgenommen hat. Das betrifft einige wesentliche Elemente, wie das vorwiegend dramatische Element, ganz gleich ob es Kirchenmusik, Musik für das Theater oder für die Kammer ist. Immer steht für diesen Barock-Komponisten das Dramatische im Vordergrund, die dramatische Auseinandersetzung mit dem Werk. Zu gleicher Zeit ist es immer nur das kleine Solistenensemble, die Addition von solistischen Gruppen, die dann das großchörige Werk ausführen. Man muß dankbar sein, daß sich die Chöre, wenigstens die Chöre, des Werkes Schütz' angenommen haben, sonst wäre er überhaupt nicht aufgeführt worden. Aber man darf nicht vergessen, daß es eigentlich Solistenmusik ist und daß die Schlagkraft einer Solostimme, gerade im Gesang, in der Deklamation, im chorischen Prinzip nicht ersetzt werden kann. Dazu gehört auch die Freiheit im Tempus. Wie es schon in der Motette und im Madrigal beginnt, dürfen die Abschnitte verschieden, sowohl in der Dynamik wie auch in der Geschwindigkeit, vorgetragen werden. Davon hört man sehr wenig und darum haben wir alle uns auch so wenig bemüht. Ich glaube, daß es in einem hohen Maße die Editionen sind, die falsche Interpretationen begünstigen. Die alte Schütz-Ausgabe ist vergriffen und obendrein sehr schwierig für den Interpreten, weil sie die alten Schlüssel benützt. Die neue Schütz-Ausgabe führt zu schon erwähnten Mißverständnissen. Und so können wir es den Interpreten nicht übelnehmen, daß sie auch zu falschen Interpretationen kommen. Ich glaube, daß gerade im Fall Schütz ein gewaltiger Erdrutsch erfolgen muß, wie er Gott sei Dank bei Bach und Händel schon längst erfolgt ist, und vielleicht wird der Dresdener Kongreß ein auslösendes Element dazu sein.

HANS PISCHNER: Wenn ich über Bach spreche, möchte ich vom Standpunkt des Interpreten sprechen, des Cembalisten, und zwar zu dem, was mich besonders an Bach interessiert. Meines Erachtens kann der Zugang zur Interpretation der Bachschen Musik unterschiedlich sein, weil es hierzu verschiedene Quellen gibt. Die eine ist die eigene nationale Tradition, die andere ist die von Einflüssen der zeitgenössischen ausländischen Musik. Ich pflege immer zu sagen, die Fußreisen Bachs in Deutschland waren eigentlich seine Universitäten. Mozart ist noch ein bißchen weiter gewandert. Er [Bach] hat beispielsweise in Celle die französische Cembalomusik kennengelernt. Diese hat doch einen sehr großen Einfluß auf ihn und auch auf die Interpretation gehabt. Es ist heute vielfach Mode, wie es bei Händel selbstverständlich ist, Verzierungen anzubringen, noch zu dem, was Bach notiert hat, Verzierungen dazu zu notieren. Das geht ganz gegen die Regel, denn er hält sich hier an die Tradition der französischen Cembalomusik Couperins, der hier sein großes Vorbild war, und er hat ja auch einiges von ihm aufgenommen. Die zweite entscheidende Quelle – darin besteht seine Modernität – war in Weimar die Übertragung der Konzerte von Vivaldi, aus denen das «Italienische Konzert» entstanden ist. Vivaldi war damals einer der modernsten Komponisten. Besseler hat in einer Arbeit schon im Jahre 1950 über Bachs Weimarer Orgel-Übertragungen von Vivaldi-Konzerten geschrieben, vom revolutionären Gedanken des Singens auf der Orgel, dem kantablen Spiel, was genauso für das Cembalo und für die Interpretation Bachs eine bedeutende Rolle spielt. Drittens ist Bach einer der Erfüller der Gedanken Descartes', seiner philosophischen Äußerungen, besonders in der Frage der Affekte. Der Affekt-Gedanke kommt in der Bachschen Musik fast zur Krönung und spielt eine ganz entscheidende Rolle. Zurück zum Problem der Verzierungen. Leider sind wir durch das 19. Jahrhundert etwas irritiert. Vielleicht spricht man besser von Veränderung. Was hier als Verzierung gedacht war, ist eigentlich eine Unterstützung oder eine weitere Ausarbeitung des Affektes. Beispielsweise gibt es dreistimmige Sinfonien von Bach, die ein Schüler mit sogenannten Verzierungen abgeschrieben hat, die ich für legitim halte, weil ich glaube, daß er sie so von Bach gehört hat, und die so den Affektcharakter unterstützen. Das vierte ist das erzählende Moment, ich möchte sagen, die Rhetorik der Zeit. Die Rhetorik spielt eine ganz wesentliche Rolle in ihrem Einfluß auf die Bachsche Musik. Und letzten Endes muß noch bemerkt werden, daß Bach viel, viel mehr Tanzsätze als Händel geschrieben hat, obwohl dieser der große Weltmann war. Das Weltmännische durchzieht das ganze Händelsche Werk, nicht nur seine Instrumentalwerke, sondern geht genauso in seine Vokalwerke hinein. Die unglaubliche Vielfalt und das rhythmische Element sind etwas ganz Entscheidendes für die heutige Interpretation, machen es meines Erachtens interessant für die jugendlichen Zuhörer. Ich pflege oft zu sagen, die Continuo-Gruppe dieser Zeit ist das, was heute die Rhythmus-Gruppe des Jazz ist. Zum anderen spielt diese Art der Musik des 18. Jahrhunderts, mit dem Prinzip, Affekte zu erregen und zu stillen, für viele Menschen die Rolle, eine innere Balance zu finden, und ist nicht unwesentlich für die Musiktherapie; wobei ich nichts gegen die große Emotionalität Bachs sagen möchte, gegen seine Problemlösungen der «Chromatischen Fantasie», des «Italienischen Konzerts», der «h-Moll-Ouvertüre». Er hat jeweils eine Form genommen, einmal das Werk geschrieben, und damit war für ihn das Problem gelöst.

WALTHER SIEGMUND-SCHULTZE: Das ist das Überraschende bei Bach, daß immer wieder auch in ernsten Werken dieses Tänzerische, das Volkstümliche damit, durchbricht und uns so fasziniert. Ich möchte festhalten, egal ob das Schütz, Bach oder Händel betrifft, es kommt sehr auf die Interpreten an, ob die manchmal abstrakteren Folgen bei Bach lebendig ankommen oder ob das bloß motorischer Rhythmus ist etwa zu Beginn des Brandenburgischen Konzerts, wie das manche denken, oder ob das auch emotional interpretiert werden kann und muß. Es ist wirklich so, man muß bei Bach die Einheit von Emotionalität auf der Grundlage der Affektenlehre und von Ratio sehen. Beide Seiten sind meines Erachtens Elemente der Aufklärung, des Aufklärungszeitalters. Es ist darüber nachzudenken, wie man den Menschen Bach (die menschlichen Gefühle sind bei Bach meistens in der leidenden Christusgestalt symbolisiert) und sein Nachdenken über die Möglichkeiten der Tonmaterie, wie er das besonders im «Wohltemperierten Klavier», aber auch in vielen anderen Werken getan hat, dem Rezipienten nahebringen kann. Er hat naturwissenschaftliche Erkenntnisse seiner Zeit, beispielsweise über die temperierte Stimmung, sehr gut ausgewertet. Ich glaube, das ist eine einzigartige, aber zusammengehörige Tat von Johann Sebastian Bach, die ihm keiner zu seiner Zeit nachgemacht hat. Daß Bach so wirkt, bis in die

Pop-Musik, hängt mit dem universalen, komplexen Charakter seiner Musik zusammen. Diese Komplexität reicht über das Wort hinaus, das er an sich, ähnlich wie Schütz, sehr genau interpretiert.

FERDINAND KLINDA: Es wurden schon so viele Anhaltspunkte für die Bach-Interpretation gegeben, daß vielleicht hier Gelegenheit wäre, national bedingte Verschiedenheiten in der Aufführungspraxis anzusprechen. Denn ungeachtet einer abstrakten Stiltreue haben sich mannigfaltige Abweichungen herausgebildet, die jeweils in der eigenen nationalen und der landschaftlichen Sphäre als richtig oder stilgemäß empfunden werden. In den slawischen Gebieten bevorzugt man Lebendigkeit, starken Ausdruck, Gefühlsbetontheit, eine weite dynamische Skala, Kontraste, Abwechslungen, Expressivität. Romanische Spieler lieben wiederum schnelle und oft nicht ganz regelmäßige Tempi, viel rubato, viel Phantasie in der gesamten Gestaltung, Farbenreichtum, persönliche Freiheiten, auch Zutaten zum Text und eine gewisse Überschwenglichkeit in den einzelnen Elementen der Spielweise. Es kann also durchaus vorkommen, daß z. B. eine Aufführungsweise in Deutschland oder in den Niederlanden als stilgemäß und einwandfrei eingestuft, in östlichen oder südlichen Gebieten als unterkühlt, akademisch, statisch und langweilig empfunden wird. Umgekehrt kann ein Ost- oder Südländer in Deutschland leicht als vermeintlicher Romantiker, als disziplinlos, unwissend oder als zu äußerlich oder vordergründig abgestempelt werden. Diese Verschiedenheiten der Auffassung bestehen nicht nur im Geschmack, in der ästhetischen Erwartung und Rezeption der Zuhörer, sondern auch in den Ansichten der Interpreten und Musikologen, die sich übrigens auf dieselben Ergebnisse von Stilforschungen berufen. Die sogenannten nationalen Schulen und ihre Auswirkungen sind gerade bei Bach sehr gut feststellbar und definierbar. Es gibt aber auch eine Annäherung der genannten Unterschiede, wie man in der letzten Zeit feststellen kann, die heutzutage hauptsächlich von den Medien und dem wachsenden Konzertbetrieb beeinflußt werden. Ich meine aber, daß eine vollkommene Vereinheitlichung nicht wünschenswert wäre. Es sollten doch auch in der Bach-Interpretation Einzelheiten der persönlichen nationalen Prägung erhalten bleiben.

JAROSLAV BUŽGA: Ich möchte Sie ganz kurz mit einigen Forschungsergebnissen der Rezeption der Bachschen Musik in den böhmischen Ländern bekannt machen. Dies betrifft das 18., 19. und 20. Jahrhundert. Wenn man ein Kunstwerk des 18. Jahrhunderts im 20. Jahrhundert betrachtet, kann man nicht davon absehen, abstrahieren, daß es ein Kunstwerk aus dem 18. Jahrhundert ist und dazwischen ein Zeitalter des Historismus im 19. Jahrhundert lag. Bach begleitete den Köthener Fürsten Leopold in den Jahren 1718 und 1720 nach Karlsbad. Es muß als sicher gelten, daß der Fürst bei verschiedenen Begegnungen und Besuchen Bach vor seinen Gästen spielen ließ. Die gewiß begeisterten einheimischen adeligen und kirchlichen Musikliebhaber wußten seine Kunst zu schätzen. Zugleich spürten sie aber offensichtlich, daß die einheimischen Musiker, die sich auf den Residenzen aus Untertanen und in den Klöstern aus Studenten und Priestern rekrutierten, nicht fähig waren, Bachs Kompositionen technisch zu bewältigen. Die Orgeln begleiteten damals den Gemeindegesang und spielten in den vokalinstrumentalen Kompositionen das Continuo. Die oft bescheidenen Instrumente eigneten sich wenig für das Solospiel und für die Aufführungen der großen Orgelkompositionen von Bach überhaupt nicht. Orgelkompositionen von Bachs böhmischem Zeitgenossen Bohuslav Matěj Černohorský sind wesentlich schlichter in der Faktur als dessen Kompositionen, die im späten 18. Jahrhundert und frühen 19. Jahrhundert wahrscheinlich auch von Seeger vereinfacht und den Möglichkeiten der kleineren Orgeln angepaßt wurden. Die spärlichen Beziehungen Bachs zu den böhmischen Ländern zu seinen Lebzeiten boten außerdem keinen fruchtbaren Boden für eine philologische und ästhetische Quelleninterpretation in der Zeit der Bach-Renaissance im 19. Jahrhundert. Der mit der Bach-Renaissance im 19. Jahrhundert verknüpfte musikalische Historismus, die Wiederbelebung der sogenannten «Alten Musik», hatte in den böhmischen Ländern seine spezifischen Züge. Im Zusammenhang mit der Prager Mozart-Tradition erwachte im 19. Jahrhundert das Interesse für seine tschechischen Vorgänger und Zeitgenossen wie die Brüder Benda, Mysliveček, Koželuh, Jírovec, Vanhal. Die volkstümliche tschechische klassizistische Weihnachtsmesse von Jakub Jan Ryba mit Rezitativen, Arien und Chören nimmt im heutigen Repertoire in den böhmischen Ländern etwa den gleichen Platz wie Bachs Weihnachtsoratorium in Deutschland ein. Die Wiederentdeckung der Matthäuspassion durch Mendelssohn Bartholdy wurde in Prag kaum zur Kenntnis genommen, obwohl die Prager Presse das Musikleben in Berlin, Leipzig und Dresden kommentierte, die Leipziger Allgemeine Musikalische Zeitung in Prag gelesen wurde und Mendelssohn Bartholdy in der Stadt viele Freunde und Anhänger hatte. Bachs Anregungen für Busoni, Reger, Schönberg, Strawinsky, Hindemith, Bartók, Schostakowitsch, Dessau und viele andere Komponisten blieben dagegen ohne jeden Einfluß auf Janáček oder Martinů oder auf andere tschechische Komponisten. Eine ganz seltene Ausnahme machen die im Ausland weniger bekannten Kantaten von Ladislav Vycpálek und einige Kompositionen seines Lehrers Vitězclav Novák wie das 2. Streichquartett. Zu Nováks Schülern gehörten auch Fidelio F. Finke und Erich Kleiber. Die schon Anfang des 19. Jahrhunderts von Forker in Prag initiierte und von Tomášek, einem Goethe-Freund und Mozart-Verehrer, fortgesetzte Tradition der Pflege der Musik Bachs in Prag blieb neben der Pflege von Bachs Orgelkompositionen für das ganze 19. Jahrhundert und eigentlich bis in unsere Zeit maßgebend. Die ganz seltenen Aufführungen von Bachs Vokal- und Orgelkompositionen in den böhmischen Ländern können auch im 20. Jahrhundert das Bild der einseitigen, bescheidenen Bach-Pflege in den böhmischen Ländern nicht ändern. Gegenwärtig sind die Cembalistin Zuzana Růžičková, der Geiger Joseph Suk als Bach-Interpreten international bekannt, schließlich auch das von Milan Munclinger geleitete Kammerensemble Ars Rediviva. Die Orgelbewegung fand erst in den fünfziger Jahren einen Anhänger in Jiří Reinberger, einem Schüler von Ramin und Straube. Reinberger entwarf auch die Disposition für die Orgel in der Prager Martin-Kirche, auf der Bach-Kompositionen aufgenommen wurden. Er selbst machte seine Schüler, die auch als Bach-Interpreten berühmt sind, zu den bekanntesten Interpreten in der Tschechoslowakei. Dazu gehört auch der anwesende Herr Klinda. Im Vergleich mit der Bach-Pflege in der DDR und einigen anderen Ländern werden, wenn auch einseitig, die Kammer- und die Orgelkonzerte der Bach-Pflege in der ČSSR anläßlich des diesjährigen Jubiläums diskutiert.

WALTHER SIEGMUND-SCHULTZE: Ich habe eine Frage an unseren Chairman. Sie bezieht sich auf die Violin-Interpretation von Bachschen Werken, weil Prof. Pischner darauf hinwies, daß bei Bach wenig hinzugetan wird, da er ja alles schon ausgeschrieben habe. Hat er nun alles ausgeschrieben? Erscheint es notwendig, zum Beispiel bei den Violinsonaten mit konzertierendem Cembalo oder bei Violinkonzerten doch noch improvisatorisch etwas hinzuzutun, um dem Bachschen Stil, um der historischen Erkenntnis der Bachschen Musik näher zu kommen!?

EDUARD MELKUS: Direkt angesprochen, kann ich nur sagen: ich bewundere immer den Mut der Kollegen, die dem Bachschen Werk noch etwas hinzuzufügen wissen. Und ich freue mich dann nächstens auf Beethovens Sonaten oder Sinfonien mit veränderten Wiederholungen, wenn ich dann keinen Unterschied hören kann. Selbst die Wiederholungen und Auszierungen bei Händel sind sehr stark diskutabel. Und es ist undenkbar, einem Werk von Bach etwas anderes hinzuzufügen, als in den Kadenzen, wo es einfach Zeitgebrauch ist, den Triller und gelegentlich eine Verzierung zu machen. Alles andere ist in meinem Credo ein Unfug, aber das ist persönlich.

Die Kollegen haben das alles nur sehr milde ausgedrückt. In Wirklichkeit sind das ja Kriege, Bürgerkriege, die sich heutzutage abspielen, wo der Riß direkt durch den Freundeskreis und auch durch die Familie geht. Speziell in der Interpretation Bachscher Musik wird fast mit einem konfessionellen Eifer interpretiert, und zwar aus denselben Quellen. Das heißt, jeder hat vor sich dieselben Quellen und interpretiert sie völlig verschieden. Da nützt uns selbst die ganze Musikwissenschaft nichts, weil der Musiker darauf eben emotionell und persönlich antwortet. Ich vergleiche selbst die Bach-Interpretation immer mit dem Faksimile und mit dem Original. Vergleichbar sind diese Auseinandersetzungen mit der Bibel-Interpretation, die zu Religionskriegen geführt hat, oder der Auslegung des Gesetzbuches, das auch erstaunlich weite Interpretationen zuläßt. Ich versuche, aus meiner Persönlichkeit als Interpret herauszutreten und die Situation einfach zu beobachten. Und da kommen dann sicher noch soziologische und nationale Kapitel dazu, wie eben die Bach-Interpretation in unserer Zeit ausfallen kann.

LUDWIG FINSCHER: Ich möchte an das anknüpfen, was Herr Melkus gesagt hat: Da kann uns die ganze Musikwissenschaft nicht helfen. Das kann man selbstverständlich als Musikwissenschaftler nicht so stehen lassen. Ich glaube schon, daß die Musikwissenschaft helfen kann. Herr Melkus hat ja auch in diesem Zusammenhang gesagt, daß aus ein und denselben Quellen die verschiedensten Dinge herausgelesen werden. Vielleicht müßte man hin und wieder ein bißchen Lesehilfe geben. Ich will das an einem konkreten Beispiel erläutern. Sie kennen sicher alle Herrn Harnoncourts Einzeltongebung, die Einzelton-Artikulation besonders bei Bach, diesen stark anschwellenden und dann leicht verklingenden Ton, und die von ihm öfter schon schriftlich und in vielen Aufnahmen artikulierte Vorstellung, daß das im Grunde die Standard-Artikulationsweise sei. Die Quelle, auf die er sich stützt, ist eine einzige Stelle in der Violinschule von Leopold Mozart. Dort beschreibt Leopold Mozart genau das, was in der Praxis von Harnoncourt und so vielen anderen getan wird. Aber bei Leopold Mozart geht es lediglich um eine bestimmte Art von Ton, nämlich um die übergebundene Taktsynkope. Also im 2/4-Takt um eine Synkope, die auf dem zweiten Viertel anfängt und das ganze erste Viertel des zweiten Taktes ausfüllt, um eine Ganztakt-Synkope. Ausdrücklich nur dafür ist diese Artikulation und auch nur bei Leopold Mozart beschrieben. Wenn man sich das mal genau ansieht, fallen eine ganze Reihe von Schwierigkeiten und auch von dogmatischen Verfestigungen verschiedener Arten zeitgenössischer Interpretationspraxis von vornherein weg.

EDUARD MELKUS: Vielleicht darf ich ergänzen, daß auch die Frage des messa di voce, die soviel mißinterpretiert worden ist, mit hineingehört. Das messa di voce wird immer nur für lange Töne beschrieben, nie für kurze. Eine andere, auch mißverstandene Quelle ist die Violinschule von Geminiani, der für den einzelnen Ton Crescendi beschreibt. Gemeint ist ein rasches Anwachsen des Tones im Gegensatz zu dem unartikulierten Hin-und-her-Streichen, das er als langweilig empfindet. Aber daß auf jeder Note wieder decrescendo zu machen ist, über das Absterben der Note ist bei Geminiani nirgends ein Wort zu finden. So sind die Quellen, auf denen gewissermaßen eine ganze Weltanschauung, das ist eine dieser Weltanschauungen unserer zeitgenössischen, historisierenden Bach-Interpretation, basiert.

FERDINAND KLINDA: Es scheint mir, daß es für eine künstlerisch hochstehende Persönlichkeit durchaus legitim ist, wenn sie Ansichten anbringt und vertritt, die aus ihrer geistigen Potenz entspringen. Es ist auch wünschenswert, daß gewisse Schranken der Konvention mal überwunden werden, denn diese Eigenschaften oder Eigenheiten sind auch immer wieder eine neue Facette in der Interpretation. Meiner Meinung nach ist es aber nicht unbedingt als gut zu werten, wenn nun ganze Scharen von Interpreten sich unbedenklich einer neuen Tendenz anschließen. Und wenn wir nun beispielsweise neben dem Dogmatismus die Artikulationsansichten verschiedener Interpreten betrachten – eine Welle der Heidnisierung von Bach –, ist der Hauptanteil dieses Mißmutes nicht durch einzelne beispielhafte, sondern durch verflachte, epigonenhafte Aufführungen, die ja schon die Frische und den Überraschungseffekt verloren haben, verursacht. Ich möchte aber als Organist bei meinem Fach bleiben und auf die bei der Orgel vollkommen umgekehrte Mode hinweisen, die Musiker aus anderen Gattungen mit Recht ganz unverständlich finden könnten, nach der die Klanggestaltung bei Bach um zwei Jahrhunderte zurückgeworfen, in vermeintlicher Überzeugung und in Berufung auf die Rhetorik und die Affektenlehre, besonders fortschrittlich sei. Ich meine damit die Mode, alle großen freien Orgelwerke Bachs vom Anfang bis Ende ohne jeden Wechsel im Fortissimo-Klang der vollen Orgel zu spielen. Die Organisten sind ja sonst bekannt als Musiker, die viel studieren und nachdenken. Viele neigen aber zur Verallgemeinerung einzelner Erkenntnisse und zu extremen Lösungen. Und auch die von mir schon erwähnten Meisterklassen, die sich meistens viel zuwenig Zeit nehmen, auch gegenteilige Meinungen zu diskutieren, können dazu beitragen. Ich möchte an ein mich bedrückendes Erlebnis erinnern, welches sicher kein Dienst an der Musik Bachs gewesen ist. Nach dem zweiten Bach-Stück in einem Konzert, das heißt nach einer halben Stunde Anhören eines ganz unveränderten Fortissimo-Klanges ohne jede Abwechslung, verließen viele Zuhörer den Saal, auch viele junge, denen sonst ein lauter Disco-Sound Vergnügen macht. Man sollte also zumindest das Abstoßende einer solchen Bach-Spielweise bedenken, was hoch über allen anderen Argumenten steht.

KURT BLAUKOPF: Wir haben ein schönes Referat von Georg Knepler gehört. Wir haben aber keinen Versuch unternommen, unser Thema in den Zusammenhang mit diesem Referat zu stellen. Das stört mich. Warum? Es stört mich deswegen, weil wir die schönsten Ansätze haben, in der Debatte über Schütz, Bach und Händel Fragestellungen im Referat von Knepler aufzubereiten. Ich sage das nicht, weil ich mit allem, was Knepler gesagt hat, einverstanden bin. Ich könnte einige Punkte nennen, denen ich gerne widerspräche. Aber das ist nicht der Augenblick dazu. Wir haben in der Debatte schon die griffige Werbeformel: Schütz, Bach, Händel, so als ob es sich um etwas Einheitliches handelt, ein bißchen zergliedert. Wir haben schon gemerkt – wie durch den Hinweis von Herrn Professor Larsen –, daß es sich im Falle Schütz zumindest um eine Übergangsstufe von Umgangsmusik zu Darbietungsmusik handelt, jedenfalls nicht um die ausgebildete oder in Ausbildung begriffene Komponier- und Hörweise des 18. Jahrhunderts, eines Bach, Händel und anderer. Bei dieser Unterscheidung kommen wir dann darauf, daß es möglicherweise Motive gibt, die Bach und Händel über die ganze Welt, wir dürfen sagen, populär machen, und darauf, daß das bei Schütz viel schwieriger ist, weil es anderes ist, einer anderen Sphäre, einer anderen Kulturepoche angehört. Diese Unterschiede berühren einige Fragestellungen von Knepler, z.B. daß wir nicht eurozentrisch denken sollen. Und um noch mal aggressiv zu werden, die Debatte hier ist schrecklich eurozentrisch. Sie erklärt uns nicht, wie weit eigentlich in der europäischen Musikentwicklung Elemente vorhanden sind, die ihr Hinausgreifen über diesen Kontinent, über das, was abendländische Kultur genannt wird, ermöglichen. Warum gibt es in manchen Kulturen Dinge, die über sie selbst hinausgreifen und Welterbe werden können. – Knepler hat diese schöne Vision von der Menschheitsmusik aufgestellt –, und andere Elemente, die nicht so leicht in dieses Erbe eingehen? Vielleicht könnten wir uns einmal fragen, wie das, was hier bisher von Europäern gesagt wurde, auf Ohren wirkt, die von außerhalb dieses Erdteiles kommen.

DIMITER CHRISTOFF: Ich möchte eine Provokation im Sinne eines eurozentrischen Denkens machen, weil einige Lücken entstanden sind. Erste Voraussetzung: Bach hat sehr viel von der französischen Kultur angenommen, besonders von Couperin. Zweite Voraussetzung: Bach hat sehr viel von italienischer Kultur angenommen. Dritte Voraussetzung: Die nächste Generation, Bachs Söhne, haben wir ungenügend betrachtet. Sie haben ihn die alte Perücke genannt. Wenn das alles so ist, dann stellt sich die Frage: Warum betrachten wir das Bild des 18. Jahrhunderts so, wie wir es heute als historischen Gegenstand sehen. Begehen die Kollegen Historiker hier nicht einen Fehler? Geben sie nicht ein Bild vom 18. Jahrhundert, daß in Wahrheit das Bild vom 20. Jahrhundert ist, auf das 18. Jahrhundert übertragen? Ist unser Bild vom 18. Jahrhundert historisch gesehen nicht zu einseitig? Dazu kommt eine zweite Frage. Warum hat das Bewertungsprinzip, der Bewertungsprozeß in diesen zwei Jahrhunderten sich so verändert, daß wir heute diese Vorstellung vom 18. Jahrhundert haben? Wo liegen die Mechanismen dieses Bewertungsprozesses? Warum ist der Bewertungsprozeß in diese Richtung gegangen?

EDUARD MELKUS: Mein Geheimkonzept hier enthält sehr wohl die Stellung der Aufführungspraxis im internationalen Musikleben, und zwar die historische, traditionelle, aber auch die modernisierten Bearbeitungen so wie die Adaption, und auch die einschlägige Übertragung in einerseits populäre Musik und andererseits Computer-Musik. Und wir sollten auch über die musikantischen und über die geistigen Elemente sprechen und darüber, wie weit diese in andere Kulturkreise so ohne weiteres übertragbar sind. Denn es sind ja nicht nur die äußeren musikalischen Elemente, sondern spezieller von Bach und Schütz sehr viele Elemente, die hauptsächlich dem deutschen Kulturkreis verhaftet sind.

JENS-PETER LARSEN: Ich möchte über die Händel-Probleme in der heutigen Musikpraxis reden. Zuerst ein paar Bemerkungen, wie die Händel-Tradition, die wir heute haben, zustande gekommen ist. Man kann resümieren, es gab nicht nur eine Praxis zu Händels Lebzeiten. Es gab eine Praxis für seine Opern und eine für die Oratorien. Das muß man auseinanderhalten. Heute gibt es eine Tendenz, Oper und Oratorium zusammen als Barock-Praxis zu sehen. Das stimmt überhaupt nicht. Ende des 18. Jahrhunderts wurde die originale Händel-Praxis in zwei verschiedenen Orten wesentlich umgestaltet. Zuerst kam es bei den Aufführungen 1784 in London, wo seine Opern wie auch die Oratorien aufgeführt wurden, in Westminster Abbey zu einem ganz großen Ensemble von 300 bis 500, dann 1000 Leuten. Es hat sich der Eindruck gebildet, Händel habe immer etwas mit Monumentalaufführung zu tun. Das andere Ereignis war die bekannte Mozartsche Aufführung in Wien, wo Mozart sozusagen die barocke Instrumentalsprache in klassische Sprache umgesetzt hat: Eine Erweiterung der Instrumentation besonders mit Holzbläsern verschiedener Art usw. Das waren die zwei bedeutenden Änderungen. Dazu kam um 1800 und im 19. Jahrhundert eine dritte Veränderung. Zu Händels Zeit war der Chor von den Knaben und Männern der Kirchenchöre besetzt und ziemlich klein. Nun aber kamen die ausgezeichneten Dilettantenchöre, die hier von Berlin, von der Singakademie ausgegangen sind. Das war eine sehr wertvolle, aber nicht Händels Praxis, die im ganzen 19. Jahrhundert vorherrschte. Händels Werke, und das waren vor allem Händels Oratorien, denn die Opern spielte man ja nicht, seine Oratorien sind Werke, die mit möglichst vielen Leuten besetzt werden sollen, deren Instrumentalstil wie der von Haydn und Mozart (z. B. in der «Schöpfung» und den «Jahreszeiten») anzuhören ist. Händels Oratorien sollten mit demselben Orchesterklang aufgeführt werden. Schließlich sind die Leute, die das aufführen, zum großen Teil die musikinteressierten Laien. Im 20. Jahrhundert sind ganz neue Strömungen hinzugekommen. Zwei verschiedene, ganz verschiedene Impulse waren am Werk. Erstens gab es die sogenannte Göttinger Händel-Renaissance 1920, wo Oskar Hagen herausgefunden hat, Händels Opern dürfen nicht ganz vergessen werden, sie haben glänzende Musik. Also die Renaissance kam wegen der Musik. Das andere war, daß man in den zwanziger Jahren einfach überhaupt gegen das ausgehende 19. Jahrhundert reagiert hat. Man hat statt Monsterkonzerten nun Kammerorchester gehabt, man hat Kammermusik gespielt usw. Dieser Trend zum Kleineren, auch zum kleineren Chor, hat dazu geführt, wieder einen kleinen Knabenchor haben zu wollen usw. Diese beiden Richtungen waren unterwegs zwischen den beiden Kriegen. Aber diese Zeit war kurz. Zwanzig Jahre sind nicht genug, um so etwas durchzuführen. In Wirklichkeit aber hat das ganze Spektrum moderner Händel-Praxis sich erst nach dem letzten Krieg entfaltet. Nun gab es eine Reaktion auf die romantische oder klassisch-romantische Instrumentalformung, die in zwei Richtungen tendierte. Es kam zu einer beschränkten Wiederherstellung des Alten, mit kleinerem Orchester usw., aber nicht mit Originalinstrumenten. Und es gab die viel weitergehende Tendenz, nach der man direkt alte Instrumente oder nach alter Art erbaute Barock-Oboen, Barock-Streichinstrumente usw. einsetzte. Ich halte beides für wertvoll. Man sollte nicht so weit gehen, daß man sagt, Händel kann man nur mit Originalinstrumenten spielen, denn sonst würde man den Laien oder den vielen Amateuren die Möglichkeit nehmen, daß sie ihn überhaupt aufführen. Für Grammophon-Aufnahmen ist es wunderbar, wenn diese mit den alten Instrumenten ausgeführt sind, wenn sie nicht vielleicht zu korrekt sind. Und daneben hat man Aufführungen, bei denen eine Reduktion der im 19. Jahrhundert üblichen großen Klangmassen angestrebt wurde, aber mit normalem Orchesterapparat. Das war das Eine. Dazu kam die Oper. Damit sind verschiedene Probleme verbunden. Erstens hat man nicht gewußt, wie eigentlich die Oper zu gestalten ist. Und man hat relativ natürlich und einfach zum Beispiel in Halle über 30 Jahre ganz seriös eine gute Arbeit geliefert, man hat seine Opern in London und an verschiedenen Stellen aufgeführt. Aber man kann nicht sagen, daß es eine moderne szenische Händel-Tradition gibt. Und deshalb finde ich es etwas gefährlich, wenn heute Regisseure und Bühnenleute die Händel-Oper fast als ihr Spielzeug betrachten. Das Gefährliche ist, daß viele Leute dann den Eindruck haben: das ist die Händel-Operntradition. Wenn es zum Beispiel um Shakespeare geht, kann man sagen, alle Leute kennen Shakespeare und Shakespeare-Inszenierungen usw., und es ist möglich, eigene Interpretationsvarianten und Zusätze anzubieten. Das wird nicht verwirren. Aber wenn wir heute darauf kommen, daß Händel-Opern alle lustig sein sollen, und daß man Gags usw. machen soll, besteht die Gefahr, daß sich keine wirkliche Händel-Tradition mit Rücksicht auf Händel bilden kann. Ich glaube, die Regisseure würden gut tun, wenn sie einmal verstünden, daß eine Renaissance der Händel-Oper wegen der Musik entstand, nicht wegen der Regisseure. Weiteres Problem: die Sänger, beziehungsweise die Kastraten. Es ist so: Wenn man eine der bekanntesten und am meisten aufgeführten Opern wie «Julius Cäsar» nimmt, so gibt es acht Solisten dort. Zwei Männerstimmen, also Baß, und sechs, die entweder Frauen- oder Kastratenstimmen, also Stimmen in hoher Lage sind. Wenn man diese Oper heute aufführt, so bekommt man anstelle von zwei tiefen und sechs hohen Stimmen zwei hohe und sechs tiefe. Das ergibt eine derartige Änderung des Klangbildes, daß man eingreifen muß. Es gibt zwei Möglichkeiten: die sogenannten Countertenöre, die oft nicht so schön singen, wie ganz gewiß Händels Kastraten gesungen haben, und die richtigen Frauen-Altstimmen. Ich erinnere mich an eine englische Aufführung mit Helen Watts und vor einem Jahr in Göttingen, wo Carolyn Watkinson gesungen hat. Dazu kam das Ornamentierungs- oder Verzierungsproblem. Warum ornamentiert man? Wir Musikhistoriker sind sicher auch an manchen Irrtümern schuldig. Es gibt unter uns mehrere Meinungen. Es wurde gesagt, man kann eine Da-capo-Arie nicht so unverändert singen, das wäre zu langweilig. In Mozarts und Haydns Sinfonien sollten wir das Menuett nach dem Trio verzieren, weil es sonst langweilig wäre. Diese Begründung ist eine moderne Erfindung. Die wirkliche Begründung steht bei Tosi, der dieses theoretische Werk geschrieben hat, das meistens als Grundlage verwendet wird. Er sagt von der Ausführung der Da-capo-Arie: «Im ersten Teile verlanget man nichts, als ganz einfache Auszierungen, welche aber schmackhaft und ihrer wenig sein sollten, (jetzt kommt sehr freundlich:) damit die Arbeit des Verfassers in ihrer natürlichen Schönheit zum Gehör komme. Im andern Teile will man bei der edlen Einfalt noch etwas mehr von Auszierungskunst hören, damit ein Verständiger merken könne, daß die Wissenschaft des Sängers einen weiteren Umfang habe. Wer endlich beim wiederholen vom Anfange nicht alles das, was er vorher gesungen hat, durch verändern noch schöner und besser macht, als es aufgeschrieben ist, der ist gewiß kein großer Held.»

Und es kommt noch dazu: «Wenn keine Veränderungen in den Arien gemacht werden dürften, würde man niemals die Einsicht der Sänger entdecken können. Man erkennet hingegen aus der Güte dieser Veränderungen leicht, wer unter zehn Sängern vom ersten Range der beste sei.» – Es geht also einfach darum, die Sänger brillieren zu lassen. Das ist der Zweck. Die Händel-Renaissance wurde hier als eine Sänger-Renaissance, nicht als Händel-Musik-Renaissance gemacht. Ich habe den Eindruck, diese Verzierungsseuche, oder Graffiti-Seuche, ist ja erst seit etwa zwanzig oder fünfundzwanzig Jahren da, seit dies die große englische Sängerin Joan Sutherland mit ihrem damaligen Gatten eingeführt und auf Platten gebracht hat. Es handelt sich um eine Sängerzutat, nicht um Händel. Dadurch haben wir die Händel-Opern-Renaissance fast in eine Kastraten-Renaissance verwandelt, in eine Kastraten- und Primadonnen-Renaissance. Dazu kommt noch, daß die Oratorien mehr oder weniger auch als Opern behandelt wurden. Das war naheliegend, wenn die Oper Erfolg hatte. Man hat die Händel-Oratorien opernmäßig aufgeführt auf der Bühne, und das ist nicht richtig. Diese Art hat man dann auch auf das Verzierungswesen übertragen. Dort gilt es noch weniger als in der Oper. Die Oratorien wurden nicht von Kastraten gesungen, sie wurden von englischen Sängern gesungen. Im Jahre 1738 mußte man feststellen, daß die Einnahmen der Oper zu klein waren. Man konnte die italienischen Sänger nicht länger engagieren, also hat man sich mit englischen Sängern begnügen müssen. Wie der englische Musikhistoriker Hawkins sagt, genügten dafür zweitrangige Sänger und solche Sänger, die mit dem Kirchenchorsingen vertraut waren. Die Ornamentierungen, in viel beschränkterem Format, als wir sie jetzt machen, gehören zur Oper, gehören überhaupt nicht zu den Oratorien und gar nicht zu den Kirchenwerken.

WALTHER SIEGMUND-SCHULTZE: Das Thema hieß: «Das Werk von Schütz, Bach und Händel in der Musikpraxis der Gegenwart». Daß diese Gegenwart nicht bloß bei uns in Europa ist, sondern in der ganzen Welt, das ist selbstverständlich. Aber wir würden gerne wissen, wie zum Beispiel die Aufführungspraxis dieser drei Jubilare in der «anderen Welt», in der dritten Welt oder wo auch immer ist. Ich bin verantwortlich für die Georg-Friedrich-Händel-Gesellschaft, ihr wissenschaftlicher Sekretär. Wir sind eine internationale Gesellschaft und haben sehr guten Kontakt mit Amerika, mit Nordamerika, mit Kuba usw., zum Teil auch mit Südamerika. Dort wird Händel aufgeführt, sogar Opern. Mit England sowieso, das gehört ja noch zu Europa. Auch in der Sowjetunion werden Händel-Opern und nicht nur Oratorien aufgeführt. Aber auch in Australien wird Händel aufgeführt. Was mir am wichtigsten erscheint, ist, daß wir bei Händel erkennen, daß er ein Musiker des 18. Jahrhunderts war. Aber mit seiner Menschendarstellung, mit der dramatischen Schlagkraft seiner Oratorien und Opern und überhaupt mit dem theatralischen Gestus, der in vielen seiner Werke ist, rückt seine Musik durchaus in die Nähe der großen dramatischen Musik und kann auch von uns so gebracht werden. Aber diese Regiekunststücke haben sich immer mehr eingeschlichen! 1952 haben wir das erste Mal nach dem zweiten Weltkrieg in Halle Händel-Aufführungen wieder regelmäßig gemacht. Darüber sind Untersuchungen angestellt worden, auch hörpsychologische. Es ist sehr interessant zu wissen, was am meisten gefällt. Vielleicht gefiel damals, 1952, das rein Emotionale mit etwas freien Übersetzungen ins Deutsche und mit zusätzlichen Instrumenten, während dann ein breites Publikum immer mehr diesen leichten, schlanken, freundlichen Gestus der Händelschen Musik hörte, ihren konzertierenden Charakter, und sich daran erfreute. Ich glaube durchaus, daß das in anderen Ländern und Erdteilen auch der Fall ist. Man sollte der Musik von Händel viel mehr Vertrauen entgegenbringen.

LUDWIG FINSCHER: Nur zwei kurze Bemerkungen zu Oratorium und Oper. Ich glaube, die

Situation bei der Oratorienpflege ist eigentlich noch schlimmer, als Herr Larsen sie dargestellt hat. Wir haben zwar einerseits die Aufführungstradition der großen Musikvereine des 19. Jahrhunderts, und wir dürfen nicht vergessen, daß diese Musikvereine (das Wort Singakademie ist gefallen), ursprünglich Vereine zahlender Mitglieder waren. Und wer Beitrag zahlte, hatte dadurch selbstverständlich ein erworbenes Recht zu singen. Dadurch kamen die großen Zahlen bei den Händelschen Oratorienaufführungen und anderen großen Chorauffführungen zustande. Heute haben wir hier nicht mal das Repertoire an Händel-Oratorien, das im 19. Jahrhundert auf diesem Gebiet gepflegt wurde. Es wird weltweit nur ein ganz geringer Bruchteil der Händelschen Oratorien gespielt. Eine erschreckende Zahl von ganz bedeutenden Werken, vor allem von den Spätwerken, ist vollkommen oder fast vollkommen unbekannt, und das gilt auch für die angelsächsischen Länder sowie für die DDR außerhalb Halles. Das ist eine ganz schlimme Situation. Sie wird vielleicht im Lauf der Jahre und auch durch die Impulse dieses Jahres, nicht zuletzt durch die Produktion in der Schallplattenindustrie ein bißchen verbessert werden. Ein anderer Gesichtspunkt ist, daß beispielhafte Schallplatteninterpretationen, wie sie von Händel-Oratorien bereits in nicht geringer Zahl vorliegen, dann auch Rückwirkungen auf die Tradition der Musikvereinspraxis haben, so daß die geringer, kleiner, damit richtiger besetzten Aufführungen doch im Vormarsch sind. Einen zweiten Gedanken zur Oper. Ich würde zwischen intelligentem Regietheater und dummem Regietheater differenzieren wollen. Wir haben in Stuttgart gegenwärtig wieder eine szenische Aufführung des Oratoriums «Semele». Nun ist das sicher das Oratorium, das man noch am ehesten, wenn auch eigentlich nicht szenisch machen kann. Da ist eine Aufführung der «Semele» zu sehen und zu hören, die für meine Begriffe exemplarisch dummes Regietheater ist. Es gibt andererseits sehr zugespitztes Regietheater bei Händel, das einen gewissen Sinn haben kann. Man kann sagen, es ist eigentlich falsch, aber es hat auf einer anderen Interpretationsebene dann doch einen Sinn. Ich denke an die Frankfurter Inszenierung von «Giulio Cesare» vor zehn Jahren, in der einfach ganz konsequent mit einem ungeheuren Bildungsaufwand drei Zeitebenen – die Zeitebene der Handlung, die Zeitebene des Komponisten und die Zeitebene Gegenwart – übereinandergestülpt waren in der Inszenierung. Das war sehr klug gemacht. Das Problem war der Bildungsaufwand. Er schlug ein bißchen in Bildungsterror um, denn man saß in der Oper und war ununterbrochen angestrengt damit beschäftigt, herauszukriegen, was nun alles an Anspielungen auf der Bühne passierte. Das ist eine Art, ab und zu diese Stücke zu interpretieren, die ich doch als eine Annäherung aus der Gegenwart heraus für sinnvoll halten würde, mal gar nicht von der historischen Aufführungspraxis her. Auf der anderen Seite gibt es inzwischen in wachsender Zahl vor allem in England und in den USA Aufführungen von Händel-Opern mit, soweit das überhaupt möglich ist, historisch rekonstruierter Regie, historisch korrekter musikalischer Aufführungspraxis, mit geringfügigen Verzierungen, die den Affekt der jeweiligen Textstelle und Musikstelle unterstützen, mehr als daß sie Virtuosität zur Schau stellen, ungekürzt, mit vollen Da-capo-Teilen. Und die übereinstimmende Meinung ist, daß diese Aufführungen gerade nicht die Langeweile hervorbringen, die man immer vorschiebt, wenn man sagt, wir müssen kürzen, wir müssen umstellen, wir müssen neue Texte dazu dichten; sondern ganz im Gegenteil, daß die Aufführungen, wenn sie ganz konsequent historisch und auf sehr hohem Interpretationsniveau gemacht sind, ungeheuer spannend sind.

JAROSLAV BUŽGA: Man muß zwischen der neuen Wiedergabe einer Oper und der Oratorien grundsätzlich unterscheiden, da die Oper im 19. Jahrhundert eine grundlegende Wandlung der Gattung erfuhr, aber das Oratorium eigentlich nicht. Ich glaube nicht, daß im Zentrum des Kunstempfindens in der Oper die Musik steht. Das ist eine Auffassung des 19. Jahrhunderts. Bei den Opern von Händel kann man das nicht ohne weiteres für unsere Zeit, das 20. Jahrhundert, akzeptieren.

Im 18. Jahrhundert war doch Oper eine Show. Wenn man sich das überlegt, ist schon zu bedenken, was eigentlich die Musik hinzuzufügen hat. Für unser Repertoire birgt diese Tatsache gewisse Schwierigkeiten. Das Repertoire der heutigen Opernhäuser wird von dem Erbe des 19. Jahrhunderts mitbestimmt. Besonders schwierig ist das dann in einem Land wie der ČSSR, wo das Repertoire durch das sogenannte Nationalrepertoire bestimmt ist. Einen vernünftigen und guten Weg zu der Händel-Oper zu finden ist sehr schwierig. Das ist bedauerlich, weil durch die Festspiele in Halle, durch die Aufführungen der Staatsoper in Berlin und in Prag schon in den fünfziger Jahren Ansätze gegeben waren. Man hat «Acis und Galathea» und, ich glaube, «Tamerlano» in unseren Opernheatern tschechisch gegeben, aber durch die Verschiedenheit der Opernauffassung zwischen Händelschen Werken und den anderen Opern sind sie allmählich verschwunden. Man sollte das noch mal überprüfen.

HARRY GOLDSCHMIDT: Mir geht es noch mal um die Frage des nationalen Stils, der nationalen Interpretation von Musik, ob es nun Schütz, Bach oder Händel sei. Und gerade im Fall Händel möchte ich auf einen sehr lesenswerten Artikel von Herrn Larsen in der «Neuen Zürcher Zeitung» zurückkommen. Dort wird die Auffassung vertreten, daß im Unterschied zum deutschen und italienischen Einfluß der englische auf Händel quasi Null gewesen sei. Meine Frage wäre, ob das stimmt?

JENS PETER LARSEN: Es ist ganz richtig, ich hatte gerade am Ende darauf aufmerksam gemacht, daß in Händels sogenannten Entlehnungen keine englische Musik ist, sondern tschechische, österreichische, deutsche, zum großen Teil italienische, aber keine englische Musik. Ich glaube nicht, daß Händel ohne einen Einfluß von englischer Seite blieb, dieser aber kein direkt musikalischer war. Der Einfluß von England ist mehr einer der dramatischen Tradition, also ein allgemein geistiger Einfluß. Man hat naiverweise von englischer Seite vor Generationen gesagt, daß er sich ohne weiteres Purcell angeschlossen habe. Ich glaube, das stimmt überhaupt nicht. Er hat scharf formuliert, sein Ohr sei englischen Einflüssen völlig verschlossen geblieben. Ich glaube nicht, daß er derselbe geworden wäre, wenn er nicht in England gelebt hätte. Im Oratorium z. B. kann man etwas Historie der Hamburger Oper wahrnehmen.

EDUARD MELKUS: Darf ich versuchen, in einem kurzen Resümee Ihnen einige Ergebnisse, die ich unserem Gespräch entnommen und herausfiltriert habe, anzubieten. Es ist sehr viel über die verschiedenen Möglichkeiten korrekter, weniger korrekter, nationaler, historisierender Aufführungspraxis bei den verschiedenen, den drei großen Komponisten gesprochen worden. Ein wesentliches Element ist, daß diese Komponisten überhaupt aufgeführt werden. Das heißt, wenn eine Oper sonst immer nur im Archiv schlummert, versuchen wir es mit irgendeiner verfremdeten Regie. Und wenn dann eben die Leute es mißverstehen, dann kommen sie vielleicht über das Mißverständnis auch noch zu einer Werkerkenntnis. Es gab z. B. einen berühmten «Song of Joy», in dem ein paar Takte Originalinstrumentation des Schlußchors der IX. Sinfonie Beethovens enthalten waren. Das war wirklich für einige deklarierte Pop-Anhänger der erste Zugang zu Beethoven. Also es könnten solche Umwege immerhin erfolgen. Die zweite Frage, die wir nicht beantworten, nicht herausfinden konnten, ist: welche Aspekte unserer Musik sind überhaupt in den verschiedenen Nationen außerhalb Europas faßbar? Wir haben das an einem ganz einfachen Beispiel, den Schwierigkeiten beim Überwinden der Sprachgrenze in die Tschechoslowakei, gesehen. So bleiben viele Werke, die an den deutschen Text und an die pietistischen Texte gebunden sind, mehr oder minder auf der Strecke, oder sind es zumindest bis jetzt geblieben. Ob das wirklich so sein muß, bleibe dahingestellt. Und noch weniger wissen wir über das Empfinden europäischer Musik bei Nichteuropäern, vor allem, wenn sie diese Musik selbst interpretieren. Das kann nicht nur auf diese drei großen Komponisten bezogen bleiben. Eine weitere Frage: Ist Musik nun wirklich nur äußerlicher Klang? Das heißt, ist die Freude an einer schönen Musik, an ihrer äußerlichen Fassade wirklich das Entscheidende? Darf es uns genügen, oder ist es nicht der geistige, emotionale Inhalt dieser Musik? Daraus ergibt sich eine wesentliche Problemstellung. Welche dieser Interpretationen führen uns zu den geistigen Inhalten dieser Musik hin? Welche lassen sie gerade noch bestehen und welche unter Umständen verfremden sie soweit, daß wir kaum mehr einen Zugang zu dem originalen geistigen Inhalt dieser Werke haben? Ich möchte nur ein Beispiel nennen: Der Choral «Wachet auf» ist seit den Swingle Singers für mich fast nicht mehr nachzuvollziehen, geistig, weil ich ununterbrochen das starke rhythmische Element mithöre und mich daran amüsiere. Das war bestimmt nicht die Idee Bachs. Also es gibt Interpretationen, die unter Umständen wie ein geistiger Sündenfall wirken können, so daß man nicht ganz ohne Problem ein Kunstwerk zu stark verfremden darf.

Referatekette I

Tradition in den Musikkulturen

Das Referat von WASHINGTON OMONDI (Kenia) lag zum Redaktionsschluß nicht vor.

OLAVO ALÈN RODRÍGUEZ

Some Aspects of the Present Situation of the Different Musics of the World and their Future

The findings of research done in the field of music, not only from the points of the traditional musicological sciences, but also from the point of view of related sciences such as sociology, semiotics, communications and systems theory, linguistics, bioacoustics, psychology and others, oblige us to conceptualize music or the musical creation-interpretation-perception process as a true social communications process, and, as such, it has existed in all societies and cultures throughout the history of man and wherever he has settled as a social being.

However, most books on the history of music refer exclusively to the kind of music whose aesthetic communication function is limited to a minority of the population of the earth. The result is that the history of the music of billions of individuals is yet to be researched and written, and above all, brought to general public awareness. Few are the books written in Europe or the United States on the general history of music that venture into the musical languages of other parts of the world, and even those that do refer to the music of other continents do so in terms of the music that might be classified as a projection of European music. It falls then, squarely on the shoulders of the researchers, music-related institutions and musicians themselves of the developing countries to undertake the difficult task of gathering the elements of their respective musical heritages and include them in the curricula, artistic and cultural activities, and the mass media in order to make them available, above all, to the members of their respective societies.

A good example of how this type of work may be approached is the work being done by the team of musicologists at the Havana Center for the Research and Development of Cuban Music which undertook in 1981, among others, the research project entitled Atlas of Traditional Popular Musical Instruments. Notwithstanding the research work done by the ethnographer Fernando Ortiz, in the field of musical instruments, we are justified in saying that systematic research in this field is relatively recent in Cuba. The present research project undertaken by the musicologists of the Center is national in scope and work has been done in 8 of the 14 provinces of the country.

Through this research we have become familiar with the diversity of constructive solutions developed in our country for hand-making instruments. These solutions had led, in some cases to the creation of new types of instruments and, in others, to transformations that have substantially contributed to their range of use.

In this work we have encountered very specific difficulties such as the fact that the conception of making musical instruments in Europe tends mainly toward the monotimbric conception of the instrument. However, the existence of a powerful African precedent in our musical culture resulted in direct execution with the hands instead of with drumsticks on membranophonic instruments. This makes it possible to achieve different timbres on the skin by changing the position of the hand upon striking. The most outstanding examples of this are, perhaps, the **tumbadora** and the **bongo**.

This polytimbric element here ceases to be a reason for reducing the musical capabilities of the instrument and becomes, instead, an enriching factor. This factor has so permeated western music that it has assimilated these drums and has not replaced them with the technologically more developed drums played with drumsticks; this is the case with the jazz drumset in professional popular music and the timpani in concert music.

Another aspect observed is that in African ritual music we find that, in general, the interpretation of complicated, variable and segmented rhythms takes place in the sound range of the lower register and serves as the basis for improvisation. The constant and repetitive rhythms that might be called "accompanying rhythms" in European nomenclature take place in the upper register. This distribution of the registers in relation to the specific musical functions of the instruments when playing together is diametrically opposite to the European conception where improvisation and melody usually take place in the upper register leaving the lower register for the accompaniment. This aspect might be indicative of one of the reasons why western music has assimilated the drums played directly with the hands and originating in the American continent (particularly in Brazil and the Caribbean) relatively easily, while the same has not been the case with the sets of African drums that preceeded them.

It must be said that in this case the development of Cuban membranophonic instruments has tended toward the interpretation or execution of music with a strong African influence (above all from the Bantu regions), but combined with the distribution of registers and their functions according to the logic of European musical discourse.

This is what has happened with the **bongos** and the **tumbadora** and it has been one of the elements that have been decisive in the Caribbean musical conceptions that gave rise to the rumba.

The problem of rescuing our musical heritage becomes even more difficult because one of the most serious problems it poses is the fact that many of our countries have almost exclusively oral traditions and cultures. Furthermore, in the particular case of music, the most successful attempts to conserve a graphic record of its songs and rhythms have been achieved solely through the more or less precise use of European musical notation: that is, through the application of musical transcription methods conceived from differing aesthetic positions and therefore leading to a different hierarchy of the physical and acoustic parameters that take part in the execution-perception process of music.

One example of this is to be found in the monotimbric European conception (mentioned above) for the construction of musical instruments which has led to the absence of a conventional code of symbols with which to graphically record the timbric changes achieved in instruments built with these polytimbric capabilities.

I should like to present here the findings of some studies on the oral transmission of the **tumba francesa** songs in Cuba. Research with these groups took up most of my attention over a period of almost five years devoted to musicological studies. I believe that these studies can shed some light on the behavior of what is tradition in a very specific and uncharted area of music: musical interpretation.

Transmission from generation to generation of the **tumba francesa** songs is oral, despite the fact that some singers or **composés** – as the singer-composers in these groups are called – write their songs in notebooks so as not to forget them, but what they write down is only the lyrics; the melody is memorized. Other **composés** learn them by trying to reproduce them after having heard them at a party or by asking the author to teach them the melody by singing it several times over.

In an interview with Gaudiosa Venent, a 68-year-old **tumba francesa** singer from whom we collected a number of transcribed songs, we asked her how she learned the songs and what she liked best about them. This is her answer:

"Almost all the songs have a similar average cadence. Since one has found that cadence, one tries to make it just so, like the old people taught me, just so. I follow them the most I can." Gaudiosa uses the word cadence to express the melodic-expressive forms of these songs. In this word cadence she summarizes a number of parameters and elements that define the style and the expressiveness of this music. She is capable of intuitively perceiving those elements that demanded of us a strict multi-parametric musical study.

The capability of perceiving this expressive mode is historically conditioned by an aesthetic factor, that is, in order to perceive them the indispensable condition is that she likes this expressive mode and uses it as a means of aesthetic communication with other individuals which in turn share her musical tastes. In an interview with Consuelo Venent, Gaudiosa's mother, she too mentioned a characteristic cadence in these songs:

"I learned to sing by listening to my elders and later I imitated them. All my family sing and dance **frances** ... what I like most about the songs is their cadence, the flavour they have."

Later she also explained, referring to the two characteristic dances at their parties, that:

"The **yubá** is different from the **masón**, it has another cadence."

We also gathered a number of songs from Consuelo that entered into the final selection to be transcribed during that project. However, the fact that they both perceived a characteristic cadence in these songs was no guarantee of the fidelity of the oral transmission, even in those cases where they claimed to imitating "the best I can".

We therefore decided to carry out a number of empirical tests with the parameters of pitch and duration of the sounds: some of the findings are presented here as an illustration. We are referring only to the transcriptions made of the song called "Ma Apele Fidel" sung first by its author, Consuelo Venent, and later reproduced by her daughter, Gaudiosa Venent.

In doing the transcription of the melody we found with great difficulty that the sounds represented by a single graphic symbol, for example B, were not always the same. And yet, we found that almost always, when the sound was too high, it generally appeared, each time, with a different or almost equal deviation, but with the direction of the deviation constant, that is, either too high or too low. This led us to make measurements with an electronic tuning device, the STG IKO 81, of some fundamental sounds during the different appearances using values in cents. In this song we measured 29 sounds with which we drew up a behaviour graph.

We were able to clearly detect that there was a tendency downward in the pitches of the second song which was transcribed one semitone higher than the first. We also noted an upward tendency in the pitches of the first song which was transcribed one semitone below the first. When we say higher or lower we are comparing the real values of the pitches to the values taken from the temperer tuning system as taken from the transcription. In fact, this reference does not exist for the **composé**, but what is clear is that both songs are sung between the tempered system centered on B flat and the tempered system centered on B natural chosen for the transcriptions. This showed us that the **composé's** ability to imitate was more exact than the limits we found in the musical notation system used for the transcription.

Today there are many more books on harmony and counterpoint or on musical form than there are on rhythm or heterophony.

As a matter of fact, the very concept of rhythm has not been defined with convincing precision despite its importance for many non-European cultures. The very concept of rhythm as a musical parameter has limited its understanding to a mere few of the factors that have to do with it.

Broader conceptions that present it as a social phenomenon, as a specific form of the aesthetic reflection or as a multiparametric complex are as yet not sufficiently developed by the general theory of music.

Rhythm in music is a social phenomenon. It appears only in relation to the social behaviour of man, as a specific form of the artistic reflection. Rhythm is a complex musical phenomenon. It must not be referred to as a simple parameter, but rather as a multiparametric event within musical activity.

In the phenomenon called rhythm there are three well-defined fields:
1. human perception and reproduction of rhythm;
2. the acoustic-sound phenomenon;
3. the musical notation of rhythm as a system of symbols – including implicit and explicit rules and interpretation standards.

Certain relations and events pertaining to rhythm are primarily elaborated by man in the musical communication process. Several factors exert a decisive influence on the results of this elaboration. For example: man's musical intent, his past experiences, and existing standards of musical behaviour. The capabilities developed by man for his musical activity as well as the physical properties of the instruments themselves also influence the results of musical elaboration. In the execution or reproduction of rhythm the results of human elaboration appear in the form that it adopts on the sound waves (physical and acoustic).

Musical notation, including rhythmic notation, was developed to record the results of musical activity by means of a system of visual symbols created by man. Thus, the phenomenon called rhythm appears also in this phase of music.

The characteristic elements of a given rhythm become perceptible through an individual study of the qualities of its physical-sonorous factors. The most important factors are: the time or duration relationship between the sounds; the accentuation; the formation of groups; and the regularity of the rhythmic events or happenings.

In the acoustic or sonorous event the first of these factors stems from the relations between the duration of one sound and each one of the others that make up the group to which it belongs. Conventional musical notation has simplified these relations so much that it has turned them into mechanical relations that have very little to do with the sound event. These simplified relations give rise to quaver, semiquaver and demisemiquaver values that reduce the aesthetic values produced by complex duration relations to a simple arithmetic ratio of 2:1, or the like, which in practical musical activity become mechanical relations of very limited aesthetic value.

The accent springs from the relations of sound intensity between a sound and its preceeding sound and therefore, from a series. These relations also produce very complex and diverse aesthetic assessments.

An isolated sound is incapable of producing the sensation of rhythm. For this one must put together a series of sounds that give rise to a rhythmic event (or we could call it a rhythmic phrase to come a bit closer to conventional musical language).

It is in the repetition of these events of groups of sounds that the sensation of rhythm appears.

In music, repetition implies variation. Variation in rhythmic events or groups is characterized by the regularity of the behaviour of given rhythmic factors such as the above-mentioned three. A given regularity in the duration relations between the sounds of a series, when compared to another similar series (i. e., the repetition of that very series) characterized the form in which a given rhythmic complex presents itself. The same is true of the regularity with which the accents on a given sound of a series or group take place. In fact, this regularity occurs in the very configuration of the groups that make up the rhythm complex in practical musical activity.

In general, music makes sense only as a function of the role it plays in the society. There is a great deal of music that forms part of non-musical activities where the utilitarian role is so powerful that it is practically impossible to extricate it from the greater cultural framework that produced it.

There is nothing retrograde in maintaining, rescuing or reviving a national culture. It serves to give a country back its own identity and moral equilibrium, and prepares it to assimilate the contributions of progress without being itself absorbed. Much has already been said about culture as a unifying factor, about its role as a democratizing factor in the expression of the individual and national identity. As an integral part of any culture, music plays a vital role in all this, basically because it is one of man's means of aesthetic communication.

It is urgent that we understand the need for immediate action to preserve and develop the musical cultures of the developing countries. This, however, requires a more intense development of the fields of action within each country: Musicology, the creative-interpretative capabilities of music; and musical training.

But implementation of any such project demands the participation of highly qualified technical personnel and economically powerful cultural institutions capable of undertaking such a difficult task. On the other hand, one cannot recommend uniform structures for the development of such activities because the extent of direct government investment in these projects depends on each country's socio-economic system, its ideological character, and the extent of its economic and technical development.

The first step to be taken in the developing countries would be to train the necessary professional cadres for the development of musicology, musical training, and their supply of authors and interpreters with whom, irrespective of whatever function they later assume, each country can undertake phases of compilation, analysis and implementation of the elements of their national musical cultures to their corresponding study programs. Then, on this basis they can design an adequate national and international dissemination program. This, however, is practically impossible under the present conditions of the economic crisis without the aid of the more developed countries.

Later, or in those countries that already have their cadres, they could proceed to the following stage with the foundation of institutions for musicological research and musical education. The objectives of this stage could be summarized as follows:

– Accessing, storage, classification and cataloging of national musical information
– Transcription of national music
– Recommendation of ways to use this music in the education systems and other artistic and cultural activities
– Orientation of local radio broadcasting
– Orientation of the international dissemination of national music
– Elaboration of diagnostic and prognostic studies of the growth of musical activities in each country

– Investigation of those aspects of musical theory that are less well known in Europe and constitute important sources of information for musicians.

– Organic conception of the history of the music of each country within the framework of the universal history of music.

In Cuba, important steps have been taken in this direction through the creation in 1976 of the musicology department at the Higher Institute of the Arts (Instituto Superior de Arte) which will contribute to the training of musicologists, and also the establishment of the Center for the Research and Development of Cuban Music. This institution not only carries out its own research program, but also coordinates all research done in the field of music throughout the country, particularly the musicological research of the Seminar for Popular Music, the Casa de las Americas, the Music Department of the National Library, the Higher Institute of the Arts, the University of Havana and other institutions' participation in this activity.

Aid from the socialist countries has taken various forms. The most effective and concrete forms are the visits made by professors G. Knepler, E. Stockmann, R. Kluge and C. Kaden from the GDR at the Center in Cuba in an advisory capacity. Their valuable recommendations have helped to transform the theoretical conceptions and the practical lines of activity that our work is following.

On the other side of the coin, perhaps as a kind of inverse flow, the Center has done advisory work in other countries, mainly in Latin America and the Caribbean.

As early as 1981 a team of researchers from the Center travelled to Mexico as consultants to the Center for Research, Information and Documentation of Mexican Music. From May 1982 until September 1983 systematic research field work was done in the Republic of Grenada. The work included training of Grenadian specialists in compilation and documentation as well as field practices and research.

In 1984 consultancy work was begun in the field of musicological research in the Cooperative Republic of Guyana. This work has centered on gathering both documentary and musical information in the field, processing in Havana, and return to the country of origin to complement their archives.

We also give advice on the organization of archives, on the forms and methods of storing information and on the specialization of the technical cadres in the participating countries.

The development and progress of the music of the world is determined by the contribution made by the world's musical cultures; but this is only possible through the preservation, strengthening and dissemination of those musical cultures. Preservation of non-western musical cultures and their dissemination must, therefore, occupy a significant proportion of programs aimed at developing the music of the world. Implementation of the ideas herein contained would be one concrete way of moving toward a valid and balanced conception of the History of World Music: something that is, as yet, lacking.

On the other hand, the problems presently being encountered in making an effective contribution to this task are many. Perhaps one of the greatest difficulties in the absence of "academization" for training in the local musical institutions of many countries and the competitions stemming from professional European music. In Cuba it has been only recently that seminars and workshops have been set up at the secondary level of musical instruction for training in playing the **tumbadora**, the **bongos** and the broad range of autoctonous idiophonic instruments encompassed by Cuban music and for the autoctonous chordophonic instruments such as the **tres** and the **laud** derived in Cuba mainly from the guitar. These workshops are the seeds of an immediate academization through insertion of training in these instruments into the curricula of the country's music schools. However, the need to improve these programs, to make repertoires for the programs, to write the necessary textbooks and to carry out the musical transcription of an enormous body of works that are known heretofore exclusively through oral transmission all indicate that we have merely scratched the surface of the problem's solution.

Another stifling problem is the lack of a powerful musical industry to bolster the very development of music. This question has practically become **sine qua non** condition for the development of national music in our times.

The development of technologies for the production of records, audio cassettes, video cassettes, as well as the advances that have taken place in the industrial production of musical instruments make the continued existence of autoctonous instrument production in the developing countries increasingly difficult, particularly since it is based on hand crafting. On the other hand, competition from the big record companies greatly hamper the development of small-scale production specializing in the promotion and dissemination of national musical cultures.

In conclusion, the development of research that will reflect the objective reality of the present status of the national musical cultures of the developing countries is, perhaps, the decisive initial step toward the goal of achieving in the future a balance in the international projection and dissemination of the different musical cultures of the world. We must not overlook the fact that economic difference among countries also place difficulties in the way of this project, but there is no doubt that getting to know ourselves better in order to get others to know us as we really are would be a decisive contribution to the enrichment of our universal musical heritage.

Observations sur la situation actuelle des diverses tendances musicales dans le monde et sur le futur de celles-ci
(résumé)

La plupart des livres sur l'histoire de la musique ont exclusivement trait à ce genre de la musique dont la fonction communicative esthétique se voit limitée à une minorité de la population du monde. Il est donc évident que l'histoire musicale de millions d'individus reste encore à être explorée et à décrire, et, en sus, doit être rendue accessible au public. Un bon exemple d'un tel travail est l'activité d'un groupe d'ethnomusicologues au Centre de Recherche et de Développement de la musique cubaine à la Havane qui en 1981 a commencé par une étude dont l'objectif est un Atlas des instruments traditionnels de musique folklorique. Par ces travaux, nous nous sommes familiarisés avec les différences qu'il y a dans la facture manuelle d'instruments au Cuba. Nous y avions à surmonter certaines difficultés, telles le problème qu'en Europe on produit de préférence des instruments à un seul timbre. Sur la base de nos étroites relations avec des cultures africaines, il y a chez nous, surtout en matière des percussions, une différenciation du timbre en fonction de la position changeante de la main. Les exemplaires les plus frappants sont surement la «tumbadora» et le «bongo».

A noter de plus que, en le domaine de la musique africaine, la base accompagnante dite «rythmique» est à trouver dans les registres plus hauts, alors que l'Europe favorise le plus souvent les registres plus graves, bas.

Un autre problème dans la gestion de notre patrimoine musical est celui de la tradition orale prédominante, et la notation d'après les principes de subdivision européenne comporte des problèmes additionnels du fait de différentes positions esthétiques. Cela s'illustrerait aux mieux à l'exemple des chansons «tumba francesa» où les compositeurs-chanteurs notent souvent les chansons, certes, mais seulement les textes. Les chanteurs soulignent qu'ils cherchent à transmettre le plus fidèlement possible les pièces réceptionnées de leurs parents et ancêtres. Lors de nos études, nous avons constaté qu'il n'y a pas de notation adéquate pour les mélodies, hauteur et durée du son ne cessant pas de varier. C'est dire que se sont produites continuellement des modifications, soit vers le haut soit vers le bas, la valeur fondamentale restant la même. Ces problèmes mettent à la fois en évidence les limites dans les systèmes de notation musicale.

Par ailleurs, des études ont été faites sur le rythme. Pour nous, le rythme est un phénomène social qui n'existe qu'en liaison avec le comportement social de l'homme et qui est une forme spéciale de la réflexion esthétique. Il y a trois sphères bien séparées pour le phénomène du rythme: aperception humaine et reproduction du rythme; phénomène du timbre; notation musicale du rythme dans un système de symboles. Les éléments caractéristiques d'un rythme donné sont aperçus par des facteurs physico-sonores, tels durée ou rapport entre les sonorités; accentuation; formation de groupes; régularité du rythme et ses accidentalités.

Nous sommes absolument persuadés qu'il faut immédiatement entreprendre des activités afin de sauvegarder et développer les cultures musicales dans les pays en voie de développement, et précisément cela exige un développement dans les domaines de la musicologie, des possibilités creatio-interprétatives de la musique ainsi que de l'éducation musicale.

Après qu'ont été formés dans d'autres pays les experts requis pour notre projet, on pourra procéder à la réalisation du programme minimal suivant: collecter, classer et cataloguer (répertorier) les informations sur la musique folklorique; recommandations précisant comment pourra être utilisés cette musique dans les systèmes d'éducation et dans d'autres projets artistiques et musicaux; transmission sur les antennes des radios régionales; diffusion internationale de la musique nationale; études sur la préservation et exploration de la musique folklorique dans les divers pays; élaboration d'un concept de l'histoire de la musique nationale dans le cadre de l'histoire musicale universelle.

Les problèmes qui se posent à nous au Cuba pourraient se résumer comme suit: élaboration de meilleurs programmes pour l'étude et la préservation de la musique traditionnelle jouée par exemple sur ces instruments que sont «tumbador», «bongo», mais aussi «tres» et «laud»; l'absence d'une importante industrie musicale qui aide à assurer le développement musical; et il ne faut pas ignorer que les différences économiques parmi les pays en voie de développement créent d'autres difficultés dans la réalisation de tels projets.

Einige Bemerkungen zur gegenwärtigen Situation verschiedener Musikrichtungen in der Welt und deren Zukunft (Zusammenfassung)

Die meisten Bücher über die Geschichte der Musik beziehen sich ausschließlich auf die Art von Musik, deren ästhetische Kommunikationsfunktion auf eine Minderheit der Erdbevölkerung begrenzt ist. Im Ergebnis zeigt sich, daß die Musikgeschichte von Millionen von Individuen noch zu erforschen und zu beschreiben ist und darüberhinaus der Öffentlichkeit zugänglich gemacht werden muß. Ein gutes Beispiel für solch eine Arbeit ist die Tätigkeit einer Musikologengruppe aus dem Zentrum für die Erforschung und Entwicklung der kubanischen Musik in Havanna, die im Jahre 1981 mit einer Untersuchung begann, deren Ziel ein Atlas der traditionellen Volksmusikinstrumente ist. Durch diese Arbeit wurden wir mit den Unterschieden in der Herstellung handgefertigter Instrumente in unserem Land vertraut. Wir hatten hierbei eine Reihe von Schwierigkeiten zu überwinden, wie z. B. das Problem, daß man in Europa vorwiegend Instrumente mit einer Klangfarbe herstellt. Auf Grund unserer engen Beziehungen zu afrikanischen Kulturen ist bei uns vor allem im Bereich der Schlaginstrumente eine Differenzierung in der Klangfarbe durch die unterschiedliche Handstellung gegeben. Die besten Beispiele hierfür sind wohl die «tumbadora» und das «bongo».

Des weiteren ist festzustellen, daß im Bereich der afrikanischen Musik der sogenannte «Begleitrhythmus» in den oberen Registern liegt, während er in der europäischen Musik zumeist in den tiefen Registern zu finden ist.

Ein weiteres Problem in der Pflege unseres Musikerbes ist in der vorwiegend mündlichen Überlieferung zu suchen, und die Notierung nach den Prinzipien europäischer Einteilung bringt auf Grund unterschiedlicher ästhetischer Positionen weitere Probleme mit sich. Diese Problematik läßt sich am besten am Beispiel der «tumba francesa»-Lieder erläutern, wo sich die Sängerkomponisten zwar häufig die Lieder notieren, jedoch ausschließlich die Texte. Die Sänger betonen, daß sie versuchen, die von ihren Eltern und Vorfahren übernommenen Stücke möglichst originalgetreu weiterzugeben. Bei unseren Untersuchungen stellten wir fest, daß es keine einheitliche Notierung für die Melodien gibt, da Tonhöhen und Tondauer ständig variierten, d. h., es traten ständig Abweichungen auf, entweder nach oben oder nach unten, bei gleichem Grundwert. Diese Probleme in der Notierung zeigen gleichzeitig die Grenzen in den musikalischen Notierungssystemen auf.

Darüber hinaus gab es Untersuchungen zum Rhythmus. Wir sehen den Rhythmus als soziales Phänomen, das nur in Verbindung mit dem sozialen Verhalten des Menschen existiert und eine spezielle Form der ästhetischen Reflexion ist. Für das Phänomen des Rhythmus gibt es drei gut abgegrenzte Bereiche: menschliche Wahrnehmung und die Reproduktion von Rhythmus; das Klangfarben-Phänomen; die musikalische Notierung des Rhythmus in einem System von Symbolen. Die charakteristischen Elemente eines gegebenen Rhythmus werden durch verschiedene physikalisch-klangliche Faktoren wahrgenommen, wie z. B. die Dauer oder das Verhältnis zwischen den Klängen; die Akzentuierung; die Formierung von Gruppen; die Regelmäßigkeit des Rhythmus und seine Zufälligkeiten.

Wir sind der festen Überzeugung, daß sofortige Aktivitäten zur Pflege und Entwicklung der Musikkulturen in den Entwicklungsländern unternommen werden müssen, und eben das erfordert eine intensivere Entwicklung in den Bereichen der Musikologie, der schöpferisch-interpretatorischen Möglichkeiten der Musik sowie der musikalischen Erziehung. Nachdem die für unser Projekt erforderlichen Kader in den Ländern ausgebildet wurden, kann man an die Verwirklichung des folgenden Minimalprogramms gehen: Sammlung, Klassifizierung und Katalogisierung von Informationen zur Volksmusik; Transkription der Volksmusik; Empfehlungen, wie diese Musik in den Erziehungssystemen und anderen künstlerischen und kulturellen Vorhaben genutzt werden kann; regionale Radioübertragungen; die internationale Verbreitung der nationalen Musik; Studien über die Pflege und Erforschung der Volksmusik in den einzelnen Ländern; Erarbeitung einer Konzeption zur nationalen Musikgeschichte im Rahmen der Welt-Musikgeschichte. Die Probleme, denen wir uns in Kuba gegenübersehen, könnte man wie folgt definieren: Erarbeitung besserer Programme zum Studium und zur Pflege traditioneller Musik, wie z. B. auf Instrumenten wie «tumbadora», «bongo», aber auch «tres» und «laud»; das Fehlen einer gewichtigen Musikindustrie, die die Musikentwicklung absichern hilft. Bei all dem darf nicht übersehen werden, daß die ökonomischen Unterschiede innerhalb der Entwicklungsländer weitere Schwierigkeiten bei der Verwirklichung solcher Projekte bereiten.

GEORGIJ GEODAKJAN

The Heritage of Folklore and Contemporary Music in Soviet Armenia

Composer and folklore... This subject attracts musicologists and composers with enviable constancy. And this notwithstanding the fact that from time to time folkloric traditions are declared hopelessly out-of-date and have no relation to contemporary art. Thus, American theatrical critic Robert W. Corrigan asserts that village folklorism that brought about the plays of Irish playwright J. Sing or F. García Lorca, say nothing to present-day industrial society.[1] Similar opinions may be heard in the West concerning musical art as well. For some of the western theorists, it has become typical to divide the phenomena of musical creativity into "contemporary" and "folklore". Among the latter are creations that apply spontaneously to folklore sources, and also those in which the connection with folk-national traditions are perceived to the slightest degree. In this case phenomena of "folklore" creativity are classified distinctly as phenomena somehow inferior, and in this very quality, they are opposed to "contemporary music".

Aram Khachaturian wrote on this quite well and not without irony in the beginning of the 70s: "Theorists of the vanguard usually divide all contemporary composers into two groups – 'builders-inventors of the new musical language' and the so-called 'folklore composers' that had supposedly fallen into the grip of folk-artistic traditions. All sorts of epigones of the "New Vienna School" are reckoned with respect among the first group ..., as well as the supporters of the newest systems of composition... These theorists attribute, without the least doubt and hesitation, to the 'folklorists' Béla Bartók, Zoltán Kodály, Heitor Villa-Lobos, Benjamin Britten, Carl Orff and of course, the author of these lines. Well, I am not in bad company."

After these lines of Aram Khachaturian were written we became witness of the birth in Soviet music of a new wave of interest in folkloric traditions. Let us mention a number of creations by Rodion Shedrin, among them his opera "Dead Souls", the symphonies of the Georgian composer Kancheli, choral compositions of the Estonian, Tormis, those of Lithuanian composers. The rebirth of folkloric traditions in the 70s and 80s became a typical phenomenon for Armenian music as well.

As is seen, folklore, turned down and rejected for so many times, again and again knocks at the door of our art. Where does the magnetic force of folkloric traditions lie? What is their importance to contemporary music? These questions cannot leave us introubled, they continue to be actual.

It should be noted at once, that the relations of folklore and the professional creativity of a composer are not by any means simple and straightforward. In different historical epochs these relations express themselves in different ways, acquire new concrete meaning. The aim of our report is to show, as exemplified by Armenian music, the dynamics of development of folkloric traditions, to lay down the main stages in the realization of these traditions.

The absolutization of folklore was characteristic of romantic art. The romantics were just those who saw the ideal acme of national art in folklore, its ingenious and perfect embodiment. The epoch of romanticism coincided in many respects with the period of formation and raising of a number of European (and not only European) national schools of composers. Young musical cultures being included in the channel of all-European musical process, naturally, had to take care to not become lost against the background of highly developed and professionally refined musical schools already functioning. Folklore had to help young national musical cultures find their own expression and unique aspect.

As folklore is most closely connected with the life of a given community of people (in a broader sense—with the life of a nation), it expresses, in concentrated form, the radical, profound features of this community, expresses that what distinguishes one collective from another, one nation from the other. Of course, the national in art becomes apparent not only by means of folklore; but here its manifestations are primary, and it may even be said, absolute.[2] That is why young national musical cultures, not having the necessary arsenal available as yet, apply to folklore so willingly, seeing in the stylistics of folk music a sort of ideal artistic norm. Self-asserting in a specifically national form, the art of music widely employs the spontaneous appealing to folklore, genres of working-out, transcription of folk songs, methods of direct citing of folk melodies, the creation of works "in folkloric spirit". In such a way professional musical art aspires to recreate the artistic poetic world of folklore, seeing in it the brightest manifestation of national originality.

Such a form of the realization of folkloric traditions in professional art may be called stylization.[3] It is especially typical for the initial stage of formation of national composers schools, though it retains its significance in later periods as well.

Direct transfer of folklore samples into the sphere of a composer's creative work is not mechanical; it is a subtle and complex process. One must remember that folklore and professional creativity—these are two different artistic systems, differentiated by the very course of historical development. If folklore is collective creativity, alive only in oral transmission and in direct connection with daily life, then professional music is an individual creative act, embodied in writing, in notation. Folk melody, even if transferred into professional music without changes, lives in a new quality, and is measured by artistic parameters completely different than those in folklore. That is why not infrequently the transplantation of folklore images to professional art happens to be creatively barren, sometimes simply false. This especially refers to the realization of eastern folklore by means of traditional European musical techniques; these are completely different artistic systems, aren't they?

The new Armenian professional music was fortunate to have such a great musician, artist, scientist, and folklorist as Komitas at its sources, whose creative activity manifested itself at the beginning of the present century and was disrupted by force during the mass genocide of the Armenians during World War I.

His main interest was the working-out of folk songs for chorus, and voice with piano. However in this, at first glance, "narrow" field, he achieved exceptional results. By means of his art he solved an historically significant problem, having defined the nationally original style of the new professional Armenian music.

Komitas consciously connected the future of Armenian music with the assimilation of the experience of European musical culture. However, it is a creative assimilation, not being afraid of a breaking-off, if dictated by necessity, from the traditionally accepted ideas of his time. He himself, for example, decisively overstepped the norms of major-minor and with them, a functional harmonic system that seemed to be the firm basis of European musical art as a whole.

Based on the profound comprehension of the stylistics of rural folklore, he succeeded in working out new principles in organizing musical texture which were contiguous to those innovatory aspirations in 20th-century European music (especially close to principles of Béla Bartók and Zoltán Kodály). It is this, by which Komitas predetermined the basic and very perspective trend, along which Armenian musical art was further developed. Komitas' creative works are perceived, even now, as a standard of purity and national originality in Armenian music. This choral arrangement may give a certain idea of his work.

However great the charm of folk art, professional creativity cannot be limited to direct re-creation of the poetical world of folklore. As national musical cultures develop, the tendency of free transformation of folklore elements, their submission to the composer's creative design and his individual style, finds a brighter manifestation.

This, conventionally speaking, is the second stage of realizing folklore – the stage of free transformation, psychologizing folklore elements.

In Armenian music, it manifested itself with utmost brightness, very likely, in the creative work of Aram Khachaturian. In his works, too, one may find examples of immediate reproduction, stylization of folklore (especially observed in the ballet "Gayane"). But this is not typical for the composer. As he wrote: "The principle of daring creative appeal to folk melody is dearer to me, when the composer following his intention and artistic flair, makes use of folk melody as a life-giving seed, as an initial intonational cell, which may be audaciously developed, processed and enriched." Thus elements of folklore in the creative work of the composer, receive a purely 'Khachaturian' aspect, embodying themselves in individually unique pages of lucid lyrics, tensely dramatic or epically majestic narration.

Free command of folk material and contemporary compositional techniques allowed him to obtain significant artistic results. With great mastery, he reveals, for example, potentialities inherent in the mode structure of Armenian (and more extensive–Eastern) folk music.

Refinement, complexity and well-developed character of the mode structure of eastern music are widely known. One characteristic feature should be distinguished, the multilinked structure of a number of eastern modes. Here, the tonical link is usually joined (from above and below) by other links, having as a rule, their own base foundations, their own temporary tonics.

Khachaturian made an original and creative use of this peculiarity. Multilinked structure of the mode is projected in his works as a musical vertical line, bringing about a distinctive "stratification" of the texture into various sound layers. It is important to underline that the principle of "stratification", more exactly the principle of polytonality, becomes one of the main in the whole of musical stylistics of the composer and conditions the considerable strengthening of energetic tenseness of the whole sound texture. The principle of polytonality in Khachaturian's original creative realization does not level the characteristic features of mode structures in the music of the East, but, on the contrary, as if it "develops", even enriches and reiteratively strengthens their specific sounding. An impression of the rising of an unusual composite mode – "multisound", bright and dynamic – is created. Analysis shows that in the basis of this mode lies the twelve-stepped chromatic tonality (or as it is sometimes called, pandiatonic tonality) that is typical for European musical practice, contemporary to Khachaturian. It is important that pandiatonic compositions of Khachaturian have an amazingly eastern sounding.

The unification of eastern mode structures with chromatic tonality has found a multiform and artistically bright realization in the works of Khachaturian. And it always shows itself as an organic synthesis, an indissoluble whole, where the eastern harmony of melos exposes chromatic tonality and, on the other hand, reveals itself through this very tonality.

This example, once more, manifests the heritage of folklore, folkloric traditions acquire constructive character when they are not perceived as museum rarities, when they do not draw back, but submit to the artistic-stylistic problematics of their time and epoch.

Natural combination of folklore orientation (not infrequently taking indirect form) with contemporary artistic problematics became a characteristic tendency in Armenian music in the 50s and 60s. In the free transformation of folklore elements, in their submission to individual creative conceptions, the individual style of Armenian composers was perfected, and national music became more multiformed and many-coloured. It was in this atmosphere that the work of such composers as Alexander Harutiunian, Arno Babadjanian, Grigory Yeghiazarian, Edward Mirzoyan, Edgar Hovhannesian developed, who are prominent in Armenian music and have enriched it with many brilliant profound works.

But in the realization of folkloric traditions, and traditions in general, there are "ebbs" and "flows". They are connected, very likely, with the inner contradictory essence of the development of national musical culture, now striving for universalization, for "alignment" on the general stylistic norms of the art of the epoch, then, on the contrary, for localization and cultivation of purely local traditions. Of course, in reality both of these traditions are found in isolated forms. Usually they conjoin, synthesize, especially in the creative works of great composers. In a historical period one of these tendencies may hold a dominating place. Thus, in the mid-60s, the tendency of universalizing musical stylistics predominated in Armenian music. This was the time when in our music new ways and methods of compositional techniques – dodecaphony, seriality, aleatorics, etc. – began to be widely assimilated. Folkloric traditions seemed to have receded to the second plan.

But here too, it quite soon became clear, that new artistic forms give sprouts only when they take root in the historical and cultural ground of their native land. Otherwise they dry up and perish. The rebirth of folkloric traditions – on a new stage and in a new quality – has become an apparent fact.

This third stage in the realization of folkloric traditions may be conventionally called mythological or symbolical. It is brilliantly manifested in the creations of Avet Terterian, especially in his six symphonies.

For Terterian, as well as for a number of contemporary Armenian composers, it is typical to appeal to the rather human than local problematics. His music is born of the perturbed and threatening atmosphere of our epoch, of great and sudden changes when the contradictions between humanity and brutality, life and death are utmostly revealed, and our planet is threatened with danger. Terterian, as well as many advanced contemporary artists, tries to philosophically comprehend what is going on in the world, to ponder over the fate of man and mankind on the scale and context of world history. Inclusion of folkloric images in acutely contemporary stylistics, as if it conjoins the present and the future with the past in Terterian's symphonies. The time perspective which appears, creates a peculiar philosophical screen from the musical narration, finds profound projection in the womb of folk poetical and moral ideas, that is promoted by the archaically primordial sounding of folkloric symbols often filled with lofty dramatism. Folkloric elements are applied here as symbols and signs. They are void of intonational concreteness; its generalizing principle and universal timbre distinctness of sounding are first of all underlined there. A small fragment from "The Third Symphony" by Terterian will help understand the atmosphere of his creative quest.

Differentiation of the three stages or methods in realizing folkloric traditions – stylization, psychologizing, and symbolization, of course, is highly conventional. The qualitative characteristics and appreciation given, this differentiation does not point to the preference of any of these methods as the best and the most perfect. The regulation of methods is contraindicatory for art. As always not only the source appealed to by the composer is decisive, but his talent and mastership as well.

Anmerkungen

1 Robert W. Corrigan, The Theatre in Search of a Fix, New York 1974, p. 91–92.
2 G. Golovinsky, Composer and Folklore, Moscow 1981, p. 14 (in Russian).
3 See V. Cubilus, Formation of National Literature – Imitativeness or Artistic Transformation?, in: Voprosy Literatury, No. 8, 1976, p. 23 (in Russian).

L'heritage folklorique et la musique moderne en Armenie Sovietique (résumé)

Souvent opprimé et ridiculisé, le folklore ne cesse pas d'avoir accès aux arts. Où en est l'attraction des traditions folkloriques? Quelle est leur importance pour la musique moderne? Cet exposé se propose de démontrer à l'exemple de la musique arménienne le dynamisme du développement de la tradition folklorique et les principales étapes dans la réalisation de ces traditions.

Séparer le folklore et le mettre dans l'absolu, c'est caractéristique du romantisme qui a vu dans le folklore le point culminant d'un art national. Celui-ci aurait aidé les jeunes cultures musicales à trouver leur propre expression et de la cohérence. S'approchant le plus de la vie d'une communauté donnée (par extension: d'une nation), le folklore exprimerait dans une forme concentrée les traits radicaux et fondamentaux de cette communauté, ce qu'elle distingue des autres groupements. Travailler et transformer les chansons folkloriques, citer directement des airs populaires, créer des pages «dans l'esprit du folklore» – on pourrait qualifier cela de stylisation, celle-ci étant particulièrement typique pour le premier stade dans la formation d'écoles nationales de compositeurs.

Il ne faut pas oublier, constate le rapporteur, que le folklore et la composition musicale professionnelle constituent deux divers systèmes artistiques, séparés l'un de l'autre surtout par le courant du développement historique. Lorsqu'on considère le folklore comme une création collective, vivante seulement dans la transmission orale et en contact direct avec la vie quotidienne, la musique professionnelle est un acte créateur individuel, fixé dans l'écriture, dans la notation. Cette mélodie folklorique gagne une nouvelle qualité qui diffère essentiellement du folklore usuel.

La nouvelle musique professionnelle en Arménie peut se féliciter du fait qu'elle possède dès ses débuts cet important musicien et artiste qu'est Komitas. Sa préoccupation s'est portée à l'élaboration de chansons folkloriques pour chœur ou chant et piano. Par les moyens de son art, il a résolu un problème primordial au plan historique, soit empreindre le style national dans la nouvelle musique arménienne. Consciemment, Komitas a lié le futur de la musique arménienne à l'assimilation des expériences de la culture musicale d'Europe. Les œuvres de Komitas connaissent aujourd'hui une perception en tant que standards d'une pure et originale culture musicale arménienne.

Le stade de la libre transformation, de la psychologisation d'éléments folkloriques est désigné comme le deuxième stade de la réalisation du folklore. Dans la musique arménienne, cela se manifeste avant tout dans l'œuvre compositionnel d'Aram Khatchatourian. D'une façon très originale et créative, il a fait usage d'une particularité dans le traitement du folklore: créer une connexion structurée parmi un certain nombre de tonalités orientales. Le principe de la polytonalité dans la réalisation originale et créatrice de Khatchatourian ne réduit pas les traits caractéristiques des structures tonales dans la musique de l'orient, au contraire, il enrichit et fait augmenter la sonorité spécifique de celle-ci. La combinaison naturelle de l'orientation folklorique avec des problématiques artistiques modernes est devenue la tendance caractéristique de la musique arménienne dans les années 50 et 60. C'est l'époque où ont travaillé les compositeurs Arutiunian, Babadjanian, Mirzoyan, ou Yeghiazarian. Par la suite, au milieu des années 60, l'universalité des tendances musicales a dominé la musique arménienne. Dans cette époque, on a appliqué de nouveaux formes et moyens dans l'écriture – dodécaphonie, composition sérielle, musique aléatoire etc... Le troisième stade dans la réalisation du folklore, on pourrait le désigner comme mythologique ou bien symbolistique, son principal représentant étant Terterian, surtout avec ses six symphonies.

Le rapporteur prétend que la distinction des trois stades ou méthodes de la réalisation des traditions folkloriques – stylisation/psychologisation/symbolisation – soit conventionnelle au plus haut dégré, certes. Selon le rapporteur, les caractéristiques qualitatives et leur estimation ont à démontrer que cette différenciation ne doit pas aboutir à la prédominance d'une de ces méthodes, comme étant une des meilleures ours des plus perfectionnées.

Das folkloristische Erbe und die moderne Musik in Sowjetarmenien (Zusammenfassung)

Die Folklore, oft unterdrückt und verlacht, verschafft sich immer wieder Zugang zu den Künsten. Worin liegt die Anziehungskraft der folkloristischen Traditionen? Worin liegt ihre Bedeutung für die moderne Musik? Das Ziel dieser Ausführungen soll sein, am Beispiel der armenischen Musik die Dynamik der Entwicklung folkloristischer Tradition aufzuzeigen, die Hauptetappen in der Realisierung dieser Traditionen.

Eine Verabsolutierung der Folklore war das Charakteristikum der Romantik, die den Höhepunkt einer nationalen Kunst in der Folklore sah. Die Folklore half jungen Musikkulturen, eigene Ausdrucksmöglichkeiten und Einheitlichkeit zu finden. Weil die Folklore am engsten mit dem Leben einer gegebenen Gemeinschaft verbunden ist (in einem weiteren Sinne – mit dem Leben einer Nation), drückt sie in konzentrierter Form die radikalen, grundlegenden Züge dieser Gemeinschaft aus, das, was sie von anderen Gruppierungen unterscheidet. Die Erarbeitung und Transformierung von Volksliedern, das direkte Zitieren von Volksmelodien, die Schaffung von Arbeiten «im Geist der Folklore» kann man als Stilisierung bezeichnen, und diese ist besonders typisch für das erste Stadium in der Formierung von nationalen Komponisten-Schulen.

Man darf nicht vergessen, daß Folklore und professionelles Komponieren zwei verschiedene künstlerische Systeme darstellen, getrennt vor allem durch den Lauf der historischen Entwicklung. Betrachtet man Folklore als kollektive Schöpfung, nur lebendig in der mündlichen Überlieferung und in direktem Kontakt mit dem täglichen Leben, dann ist professionelle Musik ein individueller Schöpfungsakt, festgehalten in der Schrift, in der Notierung. Die folkloristische Melodie erhält eine neue Qualität, die sich von der der gewöhnlichen Folklore sehr unterscheidet.

Die neue armenische professionelle Musik kann sich glücklich schätzen, in ihren Anfängen einen solch bedeutenden Musiker und Künstler wie Komitas besessen zu haben. Sein Hauptinteresse galt der Erarbeitung von Volksliedern für Chor bzw. Singstimme und Klavier. Mit den Mitteln seiner Kunst löste er ein historisch bedeutsames Problem, nämlich die Ausprägung des nationalen Stils in der neuen armenischen Musik. Komitas verband bewußt die Zukunft der armenischen Musik mit der Assimilierung der Erfahrungen europäischer Musikkultur. Komitas' Werke werden heute als Standardwerke einer reinen und originalen armenischen Musikkultur rezipiert.

Das Stadium der freien Umformung, der Psychologisierung von folkloristischen Elementen soll als das zweite Stadium der Realisierung von Folklore bezeichnet werden. In der armenischen Musik wird es vor allem im kompositorischen Schaffen Aram Chatschaturjans sichtbar. Er hat sehr originellen und kreativen Gebrauch von einer Besonderheit in der Behandlung der Folklore gemacht, nämlich der strukturellen Verbindung einer Reihe von östlichen Tonarten. Das Prinzip der Polytonalität in Chatschaturjans originaler schöpferischer Realisierung mindert nicht die charakteristischen Züge der Tonartstrukturen der Musik des Ostens, es bereichert und stärkt im Gegenteil deren spezifischen Klang. Die natürliche Kombination folkloristischer Orientierung mit modernen künstlerischen Problemstellungen ist zur charakteristischen Tendenz der armenischen Musik der fünfziger und sechziger Jahre geworden. In dieser Zeit arbeiteten Komponisten wie z. B. Harutiunian, Babadjanian, Mirzojan oder Jeghiazarian. Dann, in der Mitte der sechziger Jahre herrschte die Universalität musikalischer Stilrichtungen in der armenischen Musik vor. In dieser Zeit wandte man neue Formen und Mittel in der Kompositionstechnik an – Dodekaphonie, Reihenkomposition, Aleatorik etc. Dieses dritte Stadium in der Realisierung der Folklore kann man mythologisch oder symbolisch nennen, sein Hauptvertreter ist Terterian, besonders mit seinen 6 Sinfonien.

Die Unterscheidung der drei Stadien oder Methoden der Realisierung folkloristischer Traditionen – Stilisierung, Psychologisierung und Symbolisierung ist natürlich in höchstem Maße konventionell. Die qualitativen Charakteristika und deren Einschätzung mögen zeigen, daß diese Differenzierung nicht zur Vorrangstellung einer dieser Methoden als der besten und perfektesten führen soll.

Jan Ling

Folk Music Revival – a Case Study of Swedish Folk Music Today focused on the Keyed Fiddle Club of Lilla Edet (Historical background)

At the beginning of the 19th century the "romantic spirit", inspired by Herder and others, caught the middle class intellectuals in Sweden. The attraction of the simple, the rustic ("return to nature") combined with a desire to renew the past, in music was focused on an interest in the collection and notation of ballads with medieval attributes. This was considered an antiquarian research. Later a nationalistic spirit was also involved. The vicars, poets, musicians etc. that collected the songs called them "folksongs" in the sense used by the German romantic school connected with Goethe and Herder. "Folk" dances and "folk" tunes were also collected. Beside an antiquarian and nationalistic love of the past the collectors were inspired by their ambition to save the peasants from the levelling effect of popular music. This music flooded Sweden in the 19th century and was considered to "threaten" and even to "destroy" traditional music. "Folk" was of course not the word by which the peasants referred to themselves, nor did they use the word "music" to designate their songs and dance tunes. It was not until the 20th century that the concept of "folk music" was accepted by fiddlers, dancers, and singers. However, rural culture by then was more or less historical. Thus "folk music" was accepted as a stylistic and functional concept to describe a certain kind of music of the past (of the concepts of renaissance music and baroque music).

The musicologists and folklorists at the end of the 19th century and in the 20th – and later even people in the mass media – formulated a common sense definition: the dances, songs etc. that were referred to as "folk music" were the shepherds' calls, peasants' songs and dance tunes that had been notated in the 19th century and – in some districts of Sweden – were still living as relics. This bulk of formerly functional music had thus been transformed by the intellectuals of the middle classes according to their aesthetic standards and already at the middle of the 19th century they were presented in concert halls and in the drawing rooms as an alternative to the more "complicated" art music.

At the beginning of the 20th century enthusiastic lovers of this "folk music" introduced contests for fiddle players all over the country. These contests resulted in an increasing interest in the fiddler as an artist. Some fiddlers began to travel around as entertainers, giving concerts presenting "folk music". This influenced the musical style towards greater virtuosity and increased the tempi of the old dances. Different groups, professionals or amateurs, began to play "folk music" arranged in a simple art music way, and "folk music" was transformed into a popular amateurish repertoire for two or more fiddlers. Another more spontaneous development took place in the 40s, starting in Dalarna, when fiddlers formed themselves into band, moulding the different tunes of their common repertoire of traditional dance and march tunes into one musical entity. Gunnar Ternhag distinguishes between different trends in the development of these fiddle groups.

1. **The Rättvik sound.** This follows the example of the fiddlers' club which produced the tremendously popular record of the **Gärdebylat** around 1950. Here the ideal is a pure violin sound with no accompaniment from other instruments. The performances are well rehearsed, and the melody line is supported by a second, sometimes even a third, violin part. It is also clear that the music in intended to be heard from a concert platform or loudspeaker. It is therefore tempting to term this more refined form of club as a "fiddlers" orchestra.

2. **Allspelsleget** (the community club). Here the many new fiddlers of the folk music vogue can be heard. These clubs have no clearly defined aims for their activities, and have taken in many new members from those study circles which turned into fiddlers' clubs. The large number of beginners means that the technical level is lower, and that playing for pure musical and social enjoyment takes priority over any artistic ambitions. Alongside the melodic instruments, the violin and the keyed fiddle, accordion, guitar, and double bass are usually included.[1]

Folk music becomes a term that was subject to much discussion, especially in the intense revival period of the 1970s. We shall now switch over to this period and try to analyse the revival movement in the light of the history of "folk music". The new interest in folk music must be seen against a background of protest movements, political awareness and environmentalism in the seventies. Interest in Pete Seeger, Bob Dylan was combined with interest in music from more "exotic" countries than Sweden: Ireland, Greece etc. Suddenly there was an increasing interest in "Swedish folk music" in most parts of the country. It is possible to interpret this as a protest against the flood of international music in the mass media and the very traditional education in art music which of this time was identified as an old, 19th century "bourgeois" concept of music. Most of the initiators were young people from the middle class and their interest in music was a part of their looking for their own identity in opposition to the music of their parents, the music of the school, and the music of the mass media. Many of them emphasized the social value of folk music: "If you are a beginner you can stand side by side with the best player and play together with him!" one fiddler said.

The ground for the interest in folk music was however prepared during the fifties and sixties: "During the fifties the Swedish Radio began to make field recordings of Swedish folk music, and later presented this material in its 'genuine' form in folk music programs and on record. During the sixties a number of jazz musicians – Lars Gullin and Jan Johansson, for instance – helped to demolish prejudice against folk music with their jazz arrangements of songs and folk tunes which were thus able to reach a whole new audience, a young and enthusiastic audience, hungry for music – in many cases to the horror of 'purists' in various folk music and dance organisations." (Cover text of cassette to The Folk Music Vogue, Caprice 11309)

But we must not forget that folk dances had been performed from the 1920s and onwards in the organisation Svenska Ungdomsringen, the tradition of which had been formed already at the end of the 19th century by students interested in arranged folk dances and with nationalistic ideals. The same ideology was later at the basis of the amateur fiddlers' club performing arranged folk tunes mentioned above. These two "traditional movements" became the target of verbal and musical critics in the form of articles and alternative playing.

Mass media – magazines, radio, and television – launched the growing interest in folk music. Thus, there was quickly an interplay between different initiatives of the folk music revival and the mass media. There is, for example, an immense collection of press articles about instrument builders.

Birgit Kjellström has pointed out important factors which inspired an amateur builder to make his or her own instrument:

– the need of a suitable instrument for playing folk music;
– an inherited tradition of craftsmanship;
– awareness of a direct association with tradition;
– a general desire to work creatively with wood;
– the need of a meaningful pastime;
– the desire to test one's own abilities.

From the sixties and seventies onwards, the idea of preserving and handling on traditions of craftsmanship and musicianship receives increasing attention. (Folk Music Vogue, p. 208)

In her study about "Folk music on Swedish Radio" Christina Mattsson emphasizes not only the interplay but also how the concept of folk music as an aesthetically important subject in the fifties was changed to a concept emphasizing its environmental and functional aspects. The change had to do with "pressure" groups from young fiddlers and a new programme policy introduced by a younger generation of programmakers.

Matts Arnberg [the initiator of a systematic collecting of folk music at Swedish Radio starting 1948] was trained in art music, and began to take interest in folk music more or less by chance, after studying musicology. He has given his own account of how ... he discovered folk music to be music with artistic qualities.

His successor [Christina Mattsson] represented a completely different "ideology", introducing a folkloristic perspective. ... This meant that aesthetic principles were forced to give way to a more sociological view of the presentation of music on radio. (The Folk Music Vogue, pp. 213 f.)

The new social concept of folk music was a very strong impact on the style of playing.

In her paper "The new fiddlers" Märta Ramsten emphasizes an ideological approach to the music of these younger musicians:

Folk music is seen as an unpretentious, everyday expression of social contact and togetherness, and as an alternative to commercialism and upper class culture. This ideology also makes its mark on the style of performance. Since music in this case is primarily dance music, rhythm becomes far more important than melody. The instrument is retuned so as to produce sonorous rather than melodic playing.

Ramsten distinguishes at different styles of playing – "or levels of stylistic ideal":

1. Playing from printed music – musicians who have not freed themselves from the printed

music, and take care to play exactly "as it stands", almost as chamber music. This is a stylistic ideal to be found among many of the smaller fiddlers' clubs of the 1940s, 50s and 60s.

2. "Violin equilibristics" – musicians who tear through the pieces in a very high tempo, a virtuoso ideal to be found in what was known as "hälsingespel", inspired by Jon-Erik and Eric Öst in the 1940s and 50s.

3. A "powerful" and highly ornamental style of playing clearly inspired by the prominent folk musicians of Dalarna who appeared frequently on radio and record during the 1950s and 60s. (The Folk Music Vogue, p. 198) She has also found a fourth style, first appearing during the seventies, being a stylistic model for many young musicians:

4. Sonorous double-stops and bourdons, with almost exaggerated marking of the rhythms by stamping, with the violin held against the chest and the bow-hold above the heel, making "technical" playing impossible. An intentionally archaic manner of playing. (The Folk Music Vogue, p. 198)

It is, however, not easy to separate "intentionally archaic manner of playing" from "unintentionally functional manner of playing". In some cases the advantage of playing violin held against the chest i. e. in dance playing (= possibility to move more freely, sit and play etc.) or accompanying own singing, can be a more adequate explanation.

Today we meet a fifth type, introduced in the 80s, using all kinds of instruments and freely combining styles from different genres. In the beginning of the revival movement you have the same development, but then mostly in combination with rock instruments and rock sound. Three young fiddlers from Hälsingland, "Skäggmanslaget", played together with a rock group "Contact" and had an immense response from a young audience already in 1969. Later on folksy rock groups like "Kebnekaise", or more sophisticated entertainers as the singer and hammond organist Merit Hemmingsson introduced folk music in their style idioms. But today groups like "Gropa" or "Filarfolket" are more conscious in their stylistic and historical approach and a new aesthetic has been established which is now canonized by music critics and the public. The revival of folk music in Sweden cannot be understood without a brief look at the typical Swedish way of organizing education in study circles and of forming associations of fiddle clubs, dance clubs etc. on a national level.

Gunnar Tornhag emphasizes that "organization is one of the most characteristic aspects of the 'folk music vogue'. (The Folk Music Vogue, p. 188 f.)

Let us take a look at different developments to find out how different component of musical interest, ideologies has formed the revival movement in interplay with the media: THE KEYED FIDDLE IN A NEW ENVIRONMENT.

The history of the keyed fiddle in Sweden is the history of an instrument merging with various families of art and folk music instruments from the middle ages to today. This dialectical process between the keyed fiddle and instruments like the violin, the guitar and other instruments was the living force which enabled the keyed fiddle to hold its own against threatening newcomers in the music society: instead of trying to fight against the newcomers in a rigid way the instrument builders let innovation assimilate into its traditional frame. This is a basic idea of one part of the folk music vogue: to incorporate innovations instead of repelling them. This kind of process is often initiated by musicians or instrument builders who are searching for a new aesthetic or social concept in music. For them "history" or "tradition" is a secondary consideration; sometimes they are even in opposition to the established canonized "tradition". Olle Olsson (b. 1929) was the initiator of the keyed fiddle movement in Lilla Edet, 600 km from the traditional center of keyed fiddle playing and building in Sweden. In Lilla Edet nobody had played the instrument before. In the 70s Olle played the violin and basketball. However he injured his left hand, which was a blow to his violin playing but the starting point of a new musical career. He began to look for an alternative instrument – and – one day he happened to see a television programme about the keyed fiddle. He fell in love with the beautiful impressing sound of the instrument. So he decided to build one himself and learn how to play. He also inspired some of his friends to do the same.

Three points of general importance can be singled out at this stage of the story:

1. The initial inspiration was transmitted via the mass media;

2. the initiator had already played another instrument;

3. it was the sound of the instrument which he found fascinating.

The initiators of new keyed fiddle traditions are looking for a special sound: only later there will be extra-musical motives for building and playing the instrument. Many of the initiators have built or played other instruments before, mostly the violin.

In the 70s courses on "how to play the keyed fiddle" and "how to build a keyed fiddle" were very popular and spread from the old center in the east of Sweden to all parts of the country. Education packets containing cassettes with easy melodies distributed tunes that today are well known to every keyed fiddle player in Sweden. Thus a common repertoire for keyed fiddle was established which today can be played by every keyed fiddle player in Sweden. Very important for Olsson and his friends were different kinds of competitions in keyed fiddle building, exhibitions on instruments, and – of course – festivals where they could play together with keyed fiddle players from different traditions.

General point:

The importance of competitions, exhibitions, and festivals is significant in the case of a culture not being a part of the ordinary music education system.

The next step in the development of the keyed fiddle tradition in Lilla Edet was Olsson's initiative to organize courses in building the keyed fiddle in his own community. Soon the first ensemble was established. The keyed fiddlers were joined by a double bass, a flute, and a guitar. This was a far cry from the traditional folk music orchestra, where keyed fiddles and violines were considered as the only "real" traditional instruments.

The next step in the story of the development of Lilla Edet's fiddle club – which was now established – was a radical change of repertoire: instead of the standard keyed fiddle tunes from Uppland, spread by courses, they began to play local tunes. Olsson and the other members of his club found the Uppland playing style too heavily loaded with rules of "how the music should be played" and they found that this "historical right way" was like a straight-jacket which gave too little space for real "happy-playing".

General point:

We can observe an opposition to "historicism" and a desire to find an individual music style, the mentality of which should mirror the function of the club. This function is to make people happy when they listen to the music, that playing in the club must be fun, and that they want a local identity in their playing although they have incorporated an instrument with other types of inherited idioms.

This is also the explanation of the popularity of the Fiddle Club in Lilla Edet today: they play at local festivals, birthdays, but also at funerals of local fiddlers. They have made records, played on the radio and have represented the community in a television programme from the west coast! In 1977 the keyed fiddle was introduced into the music school of Lilla Edet. A special type of small keyed fiddle, suited for children, was constructed. Today you can meet hundreds of keyed fiddle players, young and old, of both sexes, at folk music festivals arranged by the fiddle club.

Today the fiddle club of Lilla Edet is the guardian of the tradition they have created and established. They only play local folk tunes or their own compositions made in the same style.

In the same community you may also find dance hands with keyed fiddles that do not follow the style of Lilla Edet Fiddle Club. Thus, was can already see how the established tradition is being questioned by new, more popular trends.

To sum up:

It would seem that the new interest in the keyed fiddle is a purely musical one: it has very little to do with ideologies like "back to the good old peasant days", "village nostalgia", etc. But when the instrument seeks new functions in society it can easily be absorbed by much ideological movements and associated with the movement in question. The ideological frame of folk music today – as in the 19th century – is constructed by music writers, musicologists, and culture politicians. The musicians themselves are rarely interested in such extra musical constructions. Perhaps we can expect such a development in the future in Lilla Edet, when the keyed fiddle is no longer considered as an instrument "from abroad" but has got its established tradition in the local society.

In the old center of keyed fiddle in Österbybruk, Uppland, the revival has taken quite another way: builders and players try to preserve and reconstruct the oldest types of instruments and playing styles and – of course – they cannot accept the kind of innovation that Lilla Edet's fiddle club represents.

Lilla Edet fiddle club will never earn very much money on their playing. There are groups that for a brief period have been gold calves of the music industry, but they have very shortly lived. At the end of the 60s one of the first of them, "Skäggmanslaget", had developed a pop idol life style, which strengthened the interest in folk music among the youngsters. Today some of the first initiators of the folk music vogue are teachers in folk music at music schools, or working as employees at museums and archives where folk music is an important subject.

In parts of Sweden where there have been a very strong fiddle tradition, i.e. Dalarna the folk music revival has intensified the development of variants of older styles beside innovations of the same kind as in Lilla Edet. But here you can also find the greatest interest in the reconstruction of instruments and ways of playing them. Nowadays the bagpipe is a popular folk music instrument in Dalarna, spreading out over Sweden after being silent for many years.

The Swedish revival of folk music has parallels all over Europe, east and west. It is very difficult to trace connections according to theories much as of "diffusion" etc. It seems as if there have been common mentalities, outbursting from protests against stereotypes of mass media music and conservative music education, protests against the ideologies in the established folk music tradition and its use as "nationalistic music". The reaction was largely the same in societies with different political and economic systems. The result was also largely the same: a new living music culture, limited to a layer of intellectual youngsters, but nevertheless vitalizing the musical life as a whole.

This paper is a summary of my introduction at the opening ceremony and the session Roundtable "Folk music revival – the Case of Sweden". "The Folk Musik Vogue" is a shortened English version of Folkmusikvagen, a book published by the Swedish Rikskonserter as Accent No. 10. In the book there is also a music cassette of the same title containing music examples from the folk music of the 1970s and music illustrations to the book in question.

Anmerkungen

1 Folkmusikvagen, hrsg. von Lena Roth mit Beiträgen von Birgit Kjellström, Jan Ling, Christina Mattson, Märta Ramsten und Gunnar Ternhag, Rikskonserter Accent Nr. 10, Stockholm 1985, p. 190.

Renaissance de la musique folklorique – une etude sur la musique folklorique suedoise a l'exemple du club de vielles de Lilla Edet (résumé)

Il paraît que l'intérêt porté récomment à la vielle soit de nature purement musicale; il n'a que peu à voir avec des idéologies telles «retour aux bons vieux temps ruraux», «mode rétro champêtre» etc… Mais lorsqu'un instrument cherche une nouvelle fonction dans la société, on est aisément prêt à le mettre dans le remous de tels mouvements ou tendances idéologiques. Aujourd'hui, le cadre idéologique de la musique folklorique est formé – de même qu'au 19e siècle – par des compositeurs, musicologues et officiels de la culture. Extrêmement rares sont ceux des musiciens proprement dits qui s'intéressent à un tel classement extra-musical. Peut-être qu'à l'avenir de Lilla Edet se produira un tel développement, lorsque la vielle ne sera plus considérée comme instrument «étranger» mais qu'elle aura engendré sa propre tradition dans la région.

Dans l'ancien centre de la vielle, à Österbybruk, Uppland, ce processus de la revivification s'est déroulé tout autrement: les facteurs d'instruments et les joueurs essaient de préserver et de reconstruire les plus vieux types d'instruments et façons de jouer et ne peuvent évidemment accepter les innovations intervenues dans le club de Lilla Edet.

Le Club de vielles de Lilla Edet n'a rapportera jamais beaucoup d'argent par son jeu. Il existe des groupes qui étaient favorites pour quelque temps dans l'industrie musicale, mais ça a été assez éphémère. A la fin des années 60, un des premiers de ces groupes, la «Skaggmanslaget», avait crée le style de vie idéal d'une vedette pop ce qui a relevé l'appréciation par les jeunes de la musique folklorique.

Aujourd'hui, certains novateurs de la musique folklorique sont professeurs aux écoles de musique, ou bien ils sont employés aux musées ou archives qui s'occupent de la musique folklorique.

Dans celles des régions de la Suède où il y a une forte tradition de jeu de vielle, par exemple en Dalarna, la renaissance de la musique folklorique a intensifié le développement de diverses variantes de vieux styles interprétatifs, mais aussi l'introduction d'innovations, comme celle de Lilla Edet. Cependant, c'est toujours ici que l'on trouve la plus puissant intérêt à la reconstruction d'anciens instruments ou styles de jeu. En effet, la cornemuse comme instrument folklorique prolifère en Dalarna et il est parti en sa marche victorieuse à travers toute la Suède après avoir reposé durant des années. La renaissance suédoise de la musique folklorique trouve ses parallèles en toute région d'Europe, à l'Est comme à l'Ouest. Certes, il est très difficile d'établir des théories relatives à «influence» ou «pénétration». Il semble qu'il y a eu des mentalités communes résultant de la protestation contre les stéréotypes de la musique dans les mass media, protestation contre l'éducation musicale conventionnelle ainsi que contre certaines idéologies dans la musique folklorique établie et leurs «traits nationalistes». La réaction y a été semblable pour la plupart, même dans les pays aux systèmes socio-économiques différents. Il en est de même pour les résultats: une nouvelle culture musicale vivante, limitée à une couche de jeunes intellectuels, néanmoins une stimulation pour toute la vie musicale.

Renaissance der Volksmusik – eine Sachstudie zur schwedischen Volksmusik am Beispiel des «Keyed Fiddle Club» von Lilla Edet (Zusammenfassung)

Es scheint so, als ob das neuerliche Interesse an der Fidel ein rein musikalisches wäre; es hat sehr wenig mit Ideologien wie z.B. «zurück zu den guten alten bäuerlichen Zeiten», «Dorf-Nostalgie» etc. zu tun. Wenn jedoch das Instrument eine neue Funktion in der Gesellschaft sucht, gerät es leicht in den Sog solcher Bewegungen und ideologischer Trends. Heute wird der ideologische Rahmen für die Volksmusik – wie auch im 19. Jahrhundert – von Komponisten, Musikologen und Kulturpolitikern gebildet. Die eigentlichen Musiker sind an solch einer außermusikalischen Einordnung äußerst wenig interessiert. Vielleicht wird sich eine derartige Entwicklung in der Zukunft von Lilla Edet zeigen, wenn die Fidel nicht länger als «ausländisches» Instrument angesehen wird, sondern ihre eigene Tradition in der Region entwickelt hat.

In dem alten Zentrum der Fidel in Österbybruk, Uppland, verlief dieser Prozeß der Wiederbelebung ganz anders: die Instrumentenbauer und die Spieler versuchen die ältesten bekannten Instrumententypen und Spielweisen zu erhalten und zu rekonstruieren und können natürlich nicht die Neuerungen durch den Lilla-Edet-Klub akzeptieren.

Der Fidel-Klub von Lilla Edet wird niemals viel Geld mit seinem Spiel machen. Es existieren Gruppen, die eine kurze Zeit lang Favoriten in der Musikindustrie waren, aber sie waren recht kurzlebig. Ende der sechziger Jahre hatte eine der ersten dieser Gruppen, die «Skäggmanslaget», den idealen Lebensstil eines Popstars kreiert, was den Stellenwert der Folkmusik unter den Jugendlichen stärkte. Heute sind einige der Erneuerer der Folkmusik Lehrer an Volksmusikschulen, oder sie arbeiten als Angestellte in Museen oder Archiven, die sich mit Volksmusik beschäftigen.

In solchen Gebieten in Schweden, die eine starke Tradition im Spielen der Fidel hatten, z.B. in Dalarna, hat die Renaissance der Volksmusik die Entwicklung verschiedener Varianten älterer Vertragsstile intensiviert, aber auch die Einführung von Neuerungen, wie sie von Lilla Edet bekannt sind. Hier ist jedoch auch das stärkste Interesse an der Rekonstruktion alter Instrumente bzw. alter Musizierstile zu finden. Der Dudelsack ist heutzutage ein verbreitetes Volksmusikinstrument in Dalarna, das seinen Siegeszug über ganz Schweden angetreten hat, nach jahrelanger Ruhepause. Die schwedische Renaissance der Volksmusik findet Parallelen in allen Teilen Europas, in Ost und West. Es ist allerdings sehr schwer, Theorien hinsichtlich der «Beeinflussung» oder «Durchdringung» aufzustellen. Es scheint gemeinsame Mentalitäten gegeben zu haben, die aus dem Protest gegen die Stereotypen der Musik der Massenmedien resultierten, Proteste gegen die konventionelle Musikerziehung sowie gegen Ideologien innerhalb der etablierten Volksmusik und ihren «nationalistischen Zügen». Die Reaktion war zum größten Teil ähnlich, auch in Ländern mit unterschiedlichen sozial-ökonomischen Systemen. Ebenso verhielt es sich mit den Ergebnissen: eine neue lebendige Musikkultur, auf eine Schicht von intellektuellen Jugendlichen begrenzt, nichtsdestotrotz jedoch eine Belebung für das gesamte Musikleben.

Frank Schneider

Tradition im zeitgenössischen Schaffen.
Positionen – Probleme – Perspektiven

Worüber hier zu reden sein wird, scheint auf den ersten Blick ganz selbstverständlich. Jeder versteht die Begriffe und ihren gedanklichen Zusammenhang. Bedenken wir jedoch, was wir damit erfassen und begreifen wollen, ist es weit eher wahrscheinlich, daß sehr Unterschiedliches, gar Widersprüchliches gedacht oder gemeint wird. Dies hängt natürlich aufs engste mit der realen Weite und Vielfalt der Sachverhalte selbst zusammen, die sich auf Grund ihrer komplexen Natur und dialektischen Bewegung kaum einer verbindlichen, festlegenden Definition anbequemen. Allein der Begriff der Tradition beschwört nimmermüde, so kompendiöse wie polemische Überlegungen herauf, wenn es ans Fragen danach geht, warum denn und wie, unter welchen allgemeinen Bedingungen und besonderen Verhältnissen das Vergangene ins Gegenwärtige, ja Zukünftige wirkt; oder welche Motive, Zwecke, Ziele uns Heutige bewegen, wenn wir aus dem ungeheuren Fundus des materiell und geistig Überkommenen bewußt wählen, das eine entdeckend, das andere verwerfend, die einen zu ihm schwärmerisch zurückblickend, die anderen mit ihm kritisch fortschreitend. Für ein besonderes Phänomen wie die Produktion von Musik ist es relativ leicht, spezifische Beziehungen, Kontinuitäten und Brüche der Überlieferung auszumachen – im Gegensatz übrigens zur Schwierigkeit, ihren Fortschritt zu bestimmen, ihre Perspektive zu deuten. Die eigentlich schwerwiegenden, unzulänglich durchschauten Probleme ergeben sich aus der Erkenntnis des gesellschaftlichen Charakters auch der Musik und damit der Abhängigkeit ihrer Entwicklung von übergreifenden, von außen widerspruchsvoll eingreifenden Prozessen – wie eben der Verflechtung mit Traditionen aller Art, auf allen nur denkbaren Ebenen menschlicher Lebenstätigkeit. Und daß diese Traditionen zu keiner Zeit, nicht überall auf der Welt mit sich identisch sein können, ist hier zunächst die einzige Selbstverständlichkeit.

Andererseits wäre zu klären, welchen Umfang und Inhalt man dem Begriff des musikalischen Schaffens zubilligen soll. Gerechterweise, teils aus logischen, teils aus praktischen Gründen, müßten dabei Interpretation und Rezeption inbegriffen sein, bilden sie doch neben der Komposition kaum minder schöpferische Akte beim Zustandekommen klingender Realität, ganz abgesehen davon, daß sie in vielen Formen namentlich des außereuropäischen Musizierens zeitlich und personell zusammenfallen können. Isolieren wir davon nach allgemeinem Sprachgebrauch den eigentlichen, den primären Schöpfer oder Erfinder von Musik, dann steht uns natürlich sofort der professionelle Komponist europäischen Typs vor Augen, der mehr oder weniger originelle Kunstwerke schafft, der mit ihnen scheinbar Musikgeschichte macht und um die sich anscheinend alles musikalische Geschehen dreht. Und da die Werke hier Tradition stiften, anstatt wie anderswo von ihr gestiftet zu werden, ist eine Trennung beider Seiten vorzüglich nur im Falle der europäischen sogenannten Kunst-Musik möglich und die Frage nach ihren Beziehungen sinnvoll. Aber trotz solcher Eingrenzung: welch quantitativer Spielraum dennoch, welch qualitative Unterschiede gleichwohl! Auch unter hiesigen Bedingungen, in besonders entwickelten Musikkulturen, reicht das kompositorische Schaffen seit Jahrhunderten vom bloßen Arrangement des Vorgegebenen bis zum Ehrgeiz des absolut Neuen, des Nie-Gesagten und Un-Erhörten. Es umgreift die rätselhaft geniale Einzelleistung, den unnachahmlichen «Wurf» ebenso wie minutiös kalkulierte, durchgeplante Fließbandarbeit im Teamwork; es tendiert zur subjektbesessenen, abstrakten Erkundung von Materialien und Techniken ebensogut wie zur subjektvergessenen, spontan erfundenen, kollektiven Improvisation. All diese Formen entstehen, koexistieren also nicht erst seit heute, sie sind selber Resultate lebendiger Traditionen, und sie bilden im widerspruchsvollen Ensemble die produktive Vielfalt der schöpferischen Gegenwart. Dennoch bleibt fraglich, ob sie allein schon wegen ihrer formellen Existenz gleichermaßen und gleichbedeutend die nähere Bestimmung des Zeitgenössischen verdienen. Oder anders gewendet: dies hängt schließlich wiederum davon ab, welchen Sinn man jener Vokabel geben will. Denn es ist nicht dasselbe, ob sie schlechthin ein jedes klingendes Erzeugnis der Jetztzeit subsumiert, ob sie im Hinblick auf bestimmte technische und stilistische Kriterien mit dem Neuen, Modernen, gar Avancierten sich deckt, ob sie den pragmatischen aktuellen Gebrauchswert meint oder mit emphatischer, geschichtsphilosophischer Akzentuierung einem bestimmten, funktionsorientierten Fortschrittskonzept entsprechen soll. Vielleicht aber ist eine eindeutige Entscheidung gar nicht nötig, wenn nur beachtet wird, daß zeitgenössische Musik keinen starren Gegensatz zur traditionellen bildet; daß sie nicht allein die scharfe Spitze dessen markiert, was man auf der Spirale technischer und expressiver Innovationen als einzig legitime «Neue Musik» deklariert; sondern daß sie vielmehr die volle Breite des musikalisch Neuen, des unverwechselbar Charakteristischen für die Gegenwart bezeichnet. Und dieses Neue erscheint gleichzeitig an vielen Punkten der Welt, zeigt sich in allen Genres und in jeder Musiziersphäre, setzt sich durch im mannigfaltigen Rekurs auf Traditionen, die noch nie zuvor als so verwirrendes polyphones Gewebe ungleichzeitiger und ungleichartiger Stimmen präsent waren.

Als um so dringlicher erweist sich daher auch ein differenzierter, überlegter, auswählender Umgang mit musikalischen Traditionen – und zwar gerade für Komponisten, die etwas Neues sagen wollen. Sie kennen am besten die Macht der Überlieferung, der zu entrinnen töricht wäre, weil es ja gilt, ihr standzuhalten, ihr ebenbürtig zu werden, im Glücksfall als bereichernder Teil ihr selbst anzugehören. Daher wird sich – wenige Ausnahmen bestätigen die Regel – kein ernsthafter, kein noch so radikaler Musiker finden lassen, der nicht auf Vorbilder, auf irgendeine Verbindungslinie zur Vergangenheit verweisen würde. «Nie war es Absicht und Wirkung neuer Kunst», sagte beispielsweise Schönberg schon 1911, «die alte, ihre Vorgängerin, zu verdrängen oder gar zu zerstören. Im Gegenteil: tiefer, inniger und respektvoller liebt keiner seine Vorfahren, als der Künstler, der wahrhaft Neues bringt, denn Ehrfurcht ist Standesbewußtsein und Liebe Zusammengehörigkeitsgefühl.»[1] Hanns Eisler hat ähnlich formuliert, aber andererseits begründet, warum solche Liebe kopierende Nachahmung ausschließt: geht es doch dem engagierten Komponisten in erster Linie stets um den möglichst wahrhaftigen Ausdruck der Gegenwart, seine sei's kritische, sei's zustimmende Beziehung zu dem jeweils gesellschaftlich Neuen. Solche Wahrheit genüge es nicht zu besitzen, sondern es sei nötig, ihr «den zeitgemäßesten, farbigsten Ausdruck zu verleihen».[2] Weil Eisler Wahrheit von einem sozialistischen Standpunkt aus artikulieren will, können die alten und neuen Mittel, die alten und neuen Funktionen der bürgerlichen großen Musik – die man gründlich studiert und durchschaut haben muß – keine ungeprüfte Geltung beanspruchen: «Die alten handwerklichen und ästhetischen Kriterien – ist Musik gut oder schlecht, veraltet oder originell – reichen nicht mehr aus und helfen nicht mehr weiter. Es müssen zu ihnen noch neue kommen: gesellschaftlicher Zweck, Auftrag und Verantwortung».[3] Derartige neue Haltungen fand Eisler gleichwohl in der Tradition vorgebildet, und indem er das oberflächliche, «schematische» Erben etwa von Stil- oder Spielformen der Klassiker ablehnte, empfahl er ein «produktives» Erben: das vergleichende Studium unterirdischer Verbindlichkeiten, das Entdecken unabgegoltener, durch Rezeption nivellierter Möglichkeiten. Zum Beispiel wies er hin auf die ursprüngliche «Frische, Kühnheit und Echtheit» der Klassiker, ihr «konkretes Verhalten zum Jetzt» auf deren schöpferische Integrität unter ihren jeweiligen sozialen Bedingungen, ihr eigenes, kämpferisch durchgesetztes Neuerertum, das billigem, allzu schnellem Verschleiß widerstand.[4] Und so wußte, so produzierte Eisler im Sinne Ernst Blochs, daß «das gute Neue» niemals «ganz neu» ist: «Es kommt nicht aus der hohlen Hand oder aus einem scheinbar freischwebenden Kopf. Weniges ist belangloser als dieser, und nichts wird rascher zu altem Eisen als solche Art von Avantgarde. Dagegen gutes Neues ist mit den Strömungen seiner Zeit und ebenso zugleich mit den Wendezeichen im Vergangenen vermittelt, die weiter rufen. Und es könnte auch nicht deutlich gegen das Stockende, weiterwirkend Feindselige in der Vergangenheit gerichtet sein, wenn es sich lediglich abrupt, also vergeßlich, davon abhöbe. Auch der Kampf gegen Schlechtes der Tradition ist deshalb nicht putschistisch möglich, sondern nur im revolutionären Bewußtsein, das ebenso, wie es das fällig Neue durchsetzt, auch historisch aufarbeitet.»[5]

Es ist daher für die komplizierten Bahnen des musikalischen Fortschritts wenig belangvoll, in welchen Graden zwischen Lust und Last der einzelne Komponist Tradition empfindet und welche konkreten Konsequenzen er aus ihr zieht, um als produktiver Zeitgenosse zu gelten. Dies wird im Rezeptionsprozeß, nach Maßgabe von gesellschaftlichen Bedürfnissen entschieden, und zwar weniger denn je auf einen Schlag, unter dem ästhetischen Diktat irgendwelcher «Führungs»-Eliten oder gar in Richtung nur einer, gleichsam geschichtsnotorischen Lösung. Zum anderen ist jegliches schöpferische Produzieren von Musik – gestern wie heute – notwendigerweise an einen doppelten Aneignungsprozeß geknüpft. Aus der objektiven Gebundenheit an den sozialen Raum und die geschichtliche Zeit, in der Musik entsteht und wirkt, reflektiert sie noch hinter dem Rücken des Schöpfers unmittelbar gegebene, erfahrene Realität und die Normen der historischen Überlieferung, oder wenigstens die aktualisierte Erinnerung daran. Zwar bilden dergestalt die umgebende Wirklichkeit und die künstlerische Überlieferung die angespannten Koordinaten, zwischen denen sich der kreative Impuls entfaltet; doch je entwickelter «Realität» und je reicher die Kenntnis von Traditionen sind, desto weniger treten sie dem individuellen Musiker als homogene, geschlossene Systeme gegenüber, in denen «Musik» als reibungsloses Verbindungselement funktioniert. Diese Systeme erweisen sich ihrerseits inzwischen als so vielschichtig und widerspruchsgeladen, daß sie sehr verschiedenartige Funktionskonzepte hervorrufen und sehr unterschiedliche Produktionstypen, heterogene Wirkungsstrategien zulassen müssen. Solche Widersprüche gehören zweifellos zu den entscheidenden Triebkräften des musikalischen Fortschritts, indem sie die Spielräume der schöpferischen Subjektivität erweitern, gestalterische Freiheit bei relativer Autonomie der künstlerischen Zwecksetzung ermöglichen und die individuelle, konkurrierende Leistungsfähigkeit der Produzenten stimulieren.

Dabei liefern Traditionen einen recht stabilen Rahmen für teils unbewußte, teils außerordentlich bewußte Vorentscheidungen des Komponierens. Sie prägen einen großen Teil der Normen und institutionalisierten Formen des Musizierens, aber natürlich auch die mehr oder weniger massiven Druckwellen der öffentlichen Meinung und eine Menge von Vorstellungen über die Aufgaben einer Kunst in der Gesellschaft, über ihre ästhetischen, moralischen Leistungen und Grenzen. Überliefert werden des weiteren Gattungen und technische Maßstäbe, Semantiken und Handwerkserfahrungen, Schaffensästhetiken oder Leitbilder eines bestimmten Berufsethos. Vermittelt durch das Wirken einzelner großer Genies oder geschichtsbildender Künstler-Gruppierungen und -strömungen, umgeben von der Aura sakrosankter Leistung, eines jeweils Höchsten und Endgültigen, kann Musik der Vergangenheit durch entsprechend einflußreiche Kräfte der jeweiligen Gegenwart – in erster Instanz die Masse der Hörer – sogar zum einzig akzeptierten Wertmesser avancieren. Ohne die geradezu allmächtige Gegenwärtigkeit der traditionellen Musik läßt sich daher die Entstehung einer spezifisch neuen gar nicht recht begreifen, und jedwede kompositorische Strategie hebt auf sie ab, partiell oder total, übereinstimmend oder negierend. Im Resultat des Spielraums zwischen Aneignungs- bzw. Entfremdungsbeziehungen verinnerlichen die Komponisten Harmonie- oder Konfliktbewußtsein, Bestätigungs- oder Veränderungswillen, Vorstellungen von primär fremd- oder selbstbestimmter, auf das Bedürfnis von Vielen oder nur Wenigen zielender Produktion. In bezug auf Traditionen, zunächst die ihnen unmittelbar gegebenen, reagieren sie also sehr ungleichartig und mit sehr differenten Resultaten. Grob gesagt, lassen sich drei Verhaltensmuster unterscheiden, die immer wieder begegnen, die in der Regel zwar kritisch zueinander stehen, aber im aktuellen Kontext (wenngleich nicht im Urteil der Geschichte) gleiches Existenzrecht beanspruchen dürfen.

Da wäre erstens eine Aneignungsweise von Traditionen zu benennen, die sich mit einfacher Reproduktion des Bestehenden begnügt, die sich ihm anpaßt, die es mit geringer Variationsbreite variiert und dadurch fraglos bestätigt. Bekanntlich gibt es viele Kulturen in der Welt und bei uns in Europa viele Gattungen populärer Musik, die auf der Basis solchen modellfixierten Komponierens optimal funktionieren. Im Bereich der sogenannten «ernsten Musik» allerdings, der wesentlich vom Genuß autonomer Werke, individualisierter Stile und auratischer Einzelleistungen getragen wird, verschwistert sich mit dem kompositorischen Bedürfnis nach allzu starker Anlehnung an Bekanntes die Gefahr eines zweitrangigen, minderwertigen Eklektizismus. Ihn dürfte der informierte, kenntnisreiche Hörer auf Dauer kaum honorieren, weil er zu Recht die Strahlkraft der Meisterwerke ihren Schattenbildern vorziehen wird. Deshalb gibt es neben der «konservierenden» Aneignung zweitens eine qualitativ andere Art, die sich als «reformierender» Umgang mit Traditionen umschreiben läßt. Sie stützt sich zwar auch auf etablierte Form- und Ausdrucksmuster, ergreift sie aber wesentlich als Ausgangspunkte entwickelnder, verwandelnder, modernisierender Metamorphose. Weitgehend bleibt das alte Sprachgefüge intakt, während das klangliche Material und der expressive Gehalt auf neue, persönliche, originelle Weise gefaßt sind. Eine derart organisch aktualisierte Musik betreibt stilistische Innovation, im Rahmen der gewohnten Aufführungspraxis; sie führt allerdings nicht selten zu einer kritischen Herausforderung an die Leistungsfähigkeit von Interpreten und die Hörgewohnheiten des Publikums. Wahrscheinlich gehört die überwiegende Mehrzahl der heute arbeitenden Komponisten zu dieser Kategorie. Jedoch gab und gibt es auf dem weiten Feld der im engeren Sinne neuen Musik unseres Jahrhunderts, drittens, eine bedeutsame Minderheit, mit radikalisierten Beziehungen zur Tradition. Ausgehend von Überzeugungen, daß im Zeitalter der sozialen und technischen Revolutionen, der stürmischen Veränderungen der Lebensweise und des sozialen Verhaltens auch die Gehalte und Funktionen der Künste eingreifend geändert werden müßten, billigt man den überlieferten Werten nur noch begrenzte Wirkungen zu. Das Erbe figuriert als eine Art Material-Museum, dessen Bestände auf ihre Tauglichkeit für neuartige Konstruktionen oder Zwecksetzungen geprüft und dann entweder gänzlich verworfen oder bis zur Unkenntlichkeit umgeschmolzen oder gänzlich umfunktioniert werden. Rückwärtige Beziehungen leben unterirdisch fort, während die klangliche Oberfläche den Bezug aufs Tradierte aufbricht, unterbricht und abbricht. Man denkt gleichen Sinnes wie die progressiven Musiker von einst und muß deswegen die Sinnlichkeit erneuern; man erstrebt die gleiche Authentizität und befindet äußerliche Ähnlichkeit als das größte Hindernis; um der großen Tradition zu genügen, sieht man sich zum Experiment getrieben. Eine solche Dialektik des Fortschritts, die auch Musik ihres dekorativen Scheins entkleiden und zur Instanz wahrhaftiger Erkenntnis der Welt befördern will, realisiert sich nicht ohne Schwierigkeiten. Aber gerade sie drängt auf einen möglichst unverwechselbaren Selbstausdruck der Epoche und hat immerhin die wohl beiden wichtigsten Strömungen unseres Jahrhunderts hervorgebracht: dort, wo das Interesse vorrangig auf Material-Revolutionen und subjektivistische Expressivität konzentriert war, verschiedene Konzepte und Wellen avantgardistischer Musik – und andererseits dort, wo soziales Engagement, politische Motivierung und Ideen, Ideale oder schon reale Praxis eines demokratischen Umgangs, eines aufgeklärten Dialogs mit Musik dominieren, die unterschiedlichen «linken» Tendenzen, kritisch-realistischen Bewegungen und schließlich einen musikalischen Realismus mit sozialistischen Intentionen und Gehalten. Die Ziele avantgardistischer und realistischer Musik decken sich gewiß nicht, ihre Wege haben sich hingegen schon oft genug gekreuzt – unter anderem deswegen, weil sie vielleicht eine gemeinsame Wurzel kennen: das problematisierende, reflektierende, analysierende Verhältnis zur Tradition.

Dieses selbst ist ja seit langem kein einheitliches Ganzes mehr und namentlich in den Musikkulturen der hochindustrialisierten Staaten eher ein dezentralisiertes Konglomerat heterogener Schichtungen und Verflechtungen. Um dessen inne zu werden, vergegenwärtige man sich nur einmal das musikalische Tagesmenu eines beliebten Fernseh- oder Rundfunkprogramms. So vollzieht sich auch heute das Komponieren jedweder Art und in fast allen Regionen und Nationen kaum noch auf der Basis von musikalischen Überlieferungen, die homogen und monolithisch, über Jahrhunderte identisch, frei von inneren oder äußeren Widersprüchen sind. Besonders in den modernen, kapitalistischen Klassengesellschaften verschärfen sich dabei zwar weiter die Antagonismen «zweier Kulturen» und die Gegensätze zwischen elitärer und populärer Musik. Aber sie werden gleichzeitig auch verschleiert und überformt durch die Ideologie und Praxis eines scheindemokratischen kulturellen Pluralismus, der vor allem mit Hilfe alter Institutionen und moderner technischer Medien das Erbe der Herrschenden **und** der Unterdrückten, der eigenen Nation **und** der fremden Völker mit gleichsam imperialer Geste in Besitz nimmt und potentiell für alle sozialen Schichten und spezialisierteste Interessen als akustische «Kolonialware» auf den Markt wirft. Die historische, soziale und geographische Reichweite dessen, was die bürgerliche Musikindustrie als Erbmasse zur Verfügung hält und dem meist blind-gefräßigen Massenkonsum preisgibt, zielt gerade nicht auf sachgerechte, ästhetische Identität mit Traditionen, sondern auf traditionslose Identifizierung mit den auch hier durchschlagenden Profitinteressen des Kapitals. Gegen solches systemkonforme, von den Rezipienten weitgehend verinnerlichte «schematische» Erben verteidigten die verschiedenen Strömungen der musikalischen Moderne – natürlich ebenso unterschiedlich – ein «produktives» Erben, das Skepsis gegenüber, beziehungsweise Kritik an derartigen «geläufigen» Konventionen einbegreift.[6] Freilich hat sich immer wieder auch gezeigt, daß ein auf innermusikalische Fragestellungen eingeengter Avantgardismus der puren Negation ohne eingreifende Wirkung bleibt, solange er sich von den realen Kämpfen und der sozialen Traditionskritik der politischen Avantgarden absichtsvoll isoliert hält. Darin auch liegt letztlich das Scheitern, die Selbstauflösung so mancher Material-Revolution begründet – und gerade derzeit will es scheinen, als grassiere vor allem im Lager der fortschrittlichen bürgerlichen Komponisten ein Hang zu Resignation und Nostalgie.

Denn das Neue, das dort entsteht, gärt nicht mehr. Man kann sich des Eindrucks nicht erwehren, daß gewisse restaurative politische Tendenzen in manchen westlichen Ländern selbst die besten, produktivsten Komponisten «eingeholt» haben. Es wäre wahrscheinlich zu kraß, deswegen umstandslos auch von einer Situation «regressiven» Komponierens zu sprechen, weil ja der weitverbreitete Wunsch nach besserer, breiterer Publikumsresonanz durchaus seine positive Seite hat. Aber diese Angebote zur Versöhnung vollziehen sich auffällig im Zeichen gegenaufklärerischer Haltungen, als Verlockungen in eine neue Innerlichkeit, in den lokalen Winkel, in die weltvergessene Meditation einerseits, in eine zivilisationsmüde Traumlandschaft von Exotismen, religiöser Glückverheißung und mystischen Ekstasen andererseits. Unzählige Vertreter besonders der jüngeren Generation – die seit den siebziger Jahren gegen den ohnehin verfallenden Technizismus des Komponierens rebellierten, haben sich ihre individualistischen Privatkonzepte zurechtgelegt, in denen neben viel biologistisch, mathematisch oder astrologisch Spekulativem die spontane, expressive Intuition wieder zu Ehren gekommen ist. Dabei kommt der Reintegration traditioneller Musik eine bedeutende Rolle zu – wenn auch nicht immer eine glückliche, und zwar dann nicht, wenn, wie im Falle beispielsweise der nachträglichen Ausbeutung Mahlers und der ganzen Stilistik der Moderne des Jahrhundertbeginns, sich die vermeintlich «rettende» Aufarbeitung als pure Anbiederung an einen ohnehin virulenten, rezeptiven Modetrend entpuppt. Da sind in dieser leitbildlosen Welt dann schon andere Syntheseversuche interessanter, die sich um die Integration verschütteter, verlorener oder uns fremder Traditionen bemühen, oder die die uns so nahe Klangwelt der europäischen Klassik auf erkenntnisfördernde Weise historisieren. Doch auch hier ist für überzeugende Lösungen die vermittelnde Anstrengung des produktiven Subjekts vonnöten und nicht seine Abdankung vor den pikanten Reizwirkungen fremden Materials, das man entweder polystilistisch arrangiert, dem Zufall der Interpretation überläßt oder der suggestiven Aura des Fernen, damit schlechthin Anderen und vermeintlich Besseren. Nicht mit fremden, sondern mit eigenen Zungen sollte auch der Komponist von heute zu reden versuchen, und statt dem Tradierten zu verfallen, sollte er es «aufheben» als produktives, bereicherndes Ferment seiner Sprache – so, um einige wenige Beispiele zu nennen, wie Nono mit der Vokalpolyphonie der Renaissance verfuhr, wie Boulez und Messiaen auf Anregungen ost- und südasiatischer Musik eingingen, wie Henze «Italianità» rezipiert, Ligeti wieder auf Bartók, Brahms und Beethoven reagiert oder Schnebel in einem ganzen Zyklus, den er «Tradition» nennt, große Musik der europäischen Vergangenheit aufregend neu erfahrbar macht, und – wie es seit langem zahlreiche Komponisten aus sozialistischen Ländern nicht minder eindrucksvoll gemacht haben.

Trotz mancher Berührungspunkte im Detail stellen sich die Probleme des Umgangs mit musikalischen Traditionen in den sozialistischen Ländern wohl einigermaßen anders dar. Und das kann man sagen, obwohl es auch hier eine Fülle nationaler Besonderheiten gibt, die zu differenzierten Entwicklungen geführt haben. Es begegnet kaum ein Avantgardismus des «l'art pour l'art», der «splendid isolation», der mit feindseliger Traditionsverachtung um jeden Preis Hand in Hand geht. Komponieren vollzieht sich vielmehr im Hinblick auf ein allgemeines Fortschrittskonzept, das in der Entwicklung einer neuen, sich erneuernden Sprachlichkeit, in der realistischen Dialektik von Technik, Gehalt und Funktion und in der dafür notwendigen, kritischen Sichtung des «vorbildlichen» oder «anstößigen» Erbes der Musik einen produktiven, immer wieder neu zu realisierenden Zusammenhang erblickt. Den Umgang mit der großen bürgerlichen Musik der Vergangenheit bestimmen nicht stilistische Nachahmungen, sondern ethische Maßstäbe. Besonders interessant erscheint dabei jene Musik, die ihrerseits – und für ihre Zeit zunächst – gesellschaftskritisches, positiv utopisches Potential im ästhetischen wie sozialen Sinne enthält und dadurch den Kunstfortschritt jeweils stimulierte. Zweitens geht es um die Frage, inwieweit jene Musik schöpferisch anregend sein könne, die als massenhaft verbreitete Volksmusik oder rituelle Musik oder in den mannigfaltigen Formen «politischer» Musik die progressive Geschichte eines Volkes prägte, insbesondere jedoch die Kämpfe der Arbeiterklasse begleitete, sie formieren und geistig interpretieren half. Drittens geht es um die prüfende Auseinandersetzung mit den sozusagen jüngsten, aktuellen Errungenschaften, dem Potential etwa an technischen und expressiven Entdeckungen in den kapitalistischen Ländern, deren Ergebnisse beachtet und gegebenenfalls angewandt werden. Schließlich gehört viel Aufmerksamkeit dem Aufbau einer sozusagen eigenständigen Tradition, auf eigenen Grundlagen, aus eigenen Vorleistungen, Überzeugungen und Zielsetzungen – kurz: einer möglichst vielfältig brauchbaren Musik mit möglichst eindeutiger sozialistischer Qualität.

So ist denn – um als kleines Beispiel die aktuelle Situation in der DDR auf dem Gebiet der Konzertmusik zu beleuchten – keineswegs ein hemmungslos selbstgenügsamer, experimenteller Radikalismus charakteristisch, obwohl die Freiheit auch dafür besteht. Und obwohl einige Komponisten der mittleren Generation wie z.B. Friedrich Goldmann, Georg Katzer, Siegfried Matthus, Friedrich Schenker oder Udo Zimmermann sogenannte avancierte Techniken natürlich nutzen, überwiegt bei ihnen doch stets das streitbare Engagement für neue Arten der ästhetischen und sozialen «Verbindlichkeit», für breit gefächerte Versuche, neue Wahrheiten, Empfindsamkeiten und Schönheiten als tönend bewegte Inhalte aufzuspüren. Damit trachten sie neben der Aufgeschlossenheit für kommunikative Erfordernisse gleichwohl das geschichtlich überkommene, treu erinnerte Niveau der großen Musik zu wahren und zu entwickeln. Ihre Musik will den Dialog, auch den kritischen, mit der umgebenden Gesellschaft, sie möchte beim Hörer ankommen, ihn sinnlich und geistig reizen – auch dadurch, daß sie reale Probleme und bedrängende Zeitfragen von der großen Politik bis zur kleinen Privatsache konkreter, plastischer, offensiver thematisiert als früher. In dem Maße zeigen sich die Komponisten wieder mehr interessiert an der sprachlichen Faßlichkeit, der unmittelbaren emotionalen Wirkung von Musik, und daraus folgt schließlich ein wieder verstärkter, schöpferischer Dialog mit dem musikalischen Erbe – in dem Bewußtsein, daß man es weder kraß negieren noch ungebrochen fortsetzen kann, daß es keine fixierende, ewig gültige Norm sein darf, sondern eine immer herausfordernde, lehrreiche «Anleitung zum Handeln» bleiben muß. Zwar empfängt das derzeitige Schaffen manche Impulse aus der weiträumigen internationalen Szene, zwar gehört die Aneignung der älteren und neueren Avantgarden via Wien und Darmstadt nun zur Selbstverständlichkeit, aber gerade deswegen bleiben die Beziehungen zu Traditionen in noch zu schmalen, engleisigen Bahnen befangen. Vor allem laboriert es an dem, was man seit Jahrhunderten als notorischen Hang zu Tiefsinn, Kompliziertheit, «Würde», zur «teutschen Gravität» beobachtet: es zeigt Stolz auf gediegenes, abgesichertes Handwerk, aber wenig Sinn für Leichtigkeit, für eine sinnenfrohe Spiritualität und Eleganz, die doch auch ein denkbares, wünschbares Erbteil endlich sein, endlich werden sollten. Nicht zuletzt könnten Anregungen aus älteren wie entfernteren Kulturen, aus dem Erbe der plebejischen und sozialistischen Musik, aus den Sphären von Jazz, Folk und Rock dazu beitragen, daß sich neue Musik weiter entschlackt und entritualisiert. Auch brauchen wir noch einfachere Musik mit Niveau – also ohne westliche Zweckparole der «Neuen Einfachheit» – und mehr politisch offensive Musik mit Engagement – also ohne eingefärbten Opportunismus. Doch dabei sollte vermieden werden, was Anatoli Lunatscharski schon 1926 allen gutgläubigen Eiferern ins Stammbuch schrieb, als er sich Sorgen um die musikalischen, «hausgemachten Vereinfacher» mit revolutionärer Attitüde machte: Denn «tatsächlich ... liefern diese Vereinfacher», sagte er, «eine abscheuliche unechte alte Musik und benutzen von ihr ausgerechnet das Allertrivialste, oder aber sie blenden mit deplazierten Verzierungen, wie in der Nase getragenen Ohrringen. Eine solche Vereinfachung und musikalische Umbildung ist gefährlich für eine neue Klasse, weil diese sich noch nicht in der alten Kultur auskennt und leicht betrogen werden kann. Man kann ihr eine heiße Soljanka vorsetzen, die aus Katzenfleisch oder irgend etwas Verfaultem gemacht ist, und sie wird sie aus Hunger dennoch essen. Wenn man sagt, daß es eine revolutionäre Soljanka ist, und sie noch in einer roten Schüssel reicht, so wird sie mit besonderem Vergnügen gegessen ... Das ist erbärmlich, dagegen muß man einschreiten.»[7]

Heute allerdings wissen wohl die meisten Komponisten, daß es so einfach nicht mehr geht, und sie müssen wissen, daß die kompositorischen Probleme schwieriger denn je zu lösen sind. Dazu trägt nicht zuletzt die Einsicht bei, daß die schöpferische Weiterentwicklung nationaler musikalischer Traditionen kaum mehr nur aus den Quellen des je eigenen nationalen Erbes betrieben werden kann. Das wäre eine anachronistische Einstellung, eine sektiererische Position angesichts der globalen politischen, ökonomischen, informativen, kulturellen Verflechtungen in der Welt, zwischen den unterschiedlichen Gesellschaftssystemen, Regionen, ethnischen und sozialen Gruppierungen. Und weil das so ist, hat noch weniger als in früherer Geschichte irgendeine Nation oder Region, ein kultureller Trend oder ein kompositorischer Stil einen Führungsanspruch gegenüber der ganzen übrigen Welt. Neben den spezifischen Problemen und Konzepten eines jeden Komponisten so gut wie eines jeden Landes, wie **er** bzw. **es** sein kulturelles Erbe definieren, bewahren, pflegen will, gibt es offensichtlich einige übergreifende Probleme, die einer Lösung harren. Einmal, und dies betrifft vor allem die Nationalstaaten der dritten Welt, geht es um die organische Anreicherung von nationalen Traditionen bei unvermeidlichen (und auch produktiven) Fremdeinflüssen, die zu Transkulturationen mannigfaltiger Art führen können. Solchen modernen «Verwandlungen» darf nicht einfach ausgewichen werden, sonst besteht die Gefahr der kompositorischen Sterilität und Stagnation. Sie gilt es klug und differenziert zu steuern, ans Eigene zu vermitteln, um der anderen Gefahr operativ zu begegnen: der kosmopolitischen Überfremdung durch europäisch-amerikanische Standards. Man wird allerdings die entscheidenden Lösungen auch nicht auf dem kompromißlerischen Weg des geringsten Widerstandes erzielen: durch jene Synthesen von Folkloremateriel mit der Klangsprache des europäischen Romantizismus oder Impressionismus, wie sie heute überall begegnen, aber nirgendwo etwas von authentischer Heimat verbürgen. Andererseits, und dies gilt vor allem für die Gemeinschaft der sozialistischen Länder, sollten die Formen der musikkulturellen Zusammenarbeit, des akustischen Erfahrungsaustauschs von neuer Musik und lebendigen Traditionen weiter verstärkt werden. Denn zum Stolz auf die Entwicklung landesspezifischer musikalischer Sprachen und nationaler Idiome müßte stärker und effektiver die Verständigung darüber fortschreiten, was Komponieren unter sozialistischen Vorzeichen und für sozialistische Zwecke heute und auf Zukunft sein und leisten sollte. Das würde zumindest das gegenwärtige Komponieren mit einer Fülle unerschlossener Intonationen, Stile, Materiale und Praktiken des Musizierens bekannt machen und sicher doch zu neuartigen Anregungen, Bereicherungen führen.

Gerade für wirklich kreative Komponisten ist ja das Erbe niemals nur ein in sich abgeschlossenes System von Überlieferungen, das seinen bestimmten Stellenwert, etwa als «tönendes» Museum im kulturellen Gesamtgefüge der Gegenwart einnimmt. Sie betrachten es als ein offenes Angebot der Geschichte zum Zweck weiterer Entwicklung, als ein Medium aktueller und perspektivischer Selbstverständigung in und mit der Gesellschaft. Das Erbe ohne beständige Akkumulation von Neuem ist so zum Sterben verurteilt wie eine aktuelle Kultur, die sich ausschließlich von den Schätzen der Vergangenheit bespiegeln lassen wollte. Die Stärke einer Kultur liegt zugleich im Bewahren und im Vergessen. Goethes Aufforderung «erwirb es, um es zu besitzen» ist genauso wertvoll wie der biblische Rat «wirf weg, damit du gewinnst». Solche notwendig dialektische Haltung bezeugen Komponisten nicht erst seit heute, indem sie selektiv, in verschiedensten Formen und Funktionen, an die unterschiedlichsten Schichten und Aspekte des musikalischen Erbes anknüpfen. Seien diese Beziehungen naiv oder reflektiert, eher vereinend oder eher brechend, emotional oder mental, emphatisch oder skeptisch – das Erbe prägt uns rundum, formt uns allseitig, und so kann keiner sich ihm wirklich entziehen, es sei denn, jemand hätte Lust auf einen neuen Don Quixote. Deswegen sollte überhaupt einmal neu darüber nachgedacht werden, ob diese ganze Problematik so eindeutig an die Komponisten zu adressieren ist – sind sie es doch, die sich von Berufs wegen ohnehin damit ständig abplagen. Zwar kann man von ihnen mehr wechselseitige Durchdringung, mehr neuartige Verknotungen und Vernetzungen der vielen bisher noch getrennt verlaufenden Erb-Wege wünschen; aber gleichzeitig wäre ein insgesamt soziales Verhalten zu fordern und zu fördern, das nicht das Erbe und die Neue Musik entgegensetzt, sondern das Erbe als neue Musik und neue Musik als Erben begreift und annimmt. Neue Musik sollte dahingehend verständlich und verstehbar gemacht werden, die alte dürfte entgegengesetzt nicht bloß als fraglos selbstverständliches Himmelsgeschenk hingenommen und angehimmelt werden.

Auch weil das noch so ist, kann man gewisse Unduldsamkeiten und Gereiztheiten der modernen Komponisten verstehen. Sie richten sich aber im Grunde nicht gegen das Erbe, sondern gegen seine schematischen Gralshüter in der Gegenwart. Schon 1923 hat deshalb Wladimir Majakowski den Kampf gegen alle Spielarten eines hemmenden Traditionalismus als Teil des immergültigen Programms für eine wahrhaft neue, revolutionäre Kunst betrachtet. Sie habe ihr Anliegen, ihre Fortschrittlichkeit an mehreren Fronten zu behaupten und zu verteidigen – nämlich: «gegen jene, die mit dem bösen Vorsatz der ideellen Restauration dem akademischen Plunder eine akut-aktive Rolle in der heutigen Welt zuschreiben; gegen jene, die eine von Klassenpositionen unabhängige, allgemeinmenschliche Kunst predigen; gegen jene, die aus Unwissen, weil sie bloß auf Realpolitik spezialisiert sind, gewisse von den Urgroßmüttern überkommene Traditionen für den Willen des Volkes ausgeben; gegen jene, die den überaus schwierigen Werkcharakter der Kunst lediglich als Objekt ihrer Urlaubs-Kurzweil betrachten; gegen jene, die die unentbehrliche Diktatur des Geschmacks durch eine konstitutive Forderung nach elementarer Gemeinverständlichkeit ersetzen; gegen jene, die aus den Einzeletappen unseres Kampfes einen neuen Kanon, eine neue Schematik herleiten, die unsere geistigen Leitsätze verdünnen, um als Hüter eines schon ergrauten Neuerertums sich in Zuckerguß einkrusten zu lassen, die immerzu in der Nachhut traben, ständig um fünf Jahre zurückbleiben, weil sie aus dem von uns weggeworfenen Bukett getrocknete Beeren eines wiederauflebenden Akademismus herausklauben.»[8] Ich denke, wie Majakowski haben alle großen Künstler nicht nur unseres Jahrhunderts gedacht und gefühlt, und vor allem jene, die mit Leidenschaft in der Kunst vorwärts wollten – und zwar nicht um der Kunst, sondern um der Menschen willen. Obwohl vor über fünfzig Jahren formuliert, bleibt sein Appell auch heute zu beherzigen; obwohl die Literatur betreffend, gilt es für die musikalische Situation nicht minder. Er gehört zu den Traditionen streitbaren, forschenden Neuerertums auf jedem künstlerischen Gebiet. In diesem Sinne war bei dem vorliegenden Referat – vielleicht leider – keineswegs nur von **Musik** die Rede. Aber würde, wer **nur** von ihr spricht, sie denn überhaupt verstehen? Sie hat ihre Probleme nicht mehr allein, auch ihre Traditionen nicht und schon gar nicht ihre Zukunft.

Anmerkungen

1 Arnold Schönberg: Aphorismus aus dem Nachlaß (unveröffentlicht), Schönberg-Archiv Wien.
2 Hanns Eisler/Ernst Bloch: Avantgarde-Kunst und Volksfront, in: Musik und Politik, Schriften 1924–1948, Leipzig 1973, S. 398.
3 Hanns Eisler: Brief nach Westdeutschland, in: Musik und Politik, Schriften 1948–1962, Leipzig 1982, S. 181.
4 Hanns Eisler/Ernst Bloch: Die Kunst zu erben, in: a. a. O., S. 409.
5 Ernst Bloch: Fortschritt und die ihm gemäße Tradition, aus: Tübinger Einleitung in die Philosophie, in: Gesamtausgabe Bd. 13, Frankfurt am Main 1977, S. 147 f.
6 Vgl. die Entfaltung dieser Kategorien bei: Hanns Eisler/Ernst Bloch: Die Kunst zu erben, a. a. O., S. 406 ff.
7 Anatoli Lunatscharski: Die Grundlagen der künstlerischen Bildung, in: Musik und Revolution – Schriften zur Musik, Leipzig 1985, S. 124.
8 Wladimir Majakowski: In wen verbeißt sich Lef?, in: über Poesie und weiteres oder Das Komma im Frack – Essays der Weltliteratur, hrsg. von Hans-Georg Werner, Halle–Leipzig 1981, S. 280.

Tradition in Contemporary Composition – Positions, Problems, and Perspectives (Summary)

The term "tradition" inspires reflection on general conditions and concrete circumstances under which the past influences the present and the future (inducement, purposes, objectives of reception). In this, asking for advance of, and prospects for musical development is among the issues that feature most prominent in this context. Problems in this connection chiefly result from the fact that music is socially determined. The term "contemporary" describes the total breadth of what is new in music, of what is typical of the present and finds its reflection in all genres and spheres of music-making. The author notes a peculiarity in art music in Europe where the relationship professional composer-performer-audience has brought about a specific cultural form. Under it, musical works seem to create a tradition instead of vice versa.

Contemporary music is not an inflexible contradiction to traditional one. Under the increasingly simultaneous and world-spanning presence of musical tradition, new features emerge in all parts of the globe. Hanns Eisler, similar to Arnold Schoenberg and Ernst Bloch, described what he understood by "inherit in a productive way" as follows: To inherit must exclude imitation, the committed composer strives for a highly genuine reflection of the time he lives in, i. e. for a truth which he wants to give a contemporary form. To inherit means to make a comparative review of the exemplary, which has emerged at any time and in any art. To inherit means discover inexhausted possibilities. Progress in music is eventually realized in the process of reception in line with demands formulated in society. Composers show a very different attitude towards traditions: reception to preserve, reformatory approach towards tradition, efforts to give established patterns new functions up to radical rejection of anything that comes from the past. Though the reality one lives in and the artistic heritage form the boundaries in between the creative impulse develops, the more developed "reality" is and the broader the awareness of traditions, the less they present themselves as homogenous and compact systems to the individual musician under which music fits smoothly as a linking element. Such systems are utmost many-faceted and contradictory, they provoke divergent functional concepts, different types of production and strategies, and they open up space for creative subjectivity. Today's situation regarding reception of the cultural heritage in the industrialized capitalist nations is marked by a historic, social, and geographic reach of music industries which, through available undifferentiated variety of anything that has to do with music, helps cement a conservative approach towards tradition in general. The resistance put up by musical modernism to that process seems to fail to accomplish its goals as a result of limited intramusical avant-gardism. In the socialist countries, such l'art pour l'art avant-gardism has become a rare case. There, composition is increasingly taking place under the realistic dialectics of technique, content, and function, which includes the dealing with progressive tradition. The author mentions that apart from the fact that any composer in any country is faced with problems, general international phenomena exist, which is particularly true for the emergent nations in the Third World. They aspire an organized enrichment of national traditions under unavoidable (and also productive) influence from outside, which can lead to transculturations of various forms. Being aware of all internationally relevant problems of tradition, the socialist countries should first of all intensify their exchange of experience on that issue under the aspect of what does composing mean under and for socialism. In this, a social attitude should be set as task and promoted which does not regard tradition and contemporary music as being contradictory, but, instead, understands tradition as new music and vice versa.

Traditions dans la création contemporaine Positions – problèmes – perspectives (résumé)

La notion de «tradition» incite à réfléchir sur les conditions générales et les situations concrètes dans lesquelles le passé agit sur le présent et la futur (motifs, objectifs, buts de l'appropriation). Une des questions principales est celle du progrès et des perspectives du développement musical. Les problèmes en résultent surtout du caractère social de la musique. La notion de «contemporain» désigne toute l'ampleur du neuf musical, l'unicité caractéristique de notre époque qui se fait voir dans tous les genres et sphères d'exécution musicale. Le rapporteur constate une particularité de la musique artificielle d'Europe où le rapport compositeur – interprète – auditeur a créé une forme spécifique de la culture. Il paraît qu'ici les ouvrages aient suscités les traditions au lieu que d'être suscités par celles-ci. La musique contemporaine ne constitue pas de contraste rigide avec la musique traditionnelle. Vu la présence de plus en plus simultanée des traditions musicales, le neuf apparaît à divers points du monde. Voici le concept «hériter productivement» de Hanns Eisler en contexte intellectuel avec Arnold Schönberg et Ernst Bloch: «hériter doit exclure l'imitation copiant», car il s'agit pour le compositeur engagé d'exprimer le plus véritablement possible le temps présent, c'est dire une vérité, qu'il veut investir de l'expression la plus actuelle. Hériter c'est l'examination comparative de l'exemplaire qui est partout présent, en sortant de tout temps et art. Hériter c'est découvrir des possibilités non épuisées. Le progrès musical se réalise finalement au processus de la perception à mesure des besoins sociaux. Les compositeurs se comportent d'une façon très différente vis-à-vis des traditions: par une appropriation conservatrice, par des rapports avec l'héritage tout en le réformant, en restructurant les modèles établis jusqu'en se délimitant radicalement de tout passé. Certes, la réalité environnante et la tradition artistique forment les coordonnées tendues, entre lesquelles l'impulsion forte se déploie, mais plus la «réalité» se développe et plus la connaissance des traditions s'enrichit, moins elles font face au musicien individuel comme des systèmes homogènes et cohérents où la musique fonctionne comme raccord sans accrocs. Ces systèmes se révèlent extrêmement plurivoques et contradictoires, ils aboutissent à des concepts de fonction divergents, à divers types et stratégies de production et permettent des tolérances d'une subjectivité créative. La situation de l'appropriation actuelle de l'héritage dans les pays capitalistes d'industrie développée est empreinte de la portée historique, sociale et géographique des industries musicales qui aident à renforcer largement une attitude conservatrice à l'égard du patrimoine par une multiplicité de matériels musicaux disponibles, et ça d'une façon indifférenciée. De par un avantgardisme inframusical étroit, l'opposition de la modernité musicale à ce processus semble partiellement rester sans suite. Dans les pays socialistes, il est rare de trouver un tel avantgardisme «l'art pour l'art». La composition musicale s'opèra ici dans la dialectique de technique – contenu – fonction, y compris la controverse sur la tradition progressive. Outre les problèmes qui se posent à chaque compositeur dans chaque pays, le rapporteur aborde aussi d'autres: cela concerne avant tout les Etats nationaux du tiers monde. Pour eux, il s'agit d'enrichir les traditions nationales d'une façon organisée, et ce sous des influences étrangères – inévitables mais aussi productives – qui peuvent aboutir à des transculturations à multiples formes. En tenant compte des problèmes internationaux du patrimoine, il importe pour les pays socialistes surtout d'intensifier l'échange d'expériences sur la question de savoir que veut l'action de composer sous des auspices socialistes et à des fins socialistes. Il faudrait demander et encourager le comportement socialiste qui n'oppose pas l'héritage à la musique neuve, mais bien comprend l'héritage comme musique neuve et vice versa.

Round-table-Gespräch

DIMITER CHRISTOFF: Wir haben hier am Tisch eine Schar von prominenten Komponisten und auch im Saal. Ich hoffe, jetzt werden die Komponisten versuchen, ihre Herzen durch Worte zu öffnen. Sie machen Musik gern – aber Worte nicht, wie Sie wissen. Nun haben wir die Möglichkeit zu hören, wie sie denken. Kurz ein paar Bemerkungen über unsere Gesprächsteilnehmer. Marlos Nobre ist einer der bekanntesten Komponisten des heutigen Lateinamerika, ein großer Kenner des Erbes und der zeitgenössischen Musik des amerikanischen Kontinents. In Europa bekannt durch Aufführungen seiner Musik. Seine letzte Auszeichnung war die Wahl zum zukünftigen Präsidenten des IMC. Qu Wei kommt aus China, ist dort bekannt als Komponist vor allem von Musik im «westlichen Genre». Er ist Komponist beim Schanghaier Philharmonischen Orchester, war über fünfzehn Jahre Präsident der chinesischen Musikerassoziation und ist Professor am Konservatorium in Schanghai. Georgij Kantscheli ist bekannt für seine sinfonische Musik und repräsentiert eine große musikalische Tradition, die aus der kaukasischen Welt kommt. Leo Brouwer aus Cuba: Er ist eine der leitenden Figuren des zeitgenössischen Schaffens Cubas sowie ein hervorragender Interpret mit großer Bedeutung für seinen Kontinent, aber auch bekannt in Europa. Klaus Huber vertritt gewissermaßen den westeuropäischen Kreis der Komponisten. Er ist weit bekannt durch seine kompositorischen Leistungen, die wir hoch schätzen. Nun steht das Referat von Frank Schneider zur Diskussion. Durch seine Kenntnis des zeitgenössischen Musikschaffens zählen wir ihn gerne zur Komponistenfamilie. Mit dem Thema «Tradition im zeitgenössischen Schaffen» wenden wir uns einem ganzen Komplex an Problemen zu. Erstens: Wie betrachten die Komponisten selbst die Tradition, wie und als was fassen sie Traditionen auf. Hinzu kommen alle Relationen, die das zeitgenössische Schaffen zu den Traditionen aufbaut. Ich möchte einiges etwas näher erwähnen: z. B. das Problem der künstlerischen Mittel, das auch schon im Referat erwähnt wurde. Das provoziert sofort die Frage nach dem Zusammenhang von Form und Inhalt in der Musik, die zugleich ideologischen Stellenwert bekommt. Dann haben wir zweitens die Probleme, die beim Rezeptionsprozeß entstehen, wenn wir beispielsweise durch Traditionen zum Publikum kommen. Damit sind wir sofort bei Aspekten der Musikpolitik. Weiter beschäftigen uns die heute üblichen Formen des Erbens, zum Beispiel in der Form des Folklorismus im zeitgenössischen Komponieren. Das heißt aber nicht, daß damit wir Komponisten unser musikalisches Material erschöpft hätten. Fragen der Folklore verbinden sich recht unmittelbar mit denen der national-kulturellen Identität. Sie sehen, ein recht umfangreicher Kreis von Problemen. Deshalb bitte ich Sie, mich zu verstehen, wenn ich versuche, die Diskussion in eine bestimmte Richtung zu lenken, um wenigstens in einige Überlegungen etwas tiefer eindringen zu können.

MARLOS NOBRE: Une question se pose: comment définir aujourd'hui ce qu'est la musique contemporaine? On a l'impression parfois de devoir parler d'une certaine tendance de notre époque, mais on oublie souvent que la musique contemporaine, c'est vraiment la musique qui est écrite par les contemporains. La musique contemporaine est vraiment la musique qu'on appelle musique nouvelle, Neue Musik, New music. Je crois que la richesse de notre monde contemporain est justement la multiplicité des courants de notre époque. La musique contemporaine doit être à mon avis au moins la musique des créateurs vivants qui subissent différentes tendances, différentes impressions du monde actuel, soit du monde du folklore, soit du monde des média, soit du monde de la communication. Le compositeur doit être comme un filtre, comme une éponge qui assimile les différentes sources sonores d'un monde qui s'élargit beaucoup ces dernières années. La conception de 1950, c'était la conception d'une musique nouvelle qui est devenue une ligne très serrée, une ligne vraiment européenne d'un certain progrès dans l'évolution musicale, la très belle révolution de Schönberg. Et après l'école que nous connaissons très bien, celle de Stockhausen, de Boulez etc. qui a permis d'aboutir à cette ligne d'évolution sérielle. Je crois que cette musique a été considérée comme la musique du monde entier pendant de nombreuses années, mais la musique dite de notre époque n'était pas vraiment la musique de notre époque. Dans un sens général, c'était la musique d'une certaine mentalité très développée de l'homme actuel. Cette musique européenne sérielle s'est développée d'une façon énorme, était très avancée techniquement, mais elle a abouti finalement à une impasse. La musique nouvelle qui a été développée à cette époque a apporté des progrès musicaux et une évolution musicale. Mais, on a toujours oublié qu'il existait en dehors de l'Europe un héritage musical provenant de l'Asie, de L'Afrique et de l'Amérique latine. Cet héritage a été oublié et considéré avec un certain mépris, avec un certain manque d'intérêt. Mais heureusement, des compositeurs européens s'y sont intéressés. Pensons entre autres à Stockhausen qui s'est vraiment occupé de la musique non-européenne. Toutefois, j'ai un peu peur chaque fois que cela puisse devenir une mode, un phénomène de fashion. Je crois que le compositeur aujourd'hui pour la première fois dans toute l'histoire de la musique subit la somme simultanée de l'héritage musical pas seulement d'aujourd'hui mais de tout le passé, on subit cela en ce moment et c'est bien, car cela donne un aperçu du futur. On subit l'influence de l'ouverture à toutes les musiques du monde entier. On a eu à un moment en Amérique latine des compositeurs de musique contemporaine qui se sont senti forcés d'écrire selon la mode sérielle pour être joués dans les festivals, cela a été un moment psychologique très dangereux pour la production des compositeurs de la nouvelle génération, pas seulement en Amérique latine, mais aussi dans d'autres pays. Du point de vue de l'héritage culturel, heureusement qu'aujourd'hui il y a un nouveau comportement et on réfléchit sur ce legs du passé. Je crois qu'il ne faut pas revenir à un néo-classicisme, à créer des musique de formule, je suis contre les formules, je pense comme cet auteur qui a écrit: «Combien de musiques artificielles ont été écrites dans ce monde!» La musique artificielle, elle est déposée maintenant dans les bibliothèques, à la place qu'elles méritent parfois, elles peuvent être vraiment être oubliées. On ne les joue pas. Je crois que la musique populaire et folklorique d'aujourd'hui ne peuvent pas être oubliées. Dans la musique nouvelle, on s'est opposé avec force à la musique populaire, ce qui a été un grand problème. On sait bien sûr que la musique populaire a été utilisée par des compositeurs pour faire du nationalisme, c'est une chose que l'on regrette profondément, je suis personnellement contre tout ce qui favorise le nationalisme, je crois que nous vivons à une époque, où chaque nation a sa musique, mais cette culture doit être assimilée dans notre milieu international de la façon la plus ample, la plus ouverte possible. En ce qui concerne l'Amérique latine, on peut dire que des pays comme le Brésil, le Mexique et Cuba, où les traditions populaires sont tellement fortes, tellement impressionnantes, le compositeur contemporain ne peut pas se soustraire à son influence, sans encourir le péril de devenir un être abstrait. L'héritage culturel populaire en Amérique latine ne signifie pas pour nous une attitude, c'est un sentiment qui devient intégré dans la formation mentale d'un organisme créateur. Je suis contre l'utilisation des thèmes populaires pour faire des œuvres symphoniques, mais je crois que le compositeur qui est né dans un certain endroit, absorbe comme une éponge cette musique, cette influence énorme qui doit se refléter dans sa vie intérieure. Peut-être serait-il intéressant de faire allusion ici à la musique brésilienne. On pense parfois que la musique brésilienne, c'est un mélange d'un héritage indien, africain et européen, cela, ce n'est pas vrai. C'est surtout le mélange de l'héritage européen et de la culture africaine. Avec la culture indienne d'Amérique, nous avons toujours eu le problème suivant, chaque fois que la civilisation a pris contact avec la culture indienne, il y a eu un problème de choc, une assimilation difficile et la culture indienne après ce contact, a été complètement diminuée. Il n'y a pas eu de mélange, comme cela a été le cas avec l'Afrique et les formes populaires de l'Europe. La polka et la valse ont été assimilées aux rythmes africains, aux formules rythmiques africaines et on peut dire que toute la musique populaire brésilienne est le résultat de ce grand mélange. Pour les compositeurs contemporains brésiliens, je peux vous dire que cet héritage revêt une grande importance. Je crois que même dans les moments les plus orthodoxes de la musique sérielle, les compositeurs du Brésil ont maintenu des liens très forts avec cette musique populaire. C'est pourquoi, je crois que cela peut être une grande richesse dans la musique contemporaine.

LEO BROUWER: I have a couple of quotations and I would like to start with an agreement. Marlos Nobre said something related to the world of composition and the world of folklore and tradition. He considers the world of pop in particular, the world of pop is not going to be the most beautiful reference to quote. I am making a transcription, not for guitar, but a transcription of the whole thing. This is a small particular statement, I take for advantage, and then I will make a couple of definitions. I will make a short definition of composition and a short one of tradition, and a couple of comparisons.

Composition is language in code, is an information code and the way that this code is an abstract language that is far from traditions, this reference becomes stranger and far, far away. This happens when the tradition, whatever this is, has not enough artistic values for the composer. This is very exaggerated but a fundamental statement.

The other thing: tradition. For us in Latin America, and probably for some other countries, this means an alive folklore, for many countries, or continuity or permanence, historical permanence of cultural phenomena strong enough through history.

History of contemporary music demonstrates that what is new in a moment is old in another sometimes. For example, from the Burlesian structuralist epoch and composers from fifties to sixties, European culture, it seems to me a little big tiring for the ear. Probably the same thing happens when we go dead traditions or dead folklore, of museum tradition. In this particular affair I would like to say a couple of other ideas related to tradition.

Any tradition that can be held, as a formative element, or a reference, or even the central point of a new work, have to be in a very simple state of purity. Sometimes it means folklore or strong traditional historical forms. State of purity could be learnt or shown like that. In opposition to some pop, commercial, second-hand materials, which are just in the air frequently, even between composers, I just have to say that even to specialists as all of you including me, when we have a little reception, we have a little group of pop, second-hand, vicious-delicious light music, supporting one of these ideas of functional music.

As a reference of folklore, if a composer of today considers from his point of view the composition of national trends, he has to make a deception of very pure traditional facts. These are the traditions which are transformed or adulterated are not really good as prime material for new works.

Quoting Dr. Schneider, the transculturation is a very important fact to the entire world in these days. The same as we were in America informed and touched by the magic of European culture years ago, we have that in Asia, Latin America, Africa and their basic cultures are strong enough to be into the transculturation as a fact. So we have an inversed continuous relationship in transculturation. Could that be dangerous? No. In the way that composers are aware of the richness of their own material and the purpose of these creations.

The apparat which is dealing with both composers and public, sometimes it is the power in cultural terms, sometimes it is the radio networks, sometimes it is this intermediary which is sometimes so strong and anonymous, which considerably imposes an influence on the masses, mass media and so on.

DIMITER CHRISTOFF: I would suggest now in this moment we have seen how briefly composers have followed the problem. Immediately I can tell you this must not be interpreted as one of the cliché thinking about the composers, but on the contrary this can be a little bit strange for musicians from middle or western Europe where the problem has another meaning. You saw Leo Brouwer has come from far away and related the problem to the public problem, to the socialist problem there. And so the Western and Middle Europe cannot have the same problem because the composer was looking for this sounding society, the concern of societies to be presented in music. The problem is much more deeper than can be interpreted from its upper face, and actually for one continent like Latin America, like Africa, or Asia, or Eastern Europe, or for Russia, the problem is colossal, is of colossal importance to future different meanings.

KLAUS HUBER: Unser Thema ist so vielschichtig, daß ich nicht so viel Allgemeines sagen möchte. Ich bin ein west- bzw. mitteleuropäischer Komponist und sehe die Problematik hoffentlich nicht aus dem bequemen Nest der Schweiz, aber ich sehe sie selbstverständlich von einer gewissen privilegierten Bequemlichkeit her und versuche aber immer, aus ihr auszubrechen. Vielleicht kann ich hier vor allem meine Erfahrungen mit jungen Komponisten einbringen, da ich heute vor allem meine Aufgabe darin sehe, mit jungen Leuten soziale Fragen der Musik zu diskutieren und neue Gedanken anzuregen. Erstaunlich auffällig scheint mir ein Konsens über das Ende einer eurozentrischen Auffassung von Kunst. Das ist noch nicht lange so. Sowohl Nobre wie auch Brouwer haben darauf Bezug genommen. Ich möchte das mit einer Notwendigkeit vergleichen; nicht mit einem Bild aus der Musik, sondern aus der Botanik. Lange Zeit hat man sich Kultur in dem Bild eines Baumes vorgestellt, der immer am Hauptsproß weiterwächst, woraus sich die berühmte Kegelform der Tanne ergibt. Die Bedingung eines guten Tannenbaumes ist, daß eine Knospe während des ganzen Lebenslaufes weiterwächst; wenn sie gebrochen wird, entsteht keine optimale Tanne. Das nennt man den monopodialen Wuchs. Das Gegenteil ergibt einen kugelförmigen Baum. Sie kennen das von der Linde. Das bedeutet, daß ziemlich bald nach Entstehen eines Triebs die Hauptknospe abstirbt, um woanders sich zu öffnen. Für mich ist das ein Bild einer Kultur, die sehr viel Hoffnung auf eine große Oberfläche ermöglicht. Auf der anderen Seite ist der Komponist in der Gefahr – und ich unterstreiche, was Schneider genannt hat –, daß er zwar die Möglichkeit einer umfassenden Information hat über alles, was in der Weltkultur geschieht, er zugleich aber dabei unproduktiv werden kann. Einerseits müßte der Komponist versuchen, optimal informiert zu sein. Andererseits, wenn er enzyklopädisch, total informiert wäre, wäre es sehr gut denkbar, daß er sehr wohl impotent ist. Die Verantwortung des Komponisten würde dann darin bestehen, seine Interessen auszurichten und zu kanalisieren in nicht verflachender Weise. Aus meiner Erfahrung als Lehrender kann ich sagen, daß nicht selten junge Leute aus Japan oder Korea kommen, die schlechter über ihre eigene Kultur informiert sind als ich in Europa. Sie haben zwar ein breites Wissen, was aber sehr oberflächlich ist. Die Oberflächlichkeit der Aufnahme von Anregungen kann nur einer Verflachung und einer mangelnden Kreativität Tür und Tor öffnen. Deshalb schlage ich mir selber immer vor, daß es mir besser scheint, wenige Punkte des Interesses zu wählen und dort in eine Tiefe vorzustoßen, als zu glauben, man könnte sich alles in kürzester Zeit aneignen.

DIMITER CHRISTOFF: Das kann ich gut verstehen, und ich möchte hinzufügen, daß es auch einem Europäer in seiner reichen nationalen Musikkultur so gehen kann. Wenn er tagtäglich durch den Lautsprecher Musik hört, die modal gefärbt ist oder die nicht ein einziges Mal die tonalen Funktionen wechselt, so wird ihm außereuropäische Musik darüber hinaus zu einem besonderen Reiz.

GEORGIJ KANTSCHELI: Дорогие друзья! Позвольте о затронутых проблемах высказать свои соображения с позиции человека, не занимающегося наукой. А позиции сочинителя музыки, как правило, бывают несколько субъективными. Я буду говорить о фольклоре грузинского народа, но думаю, что вопросы, затронутые мною, касаются общих проблем. Грузинская профессиональная композиторская школа зародилась в начале XX. столетия. Но если считать профессиональную музыку, созданную великими анонимами, то история ее многовековая, а художественный уровень непревзойденный. Я много думаю над тем, как возник наш музыкальный фольклор. И чем теснее мое соприкосновение с ним, тем загадочнее для меня это явление. Кто и каким образом создавал эту музыку? Отдельные личности, награжденные божьим даром? Как они находили друг друга? Мне представляется, что шедевры народной полифонии могли возникнуть лишь в результате совместного творчества гениально одаренных людей. Обрядовые, культовые, трудовые, погребальные, любовные напевы воспринимаются как части огромного несуществующего цикла. Я не принадлежу к людям, которые свое ставят превыше всего. Тем не менее считаю грузинскую народную песню явлением абсолютно уникальным. Какие-то таинственные нити связывают лучшие образцы мировой поэзии, литературы, музыки, живописи, архитектуры. Грузинская народная полифония аналогий не имеет. Ее истоки нам неведомы. И все же эту музыку, видимо, создавали определенные личности. Для меня эта музыка авторская и чем больше я преклоняюсь перед гениальными анонимами, тем отчетливее понимаю, что не имею права прикасаться к созданному ими, не имею права переносить свои сочинения и материалы в его первозданное совершенство или разрушать это неповторимое целое, используя его отдельные элементы. Считается, что черпать из богатства, созданного народом, можно и даже нужно. Видимо, весь вопрос в том – как? Жизнь показала, что имена композиторов, понимающих черпание слушком буквально, попросту забываются. Мое отношение к грузинскому фольклору хочу выразить следующим образом. В традиции грузинского народного музицирования наиболее близок мне тот загадочный дух, постичь который я не в силах. Несколько слов о значении индивидуальности композитора. Глобальная проблема национального в музыке, национального в искусстве и вообще всегда вызывает много споров. По этому поводу высказываются различные мнения. Можно ли назвать в музыке любого времени выдающуюся творческую индивидуальность, которая не представляла бы определенную культуру? Я не имею в виду национальное в узком понимании. Я говорю о большой культуре. Кто-то является представителем немецкой музыкальной культуры, кто-то французской, итальянской, русской и т.д. Мне кажется, что очень крупные индивидуальности не только обогащались за счет фольклора, за счет культуры своего народа, но и сами обогащали ее. И трудно бывает разобраться кто, как и насколько обогатил культуру, что получил от нее и что дал своим творчеством. Традицию создают новаторы. Великие новаторы. Часто их воспринимают как разрушителей существующей традиции. Однако, утверждая собственный музыкальный мир, они выступают в роли основоположников новой традиции, которая в свою очередь вскармливает тех, кому предстоит ее разрушить. Поэтому, как ни парадоксально, но именно разрушители оказываются созидателями. Процесс же созидания бесконечен. Подобная преемственность в художественных поколениях – залог вечного движения вперед.

Dimiter Christoff: Мне хочется сказать, что я взей душой и сердцем присоединяюсь к тем дифирамбам, которые пел Канчели грузинскому фольклору. Я помню, когда двадцать лет тому назад впервые услышал грузинские народные полифонии, то они ошеломили, потрясли меня как музыканта. И сейчас мне хочется отметить первый важный пункт в его выступлении, а именно, его тезис: не разрушайте фольклор. Смотрите, дорогие коллеги, это самое новое в позиции современного композитора к фольклору – не разрушайте фольклор. Это значит – не обрабатывать его, а делать настоящее творчество, черпая из фольклора. Это новая позиция, которая, мне кажется, нужна в ходе нашей дискуссии и которая имеет огромнейшее значение.

Qu Wei: I'd like to speak about the attitude towards tradition taken in China.

The attitude towards national tradition in music is a subject which is attracting general interest. This is due to the fact that because of the great changes in social and musical life through the course of industrialization, there is a tendency in some regions of letting national music fall into neglect. It is thus very appropriate that we are now discussing the topic of our present Conference: "Tradition in Music Cultures – Today and Tomorrow". I would now like to take this opportunity to discuss my views on this subject according to the situation in China.

China is a country with a cultural history of more than five thousand years. Although our national music has had a very long period of accumulation, most of the heritage handed down from ancient times were just written accounts, with very little material objects or acoustic materials. Ancient instruments have been found among archaeological discoveries in recent years, such as the **bianzhong** (set-bells), found in Sui County, Hubei Province, which consists of one hundred and twenty four pieces, and was an instrument used in a very well-equipped ancient orchestra. This excellent instrument, manufactured by our ancestors more than two thousand years ago, shows the rather high cultural and scientific level already reached at that time. We believe that with the developments in archaeological work, more such discoveries will be further made, providing us with materials for substantiating our understanding of musical life in ancient times.

A great amount of music of various kinds exists among the people in our country, such as folksongs, local opera music, instrumental music, etc. This music, handed down from ancient times and preserved among the folk, is a valuable legacy which was not treated with due attention before. Work in the collection and collation of this music was initiated by the China Folk Music Research Institute which was set up in the late 1930s. It was then during the War of Resistance against Japan, however, and the collection work was only regional. Following the establishment of New China, the China National Music Research Institute was founded, and work was begun in the collection, preservation, and collation of the vast amount of national traditional music. Due to the vast geographical dimension of, and the great number of nationalities in our country, such a tremendous task could certainly not have been fulfilled by just one such establishment. Editorial work was begun in 1964, but suspended during the so-called Cultural Revolution, and resumed in 1979 with the setting up of a national establishment and the mobilization of resources from all over the country to produce an extensive collection of the folk music (including sound materials) of all the provinces, autonomous regions and municipalities. It is planned, on this basis, to publish a **Collection of Chinese Folksongs** which will include one volume for each province (including Taiwan). There will altogether be five such extensive collections, of which the others will be: **The Collection of Chinese National Folk Instrumental Music, The Collection of Chinese Local Opera Music, The Collection of Chinese Qin Music**, and **The Collection of Chinese Balladry Music**. This mammoth project is planned to be concluded in 1990, and will propel the research of national music to a new height.

Tradition, in our understanding, is many-sided and multilayered. Folk music is one of its aspects, while modern and ancient professional creation is another. Since the May Fourth Movement in 1919, with the influence of European democratic revolutionary trends of thought, a new scene emerged in Chinese professional music creation. Works from this period form a tradition which should also arouse our great attention. In the 1930s, at the crucial stage of the Chinese revolution, and under the influence of the world communist trend of thought, a proletarian left-wing cultural movement came into being in China. Nie Er and Xian Xinghai were representative figures of the musical flank of this movement. A tradition of integrating music with the people and the current struggles was established which has an even more profound and actual significance in the development of the socialist national new music of today. This year is the fiftieth anniversary of Nie Er's death, the eightieth anniversary of Xian Xinghai's birth, and the fortieth anniversary of his death. A series of nation-wide commemorative activities were held in China for further carrying on the revolutionary musical tradition which they founded.

We also do our best to introduce to the Chinese people European classical music, including the works of Schuetz, Bach, Handel, and D. Scarlatti, whom we are commemorating this year, and also the works of other representative composers of all nations and countries. It is our view that every nation, big or small, has its strong points and features; excellent musical works are the common cultural treasures of whole mankind, belonging to a wider layer of tradition in music, with many valuable experiences for us to learn.

We hold that tradition is the crystallization of the wisdom of our predecessors, and paying great attention to it is, in essence, to respect the creation of the people. The ultimate aim of the collection, preservation and research of tradition is for creation and renovation. Historical facts tell that the musical arts of every nation and period always strikingly reflect the demands and aspirations of the people, thus becoming the spiritual symbol of the nation. At the same time, composers of every period always begin their work from the basis of tradition handed down from their predecessors, carrying on tradition on one hand, and renovating and supplementing new elements into it on the other. It is thus that the contradiction between tradition and renovation constantly propels the progress of musical art. As for the Chinese composer, he must first of all possess a keen insight in order to capture the pulse of the times, and to gain a profound understanding of the demands and aspirations of the people. Only thus can his works reflect the demands of the progression of the times and the trends of historical development, and kindle the people's enthusiasm in the building up of a new life. He must also study and learn from all the fine Chinese and foreign musical heritages of the ancient and present times, which may serve, through critical analysis, as a reference in the production of works reflecting the life of the people today. This is the principle of "making the past serve the present, and making foreign things serve China". Our ultimate goal is the creation of a socialist national music, which requires the perfect integration of a socialist content with a national form – a direction which we are exerting ourselves to follow.

LUIGI PESTALOZZA: M. Nobre a parlé de Stockhausen comme d'un musicien qui appartenant à l'Ecole de Darmstadt s'est enfermé ces dernières années dans sa musique extra-européenne, en particulier dans la musique indienne. Moi, je crois que le phénomène Stockhausen n'est pas un bon exemple, je trouve dans son œuvre une position très équivoque ou au contraire pas équivoque du tout. A mon avis, Stockhausen a un rapport très ancien avec la musique extra-européenne, un rapport de type exotique d'une certaine manière, cet exotisme étant pour moi une idéologie. La régression tonale de Stockhausen a un rapport avec la musique extra-européenne. Je ne pense pas que la tonalité est régressive ou progressive, c'est une régression de type idéologique chez Stockhausen. La tonalité employée reflète le rapport de Stockhausen avec les musiques non-européennes ou populaires des classes subalternes. On observe un rapport d'appropriation des autres musiques, des autres cultures, un rapport d'infiltration des cultures et des musiques par le pouvoir culturel, social et historique. La musique de Stockhausen affirme en quelque sorte que l'histoire de la musique mais aussi du monde est faite au mieux à l'occident, par l'occident. Cela est à mon avis intéressant, parce que Stockhausen joue sur deux plans, c'est un paradoxe, il continue ce que je vous avais désigné comme la ligne de Darmstadt selon laquelle l'histoire de la musique sérieuse, ce n'est pas seulement celle de la musique européenne, d'une certaine musique européenne de Vienne jusqu'à Darmstadt. C'est un paradoxe, parce que du point de vue musical, le Stockhausen d'aujourd'hui est tout à fait différent. Mais du point de vue idéologique, il est encore le musicien limité contre lequel il existe une polémique. Quand le problème dogmatique tonal ou atonal a été réglé, une nouvelle dialectique s'est imposée nous donnant la possibilité d'avoir des rapports structurels à travers la musique de tous les peuples. Stockhausen prend la tonalité d'une manière très réactionnaire, très conservatrice. Un grand musicien italien comme Puccini s'est occupé de la musique japonaise, il s'en est occupé avec un certain colonialisme culturel et c'est cela je crois la position actuelle équivoque et très conservatrice du point de vue musical de Stockhausen, en ce qui concerne les rapports existant entre la musique européenne et les musiques, les cultures des autres peuples. De plus, Stockhausen n'accepte pas que l'histoire du monde n'est plus l'histoire d'un continent mais de tout un peuple et c'est pourquoi il fuit dans le ciel.

MARLOS NOBRE: Ce qui est nouveau à notre époque en ce qui concerne un homme comme Stockhausen, c'est qu'il n'est pas la voie, mais une des voies. Il y a vingt ans l'école d'avantgarde, l'école de Darmstadt était la seule voie visible dans le monde contemporain. S'intéressant aux autres cultures moins fortes, on peut citer Stockhausen comme une des voies d'un moment. J'ai dit que je préférais entendre la musique originale et non pas cette espèce de photo floue de la musique orientale. Je crois que vous avez raison quand vous parlez de choc. Je ne discute pas la sincérité du compositeur, car je pense que le compositeur, quand il crée sa musique, est sincère. On constate donc en ce moment qu'il y a une multiplicité très grande des voies dans la musique actuelle. Je ne crois pas qu'on doive limiter les possibilités des musiques européennes, cela reviendrait à dire que si ces compositeurs ne peuvent pas aller en Asie, en Amérique latine, ils n'ont pas à utiliser les timbres des musiques non-européennes. Ce serait une attitude un peu limitante, une erreur à mon avis. Le futur prochain ouvrira peut-être des voies nouvelles permettant d'arriver à une relation encore plus intéressante que celle que nous avons en ce moment, je crois qu'en tout cas, nous avons fait un premier pas dans ce sens.

HARRY GOLDSCHMIDT: Ich finde es ganz zwangsläufig, daß sich die Diskussion jetzt ins Detail begibt, auch wenn es sich um Persönlichkeiten handelt. Ich will aber jetzt versuchen, dasselbe Problem transzendent zu sehen, übergreifend. Zunächst möchte ich festhalten, daß ich den Begriff «europäische Musik» nicht mehr für zutreffend halte. Wenn Sie sehen, wie diese Musik, ursprünglich in Europa entstanden, heute in Japan und in China gepflegt wird – aus Erfahrung weiß ich, daß in China diese Musik als besonderer Zweig der Musikausbildung behandelt wird –, so glaube ich, daß dieser Begriff zu hinterfragen ist. Das betrifft besonders die Pflege der sogenannten «Großen Musik». Dabei stellt sich die Frage nach Traditionen. Gestern waren wir Zeuge einer Diskussion unter Folkloristen, die Tradition vor allem auch als folkloristische Tradition auffassen, als europäische und nichteuropäische. So möchte ich die Frage hier nicht stellen. Sondern ich möchte nach Traditionen der Tonkunst fragen, ganz allgemein, generell, sowohl in nichteuropäischen Ländern als auch in Europa. Und ich betrachte große Teile dessen, was man heute unter Folklorismus in der nichteuropäischen Welt katalogisiert, gar nicht als Folklorismus. Wenn ich an bestimmte Musiken in Indonesien denke oder an die große chinesische Tradition, ist es mir unmöglich, von Folklore zu sprechen. Sie sind doch mit großen Ansprüchen verbunden, mit Mitteln, die uns heute vielleicht folkloristisch klingen mögen. Aber das ist ein Fehlhören. Ich möchte also auf Traditionen zu sprechen kommen in dem eben von mir definierten Sinne. Dabei müssen wir etwas feststellen, was in den Referaten noch nicht genügend sichtbar geworden ist. Weder im Referat von Georg Knepler noch im Referat von Frank Schneider wurde ausreichend auf Veränderungen der Tradition eingegangen. Wieso kommt es, daß in Europa, historisch gesehen, eine so unerhörte Entwicklung mit einem so rasanten Tempo der Musikstile erfolgte, ganz im Unterschied zur Musikentwicklung im nichteuropäischen Raum? Wieso war es möglich, daß man auch in der europäischen Musik vor dem 15. Jahrhundert das Baßfundament nicht kannte? Dieses scheint zwar heute wieder zurückgedrängt, hatte aber über Jahrhunderte eine enorme Bedeutung. Und heute geht es immer rascher zu mit der Ablösung musikalischer Stile. Diese Geschwindigkeit der Musikentwicklung kennen wir eigentlich nur in Europa. Wir müssen uns damit auseinandersetzen. Wodurch wird diese Beschleunigung verursacht? Gehört das vielleicht zur Tradition der europäischen Musik? Stehen die Komponisten, die sich heute in einem kritischen Verhältnis zum Erbe befinden, nicht mitten in dieser Tradition? Und standen die Komponisten, gegen die sich Zeitgenossen heute abgrenzen, nicht vielleicht auch in dieser Tradition? Ich darf etwa an gewisse Äußerungen Beethovens denken, der da gesagt hat, die Freiheit weiterzugehen ist in der ganzen Schöpfung wie in der Kunstwelt Zweck, oder: die Kunst verlangt von uns, daß wir nicht stehenbleiben. Oder noch dialektischer – ich weiß nicht, ob das in anderen Kulturen so zu formulieren möglich gewesen wäre –: es gibt keine Regel, die nicht durch eine höhere aufgehoben werden könnte. Da sehen Sie, daß dieser Mann, der heute unsere Konzertprogramme so belastet, daß die Zeitgenossen kaum zum Zuge kommen, einer der Ihren war. Man muß also sehen, daß dieses Moment der Veränderung mit zu den großen Traditionen der europäischen Musik gehört. Wenn ich noch einmal auf das Phänomen zurückkommen darf, daß die europäische Musik erst vom 15. Jahrhundert an ein Baßfundament erhalten hat, seine Funktion solange in der Diskantregion angesiedelt war, wie in der chinesischen Musik (die auch heute einen Weg in die «Tiefe» eingeschlagen hat), dann muß man sich fragen, ob wir das überhaupt musikalisch erklären können. Gibt es dafür eine spezifisch musikalische Erklärung? Ich zweifle daran. Ich erinnere Sie daran, daß zu dem Zeitpunkt, als das Baßfundament aufkam, gleichzeitig in der bildenden Kunst die Zentralperspektive entdeckt wurde. Es gibt Studien über den Zusammenhang zwischen dem Baßfundament und der Zentralperspektive. Ich glaube, das hat man zur Kenntnis zu nehmen. Aber auch nicht wieder isoliert, sondern in einem größeren Kontext. Zu diesem Kontext will ich nur das Stichwort geben. Ich möchte ja hier kein Referat halten. Ich meine: die Ablösung des theologischen Weltbildes durch das anthropozentrische, in der der Mensch in den Mittelpunkt trat. Das war auf allen Gebieten der Kultur der Fall, einschließlich der Wissenschaft. Denken Sie an Galilei. Es trat ein Wandel ein, ohne den wir die Geschichte der Musik gar nicht schreiben können. Das wird leider oft übersehen. Deswegen hinken diese Musikgeschichten, die glauben, sie können von einer Autonomie der Musik ausgehen und innerhalb des Bereichs der Autonomie praktisch eins aus dem anderen ableiten. So geht es nicht. Wir müssen den großen Zusammenhang sehen, den Kontext. Es ist die Frage zu stellen, wie dieser gemeinsame Nenner zu begreifen ist, der mit dem anthropozentrischen Weltbild in die europäische Musikwelt gekommen ist, in das Kultur- respektive Wissenschaftsbild. Wir kommen also ohne Integration der gesellschaftswissenschaftlichen Fragestellung überhaupt nicht aus. Wir können nicht übersehen, daß diese große gesellschaftliche Umwälzung Veränderungen bedingt hat im Unterschied zum nichteuropäischen Raum, wo später dann entsprechende Entwicklungen mit Macht sich durchgesetzt haben. Und von Gesellschaft können wir schlecht sprechen, wenn wir nicht auch von Ökonomie sprechen. Die ökonomische Basis, nämlich die Erweiterung der Produktivkräfte liegt diesem Prozeß zugrunde. Ohne Berücksichtigung dieser Prozesse, die Karl Marx eingehend beschrieben hat, können wir hier auch nicht Musikgeschichte schreiben. Dazu gehört ein weiteres Problem. Was fassen wir als Fortschritt auf? Wieweit ist das als Fortschritt zu bezeichnen, oder wieweit sind die Gestehungskosten dieser Entwicklung einzig zu sehen unter dem Aspekt des Kapitalismus? Diese Kosten waren ohne Frage riesig, wie es Georg Knepler sagte (Stichwort: Kolonialismus). Nichtsdestoweniger ist die Frage damit nicht beantwortet, diese Entwicklung nur unter dem Gesichtspunkt des sich entfaltenden Kapitalismus zu sehen, denn das kritische Moment des Fortschritts lag ebenfalls im Kapitalismus begründet. Das hat Karl Marx auch dargestellt. Es ist eine Progression zu beobachten, für die ein humanistisches Bewertungskriterium gefunden werden muß. Beethoven hat im Unterschied zu Stockhausen nicht die asiatische Musik herangezogen, um «Alle Menschen werden Brüder» anzustimmen, er hat es in seiner europäischen Weise getan. Es ist also möglich, innerhalb dieses Stilwandels offenbar die Progression abzusichern. Ein weiterer Aspekt, den ich ebenfalls für unabdingbar halte: Wenn das so ist, daß es übergeordnete Aspekte gibt, die man nicht ungestraft vernachlässigen kann, muß man sich heute fragen – es wurden Darmstadt und die neuen Strömungen erwähnt –, kann man überhaupt den Begriff des Fortschritts bei der Globalität all dieser Stile aufrechterhalten. Oder haben wir praktisch den Begriff des Fortschritts abzuhaken; kann man ihn nicht definieren? Solche Begriffe wie zeitgenössische Musik, Musik der Gegenwart sind doch alles Fluchtworte, weil wir nicht in der Lage sind, die Musik der Gegenwart genau zu definieren. Vom Inhalt her betrachtet ist Stil ja nicht nur Form, womit ich auf einen ganz aktuellen Aspekt zu sprechen kommen möchte. Wir sind uns bestimmt darin einig, daß wir gegenwärtig in einer ausgesprochen restaurativen Epoche leben, in der alle Momente des Fortschritts in Frage gestellt erscheinen, vom Standpunkt der Philosophie bis in die Praxis, die Gesetzgebung usw. Diese restaurative Periode hindert uns an der Entfaltung eines fortschrittlichen Klimas. Ich habe selbst das Glück gehabt, als jüngerer Mensch in Preußen noch die Kestenberg-Periode mitzuerleben. So muß man heute auch im Bereich der Musikerziehung das Abhandenkommen eines die Aneignung anspruchsvoller Musik dienenden Klimas feststellen. Und ich muß feststellen, daß ein fortschrittliches Klima nicht nur in der sogenannten westlichen Welt zu Schaden gekommen ist, sondern auch unter bürokratischen Erscheinungen des realen Sozialismus. Das bedeutet nicht, daß das nicht behoben werden könnte. Aber wir brauchen generell eine Entwicklung – und da spreche ich längst nicht mehr von Musik –, die das alles in Bewegung setzt. Dies progressive Klima kann, wenn ich mich heute umsehe, eigentlich nicht in einem Scheitern der Genfer Konferenz bestehen. Ein Scheitern würde uns in genau entgegengesetzter Richtung weiterführen. Ansätze wären gut gemeint, aber sie würden nicht zum Tragen kommen. Was wir brauchen, ist wirklich die Sicherung des Friedens. Nur in der Sicherung des Weltfriedens kann eine solche Entwicklung, wie ich sie das Glück hatte noch in den zwanziger Jahren hier in Preußen, in Berlin zu erleben, wo alles sich regte, wo die Ideen nur so überflossen, wo man wirklich keine Mühe hatte, den Fortschritt zu definieren, stattfinden. So eine Atmosphäre müßte erst wieder hergestellt sein, um wirklich den Fortschritt nicht mehr problematisieren zu müssen, um zu wissen, worauf es ankommt. In diesem Zusammenhang können dann auch die Stilmittel, die heute diskutiert werden, begriffen werden. Was nicht dem Frieden, der Freiheit und Emanzipation des einzelnen dient, kann auch nicht dem Fortschritt dienen. Leider kann ich dann kaum sehen, wie Stockhausen mit dem Fortschritt zusammenzubringen ist.

DIMITER CHRISTOFF: Ich möchte nur kurz festhalten: Diese Worte sind gleichsam im Namen der Komponisten gesprochen worden. Wir Komponisten sprechen nicht allzuoft über solche Dinge. Unsere Sprache ist die der Noten und der Musik. Es steht der Komponist ein wenig schüchtern diesen Problemen gegenüber, da er überzeugt ist, daß seine Kunst aus der Gesellschaft kommt, aus den Menschen. Er spricht etwas direkter, von Mensch zu Mensch. Sogar in der Konzeption des L'art pour l'art ist das so.

JAROSLAV ŠEDA: Ich beziehe mich noch einmal auf die Diskussion der Traditionen nach Schütz, Bach und Händel, vor allem darauf, wie die mitteleuropäische Tradition des 17. und 18. Jahrhunderts im zeitgenössischen Schaffen in der ČSSR wirksam ist. In der Musikhistorie der Tschechoslowakei zeigt sich deutlich, daß bei der gesellschaftlichen Verbreitung der Musik der größten Barockmeister Bach und Händel die Stillinie des Neobarock gewirkt hatte. Das Bild der Entwicklung auf dem Gebiet der Musikkultur im 20. Jahrhundert ist in diesem Sinne interessant. Vom Anfang des Jahrhunderts bis zum ersten Weltkrieg waren die Tendenzen des Neobarock, besonders die Neigung zur Polyphonie im Sinne der ersten Hälfte des 17. Jahrhunderts, mit den Stillinien der Spätromantik verbunden. Sie haben in den Musikausdruck des menschlich Personellen, Individuellen, Subjektiven mit der breiten Tektonik und mit der Spannung des musikalischen Satzes etwas sehr Überzeugendes eingebracht. Als Beispiel will ich den ersten Fugensatz des zweiten Streichquartetts von Vitězslav Novák nennen. Nach dem ersten Weltkrieg war in den zwanziger Jahren und in der ersten Hälfte der dreißiger Jahre diese Stiltendenz auf einmal ganz schwach. Vor den Komponisten standen neue Inhaltsbedürfnisse der Musik: Lob des freien Lebens, Spiel,

Sport, Film, Jazz, Humor, das Zivile. Da kamen die Tendenzen des Neoklassizismus stark zur Ausprägung. Und – das war für den Zusammenhang dieser Stilorientierung mit den neuen Inhalten der Musik typisch – dies vor allem in der Neigung zu den Stilmerkmalen des frühen Klassizismus. Am Ende der dreißiger Jahre hatte sich die Situation wieder stark geändert. Die Stiltendenzen des Neobarock – nun selbstverständlich ohne romantische Stilreste – waren wieder da. Und zwar in Böhmen, in Prag ebenso wie in Brno sowie bei den politischen Emigranten wie etwa Martinů. Dabei blieben diese Komponisten ohne jede Kommunikation untereinander. Das heißt, diese Art des Komponierens lag in der Luft. Der Grund dazu ist klar: Wenn wir solche Kompositionen von Martinů hören, wie zum Beispiel das Doppelkonzert für zwei Streichorchester, Klavier und Timpani im Genre des Concerto grosso aus dem Jahre 1938, das gegen Münchens faschistischen Befehl protestierte, oder von demselben Komponisten die Fantasie und Toccata für Klavier, die er während der Flucht aus Paris als Ausdruck des vaterländischen Kampfes gegen den Faschismus geschrieben hatte, wenn wir also solche Kompositionen hören, begegnen wir im modernen Sinne denselben großen Stiltendenzen, die wir gestern hier in Berlin bei Bach und Händel betont haben: starke emotionale Affekte, dynamische Phantasie im Melos, große Spannung in der Harmonie, Dramatik auch im breiten Aufbau der Form; dasselbe, was Martinů in der Schweiz, in Frankreich und dann noch in den ersten amerikanischen Kriegsjahren gemacht hatte, als er die Stillinien des Neobarock für den Ausdruck des starken gesellschaftlichen Inhaltes der Musik benutzt hat, dasselbe machte zu Hause in der besetzten tschechoslowakischen Republik V. Vjcpálek in dem weinenden und kämpfenden tschechischen Requiem, sogar mit gewissen Stiltendenzen, die nahe der Schützschen Musik liegen, selbstverständlich auch und nur im Sinne der Musik des 20. Jahrhunderts. Gleiches trifft auch auf weitere tschechische Komponisten der dreißiger und vierziger Jahre zu. Die Wichtigkeit dieser Kriegskompositionen, inhaltlich und rein musikalisch, hat an der Renaissance der Barockmusik besonders Bachs nach dem zweiten Weltkrieg bei uns großen Anteil. Das Wichtigste dabei war, daß unsere Zuhörer in dieser Barockmusik – als Kern der Sache, als Sinn dieser Kunst, als Krone der Wirkung dieser Kunst an uns Menschen der zweiten Hälfte des zwanzigsten Jahrhunderts – dieselben Merkmale gefunden haben, die die modernen Komponisten aus dieser großen musikalischen Tradition benutzt haben. Ich glaube, daß auch in anderen Ländern etwas Ähnliches vorzufinden war.

DIMITER CHRISTOFF: Sie haben eine an dieser Stelle angemessene Überschau über die Traditionen und die Entwicklungen der Musik ihres Landes gegeben sowie Ihre Auffassung über Tradition deutlich gemacht.

GLORIA COATES: I have a couple of points to make, and one is that, I think, the progress is made in the creativity by the individual composers, and the composers create a trend. Whether this trend is accepted in its time, take the American composer Charles Ives, his trend came much later. We have to be aware that, as far as time and progress are concerned, that we are in an era of very high technology, from satellites and all technical means to spread the ideas around the world, so that I cannot imagine. If we take Europe, we can take Poland as very progressive, and we can take pockets of areas of progressive new ideas, often started by individuals, naturally.

But I also want to make a point about the United States and not only about the United States, about America as a whole, the North and South America. In the countries in the American continents are the musical ideas of the European ideas. Bach is certainly one of the centres of concepts, of our musical concepts. Yet, both the Americas were founded by people who went against tradition, they left Europe. These ideas for finding a new way, a new tradition in life, are also reflected in the music. I think there is not enough exchange between the Americas and Europe. Part of the reason is that much of an example. The American music is recordings, and these recordings are often not playable on the radio stations of Europe. South American music I have heard since I have been living in Europe: sometimes I do hear it but it is very rare. I think that is perhaps one of the places where one can see the progress, not only in Europe but also in the music of the Americas. I must also mention here that the Oriental, the African influence, all of these influences are to be found in the music of the two Americas, because the influx of people from the various countries.

LADISLAV BURLAS: Es sei mir erlaubt, thesenartig einige Gedanken über Tradition vom Standpunkt eines Komponisten und zugleich eines Musikwissenschaftlers zu äußern. Erstens:

Die Tradition sollte nicht nur als eine Summe von aufbewahrten Objekten, Kunstwerken und durch lebendige Tradition erworbenen Gegenständen betrachtet werden, sondern auch als eine Summe von Erfahrungen, die sich die Menschheit wie eine Staffette stets überreicht. Unser Verhältnis zur Tradition ist oder soll selektiv sein, also dynamisch und in gewissem Maße auch polemisch. Sollte dies nicht der Fall sein, geht es nicht um Weiterentwicklung, sondern um Reproduktion, um Bestätigung des Vergangenen. Ich meine, man kann modellweise in der Typologie der heutigen Mentalität der Komponisten drei Anschauungen finden. Die erste ist die Traditionsgebundenheit, also ein bewußtes Anknüpfen an die Erfahrungen, zu denen der zeitgenössische Mensch etwas hinzugeben kann und soll. Die Antithese dazu wäre die avantgardistische Auffassung mit dem dominierenden Akzent auf neuen Lösungen und in gewissem Maße der Negierung von Erfahrungen der Vergangenheit. Von diesem Standpunkt aus hat die Tradition einen geringen Wert, auch wenn das Publikum diese Tradition bevorzugt. Dazu gehört die Mentalität der «Stunde Null», als ob nur mit diesem Komponisten und unserer Generation die Musikgeschichte beginne. Die dritte Einstellung kann als post-modernistische bezeichnet werden, für die es angeblich keinen Sinn mehr hat, neue Techniken und Mittel ausfindig zu machen, weil wir noch nicht in ausreichendem Maße wissen, was mit den schon erworbenen und ausgearbeiteten Mitteln heute noch sagbar ist. Es kann im Zusammenhang mit dieser Ansicht von Tendenzen der Vereinfachung und Minimalisierung gesprochen werden. Prinzipiell: Der Reduktionismus ist kein großer Sieg. Aber die Geschichte zeigt, daß in verschiedenen Situationen der Musikgeschichte manchmal Vereinfachung eine neue Qualität gebracht hat. Man kann sagen, daß alle drei Ansichten im zeitgenössischen Musikschaffen gerechtfertigt werden können beziehungsweise ihre Rechtfertigung finden. Im diachronischen Sinne kann es dabei zu Schwankungen kommen, ja auch die Musikkritik sich dieser oder jener Position zuneigen. Ich meine, wir sind inmitten einer vielfachen Dialektik von Bekanntem und Unbekanntem von Verständlichem und kommunikativ Problemvollem, von Fremdem und Naheliegendem. Dieser Prozeß der Wandlung der vergegenständlichten und entgegenständlichten Form von Musik, mit anderen Worten: die Wandlung von einer Musik als Objekt zu einer Musik als innerer Besitz eines Menschen ist permanent, und er ermöglicht, musikalisches Bewußtsein aufzubauen. Im musikalischen Bewußtsein haben dann die Vergangenheit, die Tradition, die Gegenwart und eine Zukunftsorientierung ihre wichtigen, wenn auch im Verhältnis zu fassenden charakteristischen, zeitbedingten und sozial funktionellen Plätze. Die Progressivität ist nicht immer identisch mit dem technologischen Avantgardismus. Es handelt sich primär um neue Inhalte, die, wie einmal Hanns Eisler sagte, einen Druck auf das Material verursachen.

DIMITER CHRISTOFF: Ich möchte eine kleine Zusammenfassung probieren. Sie verstehen, wie schwer es ist, in Ihrer Anwesenheit Aussagen von Komponisten und Musikwissenschaftlern zusammenzufassen. Wir konnten feststellen, daß die zeitgenössische Musik pluralistisch geworden ist, das heißt, das, was in der Vergangenheit Epochen versucht haben, wird heute vom einzelnen Komponisten durchgespielt. Er möchte aus der Entwicklung herauskommen, seine eigene Welt aufbauen und diese als Tatsache setzen. Er geht sogar soweit, das einzelne Werk als eine in sich geschlossene Welt zu formen. Das Bedürfnis nach technologischer Entwicklung ist so hoch, daß sie jede Minute gewissermaßen technische Quellen benötigen. Nebenbei bemerkt, besitzt Musik ein ganz eigenes Verhältnis von Form und Inhalt. Wenn man in der Literatur zu analysieren beginnt, dann wird sofort der Inhalt beschrieben und als Sujet zusammengefaßt. Wenn wir das Musikwerk analysieren, dann ist unser erster Schritt, die Form zu beschreiben. Der zweite ist dann vielleicht die Konstruktion eines Formschemas. Das heißt nicht, daß wir unfähig sind, Inhalte zu analysieren, aber die Inhalte sind grundsätzlich durch die Form repräsentiert. Es ist nicht möglich, unabhängig von der Form Inhalte zu bestimmen. Zum Problem der Folklore: Ich möchte betonen, daß wir heute eine grundsätzlich neue Position gegenüber der Folklore gewonnen haben. Das heißt, wir zitieren sie nicht, wir nutzen sie nicht aus, wir kommen nicht zu Folklore-Arrangements; das ist für den zeitgenössischen Komponisten nicht wichtig. Aber wir brauchen von ihrer inneren Struktur, von ihren Gesetzmäßigkeiten Problemlösungen, mit denen wir nun unsere technologische Welt als progressiv, als sich weiterentwickelnd sehen können. Und deshalb gibt es in diesem Zusammenhang so gegensätzliche Positionen. Auf der einen Seite wollen wir die Folklore nicht antasten und auf der anderen alles auf ihr aufbauen, wie Georgij Kantscheli deutlich machte. Wir gehen sogar noch weiter: wir sprechen von technologischem Material. Dabei entsteht das Problem, daß wir unter Material, das heißt unter Gesetzmäßigkeiten, Verhältnissen, strukturellen Beziehungen, Formen und so weiter nun nicht nur das verstehen, was uns die Folklore geben kann, sondern auch Natur – Messiaen hat das bereits so gemacht –, Geräusche und vieles mehr. Dann betrachten wir als Material die rationale Tätigkeit, alles das, was in der seriellen Musik entwickelt wurde, aus gewissermaßen logischen Gründen. Weiter zählt dazu das historische Material. Dann betrachten wir als Ausgangsmaterial alles, was aus der Geschichte bekannt ist, wie Troubadour- und Minnesang und alle sonstigen musikkulturellen Phänomene. Der Begriff des Materials bedeutet jetzt, keine nationalistische Position mehr einzunehmen. Man versteht darunter ganz allgemein die Möglichkeiten, die Form irgendwie weiterzuentwickeln, da die Form noch nie eine so große Rolle wie heute gespielt hat. Darin treffen sich europäische und außereuropäische Erscheinungen gegenwärtig, was uns auch Perspektiven erahnen läßt. Wir sehen einen Menschen, der universell informiert ist, über alle Weltkulturen, diese in sein Leben integriert und jeder Bedeutung beimißt. Wir haben Traditionen als ein sehr wichtiges Moment unserer Entwicklung betrachtet. Sie nur anzuerkennen, ist nicht genug. Wir sollten unser Programmiertsein durch Traditionen erkennen, unsere Modelliertheit; wir sind in ihr aufgewachsen, sie ist Moment unserer allgemeinen Sozialisation, sie ist zugleich deren Mittel. Das heißt: Unser Problem ist nicht, Tradition zu bewahren. Sie wird es in jedem Falle, da es nicht möglich ist, aus ihr herauszukommen. Das Problem steckt woanders: Wie können wir die Tradition umändern, umarbeiten, deklinieren, in ihr den Platz für Weiterentwicklung schaffen, sie für die Zukunft wichtiger machen? In diesem Prozeß ist der Komponist gleichsam Wortführer im Namen der Gesellschaft. Sie werden wahrscheinlich mit dieser Auffassung nicht in jedem Falle einverstanden sein. Die Ihre einzuklagen, dieser Verantwortung kann ich Sie nicht entheben. Ich danke Ihnen.

Traditionelle Musik und musikalisches Erbe in Erziehung und Bildung

SIGRID ABEL-STRUTH

Über die erzieherisch-bildende Funktion der Massenmedien

Das Nachdenken über die Menschen und ihre Musiken enthielt von früh an Versuche, den Geschehnissen auf die Spur zu kommen, die sich bei diesen Begegnungen Mensch – Musik vollziehen. Man beobachtete, wie der Mensch auf Musik reagiert, beschrieb Gemeinsamkeiten und Unterschiede musikalischer Kulturen und suchte Zusammenhänge zwischen Eigenarten verschiedener musikalischer Materialien und menschlichem Verhalten zu ergründen. In diesem Nachdenken über Menschen und Musiken wurde von altersher, historisch durchgängig und oft mit auffallender Eloquenz und Nachdrücklichkeit, eine von Haus aus pädagogische Idee der Musik wohl in allen musikalischen Kulturen bis in die Gegenwart tradiert. Es ist die Idee, daß Musik Möglichkeiten erzieherisch-bildender Wirkungen auf den Menschen habe. Besondere Verdichtungen dieser Idee haben wir in der Zeit des griechischen Altertums; bereits hier, in der Ethoslehre der Musik, befindet sich diese pädagogische Idee der Musik in einem eine lange Vorgeschichte voraussetzenden Stand der Differenzierung und Systematik. Wir finden Verdichtungen der pädagogischen Idee der Musik im deutschen Idealismus. In den weitgreifenden Entwürfen dieser Zeit zur Humanisierung der Menschheit werden der Musik die höchsten Möglichkeiten zugeschrieben; die Künste sind Mittel zur Vollendung der Individualität und erfüllen sich, indem sie in den Dienst der Bildung des Menschen treten, und Musik ist die Kunst, die anfängt, wo das Wort aufhört, und die weiter reicht als der Gedanke. Zu Beginn unseres Jahrhunderts hat die musische Bewegung die pädagogischen Hoffnungen mehrerer Generationen auf die Musik gerichtet. Die pädagogische Idee der Musik verdichtete sich zu Bekenntnissen: Nur durch Verwirklichung des Musischen in der Menschenbildung kann der Niedergang der Gesittung aufgehalten, die notwendige Erneuerung geleistet werden. Die pädagogische Idee der Musik für die Gegenwart kann nur im Rückblick später richtig gewichtet werden; doch es sieht so aus, als verfestige sie sich in Richtung auf sozialpsychologisch-therapeutische Entlastungsfunktionen der Musik, die dem Menschen von heute Hoffnung auf Chancen der Ich-Findung in einer sie verwirrenden Zeit machen. Doch letztlich wirken alle verschiedenen Ansätze der pädagogischen Idee der Musik in unserem gegenwärtigen Denken über Musikpädagogik weiter. Gerade diejenigen, die nicht beruflich mit Musik pädagogisch umgehen, ergreifen gern das Wort zur Verkündigung idealer pädagogischer Möglichkeiten der Musik, mit echter Begeisterung in das Repertoire historischer Zitate von Plato bis Humboldt greifend. Auch Repräsentanten der Musikpädagogik unserer Zeit – Kodály, Orff, Suzuki – argumentieren mit der erzieherisch-bildenden Kraft der Musik, die tradierte gedankliche Substanz als Wahrheit setzend und weitergebend.

Aber diese pädagogische Idee der Musik wird auch zunehmend in ihrer Problematik gesehen, wobei große Unterschiede zwischen den verschiedenen Musikkulturen bestehen. Skepsis entstand vor allem durch den zunehmend erkannten Mißerfolg der Bemühungen, erzieherisch-bildende Wirkung von Musik nachweisen oder auch nur in irgendwelcher Weise konkretisieren zu können. Die Programme einer Erziehung zu Ganzheit, zu Kreativität, zu Selbsttätigkeit, zu Erlebnisfähigkeit implizieren gewiß erstrebenswerte Verhaltensweisen des Menschen, aber die Delegation dieser pädagogischen Programme an den Musiklehrer bedeutet noch nicht, daß sie tatsächlich mit Hilfe von Musik realisiert werden können. Über solchen pädagogischen Zielhoffnungen hat man in der Musikpädagogik mitunter die spezifisch musikalischen Zielaufgaben zu vernachlässigen begonnen. Es gibt zwar Regionen, wo pädagogische Ideen der Musik und sachgemäßer Musikunterricht nebeneinander bestehen, doch es gibt auch solche, wo erzieherisch-bildende Ziele im Musikunterricht mit hypothetischen Lernschritten zu Lasten der Sache Musik angegangen werden. Die praktische Musikpädagogik zeigt Neigungen, die ideale Vermutung mit dem realen Sachziel zu verwechseln. Auch im theoretischen Feld sind Bedenken entstanden. Die erzieherisch-bildenden Aufgaben der Musik gaben zwar dem Musikunterricht, insbesondere der Schulmusik, die Legitimation im Fächerkatalog. Sie bedeuteten aber auch eine Art Stellvertreter-Theorie für die Musikpädagogik. Diese übernahm für Jahrhunderte die Begründung der Musikpädagogik, damit jedoch zugleich eine spezifische theoretische Entwicklung des Faches, seine Begründung aus Sachaufgaben hemmend. Rechtfertigung pädagogischen Umgangs mit Musik aus erzieherisch-bildendem Denken und demgemäße Ersatztheorie sind offensichtlich im Nachdenken über pädagogischen Umgang mit Musik so stabil verhaftet, daß es fast als selbstverständlich erscheint, pädagogischer Umgang mit Musik bedürfe solcher Rechtfertigung und habe allein hier seine theoretische Heimat. Aber dies wurde zur drückenden Hypothek. Viel zu sehr geriet aus dem Blick, daß Musik selbst als Sachziel Musikunterricht rechtfertigt, daß alle erhoffte erzieherisch-bildende Wirkung von Musik zunächst Können und Wissen in der Sache Musik selbst voraussetzt und dieses Lernen und Lehren der Musik spezifischer Theoriebildung bedarf, die nicht durch Erziehungsideen der Musik ersetzt werden kann. In diesem von jahrhundertealten Hoffnungen, Bemühungen, Proklamationen und Versagungen gespeisten Komplex einer pädagogischen Idee der Musik haben wir – im Rahmen dieser Konferenz – die Position der Massenmedien zu orten. Die Frage nach den erzieherisch-bildenden Funktionen der Massenmedien – transferiert sie nur die alte Hoffnung auf bildende Wirkungen der Musik vom Material auf das Medium? Können uns die Massenmedien tatsächlich einen Schritt weiter in die Zukunft einer Humanisierung mit musikalischen Mitteln führen? Bedeuten sie nicht vielleicht umgekehrt gerade die Vernichtung dieser alten Hoffnungen? Oder liegen in der tatsächlich völlig neuen Situation der Musik, die ihre massenmediale Verbreitung geschaffen hat, neue Einsichten in das menschliche musikalische Verhalten und damit neue Ansätze für die Vermittlung von Musik? Unser Thema greift weit aus und hat das Nachdenken in verschiedenen Disziplinen und in allen Ländern schon seit Jahrzehnten in Bewegung gebracht. Es verlangt noch viel umfassendere und differenzierte Untersuchung. Ich möchte versuchen, einige Ansatzmöglichkeiten dafür zu formulieren, die vielleicht dem anschließenden Gespräch als Anstoß dienen können.

1. Die materialen Chancen

Was zuerst und dominierend in den Blick tritt, sind die musikalisch-materialen Chancen, die in den Massenmedien liegen. Wir sehen uns einer Fülle des Möglichen gegenüber. Welche phantastischen Hörprogramme schlummern im Schoß der Funkarchive, welche musikalischen Vergleiche historischer, formaler, interpretatorischer Art, welche Auslese an Qualität, welche Gegenüberstellungen, welche Querschnitte, welche interpretatorischen Experimente könnte man ins Programm bringen. Dazu treten die Variationen von Musik und Sprache, weit über die gängige Beschränkung auf Poesie und Erklärung hinausreichend, Gespräche der Betroffenen einbeziehend, aus der lebendigen Situation Musik repetierend und ergänzend. Und erst die Variationen in der Kombination von Ton und Bild! Jedes pädagogische Herz schlägt höher bei den sich hier bietenden Chancen zu Veranschaulichung und damit besserer Klärung von musikalischem Geschehen, jedes künstlerisch empfindende Gemüt spürt Möglichkeiten der Vertiefung von Genuß und Einsicht, der Erweiterung der Skala ästhetischer Reize. Wenn musikalische Information Musik näher bringen kann, dann können Massenmedien musikalische Motivatoren von unerhörtem Ausmaß werden. Sie können die Teilhabe an exquisiten musikalischen Ereignissen ermöglichen, sie können die musikalische Welt geographisch eröffnen und die ganze Vielfalt der Musikkulturen ins «Spiel» bringen, über musikalisches Verstehen das gegenseitige menschliche Verstehen erschließend. Künstlerische Sensibilisierung ermöglicht die internationale Entwicklung auf filmmusikalischem Gebiet mit höchst anspruchsvollen ästhetisch-intellektuellen Beiträgen, die das musikalische Erbe mit emotio und ratio in gleicher Weise anreizenden Mitteln aktualisieren. Die musikmaterialen Chancen der Massenmedien liegen in der Präsenz der musikalischen Materialien, die die vollkommene Vielfalt und Vertiefung in allen musikalischen Dimensionen möglich werden läßt.

2. Die didaktischen Ansätze

Die didaktischen Ansätze zur Nutzung massenmedialer Möglichkeiten für die Musik sind angesichts der Fülle des Möglichen ein bißchen betrüblich, und zwar sowohl in den Massenmedien wie auch in der zuständigen Musikpädagogik. Die bildende Absicht ist durchaus vorhanden, die Kulturpolitiker der Massenmedien beteuern es, die Politiker in den Massenmedien versprechen es, und die Musikpädagogen versuchen es. Aber man verwechselt irgendwie das Bilden-Wollen mit Pädagogisieren. Die musikdidaktischen Filme sind oft so schrecklich pädagogisch. Man kann in ihnen alle Klischees von Kind, Film, Motivation, Eigentätigkeit, Personalbezug, kindgemäß, aktuell, sozial usw. nachweisen, aber das Ergebnis ist in der Regel weder Musikfilm noch Musikpädagogik. Selbst für einen leidenschaftlichen Musikpädagogen wird über solchen Filmen die Musikpädagogik zum Alptraum. Wenn hier die gerade erklingende Posaune aufglitzert und dort schelmisch eine Information gegeben wird, so ist dies noch kein musikdidaktisches Ereignis, weil die motivationale Wirkung für Musik bei dem Fernseher kaum eintreten wird. Auch die mediendidaktischen Konzepte der Musikpädagogen wollen noch nicht recht befriedigen. Sie zielen vor allem auf die Bewältigung massenmedialen Musikkonsums. Historisch am ältesten ist das «Transfer-Konzept». Es beruht auf dem Prinzip, Schülern an massenmedialer Musik Merkmale von Musik zu zeigen und darauf zu vertrauen, daß die hier gewonnenen Kenntnisse und Einsichten problemlos auf Opus-Musik übertragen werden können. Ein zweites Konzept ist das «Mündigkeits-Konzept», das davon ausgeht, Durchschauen sei identisch mit demgemäßem Handeln, die rationale Einsicht in die sozialen und musikalischen Defizite massenmedialer Musik führe zu refusem Verhalten gegenüber massenmedialer Musik. Am weitesten verbreitet sind heute wohl die Argumente eines dritten Konzeptes, des «Kompensations-Konzeptes»: Musizieren, Gruppenmusizieren, musikalisches Gestalten sollen die musiksozialen und musikemotionalen Bedürfnisse des Jugendlichen befriedigen und damit zugleich die auf die Massenmedien gerichteten Erwartungen auffangen, umlenken, kompensieren. Doch die Argumente gegen diese Konzepte sind leicht zu greifen: die Fragwürdigkeit eines Transfers, der Einstellungskonsequenzen und Stilerfahrungen außer Betracht läßt, das vielfach belegte Wissen, daß zwischen Einsicht und demgemäßem Handeln die individuellen Strategien zur Vermeidung von Entzug und Anstrengung liegen. Daß praktisches Musizieren einen Schutzwall vor massenmedialer Musik errichten soll, impliziert in recht hohem Maß die schlichte Fortführung praktizistischer Traditionen der Musikpädagogik. Die massenmedialen musikdidaktischen Konzepte sind wohl doch insgesamt mehr eine Ausrede für Anpassung an massenmediale Gegebenheiten, eine Pseudo-Aktualisierung, mit der eine Vernachlässigung der Sachgegenstände der Musik Hand in Hand geht. Eine tragfähige Verbindung zwischen musikdidaktischen Intentionen und massenmedialen Möglichkeiten zu schaffen, ist eine schwierige, musikalische Kenntnis und technische Cleverness, pädagogisches Wissen und didaktische Phantasie fordernde Aufgabe. Die Präsenz der musikalischen Mittel wäre zu verbinden mit der Entwicklung äquivalenter visueller Mittel zur helfenden Veranschaulichung musikalischen Geschehens, beruhend auf Wissen über die Lernbedingungen bei der Kombination akustischer und optischer Mittel, belebt durch sachliches und heiteres Bild- und Filmmaterial, durch internationale Vielfalt, filmische Tricks, unaufdringliche Repetition, Einblendung von Aufgaben, von belohnenden musikalischen Erlebnissen. Mit den neuen Kanälen eröffnen sich Möglichkeiten der Differenzierung nach Lehrzweck und Altersstufen bis zu Filmprogrammen für die Berufsausbildung im musikalischen Bereich.

3. Musikdramaturgische Aufgaben

Einstweilen haben es die erzieherisch-bildenden Absichten der Massenmedien und das pädagogische Vermittlungsdenken gerade für traditionelle Musik und musikalisches Erbe noch recht schwer miteinander. Ihr gemeinsames Anliegen ist die «Verpackung» der Musik in den Massenmedien; denn diese spielt hinsichtlich der Wirksamkeit der Musik eine gewaltige Rolle. Das wissen die Medienredakteure aller Länder. Im Bereich der sogenannten U-Musik sind bereits geradezu phantastische Präsentationsmöglichkeiten entwickelt worden; hier gibt es schon Riten der Mediendarstellung, die unlösbar mit der musikalischen Sache selbst verquickt sind. Auch im Bereich der Folklore (der traditionellen Musik) weiß man Akustisches und Optisches zusammen ins Spiel zu bringen: mit Trachten, Kindergruppen, Holz und Blumen, mit Bergen und Landschaft. Aber die massenmediale Vermittlung des musikalischen Erbes, der komplexen Musik, bereitet offensichtlich viel größere Schwierigkeiten. Wahrscheinlich wirkt die Tradition der Opern- und Konzertveranstaltungen des öffentlichen Musiklebens vor der Medienzeit in den Musikprogrammen der Medien weiter, zumal diese Tradition ja auch die Werkgattungen der komplexen

Musik schuf, die nun auch in den Massenmedien zur Produktion anstehen. Zweifellos hat auch die Sendeorganisation zur Verfestigung der massenmedialen Sendeformen mit Musik beigetragen; bestimmte Sendeformen für und mit Musik sind bestimmten Sender-Abteilungen zugeordnet, haben dort auch eine gewisse Repräsentanz erlangt. Dies bedeutet Hemmnis für die Entwicklung spezifischer Sendeformen für komplexe Musik. Sendespezifische Musikformen wie «Musik-Quiz» oder «Plauderkonzert» haben sicher bereits Popularität erlangt, aber sie schöpfen bei weitem nicht die ganze Fülle der Variationsmöglichkeiten spezieller musikalischer Sendeformen aus. Die musikdramaturgische Phantasie entzündete sich mehr am Detail: der Gestik des Dirigenten, dem Ins-Bild-Rücken des gerade zu hörenden Instruments. Auch sprachliche Kommentare bereiten in diesem Bereich der komplexen Musik, bei allen Vermittlungen des musikalischen Erbes, große Schwierigkeiten. Die Mitte zwischen Feierlichkeit und Schalkhaftigkeit wird gesucht – als wenn dies die Aufgabe wäre. Man braucht doch nur zu versuchen, musikalische Sachverhalte klar und anschaulich zu verdeutlichen, die Sache griffig zu machen, ohne sie zu simplifizieren. Kürzlich lobte ein deutscher Kritiker Leonard Bernsteins Musikkommentare: der weltberühmte Komponist und Dirigent sei auch ein solider Pädagoge, ein grandioser Schauspieler und ein meisterhafter Conférencier – hier spürt man, wo die Erwartungen an sprachliche Kommentare bei Musiksendungen liegen. Es geht nicht darum, eine «andere Welt» zu zeigen, sondern um die Möglichkeit der Teilhabe des Publikums, um die Selbstverständlichkeit solcher Teilhabe. Vieles ist in den Massenmedien für gute Musik geschehen, und es ist mit Bildungsintentionen geschehen. Und doch stoßen sich die filmischen und pädagogischen Mittel noch hart im musikdramaturgischen Raum. Nicht Medienspiele im Musikunterricht und nicht Schulespielen in den Medien, sondern die musikdramaturgische Öffnung der Massenmedien und ihrer schon fest geschlossenen musikalischen Schubfächer ist wohl der Weg in die Zukunft massenmedialer musikalischer Bildungsmöglichkeiten. Die offene Aufgabe sind Musikprogramme, die um Himmels willen nicht pädagogisch, sondern die einfach gut sind, die Musik nicht auf ein Podest stellen, sondern in der Realität unseres Lebens klingen lassen, die zugleich sachgerecht und unterhaltend sind, die Musik ohne schreckliche Pädagogik plausibel machen. Musik im Fernsehen wirkt immer peinlich, wenn die bildende Absicht zu dick aufgetragen wird. Es gibt schon Produktionen über die verschiedenen Länder verstreut, die sachliches Format, Originalität, Aktualität, optische Nützlichkeit oder Eleganz oder Artistik aufweisen, die gut gefilmt sind und eben dadurch musikalische Thematik den Menschen nahebringen könnte. Man sieht sie auf Reisen, sie sind noch kaum über nationale Grenzen gedrungen. Die bessere internationale Durchlässigkeit für musikbezogene Filmmaterialien ist eine zusätzliche Zukunftsaufgabe. Insgesamt liegt in der Musikdramaturgie der Massenmedien der Schlüssel für die Erleichterungen des Zuganges auch zu komplizierter Musik und zum Erhalten des musikalischen Erbes.

4. Berufliche Aspekte

Doch mit diesen musikdramaturgischen Aufgaben eröffnet sich sogleich ein weitreichender neuer Aspekt: Wo sind die Leute, die solche musikdramaturgischen Aufgaben mit musikalisch bildenden Intentionen erfüllen können? Wir stehen vor dem musikalisch-massenmedialdramaturgischen Berufsfeld mit seinen Künstlern, Redakteuren, Drehbuchautoren, Technikern, Abteilungsleitern, Archivaren, freien Mitarbeitern. Und wir sehen auf Musik gerichtete Studiengänge künstlerischer, pädagogischer und wissenschaftlicher Art. Doch zwischen dem massenmedial-musikalischen Berufsfeld und den musikbezogenen Studiengängen besteht eine gewaltige Diskrepanz, so gewaltig, daß jede musikredaktionelle oder -dramaturgische Tätigkeit in den Massenmedien letztlich auf individueller nachträglicher Spezialisierung beruht. Dies entspricht durchaus einer Tradition geisteswissenschaftlicher Auffassung von beruflicher Vorbereitung, übergeht aber wohl doch in beunruhigender Weise alle Voraussetzungen des Wissens über die Tragweite massenmedialer Wirkungen auf Menschen. Da gerade die pädagogischen Anteile hier gern leicht genommen werden, als ein Anteil der musikbezogenen Berufstätigkeit angesehen werden, die ein heller Kopf ohne weiteres miterledigen könne, sei an dieser Stelle ein kurzer Exkurs über den Musiklehrer, die Diskrepanz zwischen seiner Ausbildung und seinen heutigen beruflichen Aufgaben erlaubt.

Erst im 19. Jahrhundert wird die Ausbildung von Musiklehrern langsam als spezielle zusätzliche Aufgabe für Musiker erkannt, die sich als Lehrer der Musik betätigen möchten, und wird – bei ständiger Überschneidung in der Praxis – eine Unterscheidung nach Aufgaben in Schule oder privatem Unterricht durchgeführt. Durch die sogenannte Kestenberg-Reform in den zwanziger Jahren unseres Jahrhunderts wird diese Entwicklung durch die Festlegung auf eine Musiklehrer-Trias mit jeweils eigenen Studiengängen zum Abschluß gebracht: nämlich den Musikstudienrat am Gymnasium, den auch Musik unterrichtenden Volksschullehrer und den Privatmusiklehrer. Diese Trias besteht heute unverändert, ihr Unterschied in der Gewichtung künstlerischer und wissenschaftlicher Anteile hat sich durch die institutionelle Aufteilung der Studiengänge auf einerseits Musikhochschulen (Studienräte und Privatmusiklehrer) und andererseits Wissenschaftliche Hochschulen (Lehrer mit Fach Musik an Grund-, Haupt-, Real- und Sonderschulen) noch verstärkt. In manchen Ländern findet die institutionelle Trennung zumindest bei der Ausbildung der Musiklehrer an Schulen nicht statt. In der Gegenwart haben sich jedoch nun für die Musiklehrer zahlreiche und außerordentlich unterschiedliche neue musikpädagogische Tätigkeitsbereiche eröffnet, die von Kindergarten und Vorklassen über den schulbegleitenden Bereich (Musikschulen, Kinder- und Jugendgruppenarbeit der Kirchen, der Kommunen, der Vereine) und die neuen Differenzierungen musikalischer Erwachsenenbildung eben auch bis zu musikpädagogischen Aufgaben in den Massenmedien reichen. Eine außerordentliche Diskrepanz zwischen traditioneller musikpädagogischer Berufsausbildung und den offenen musikpädagogischen Aufgaben unserer Zeit tritt damit zutage; die Krönung historischer Professionalisierungsbestrebungen der Musiklehrer in künstlerischen und musikwissenschaftlichen Studien ist vom heutigen musikpädagogischen Berufsfeld überholt worden. Und dies ist das Problem der musikpädagogischen Berufsausbildung von heute und morgen: Einige wenige Studiengänge und Tätigkeitsbereiche haben sich verfestigt, aber die aktuellen Aufgaben und die Ausbildung dafür blieben vernachlässigt.

Manche Versuche wurden unternommen, die Veränderungen im musikpädagogischen Berufsfeld durch neue oder fortbildende Studienangebote abzufangen. Besondere Initiativen hat der sozialpädagogische Bereich entwickelt, wobei sich therapeutisch-musikalisch-soziale Komponenten in den Ziel- und Ausbildungsvorstellungen vielfältig verschränkten. Aber es ist unverkennbar, daß die neue sozialpädagogische Euphorie eine Berufsfeldausweitung mit unzureichender fachmusikalischer Grundlegung bedeutet. Ähnliches gilt für die Versuche im Bereich der Mediendidaktik. Der Begriff wird sehr offen und unterschiedlich gebraucht und steht hier für die didaktische Spezialisierung, die über den Einsatz von Medien in pädagogischer Absicht belehrt. Es gibt Lehrbücher, die Massenmedien erklären, ihre technischen Bedingungen, ihren Charakter, ihre Funktionen, ihren Einsatz im Unterricht. Die Stimmen mehren sich, die Mediendidaktik als Ausbildungsfach des Musiklehrers fordern, die ersten Lehrstühle wurden besetzt. Gewiß liegt es am Lehrenden, was er aus diesem Gebiet macht, aber die Gefahr der technischen Spielerei, der Technik statt Musik, ist nicht zu übersehen, zumal jeder Student heute längst Bescheid weiß über die technischen Möglichkeiten der Medien.

Der sozialpädagogische und der mediendidaktische Ansatz stehen hier für die gegenwärtigen Versuche, die musikpädagogische Berufsausbildung zu aktualisieren. Aber ein wenig Eingehen auf psychosoziale Bedürfnisse und ein bißchen Mediendidaktik können schwerlich die Aufgabe meistern, die Berufsgruppe der Musiklehrer für musikkulturelle Beiträge zur Menschenbildung im Zeitalter von Massenmedien und Massenkultur auszubilden. Die Probleme sind hier wirklich groß, denn Phänomene einer Massenkultur und Eigenarten künstlerischer Ausbildung, die immer individuell, auf Sensibilität, auf tiefes Eindringen in Musik gerichtet ist, sind von Haus aus gegeneinander sperrig. Es wird immer schwer sein, das unerläßliche musikalische Können und die erforderlichen Vermittlungsfähigkeiten in der musikpädagogischen Berufsausbildung zu koordinieren. Aber darum wird man nicht bei tradierten Fixierungen und kurzschlüssigem Kurieren an Symptomen stehen bleiben dürfen. Sicher dürfte sein, daß die alte Musiklehrer-Trias nicht mehr ausreicht und nach einer musikalisch-musikpädagogischen Grundausbildung Differenzierungen gemäß dem gegenwärtigen Berufsfeld durch differenziertere Ausbildungsangebote zu entwickeln sind, auch für eine Tätigkeit in den Massenmedien. Auch hier gibt es Versuche, so in Wien, Hamburg und in Frankfurt am Main (die man vielleicht in der Diskussion noch ansprechen kann).

Die hier wichtigste Aufgabe besteht darin, daß die Diskrepanzen zwischen dem heutigen Berufsfeld musikalischer Bildung mit seinen neuartigen massenmedial-musikdramaturgischen Aufgaben und den gegenwärtigen musikalisch-pädagogischen Studiengängen neu bedacht werden. Dies wird keine leichte Aufgabe sein, zu stark scheinen musikalische Intensität und massenmediale Cleverness auseinanderzustreben; es scheint wohl nur so, denn es gibt durchaus Belege für die Vereinbarkeit solcher Fähigkeiten im künstlerischen Temperament. Bedeutsam für künftige Entwicklungen dürfte es aber auch sein, daß Wissen und Denkfähigkeit für den weiten Bereich musikalischer Bildung in musikbezogenen und spezifisch musikpädagogischen Studiengängen ihren Raum finden, damit Einsicht und Urteilsfähigkeit hinsichtlich der Probleme musikalischer Bildung entwickelt werden. Die konkrete, versachlichte Ausbildung auch im wissenschaftlich-musikpädagogischen Bereich ist für musikalische Bildungsberufe eine der Voraussetzungen, um die Gegenwart, ihre kulturellen Aufgaben und die Möglichkeiten massenmedialer Musikwirkungen überschauen und sinnvoll ersetzen zu können, um selbstständig wirksam werden zu können. Die Aufgabe ist weniger ein «Mehr» als ein «Besser» an musikpädagogischer Lehre in den Studiengängen für alle, die künftig in dem weiten Berufsfeld musikalischer Bildung tätig sein werden.

5. Massenmediale Wirkungen auf musikalische Einstellungen

Über Erfolg oder Mißerfolg aller Bemühungen um eine sinnvolle Musik-Vermittlung über die Massenmedien entscheidet jedoch letztlich das Publikum mit seiner Zustimmung oder Ablehnung. Diese Entscheidungen sind aber keineswegs so autonom, wie dies auf den ersten Blick erscheinen mag. Die musikalischen Urteile des Publikums werden vielmehr beeinflußt durch Verhaltensphänomene, die ihrerseits vielfältigen Beeinflussungen unterworfen sind. Das klassische Beispiel sind die musikalischen Einstellungen. Der Erwerb (auch) musikalischer Einstellungen beginnt in der frühen Kindheit und entwickelt bekanntlich im Rahmen eines sozialen Vermittlungsprozesses ein musikalisches Grundverhalten, das dauerhafte Verhaltensweisen gegenüber Musik, zu Musik vertretenden Menschen und in musikbezogenen Situationen produziert und koordiniert. Die hier entstehenden Einstellungen zu musikalischen Stilen und Gattungen, zum Hinhören und Singen, zu musikalischer Lernbereitschaft oder -ablehnung können zur lebenslänglichen Barriere gegen alles Musik-Lernen werden und das musikalische Verhalten des Erwachsenen blockieren, ohne daß er je die Ursache kennt. In der Jugendphase findet nochmals eine sozial vermittelte Einwirkung auf die musikalische Einstellung statt, nun nicht mehr durch die Familie, sondern durch die Gruppe der Gleichaltrigen. Doch was für die Aneignung der Einstellungen des Kindes gilt, trifft auch für den Jugendlichen zu: Sozial vermittelte Einstellungen einer frühen Lebensphase, angeeignet über Menschen und Gruppen, zu denen man sich hingezogen fühlt, wirken besonders nachhaltig. Auch die in der Jugendphase angeeigneten musikalischen Einstellungen prädisponieren den Menschen oft für sein ganzes Leben. Das bedeutet aber auch, daß die in den Massenmedien so dominante populare Jugendmusik von heute den Jugendlichen aktuell animiert und befriedigt, auf die Zukunft gesehen aber dem späteren Erwachsenen die Zugänge zu traditioneller und komplizierter Musik verbauen kann. Dazu ist im Blick zu halten, daß die jugendspezifische Entscheidung für massenmediale Popularmusik ja viel weniger ästhetische als vielmehr soziale Entscheidung ist. Jugend möchte ihre eigene Musik, sucht ihren «musikalischen Fluchtraum» als Mittel der Abgrenzung gegen die Erwachsenengeneration, aus Bedürfnis der Gemeinsamkeit in der Altersgruppe. Doch hier entwickelt sich auch eine spezifische Binnenloyalität mit der Gefahr, Druck auszuüben auf die einzelne Persönlichkeit. Die Vorteile des Anschlusses an die Generationsgruppen, die Chancen menschlicher Nähe, des Schutzes und der Loyalität, sind verbunden mit Nachteilen, mit der Verzögerung von Selbständigkeit. Das musikalisch-ästhetische Verhalten des Jugendlichen ist unlöslich in die sozialen Verhaltenskomponenten verwoben. Der Jugendliche will mit seiner Gruppe in dem angenehmen Gefühl übereinstimmenden Fühlens und Denkens leben, darum paßt er sich ihr auch mit seinen musikalischen Einstellungen an, zumal diese soziale Vorgabe auch als musikalische Orientierungshilfe in der gegenwärtigen musikalischen Vielfalt für den Jugendlichen eine Entlastung bedeutet. Doch musikalische Einstellungen sind ja nicht unabwendbares Schicksal, sondern nur Tendenzen zu musikalischem Verhalten, zudem Tendenzen, die nicht ästhetisch, sondern sozial verursacht sind. Für alle praktische Musikpädagogik, die geplante des Musiklehrers wie die ungeplante der Massenmedien, bedeutet dies, daß sie in jedem Falle selbst konkret bei der Entwicklung musikalischer Einstellungen mitwirkt. Sie kann, mit der Pseudolegitimation motivationaler Strategien, sich an alters- und sozialbedingte Einstellungen anpassen oder durch das Angebot konkreter musikalischer Erfahrungen und Information mit ästhetischer Relevanz aus altersspezifischen Erlebnisweisen zu dem musikalischen Verstehen des Erwachsenen führen, aus musikalischen Gruppenzwängen zur Entwicklung musikalischer Individualität. Doch diese Aufgabe stellt vor fast unlösbare Schwierigkeiten. Der ständige massenmediale Musikkonsum läßt sich nicht mit einer Wochenstunde traditionellen Musikunterrichts kompensieren, auch nicht mit zwei oder drei anspruchsvollen Musiksendungen. Diese Unternehmungen müssen angesichts der musiksozialen Bedrängnisse der Gegenwart als zu schlicht erscheinen. Hier sind wir im Zentrum der Nöte praktischer Musikpädagogik. Es vollziehen sich offensichtlich in komplexer Verquickung gesellschaftlicher Veränderung und massenmedialer Adaption sowie Mitwirkung tiefreichende Umstellungen des kulturellen Verhaltens einschließlich des musikalischen Hörverhaltens. Dies beginnt damit, daß Kinder bestimmte Musik mit stereotypen Vorstellungen belegen, auf bestimmte Kombinationen von Handlungsereignissen und begleitender Musik trainiert sind, Instrumente an Angstsituationen gemäß Medienproduktionen anbinden, daß mediales Musikhören ein Zufluchtsort geworden ist, eine Art «Familienersatz» oder auch die letzte familiäre Zusammenführung, daß Musik als autonomes musikalisches Geschehen kaum noch vorstellbar ist, daß auch schon die Voraussetzungen dafür, Hörkonzentration, musikalische Lernbereitschaft, Vorstellungsfähigkeit und Stilsicherheit kaum noch vorhanden sind. Sicher gibt es national große Unterschiede. Aber die Frage steht vor uns, ob und in welchem Maß die Massenmedien die praktische Musikpädagogik im Sinne von Ausbildung musikalischer Verhaltensweisen bereits in die Hand genommen haben.

6. Wissenschaftliche Defizite

Die musikalischen Einstellungen bilden nur einen der vielen genuinen Fragenkomplexe in unserem Bildung – Massenmedien – Musikvermittlung umfassenden Thema. Doch wird wohl schon an diesem einen Beispiel der musikalischen Einstellungen unsere Aufgabe der speziellen Wissensermittlung als Voraussetzung geeigneter Strategien im Praxisfeld deutlich. Auch wenn die Bezeichnung interdisziplinär ein wenig abgegriffen sein mag, wird doch jeder die große Zahl der mit solcher Wissensermittlung tangierten Disziplinen sehen, auch die Notwendigkeit einer je nach Fragestellung wechselnden Zusammenarbeit. Gewiß ist in einer Zeit zunehmender Ausdifferenzierung spezieller wissenschaftlicher Gegenstände auch im Bereich der musikbezogenen Wissenschaften mit über die traditionellen Disziplinen hinausreichenden Spezialisierungen für die andrängenden neuen Forschungsgegenstände zu rechnen. Gewiß ist, daß uns die Aufgabe der Wissensermittlung für Musikvermittlung über Massenmedien mit ihren Bildungsmöglichkeiten gestellt ist. Dabei geht es nicht nur um Daten, als wichtig erscheint es vielmehr, in die psychosozialen Regelhaftigkeit massenmedialen Musikumganges einzudringen, ihre Bedingungen zu untersuchen, Strategien für ihre Veränderungsmöglichkeit zu erproben. Es gibt schon engagierte Bemühungen um diese Forschungsbereiche. Aber man akzeptiert gegenwärtig noch nicht recht ihre außerordentliche Bedeutung für unsere kulturelle Existenz. Die Aufgabe heißt: Ermittlung von mehr und differenziertem Wissen über die musikalischen Wirkungen von Massenmedien, Entwicklung von Theorie über die speziellen disziplinären Ansätze hinaus, Erprobung von musikalischen Strategien, damit wir schließlich der komplexen sozialpsychologisch-pädagogisch-musikalischen Problematik der Massenmedien und konkreten Lösungsversuchen ein wenig näher kommen. Die aus der Geschichte hervortretende Aufforderung nach mehr Wissensermittlung und theoretischer Grundlegung bezüglich des pädagogischen Umgangs mit Musik zeigt sich heute drängender denn je; die gegenwärtigen Phänomene massenmedialen menschlichen Umgangs mit Musik führten zu gesellschaftlichen Reaktionen, die die Frage nach der Zukunft unserer musikalischen Kultur aufwerfen. Hier liegt der Sinn einer neben die praktische Musikpädagogik tretenden wissenschaftlichen Musikpädagogik, die, gelöst von dem Dogma direkten Praxisbezugs, auf eigene Aufgaben hin angelegt ist. Ihre Sache sind die kleinen Fortschritte des Wissens, das Erproben und Ausbauen geeigneter Forschungsmethoden, die zunehmende Genauigkeit des Fachgesprächs, die stetige Vertiefung fachlichen Nachdenkens, die vorsichtige Entwicklung theoretischer Teilstücke und systematischen Zusammenhangs, die Korrespondenz mit anderen Disziplinen. Der Zweck wissenschaftlicher Musikpädagogik für praktische Musikpädagogik ist nicht der direkte Transfer in die Unterrichtsstunde, sondern über Erweiterung von Einsicht und Wissen hinaus die so dringlich gewordene Entwicklung von Zurückhaltung gegenüber unbegründeten Meinungen und Generalisierungen, die Fähigkeit zum Urteil bei Reformen, zu Flexibilität bei neuen Aufgaben, zum Erkennen kultureller Bewegungen. Wenn die sich entwickelnde wissenschaftliche Musikpädagogik in die Lehre der musikpädagogischen Abteilungen der Hochschulen einmündet, verbessern sich die Möglichkeiten, den künftigen Musiklehrer zu mehr Flexibilität, zur Lösung der aktuellen Aufgaben des sich wandelnden musikpädagogischen Berufsfeldes, vielleicht auch zur kreativen Weiterentwicklung musikalischer Präsentationsmöglichkeiten in den Massenmedien auszubilden.

Zum Schluß: Die ausgewählten Ansätze des Nachdenkens über Zusammenhänge von musikalischer Bildung und Massenmedien sind gewiß unvollständig und verkürzt. Die gezeigten materialen Chancen, didaktischen Ansätze, musikdramaturgischen Aufgaben, die beruflichen Aspekte, die Einstellungsproblematik wie die wissenschaftlichen Defizite vermochten aber doch wohl zu zeigen, wie viele konkrete Aufgaben vor uns liegen. Sie bedeuten die musikkulturelle Herausforderung unserer Zeit! Schon lange genug hat man über musikalische Bildung geredet, auch über musikalische Bildung in den Massenmedien. Die Postulate, Proklamationen und Denkschriften stapeln sich in Bibliotheken und Amtsstuben. Doch die großen Worte sind zu Gemeinplätzen geworden, sie werden pflichtschuldig gebraucht, vermögen aber nicht mehr zu bewegen. Nur die Erfüllung der vernachlässigten Hausaufgaben von der Statistik über neue Musikdramaturgie, Reform von Studiengängen und Beobachtung musikalischen Verhaltens bis zur Entwicklung von Grundlagenforschung kann die musikkulturelle Situation der Gegenwart faßbar machen, und zwar so faßbar, daß die Menschen erfassen können, um was es geht, und die Politiker zugreifen können.

Um die hier anstehenden Aufgaben lösen zu können, braucht es mehr als verbale Bekenntnisse zur Intention musikalischer Bildung und zum Sinn von Bildung durch Musik, zumal musikalisches Bildungsdenken und massenmedialer Freizeit-Service einander von Haus aus fremd sind. Die Richtschnur der Massenmedien können nicht Bildungsutopien sein, sondern schlichtweg die jeweiligen gesellschaftlichen Erwartungen, die sie allerdings auch selbst beeinflussen. Die Maxime ihres Handelns sind nicht Ideale, sondern Quoten, die Hörer- und Seherquoten.

Trotz aller Bildungsbekenntnisse und der Produktion einzelner exquisiter Musiksendungen sind die Massenmedien auf die Pragmatik der Erwartungen ihrer Kundenmehrheit gerichtet, in einem höchst komplizierten Prozeß dabei Gruppenmeinungen aufgreifend und beeinflussend. Die Theorie der Massenmedien hat bereits die Eigenarten der hier waltenden Massenkultur eingegrenzt, die Standardisierung der Produkte wie des Verhaltens zu diesen Produkten, die Entwicklung zunehmender kultureller Homogenität, die Macht populärer Geschmacksrichtungen. Schon dieser Gegensatz von idealem Bildungsdenken und massenmedialer Erwartungspragmatik läßt die Schwierigkeiten musikpädagogischer Vermittlung von Musik hervortreten, die zwischen hohen Worten vom Bildungssinn der Musik und massenmedialer musikalischer Verlockung konkrete Bedingungen und Ziele musikalischen Lernens zu vertreten hat. Kurzschlüssige gegenseitige Delegationen werden darum wohl kaum zu den gewünschten Effekten führen. Es erscheint vielmehr als wichtiger, daß die musikbezogenen Fachgebiete, vor allem die Musikpädagogik, und die Massenmedien sich gegenseitig mehr Einsicht gewähren in die Bedingungen ihrer Arbeit, daß ständige Kontakte entwickelt werden, die die Bemühungen in beiden Bereichen zur Lösung der anstehenden Aufgaben zum gemeinsamen Anliegen werden läßt, mit gegenseitiger Beratung und Unterstützung, vielleicht auch in gemeinsamen Arbeitsvorhaben und für gemeinsame Vertretung musikpolitischer und musikpädagogisch-politischer Notwendigkeiten.

Doch letztlich treffen sich alle Ansätze in der entscheidenden Einsicht: Die sich mit den Massenmedien bietenden Chancen für den menschlichen Umgang mit Musik sind einzigartig – man muß sie nur entwickeln. Postulative Bildungsideen und kurzschlüssige Anpassungskonzepte blieben bisher recht wirkungslos. Die tieferreichenden Aufgaben, in die die Analyse einzuführen versuchte, zeigen, auf welchen Wegen grundlegende Verbesserungen möglich werden könnten. Aber diese Aufgaben können Bildungswesen, Massenmedien und Musikpädagogik auch als Verbund nicht allein lösen, denn sie sind von umfassend gesellschaftlich-kultureller Art, sind verquickt mit dem kulturellen

Bewußtsein der Menschen unserer Zeit. So pathetisch es klingt, so wahr ist es wahrscheinlich: die Musik und das Verhältnis zur Musik spiegeln die Menschlichkeit einer Zeit. Musikpädagogik kann nicht das Verhältnis der Menschen zu ihrer Musik verändern, sie kann nur in einer musikoffenen Gesellschaft Hilfen anbieten. Vielleicht stehen wir noch einmal an einem menschlich-kulturellen Neubeginn im Zeichen von Frieden, Wahrheit, Humanität. Vielleicht wird in einer solchen Zukunft wieder mehr Menschen der human-ästhetische Sinn von Musik bewußt und der Wunsch nach sinnvollem Musik-Erleben und Musik-Verstehen stärker. Die Menschen in ihrer Spannung zwischen geistigen Kräften und kulturellen Mächten weisen die Wege; Pädagogik und massenmediale Institutionen greifen auf, adaptieren, diskutieren. Die Massenmedien bedeuten musikalisch die größte Chance aller Zeiten, aber nur wenn sie von einem gesellschaftlich-kulturellen Konsensus über den Sinn von Musik für den Menschen getragen werden. Die Massenmedien können musikalisch informieren, können musikalischen Genuß, filmkünstlerisches Experiment, können musikalische Brücken zwischen den Völkern schlagen, können spezifische Unterrichtsformen für alle Altersstufen und levels entwickeln, sogar Programme für die musikalische und die musikpädagogische Berufsausbildung – doch dies alles nur, wenn in den Menschen ein Bedürfnis dafür vorausgegeben ist. Wir haben gegenwärtig mehr musikalische Einsamkeiten als musikalische Kultur, mehr Hobby, Ritual, Dekoration und musikalisches Brimborium als Teilhabe an der unlösbaren Einheit von Geschichte und Gegenwart musikalischer Kunst. Die erzieherisch bildende Funktion der Musik kann sich – auch über die Massenmedien – nur erfüllen, wenn die Menschen dafür offen sind, wenn die Menschen eine kulturelle Situation schaffen und schützen, in der Musik Wert und Sinn hat. Was diejenigen tun können, die beruflich mit Vermittlung von Musik befaßt sind, ist nicht mehr und nicht weniger als ständige objektive Analyse der Situation und Bedenken wie Handeln in Sachen Musik stets für die Menschen, so gut wir es vermögen, Befreien aus der Gefangenschaft in modischen Wertskalen, mit Widerstand gegen musikalische Entmündigung der Hörer und Seher wie gegen ästhetische Reglementierung, mit Einsatz für künstlerisch-mediale Entwicklung, für medienoriginäre Darbietungsformen von Musik, für die Entdeckung künstlerischer Potentiale in den neuen Techniken, Aufbau von Studienangeboten für neue musikbezogene Berufsgruppen, immer vorwärts auf dem noch nicht markierten Pfad zwischen dem musikalisch Allzu-Menschlichen und dem Humanum der Musik.

The Educational Purpose of the Mass Media in Presenting Traditional Music and Musical Heritage (Summary)

Reflections on pedagogical impact of music have taken place in all musical cultures until today. The fine arts add to shaping all-round educated individuals, chiefly when the word ends and art begins. Proceeding from these theories which extend through entire musical history, ideas of the pedagogical potential of music are formulated as strategies: only the guaranteeing of the fine arts as part of human development can stop moral decline and result in necessarily new concepts. In this, the role of music is increasingly reduced to sociopsychological and therapeutic relief functions. This is more and more regarded as a problem whereas the approaches towards that issue differ widely in the various musical cultures. The mere existence of musical pedagogics schemes is not enough to guarantee that they are indeed implemented with the help of music. Music pedagogics in practice is showing trends to mix up ideal goals with objectives that can be really achieved. It is getting only too quickly out of sight that accomplishment of any dreamt-of educational effect of music first of all necessitates profound knowledge and skills as to music in general. Bearing this in mind, one is in the position to assess the role of the mass media. The authoress then asks for opportunities and limits of the educational impact of music presented via the mass media. To begin with, the "material chances" immanent to these media must and can be used. They are present in form of musical materials, which enable a complete variety and depth in any dimension. The authoress criticizes the so-called "transfer concept" which is based on the principle to use music via the mass media to acquaint school students with features of music and, in so doing, to believe that the knowledge acquired in this way can now schematically be applied to opus music. Another concept is the so-called "majoring theory", which proceeds from an identity between that what one has understood and respective deeds. However, the "compensation concept" is most spread today: under it, making music is to satisfy the socio-musical and emotional needs of young people and in this way to meet, turn round and, eventually, compensate their expectations projected to the mass media. Contrary to these concepts, the presence of musical means should be linked up with development of adequate visual means to help make clear that what happens in music. This should be based on the experience gathered as to learning conditions when acoustic and optical means are combined, and be vitalized through business-like and optimistic picture and film material, through international variety, film tricks, cautious repetitions, through crossfading of exercises and rewarding musical examples. New broadcast channels will open up the opportunity to present differentiated programmes in line with educational goals and according to age-groups up to compiling telecasts for vocational training. To put all these ideas into practice it is necessary to have media educationists whose training exceeds that of other teachers and who have acquired or will be taught specific knowledge and skills related to the problem of mass media. The authoress describes the current state of instruction for future educationists to be active in the above-mentioned field. She criticizes narrow traditionalism and the ignorance of college education vis-a-vis mass media-related demands. If this approach will not be altered, these demands will be satisfied by everyday routine in the mass media, she warns. The authoress, by describing research deficits in this field, then makes a difference between practical and theoretical music pedagogics of which the scientific side has the task to make music pedagogics subject of systematic analysis. Utopian educational concepts cannot be the guidelines for the mass media, the same is true for the usual practice expectations regarding the mass media are dealt with. The authoress holds that it is more important that the music-related branches and the mass media enter in closer cooperation to have a better understanding of each other and to make joint efforts in tackling problems. The mass media offer unique prospects for presenting music to the delight of the people. However, education, mass media, and musical pedagogics are not in the position to ensure this alone. The mass media have to be guided by a socio-cultural consensus on the role music shall play in the life of the people. Musical pedagogics is not able to change the people's attitude towards music, but in a society that is open to music it may offer assistance in overcoming dependence on alleged values and put up resistance to musical incapacitation and aesthetic regimentation of the audience. It can add to developing forms of musical presentation in the mass media that help disvocer artistic potentials in the new technologies and to elaborating college courses to enable graduation in a new generation of music-related professions.

Sur la fonction éducative des mass media en communiqant de la musique traditionnelle et l'héritage musical (résumé)

Une réflexion sur les effets pédagogiques de la musique se voit transmise dans toutes les cultures musicales jusqu'à nos jours. Les arts sont moyens de consommer l'individualité tout en entrant au service de l'éducation de l'homme, notamment au point où la parole s'arête et l'art commence. Partant de ces concepts trouvables dans l'histoire musicale, l'idée pédagogique de la musique se condense à des confessions: dans l'éducation de l'homme, c'est seulement en le sensibilisant aux arts que peut être enrayée la décadence de la civilité, réalisée l'innovation. De plus en plus, cette fonction de la musique se réduit à des tâches de décharge socio-psychologique et thérapeutique. Cela se problématise dans une mesure croissante, avec de grandes différences, entre les diverses cultures musicales. Les programmes établis de pédagogie musicale n'assurent pas encore leur réalisation effective à l'aide de la musique. La pédagogie musicale pratique a tendance à confondre l'objectif idéal avec le but réel. On a trop perdu de vue que tout effet éducatif de la musique présuppose d'abord le pouvoir et le savoir en matière musicale. Partant d'ici, il faut cantonner la position des mass media. Ensuite, la rapporteuse pose des questions relatives aux possibilités et limites de l'effet éducatif de la musique communiquée par les mass media. En premier lieu, les «chances matérielles» des média doivent et peuvent être utilisées. Celles-ci reposent dans la présence des matériels musicaux ce qui rend possible la diversité et l'approfondissement complets dans toutes les dimensions. La rapporteuse s'oppose au «concept transfert» selon lequel les caractéristiques musicales sont démontrées aux élèves à l'aide de musique mass-médiale en se fiant à ce que les connaissances et lumières peuvent être transmises sans problèmes à la «musique opus» (œuvres composées pour l'exécution «live» et constituant un organisme entier cohérent, essentiellement relevant du répertoire classicoromantique). Un deuxième concept dit «de majorité» part de l'identité entre «clairvoyance» et action correspondante. Le concept le plus répandu est aujourd'hui celui de «compensation»: musiquer doit satisfaire les besoins socio-musicaux et emotiomusicaux des jeunes et, ce faisant, attraper, tourner et compenser les expectations orientées aux mass media.

Par contre, la présence des moyens musicaux devrait s'allier au développement des moyens visuels équivalents afin d'illustrer le discours musical, en se basant sur la connaissance de l'appréhension lorsque sont combinés les moyens acoustiques et optiques, ceci étant animé par un matériel d'image et de film réaliste et serein, par diversité internationale, trucs filmiques, répétition discrète, devoirs intercalés et récompense par des impressions musicales. Avec les nouvelles chaînes, se présentent des possibilités de différencier entre but de l'enseignement et catégories d'âge jusqu'à des programmes de films destinés à la formation professionnelle en le domaine musical. Afin de réaliser ces projets il faut le pédagogue qualifié en média dont la formation dépasse les connaissances traditionnelles d'études supérieures et qui doit posséder ou acquérir des connaissances et facultés spécialisées dans les média. Sinon, cette tâche est assurée par la vie quotidienne des média. En décrivant les déficits scientifiques en cette matière, la rapporteuse fait une différence entre la pédagogie musicale au plan pratique et au plan scientifique, cette dernière ayant pour tâche de faire de la pédagogie musicale elle-même l'objet d'une analyse systématique. Principe directeur des mass media ne saurait être ni utopies éducatives, ni pragmatique usuelle des expectations mass-médiales. Plus importe à la rapporteuse que les domaines relatifs à la musique et les média permettent davantage de prendre connaissance l'une de l'autre, que soient apportées en commun des solutions aux problèmes. Pour les rapports vivants entre homme et musique les mass-media offrent des chances singulières. Mais ceux-ci et la marche de l'enseignement et la pédagogie musicale ne sont pas les seuls à aboutir. Pour y parvenir il faut que les mass media soient soutenus par un consensus socio-culturel sur le sens qu'a la musique pour l'homme. La pédagogie musicale ne saurait changer le rapport des hommes à leur musique, ce n'est qu'à une société ouverte à la musique qu'elle peut venir en aide: pour la délivrer de la captivité dans des échelles de valeurs modiques, avec résistance à l'interdiction musicale et à la réglementation esthétique des auditeurs, pour développer des présentations musicales originaires des média, pour détacher des potentiels artistiques dans les nouvelles technologies, pour offrir des études spécialisées à l'intention de nouveaux groupes professionnels à vocation musicale.

Round-table-Gespräch

Kurt Blaukopf: Wir haben im Referat von Frau Abel-Struth einen Satz gehört, der darauf hinausläuft, daß die Massenmedien der Musik ungeheure Chancen bieten. Man müsse diese Chancen nur entwickeln, so heißt es. Und um diese zentrale Frage zu besprechen, haben wir hier eine Gruppe von Experten, Herrn Spahn, Herrn Ojha, Herrn Tran van Khe, Herrn Ling, die die Freundlichkeit haben, sich selbst vorzustellen und gleichzeitig ihr Nahverhältnis zu der Problematik unseres Themas darzustellen.

Jan Ling: Ich arbeite in Göteborg an der Musikhochschule und an der Universität. Dort beschäftige ich mich mit pädagogischen, soziologischen und historischen Fragen. Wenige von uns sind später als 1950 geboren, und eigentlich verstehen wir überhaupt nichts von Massenmedien und Massenmedienmusik. Keiner von diesen Leuten ist hier und kann sich verteidigen.

Ich finde, wir sind heute in einer Art Intonationskrise. Diese Krise hat bewirkt, daß wir älteren Leute Angst haben um unser Erbe, um die Folklore. Und wir springen so schnell wie möglich zur Historie und zur Folklore, um nicht in dieser neuen musikalischen Welt leben zu müssen. Aber ich finde, diese Angst ist sehr gefährlich für das Erbe und für die Folklore. Ich glaube, die einzige Möglichkeit ist auch hier eine dialektische Relation zwischen den beiden und der Massenmedienmusik. Wir haben Angst, daß die Exklusivität unserer Kunst untergeht in dieser Massenerscheinung. Traditionellerweise bezeichnen wir Musik als sehr humanistisch, schön, gut und dann Massenmedienmusik als schlecht. Aber so einfach kann es nicht sein. Das ist viel komplizierter.

Peter Spahn: Ich bin zur Zeit 1. Sekretär des Verbandes der Komponisten und Musikwissenschaftler der DDR und habe mich vor allen Dingen musikwissenschaftlich mit kulturellen Massenprozessen beschäftigt, in letzter Zeit besonders mit dem Zusammenhang von Musik und Massenmedien.

Tran van Khe: Mon nom est Tran Van Khe, je suis vietnamien, directeur de recherche au Centre National de la Recherche Scientifique en France, professeur d'ethno-musicologie à l'Université de Paris-Sorbonne, membre du Comité Exécutif du Conseil International de la Musique, vice-président du Conseil International des Musiques traditionnelles. Mais avant tout, j'ai été un homme de radio, un producteur à la BBC, responsable de la musique du Vietnam pendant un an et producteur à France-Culture pour les musiques traditionnelles de l'Asie. Pour le moment, je travaille avec l'Institut pédagogique en France sur le problème de l'éducation musicale en Asie.

Jan Ling: Practical musical pedagogics, given pseudo-legitimation through strategies for motivation, is capable of adapting oneself to certain mass media-provoked attitudes or, through offering concrete musical experience and information that is aesthetically relevant to age group-related reception, can lead to musical understanding of adults. However, permanent consumption of music via mass media can be compensated neither by one music lesson in the school curriculum nor by two or three demanding musical programmes.

Ever since the Middle Ages, the European music tradition has been marked by a constant dialogue between various types of music and musical functions. The tone of the dialogue has fluctuated from a violent and irreconcilable one to understanding and mutually supportive attitude. When the dialogue abates over for long periods it seems that music in society is divided into antagonistic forces with nothing to say each other, since their musical languages are mutually unintelligible. Is this really the situation we find ourselves in today? My answer is no. It seems to be mostly the theoreticians and philosophers of music, those individuals responsible for music education and policies, who try to express rules for the survival of music as an art form in an world seemly flooded with competing popular languages. But is it really the music languages themselves that are competing? Or could it be that artificial barriers are being created by way of extramusical argumentation? In the light of history the conflict between prima prattica and seconda prattica in 17th-century Italy appears to have been slightly exaggerated, and it is interesting to note that the two styles were reconciled by progressive and talented composers like Claudio Monteverdi. Perhaps many of the contradictions we note in music today have to do with our attempt to "save" a 19th-century concept of the musical heritage and perhaps our evaluation of various languages of music today is more conservative than Mr. Giovanni Maria Artusi (1540–1613). If so, then we, of course, must find a scape goat and we have found it: our whipping-boy is the mass media. In one word: I find very much of the evalution of so-called mass-media music very narrowminded and sweaping and standing in the way for a dialectical process and understanding of different musical languages, which is necessary for a living musical society. But there is one concept of music founded on the work of the 19th-century philosophers and music critics that I find basically still valid today: that is the repeated intensive listening and the evaluation of music without first giving it a hallmark of a pejorative or positive genre typology. We must give every kind of music the chance to be part of, or to be rejected from the canonized musical heritage that every music society has and has had. In many cases the apparent contradiction between musical genres in contemporary European musical is really a prejudice: the boundary between avantgarde, pop and rock music and the music of young serious composers is often more a matter of disparate musical milieu and sound levels than of stylistical tools. Although music education must contain retrospective, preserving elements, it must also be alert to new contemporary music trends, if it is to enrich musical life in the future. This attentiveness can also provide inspiration for traditional ars musica to enable it to resist the influence of consumer listening and to promote the acquisition of works of music in various forms and styles for the future "classical" canon. Of course the traditional division of genres is also very well suited to the demands of the profit-seeking music market which, as much today as in the 19th century, is primarily interested in short-lived audience successes, obtained with the aid of devastatingly-competitive advertising no matter if it is an opera performance or a rock concert. This market is also encouraged by the conservative music policies which, while purporting to preserve tradition, turn it into an isolated mumified world.

The phonograph and its more recent relatives have not only basically changed musical taste and practice but even the perception of music, musical life, and indeed music itself. But they who thought that technology solves the problem of giving all mankind admission to the heaven of classical music are deeply mistaken, for there is something more than sensuous pleasure in the classical music and other kinds of more elaborated music.

Our research in music sociology gives clear evidence that there is a close connection between our daily work situation and our musical preferences: and that is someting you can't change with the help of two or three lessons in the school curriculum. It is a deeper problem that has to do with our daily life. Today even music created for concentrated listening has been adapted for "consumption" in conjunction with cinematic or television sequences.

Today all music is, to a greater or lesser extent, coupled with extramusical functions: autonomous music listening appears – irrespective of musical genre – to be on the decline, giving way to music intertwined not only with words but even more so with images. A kind of new science of musical effect is imprinted via the "mood music" catalogues in which radio and television producers can look up and select the right music for excitement, love etc.

To keep a close relation to different kinds of art and not only consuming it you must have a work that gives you stimulation and strength: the prerequisite for the transformation of a work of music into reality "for the subjective soul".

Stig-Magnus Thorsen, music sociologist in Göteborg, has studied the musical taste and practice of 60 workers at a small factory: I find his conclusion most important. I quote: "Work and education define the cultural identity. The output of all kind of music is there for everyone, but work and education define the condition of reception and creation of the individual."

The Educational Purpose of the Mass Media in Presenting Traditional Music – Case Sweden

Krister Malm and Roger Wallis have studied the problems of mass media and traditional music and I will here only try to add some experience from the revival of folk music in Sweden.

1) Since the 1920–30s in Sweden the concept of folk music has been incorporated very much in organizations which have played and danced in a manner especially influenced by 19th century chamber music or ballet.

2) Young middle class people in Sweden locking for an alternative began to convert the old tunes and dances. They made contact with fiddlers not taking part in the organized folk music movement from the 1920–30s or studied in archives how the melodies or dances were performed in former times. But most of them didn't play the music in a historical frame: through their openmindedness to new musical developments, jazz, pop, rock, they created a frame for the musical heritage which made it possible for millions of people to experience Swedish folk music as their own music. Of course this is only possible if there are also groups trying to keep the myth of a historically accurate performance-practice alive.

3) The mass media exposed the movement in different ways which was most important, but hardly influenced it.

4) Now different schools, from kindergarten to conservatories try to preserve this new bulk of folk music and it is accepted by the society as important for the consciousness of the new wave of Swedish nationality.

But the latest tendency in the development is that new instruments and music inspired by the many immigrant groups in Sweden will again turn folk music into a dynamic, artistic force in the music society.

I think we can see the same trends in other parts of our musical society: Most of the younger Swedish composers have started as rock musicians, many students have found their way to classical music with the help of classical quotation in the pop music. Our concept of music and music history is still that of A. B. Marx, Brendel, or Hanslick and our division into genres appears to be based more on routine, conservative thinking by the bureaucrats of music than on well-founded aesthetic judgements or studies of musical function based on the daily life of the majority of the population. One old fiddler once said to me when I was stressed by hunting what I thought was the last beautiful rest of our Swedish folk music heritage with my tape recorder: "Jan, don't be afraid, fine music will always be where you find happy people."

By using the mass media in a constructive way, music teachers and administrators all over the world have a real chance to influence and develop the musical taste and practice as a whole. But we must accept the value of different musical expressions on their own terms and also emphasize the importance of local musical traditions as a basic musical language.

KURT BLAUKOPF: Ich glaube, daß es gut ist, wenn wir uns am Anfang nicht nur auf die europäische Situation beziehen, sondern gleich die weitere Perspektive haben.

TRAN VAN KHE: Il est intéressant de se référer à l'Antiquité grecque pour parler de l'idée pédagogique de la musique. Je voudrais citer une œuvre compilée par les disciples de Confucius sur la musique, dans laquelle on trouve cette idée fondamentale: la musique peut modérer les sentiments et changer les mœurs et c'est pourquoi dans l'enseignement donné à un enfant du temps de Confucius et longtemps après, on veillait à lui apprendre premièrement la politesse et les rites, deuxièmement la musique, troisièmement le tir à l'arc, quatrièmement l'équitation, cinquièmement la littérature et sixièmement les mathématiques. Alors, vous voyez que la musique était aussi importante que la politesse et les rites, et que ces deux matières ont été enseignées en priorité aux enfants. Je voudrais revenir à l'utilisation des mass média pour l'éducation musicale à l'intérieur des écoles et à l'extérieur des écoles. Un professeur du Ghana m'a dit que lorsqu'il était jeune, il a appris plusieurs formules de tambour. Mais comme il avait peur de les oublier, il a enregistré toutes ces formules sur une bande magnétique. Mais il ne se doutait pas que trente ans après, beaucoup de maîtres auraient disparu, sans avoir laissé la trace de cet enseignement, et pour retrouver ces formules, il a dû reprendre les bandes magnétiques qu'il avait enregistrées et essayer de refaire les formules, continuant ainsi l'enseignement qui risquait d'être interrompu sans le témoignage précis de l'enregistrement sur bande magnétique. Pour deuxième exemple, citons la télévision de l'Iran qui a filmé le regretté Professeur Borumand qui était un spécialiste de Târ, de Sétâr, de luth iranien. Lorsque le gouvernement a pensé qu'il était utile d'enregistrer sa musique, il m'a dit au cours d'un déjeuner: «Je suis professeur de musique, j'enseigne la musique. Mais tout ce que je fais, c'est de l'art. Il m'appartient. C'est comme si un peintre apprend les lois de la perspective, le mélange des couleurs, on ne peut pas lui prendre ses tableaux. Si on veut m'enregistrer, il faut me payer.» Au début, cela a un sens commercial, mais par la suite, on a trouvé que c'était exact et la télévision a accepté de donner un studio permanent, car il disait: «Je ne peux pas jouer, quand je ne veux pas jouer.» Alors, les techniciens du studio étaient en permanence à sa disposition. C'est grâce à cela qu'on a pu enregistrer totalement le râdif sur Târ et sur santour, une chose très utile pour l'enseignement de la musique à l'heure actuelle en Iran. Le Professeur Borumand étant décédé, ses disciples ne sont pas capables de tout se rappeler et ce sont justement les mass-media qui sont arrivés à enregistrer non seulement la musique, mais la manière de jouer, la manière de pincer les cordes avec des vidéo-cassettes. Au niveau de l'éducation du public, les hommes de la radio ont une certaine responsabilité en utilisant la musique. Je voudrais citer deux exemples qui remontent à bien des années. Il y a vingt ans, j'écoutais le matin une émission culturelle sur la Chine, sur Radio-France. On nous a appris comment préparer un canard laqué et comme accompagnement, on a pris de la musique vietnamienne joué par moi-même évoquant la sérénité. Cela ne collait vraiment pas ensemble. Lors d'une émission sur la peinture chinoise, on a choisi comme illustration les chants des batelières de Huê, j'étais très choqué et j'ai protesté. Heureusement depuis, Radio-France a fait beaucoup de progrès, le fichier de la discothèque a été révisé et on l'utilise beaucoup mieux. A propos de la tâche dramaturgique de la musique, on a parlé de combiner l'acoustique et l'optique, je crois que c'est une idée très judicieuse, parce qu'il n'est pas possible d'écouter sans voir, cela se vérifie en particulier avec la musique de cour du Japon. Si vous l'écoutez seulement, vous pouvez être énervés par des sons inhabituels, mais si vous voyez qu'à ce moment le musicien prend son instrument, qu'il le met devant son corps et qu'en effectuant ce geste il attaque les cordes, tout cela colle ensemble et vous avez une image totale de la chose et non pas une image diminuée de la moitié. C'est comme pour la cithare chinoise, lorsque vous voyez comment le musicien joue, et comment il attaque les cordes, le jeu de la main vous permet alors de mieux saisir la musique que le musicien veut exprimer. Le ballet gestuel est également nécessaire pour mieux faire sentir la musique vocale de l'Inde du nord. Je pense également que si les techniciens ne sont pas conscients de la valeur de la musique, ils resquent de faire passer la technique au premier plan au lieu de la musique et bien que de l'avis général, la technique doit être là pour servir la musique, on observe que la technique a tendance à asservir la musique. Par exemple, on a enregistré les improvisations d'un musicien jouant du tabla, le tambour de l'Inde et quand on improvise, cela veut dire qu'on ne peut pas faire deux fois la même chose. Et lorsque j'ai assisté à l'enregistrement, le réalisateur a dit: «Faites-moi une improvisation, coupez! Maintenant, refaites la même chose!» Refaire la même chose, comment peut-il faire exactement la même chose, pour que le réalisateur ait son gros plan? Ou bien, on vous dit d'improviser sur le battement d'un cœur et on vous fait entendre le déroulement de l'électrocardiogramme. Le musicien est là et il ne sait pas quoi faire. Cela ne peut pas coller. On ne peut pas présenter la musique de l'Inde avec ces astuces. Le réalisateur n'avait aucune notion de la musique de l'Inde. Alors, il entend au début le tambura, c'est un bourdon qui est continu, mais que ne doit pas être entendu. Lui, il est habitué à enregistrer les quators à cordes, où les instruments doivent avoir le même niveau. Il pousse le niveau, au point qu'on entende tout le temps le bourdon. A l'écoute, le musicien se dit, non, cela ne va pas, parce que c'est trop fort, il faut refaire l'enregistrement. A la fin du morceau, le réalisateur pousse à l'extrême pour avoir quelque chose de formidable. Le musicien dit que cela ne marche pas non plus, que le tambour est là pour souligner la musique, mais pas pour la dominer. Ce sont ces exemples qui vous montrent que, si le technicien n'est pas au courant de la qualité de la musique, de la manière d'enregistrer cette musique, il risque de commettre des erreurs, en mettant la technique au-dessus de l'art. Souvent, lorsque le musicien joue, il fait une petite faute, il le dit au technicien qui déclare que cela ne fait rien, que personne ne s'en apercevra, que l'enregistrement est impeccable et qu'on va le laisser comme il est. Dans ces cas-là, il est évident que la technique domine et asservit l'art, ce qui est contraire à la ligne générale de l'éthique. Il a été parlé du comportement de l'enfant précoce et de l'influence de la musique sur l'enfant. Je ne cesse de répéter que la berceuse constitue la première leçon d'éducation musicale que l'enfant reçoit dans les bras de sa mère, lorsque le lait nourricier pénètre dans le corps de l'enfant, pénètre en même temps dans son subconscient une mélodie populaire, une chanson populaire, un poème populaire. Tout cela reste dans le subconscient de l'enfant, enregistré dans sa mémoire, mémoire dans le sens de l'ordinateur, et lorsque l'enfant aime sa mère, il associe cet amour maternel à la musique de son peuple, à la musique traditionnelle de son pays, alors que souvent à l'heure actuelle, on a remarqué que lorsque la mère berce l'enfant, elle ne chante plus, mais il y a à côté une radio qui diffuse la musique rock et l'enfant a senti cela, il associe l'amour pour sa mère à cette musique qu'il a entendue dans son jeune âge. Cela explique pourquoi les jeunes gens aiment déjà naturellement cette musique, à cause de cette première pénétration. Un autre exemple, la mère de Mensius qui était enceinte et qui avait comme voisin un boucher, disait: «Je ne veux pas voir des choses méchantes, entendre tuer des animaux, entendre le cri du porc.» Alors, elle a changé de domicile, parce qu'elle pensait que l'influence sur le foetus est très importante. Je crois que c'est exact de parler de changement profond face à la musique, parce qu'il ne suffit pas de dire qu'il faut préserver la musique, qu'il faut changer certaines manières de faire la musique. Ce qu'il faudrait, c'est un changement total de la société, je dirais même que c'est une sorte de révolution mentale que nous devons faire. Nous devons avoir une attitude nouvelle vis-à-vis de la musique et là c'est important, parce qu'écouter tout le temps de la musique jouée par les mass-media et maintenant enregistrée dans des walkmen, cela isole l'auditeur. Rappelons le cas du jeune homme qui est en train d'écouter son walkman, il est là et sa mère lui dit: «Laisse tomber ton walkman et va faire la vaisselle!». Il est alors si énervé qu'il casse toute la vaisselle et tout ce qu'il y a dans la maison. On s'est demandé, si cela est dû à l'influence de cette musique ou bien au fait qu'il est alors frustré de cette possibilité de refuge. C'est pourquoi, je crois qu'il y a maintenant des choses nouvelles qu'il faut reconsidérer. On ne cherche pas à distribuer de la bonne musique, mais une musique qui peut être vendue. Dans la plupart des cas, pour ne pas dire dans tous les cas, la musique dans certaines régions a cessé d'être un art que l'on cultive, pour devenir le produit commercial que l'on vend. Mais je dois reconnaître que les mass-media ont une grande utilité non seulement dans l'enseignement, dans l'éducation, dans la recherche et sans les instruments modernes d'enregistrement et de diffusion, nous ne pourrions pas faire des recherches, diffuser ces recherches et mettre à la disposition d'un grand public, d'un public toujours plus grand des musiques qui risquaient d'être confinées dans une partie du monde. Mais, à côté de cela, comme chaque médaille a son revers, il faut faire très attention pour faire de telle sorte que les mass-media ne puissent pas nuire à la musique. Il a été dit: «La main peut nourrir, mais la main peut aussi tuer.» Mais j'ajouterai que ce n'est pas, parce qu'il y a une main qui tue, qu'on coupe toutes les mains. Nous souhaitons tous que les mass-media puissent devenir pour la musique, la main qui nourrit et non pas la main qui tue.

J. N. OJHA: Learning is proportional to the extent of subjective acceptance by the one who learns and to the amount it meets a learner's demands. A question that is in close relation to that is the problem of development of individual creativity and non-conventionalism. Promotion of this feature should make up major part of any training. Another question is the issue of timing. Today, respective concepts in use differ profoundly from former ones. In our time, nearly everybody is in the position to decide by oneself what one listens to and when. This has become possible through the mass media. In this process the mass media are to play the important role of developing this potential of flexibility and presenting traditional music in an acceptable and entertaining way, respectively. Under classical systems the teacher instructed the children, now, however, the teacher has to make use of the mass media to do this. Since the mass media and those who benefit from them are part of a communication system, we can take a deeper look into musical communications.

PETER SPAHN: Der Musikwissenschaftler von heute muß mehr denn je seine eigene Wissenschaft zu den Erfahrungen und Ergebnissen anderer Wissenschaften und der gesellschaftlichen Entwicklung überhaupt in den Kontext stellen. Frau Abel-Struth macht meiner Meinung nach zu Recht darauf aufmerksam, daß die Bereiche von Bildung und Erziehung von Massenmedien und Vermittlung von Musik zwar letztlich irgendwie zusammenwirken müssen, aber zunächst doch höchst eigenwillige und eigenständige Gebilde sind. Ich möchte das in Bezug setzen zu dem, was Knepler als die zentrale Idee seiner an den Internationalen Musikrat gerichteten Vorschläge bezeichnet hat, nämlich die Beseitigung der Hindernisse, die einer allseitigen Entfaltung menschlicher musikalischer Fähigkeiten im Wege stehen. Damit ergeben sich eine Reihe von Problemen. Welche Gemeinsamkeiten und Unterschiede gibt es in den Auffassungen, wenn wir von Bildung und Erziehung auf musikalischem Gebiet sprechen? Es ist ja schon höchst beeindruckend, wenn Wissenschaftler aus so unterschiedlichen Regionen hier an diesem Tisch diesen Begriff benutzen und offenbar davon ausgegangen wird, daß die gleichen Ziele damit verfolgt werden. Wenn Tran Van Khe davon spricht, wir müssen die gute Musik verteidigen, ist sofort die Frage zu stellen, was versteht eigentlich jeder unter dieser guten Musik, die es da zu verteidigen gibt. Oder eine andere Frage: Wie stehen wir zu den Massenmedien? Sehen wir in ihnen die Zerstörer einer doch so schönen und künstlerisch wertvollen akustischen Umwelt, oder bieten sie Chancen musikalischer Entwicklung, und wenn ja, welche Hindernisse sind dabei zu überwinden? Und ich stimme voll dem zu, daß die Technik der Musik dienen muß und nicht umgekehrt. Aber oftmals sieht die Praxis ja doch etwas anders aus. Und schließlich ist die Frage zu stellen, ob die Vermittlung von Musik heute so allgemein als Forderung in den Raum zu stellen ist, wo doch jeder von uns weiß, daß es ohne Selektion, und zwar eine sehr rigorose Selektion, weder bei den Produzenten, noch bei den Verbreitern und schon gar nicht bei den Hörern zugehen kann. Mir scheint, daß die Herangehensweise an diese drei Bereiche vor allem von daher nützlich sein könnte, als sie auf die Verständigung über die jeweiligen Bildungs- und Erziehungskonzeptionen zielt, auf die objektive Stellung der Massenmedien. Hier sei nur angemerkt, daß, wenn wir hier von Massenmedien reden, wir auch etwas zusammenfassen, das ja in sich äußerst differenziert zu sehen ist. Der Walkman kann natürlich sehr unterschiedliche Funktionen erfüllen. Bleiben wir bei diesem Begriff der Massenmedien. Zu fragen ist doch, welche objektiven und subjektiven Bedingungen werden dort für die Prioritäten der Vermittlung der Musik über diese Massenmedien gesetzt? Und mir scheint, diese Fragen hängen eng zusammen mit dem technologischen Entwicklungsstand einer Gesellschaft. Und da ist das schon bemerkenswert zu sehen, wie in einigen afrikanischen Ländern Kassettenrecorder benutzt werden, in den entferntesten Landesteilen. Eben um dort Musik noch aufzunehmen, sie wenigstens teilweise zu retten vor einer Überflutung mit europäischer Musik, die von entsprechenden Sendern vor der Küste oder im Lande selbst ausgestrahlt wird, – dem gegenüber nationale Musik zu bewahren. Die Massenmedien, die Technik selbst, erfüllen also zunächst eine sehr nützliche Funktion. Aber auf der anderen Seite wird Vermittlung über die Massenmedien von den Idealen und Wertvorstellungen, auch von den musikalischen Idealen und Wertvorstellungen bestimmt, die die jeweilige Gesellschaftsordnung prägen und von dieser hervorgebracht werden. Heute steht auf der Tagesordnung, Konzeptionen für die musikkulturelle Kultiviertheit ganzer Gesellschaften zu entwickeln, natürlich auch einzelner Teile der Bevölkerung. Alle soziologischen Untersuchungen auch in unserem Lande bestätigen, daß die Musik an der Spitze aller Kunstbedürfnisse steht. Und wenn wir diese Situation haben, und lange bevor Kinder lesen und schreiben lernen, sie eben mit der Musik in Berührung kommen, dann muß man sich die Frage stellen, wie sich die Gesellschaft dann zu diesem Prozeß verhält, welche Konzeptionen gesellschaftlich entwickelt werden? Und das geht weit über Konzepte musikpädagogischer Art hinaus. Solche Aufgaben aber können sich nur Gesellschaften stellen, in denen es objektiv möglich ist, nicht nur die ökonomischen, sondern auch die geistigen Prozesse im gesamtgesellschaftlichen Maßstab überhaupt als Problem anzugehen. Nicht vorbei kommt man meines Erachtens an solchen Problemen, wie sie aus dem engen Zusammenhang zwischen Arbeitsprozeß und Musikaneignung erwachsen, an Fragen, die mit der Lebensweise und der Musikkultur einer Gesellschaft und ihrer Individuen zusammenhängen. In der DDR haben wir einen hohen Anteil von Menschen, die berufstätig sind. Die arbeitsfähige männliche Bevölkerung und bis zu achtzig Prozent der Frauen sind im Arbeitsprozeß. Das bringt objektiv eine andere Situation des Zuganges zur Musik und der Auseinandersetzung mit Musik als in Gesellschaften, in denen die Frau, wie in früheren Zeiten, zu Hause bleibt, und man muß auch von der wissenschaftlichen Seite die Möglichkeit einer Entwicklung des musikalischen Sinnes einer Gesellschaft und ihrer Individuen anerkennen. Denn wer die Möglichkeit und Notwendigkeit von zielgerichteter Einflußnahme in Frage stellt beziehungsweise sie ablehnt, überläßt diese Entwicklung nicht etwa dem Selbstlauf, sondern räumt nur freiwillig anderen das Feld für ihre Konzeptionen. Und damit sind wir bei der Fähigkeit der Musik, innerhalb der vielfältigen sozialen Funktionen, die sie erfüllen kann, als sehr wirksames Mittel für die moralische und ästhetische Erziehung der Menschen zu fungieren, die schöpferischen Fähigkeiten des Menschen, seine emanzipatorischen Bestrebungen zu wecken, das Bewußtsein für den Reichtum seiner geistigen Fähigkeiten zu entwickeln. Das klingt sicherlich in manchem sehr missionarisch oder idealistisch. Aber ich vertrete doch die Auffassung, daß es unabdingbar ist, musikkulturelle Werte und Ideale einer Gesellschaft zu postulieren, die der Humanisierung dienen, um dann die Frage zu stellen, welche Hindernisse es gibt, die der Realisierung im Wege stehen, oder, positiv ausgedrückt, welche gesellschaftlichen Bedingungen diese Entwicklung fördern helfen, welche sie voranbringen. Zu den objektiven Bedingungen zähle ich hier unter anderem das große Bedürfnis der Mehrzahl der Menschen nach Musik. Die Vermittlung von traditioneller Musik und Musik des Erbes nimmt dabei einen großen Platz ein. Fakt ist, daß es auch mit dem Anwachsen der massenmedialen Musikangebote keinen Rückgang etwa zum territorialen Musikleben gibt. In den letzten zehn Jahren ist der Besuch von Konzertveranstaltungen um 50 Prozent gestiegen. Das sind Fakten. Viele hatten zunächst befürchtet, wenn die Musik erst einmal massenhaft über die Medien vorhanden ist, dann wird das zu einem Rückgang führen. Dennoch dürfen wir nicht glauben, daß das sozusagen linear immer so weitergehen könnte, sondern man muß immer wieder damit rechnen, daß neue Probleme auftreten können. Und zugleich ist zu überlegen, wie territoriales Musikleben aussehen muß, wenn gleichzeitig ein großes Angebot an massenmedialer Musikaneignung möglich ist. Wir können nicht außer acht lassen, daß sich vieles an Musik heute in den eigenen vier Wänden zu Hause abspielt. – Ein zweites. Zu den objektiven Bedingungen gehört, daß die Massenmedien Rundfunk und Fernsehen große Anstrengungen unternehmen, diese Bedürfnisse durch qualifizierte Angebote zu befriedigen. Allein schon der Anteil des Verkaufs an Schallplatten in den letzten zehn Jahren hat sich hier verdreifacht. Der Anteil an sogenannter E-Musik, oder besser Konzert-Musik, liegt bei über 40 Prozent. Das ist ein Nachweis dafür, daß diese Bedürfnisse vorhanden sind und daß Anstrengungen unternommen werden, diese Bedürfnisse zu befriedigen. Objektive Bedingung ist auch die Förderung der musikkulturellen Entwicklung durch den Staat. Ich denke z. B. an die Neubauten von Konzertsälen, Musikstätten, denke an die Rekonstruktion, an die umfangreichen Mittel, die zur Förderung der Massenmedien ausgegeben werden, damit sie ihre Programme realisieren können. Zu den objektiven Bedingungen zählt auch der allgemeine Zugang der gesamten Bevölkerung zu den musikalischen Leistungen der Vergangenheit und Gegenwart. Dieser Zugang wird objektiv ermöglicht durch die Gestaltung der Eintrittspreise, durch die Unabhängigkeit der Massenmedien von kommerziellen Zwängen, durch die vielfältigen Aktivitäten von Gewerkschaften, Jugendverbänden und ähnliche Dinge. Diese Skala von objektiven Bedingungen ist zu erweitern. Die subjektiven Probleme. Wie sieht es mit diesen subjektiven Bedingungen aus? Diese Seite wird meiner Meinung nach vor allem durch die Interessen, Anschauungen und Geschmacksrichtungen geprägt, die die Tätigkeit jener steuern, die für die Verbreitung von Musik verantwortlich sind. Das beginnt, wenn man so will, im Elternhaus, in der Wiege. Was wird dort ausgewählt; werden, wie es häufig zu beobachten ist, die Massenmedien als elektronische Babysitter benutzt, oder wird hier ein gezielter Umgang mit den Massenmedien von den Eltern gefördert? Diese Förderung verläuft über die Herausbildung von Interessen, Anschauungen und Geschmacksrichtungen der Musiker, der Hörer, der Produzenten und aller anderen. Es würde sicherlich zu weit führen, jede dieser Gruppen genaueren analytischen Betrachtungen zu unterziehen, aber methodisch falsch wäre jeder wissenschaftliche Denkansatz, der einzig und allein einer Gruppe, etwa den Musikern, oder den Hörern, den Produzenten, den Verbreitern von Musik nun eine Schuld zuweisen oder alleinige Verantwortung zuschieben würde für das Nicht-, oder sagen wir besser, für das Nochnicht-Funktionieren von musikkulturellen Konzepten und deren vielfacher Auswirkung und Umsetzung. Ich kenne genügend Leute, die auch bei uns die Tätigkeit von Fernsehen und Rundfunk kritisieren und meinen, es müßte viel mehr getan werden. Das ist alles richtig. Aber ich kenne genausoviel, die sich sehr bewußt auch in den Medien einsetzen dafür, daß musikkulturelle Konzepte, auch bildnerisch-erzieherische Konzepte schrittweise durchgesetzt werden. Aber ich glaube, daß das Kennenlernen der Ideale und Wertvorstellungen einer Gesellschaft oder der musikkulturellen Konzepte der

Wissenschaftler in den Medien wesentlich vertieft werden muß, damit gerade über diese Medien sich Entwicklungen vollziehen können. Dabei muß immer in Rechnung gestellt werden, daß die erzieherisch-bildende Funktion nicht allein oder vorrangig über die sogenannten Bildungssendungen für die Schule wahrgenommen werden kann, sondern heute insgesamt Rundfunk und Fernsehen die größten und wirksamsten Bildungs- und Erziehungsinstitutionen überhaupt sind. Auch das gehört zu den objektiven Bedingungen, die aber in ihrer ganzen Dimension subjektiv verstanden und dementsprechend umgesetzt werden müssen. Dabei muß ich einschränkend für unsere Verhältnisse hier sagen, daß die Durchsetzung unserer musikkulturellen Ideale und Wertvorstellungen sich von Anfang an in der Auseinandersetzung auch mit anderen Konzepten vollzieht, gerade auf dem Gebiet der Massenmedien. Ganz leicht ist hier festzustellen: Zwei Programme werden vom Fernsehen der DDR ausgestrahlt, und ungehindert und zur gleichen Zeit sind drei und mehr Fernsehprogramme aus der Bundesrepublik zu empfangen. Beim Rundfunk ist das Verhältnis noch anders: Von 4 Rundfunkprogrammen von DDR-Sendern im Verhältnis zu bis zu 20 Rundfunkprogrammen von der anderen Seite. Das sind Bedingungen, die die Frage, welche musikkulturellen Konzeptionen man nun eigentlich real verfolgen kann, immer wieder herausfordern.

SIEGFRIED BIMBERG: Ich möchte mich auf den Gedanken der Intonationskrise beziehen. Wir wissen, daß es einmal die Intonationskrise bei Assafjew für das Innere, aber auch für das Äußere gibt. Die inneren Krisen interessieren jetzt nicht. Assafjew bezieht sich zwar nicht direkt auf uns, auf Rundfunk und dergleichen, aber auf Sänger-Moden und Vorurteile. Wir sollten das sinnvoll anwenden, denn es geht um einen Abbau der Vorurteile gegenüber den Massenmedien. Frau Abel-Struth spricht in ihrem neuen Buch «Grundriß der Musikpädagogik» davon, daß der Umgang mit den Medien weniger ein ästhetisches als ein soziales Problem ist. Wir aber stimmen meist immer im ästhetischen Bereich ab. Wenn ich beispielsweise beim Fernsehen einfach weiß, daß in den Apparaten weder Stereomöglichkeiten zu hören sind und auch die Tonqualität in den zur Zeit mir bekannten Geräten so ist, daß ich lieber zu meinem Walkman greife und mir dort etwas anhöre, dürfte solch eine Entscheidung gefallen sein.

Wo greift denn der Jugendliche als erstes hin? Er greift nicht zu den Dingen, die wir vielleicht als Musikwissenschaftler und Pädagogen für richtig halten. Er greift erst mal zu dem, was am besten dargeboten wird. Zu einer Musik, die nicht in den Lehrplänen und Erziehungskonzeptionen steht, um es vorsichtig zu sagen. Es geht also um eine Aufhebung dieser Barrieren gegenüber der Konzertmusik, der «E»-Musik, die wir selbst verschulden. Aber Popmusik ist auch Konzertmusik. Der Begriff ist also etwas umstritten. Oder, wenn ich daran denke, daß der Lehrer in der Schule mit einer ganz minderen Soundqualität arbeiten muß. Augenblicklich ist das noch eine ökonomische Frage. Wir können die Schulen nicht mit den besten Geräten ausstatten. Das heißt, wenn wir bemängeln, daß kein Interesse für Beethoven oder Händel da ist, so fragt man warum. Ich meine, weil Jugendliche in der Schule gar nicht so genau darauf hören können, wie sie es in ihrer Freizeit für selbstverständlich erachten. Sie sind es gewöhnt, genau den Sound zu beurteilen und genau zu wissen, was der Interpret für Vorzüge oder für Nachteile hat. Oder wenn ich daran denke, daß in der Schule eine Opernbehandlung ohne Bild vorgenommen wird, daß hier noch nicht mit Video gearbeitet werden kann, so ist das eine schlimme Sache. Denn die Musik allein ist kaum die Hälfte, und dann noch in minderer Qualität dazu. Wir möchten, daß der Jugendliche wählen lernt, auswählen lernt. Und er hat die Möglichkeit, über diese herrlichen technischen Dinge viel näher an Musik zu kommen.

JÜRGEN ELSNER: Ich möchte versuchen, den Ansatz, den Kollege Ling gegeben hat, weiter zu vertiefen, besonders in einer Richtung. Für unsere Diskussionen scheint es mir unbedingt wichtig, daß wir die gewaltigen sozialen Umwälzungen, die in unserer Zeit stattfinden, also insbesondere seit dem zweiten Weltkrieg, in Rechnung stellen, um zu verstehen, was heute vor sich geht, und das zu den enormen technischen Möglichkeiten heute in Beziehung zu setzen. Ich möchte das an einem Beispiel deutlich machen. Zur Zeit der algerischen Befreiung, also seit den fünfziger Jahren, hat es eine ungeheure Umwälzung der Bevölkerung ergeben. Dort ist fast die Hälfte der Population von 6 Millionen aus ihren alten Verhältnissen gerissen worden, durch koloniale Maßnahmen, durch die Errichtung von Sicherheitszonen, Verfolgung usw. Etwa zwei Drittel der Landbevölkerung haben sich in dieser Zeit nicht mehr an ihrem angestammten Wohnsitz aufgehalten. Ein Großteil dieser Bevölkerung ist in den Städten hängengeblieben, ist aus den ursprünglichen oder auf patriarchalische Weise sich bindenden Gemeinschaften gewissermaßen herausgelöst worden, hat den Kreis dieser Selbstversorgungsgemeinschaften verlassen. In die Städte gekommen, haben sie dort andere soziale Bedingungen vorgefunden. So zum Beispiel Entlohnung statt Versorgung mit Naturprodukten auf lokaler Ebene usw. Das trifft für zwei Drittel der Landbevölkerung zu. Dort stand ihnen dann auch ein anderes kulturelles Angebot zur Verfügung, das sie über Lohn nutzbar machen konnten. Das betrifft eine andere Art von Freizeitangeboten, von Musik in Cafés z. B., eine weit größere Freizügigkeit Jugendlichen gegenüber usw. Die alten Bindungen und Entscheidungsmöglichkeiten in patriarchalischen Verhältnissen sind aufgelöst worden und sind neuen, durch keinerlei Traditionen gebundenen Entscheidungsmöglichkeiten gewichen. Hier haben sich neue Traditionen ausgebildet. In Algerien haben sich dann bestimmte städtisch-populäre Traditionen herausgebildet, und in letzter Zeit ist es insbesondere das Angebot der Medien, also Schallplatten, Kassetten, auch Rundfunk und Fernsehen, das hier ganz neue Zugänge schafft. Mir scheint, daß dies auch auf die Länder, in denen Umwälzungen auf anderer Ebene, etwa wo Sozialrevolutionen stattgefunden haben, zutrifft. Dr. Spahn hat über die Entwicklung in unserem Land gesprochen. In unserem Land hat die Einbeziehung der Gesamtgesellschaft in den Arbeitsprozeß ganz neue Ausmaße angenommen. Zu diesen Umwälzungen gehören auch die neuen Möglichkeiten, die der Jugend eröffnet worden sind. Insbesondere nach dem zweiten Weltkrieg waren diese vor allem verbunden mit der Entdeckung eines Musikmarktes durch die Vergnügungsindustrie, der Jugendmarkt heißt. Diese Entwurzelungen, beziehungsweise diese neuen sozialen und historischen Potenzen, über die die neuen Gruppen von Menschen verfügen, muß man in Rechnung stellen und von da her unterschiedliche Verhaltensweisen, die unterschiedliche Bewertung von Traditionen, die verschiedene Art und Weise der Aufnahme von Musik verstehen, die wir als Traditionen, seien sie folkloristischer oder sozialer Art anerkennen. Von da her müssen wir neue Bewertungsmaßstäbe, selbst neue Bewertungsmöglichkeiten suchen.

Kurt Blaukopf: Vielleicht ist es gut zu erinnern, daß diese Frage der kulturellen Entwurzelung zu einer Abwanderung in die Städte unter den unterschiedlichsten Bedingungen und nicht nur in Algerien zu jener Veränderung des Zeitbegriffs geführt hat, die Herr Dr. Ojha angesprochen hat, die für die Musik unmittelbare Folgen hat. Wenn wir aus Studien über die arabische Region wissen, daß es noch Beduinen, also noch Nomadenstämme gibt, die nunmehr ihren Tagesrhythmus nach dem Programmschema der nächsterreichbaren Rundfunkstation einrichten, so sind das bestimmt völlig neue Phänomene, und ich sehe eine Konvergenz dieser beiden Beiträge hier.

Christian Kaden: Ich möchte an ein Problem anknüpfen, das Jan Ling aufgeworfen hat, und ihm eine Frage stellen. Wenn ich ihn recht verstanden habe, hat er einen Vorzug der Massenmedien darin gesehen, als eine Art positive Nivellierungs- oder Neutralisierungsinstanz gegenüber traditionellen Gattungsgrenzen und Schranken zu funktionieren durch die allgemeine Zugänglichkeit. Durch die Medienvermittlung werden Funktionsbarrieren, die bestimmte Musikformen haben, abgebaut. Meine Frage ist nun, wie er die Möglichkeiten sieht, einem solchen Abbau von Funktionsbarrieren oder Gattungsschranken gewissermaßen mit einer neuen Entwicklung zu begegnen. Es könnte ja ein zweischneidiges Schwert daraus entstehen. Erstens eine Entfunktionalisierung von Musik überhaupt, beziehungsweise eine sehr starke Vereinheitlichung und Standardisierung des Gebrauchs. Diese Entwicklung ließe sich auch empirisch zeigen. Andererseits, und das scheint ein Positivum zu sein, ist der massenmediale Gebrauch wiederum einer sehr großen Vielfalt von Kontextzuordnungen aufschließbar. Das heißt, man kann völlig neue, differenzierte Funktionen herausgewinnen. Meine Frage an Jan Ling wäre, ob aus Schweden Erfahrungen bekannt sind, wie diese beiden einander widerstrebenden Tendenzen einer Funktionsglobalisierung, Neutralisierung oder Nivellierung durch eine Funktionsdifferenzierung abgefangen werden kann, beziehungsweise wie diese beiden sich zueinander verhalten.

Jan Ling: Ich glaube, das ist ein sehr interessanter, dialektischer Prozeß zwischen den Massenmedien und dem musikalischen Erbe. Man kann sagen, es ist das erste, ein Nivellierungsprozeß, ästhetisch ist die erste eine Nivellierungsstufe. Aber dann, wenn sich das ausgebreitet hat, kommt eine nächste Stufe, eine Ästhetisierung, die breiter in die Bevölkerung geht als zuvor. Wir können das in einer speziellen Gegend untersuchen. Und ich glaube, das betrifft auch die klassische Musik. Ich habe eine kleine Untersuchung mit Schülern in verschiedenen Musikhochschulen in Skandinavien gemacht. Etwa 40 Prozent dieser Schüler sind von Anfang an Rockmusiker. Das ist sehr hoch, aber typisch skandinavisch, glaube ich. Viele der Rockmusiker aber haben erkannt, daß ihre Musik nicht alles war. Es muß etwas anderes geben. Die meisten haben dann etwas von Kunstmusik, von Melodien oder vielleicht von Harmonien, in der Rockmusik wiederentdeckt. Sie sind interessiert worden und in die klassische Musik gekommen. Sie sind jetzt also musikalisch zweisprachig. Sie haben das Rockmusikmilieu, aber auch das klassische. Und damit beginnt ein sehr interessanter Prozeß. Sie beginnen jetzt neue Musik zu schreiben, in der die verschiedenen musikalischen Sprachen kombiniert werden. Das ist mit dem vergleichbar, was man im 19. Jahrhundert mit Volks- und Kunstmusik in Schweden gemacht hat. Heute geschieht ähnliches mit der Avantgarde-Musik, mit elektronischer Musik und Rockmusik bei den Komponistenschülern sowohl in Stockholm als auch in Göteborg.

KURT BLAUKOPF: Danke für diese terminologischen Hinweise. Wir sprechen leichtfertig von Musikerziehung, von Erziehung zur Musik, von der formellen Musikpädagogik und von der erzieherischen Funktion der Massenmedien, die manchmal unintentionell, unabsichtlich oder unkonzeptuell sein kann.

HELLA BROCK: Frau Abel-Struth sprach über die großen Möglichkeiten der Massenmedien zur Humanisierung mit spezifisch musikalischen Mitteln. In den Massenmedien wirken verschiedene Künste zusammen. Auf diese Weise kann eine Optimierung auch der musikalischen Erziehung erfolgen. Aber es gibt außerdem Möglichkeiten, mittels der Massenmedien speziell das musikalische Wesen weiter zu enthüllen und den Menschen, vor allem unserer Jugend, einen besseren Zugang zur Musik zu ermöglichen, zur musikalischen Dramaturgie speziell. Wir müßten vielleicht von bestimmten Vorbehalten gegenüber der Vermittlung von exakten Kenntnissen, Vermittlung von Können Abstand nehmen. Es ist nicht so, daß unsere Jugend ungern etwas erlernt, was Musik betrifft. Die Untersuchungen bei uns an der Karl-Marx-Universität und an den Schulen haben gezeigt, daß dort, wo Kenntnisse, exakte Kenntnisse zum Wesen der Musik, zu den Möglichkeiten des dramaturgischen Verlaufs, zu den Möglichkeiten des Wort-Ton-Verhältnisses, zu den grundsätzlichen Möglichkeiten des semantischen Potentials der Musik, wo solche grundsätzlichen Kenntnisse vermittelt werden, unsere Schüler spätestens von der Mittelstufe an sehr interessiert sind. Warum sind sie interessiert, solche grundsätzlichen übergreifenden Kenntnisse zum Wesen der Musik zu erlangen? Weil der Erwerb dieser Kenntnisse sie befähigt, zunehmend selbständig und schöpferisch, auch wenn sie allein mit der Musik und sich sind, sich diese Musik zu erschließen. Gerade die Massenmedien, das Fernsehen speziell, haben die Möglichkeit, solche Verfahrenskenntnisse oder Hörstrategien sehr gut durch Merkmalsübersichten, durch Verlaufsorientierungen, durch Prozeßbilder zu diesen grundsätzlichen Möglichkeiten der Musik zu vermitteln. Durch eine schöpferische Auseinandersetzung mit Musik werden Einstellungen optimiert. Viel Optimismus müßten wir haben, da die Industrialisierung in allen Ländern die massenmediale Musikvermittlung auf die Tagesordnung setzt. Nicht so sehr nur das Negative sollten wir sehen, und nicht nur Angst haben, sondern vor allem immer wieder sehen, wie wir uns das voll in unserer Musikerziehung zunutze machen. Dabei liegt in der Ausbildung derjenigen, die in den Massenmedien musikerzieherisch arbeiten, eine besondere Verantwortung. Wer war denn das bisher, der Sendungen gestaltete? Das sind in den meisten Fällen nicht solche Persönlichkeiten, die musikerzieherische Fragen tiefer durchdacht und damit praktisch gearbeitet, beziehungsweise sich theoretisch damit genügend auseinandergesetzt haben. Ich würde also auch dafür plädieren, daß wir in Zukunft daran denken, in der Ausbildung an den Hochschulen, Universitäten diesen Berufszweig sehr konkret in Konzeptionen anzugehen. Das bedeutet eine Grundausbildung, die auch im engeren Sinne musikpädagogische Belange berücksichtigt, also auch mal ein Praktikum in der Schule oder in der Musikschule, darüber hinaus mehr die spezifischen Möglichkeiten der massenmedialen Einflußnahme auf die Musikerziehung einbezieht.

KURT BLAUKOPF: Sie haben einen Lehrgang in der Musikerziehung beschrieben, der seit zwei Jahren an der Musikhochschule Wien existiert.

FERDINAND KLINDA: Für den Einsatz der Massenmedien und ihre Wirkung ist es sehr wichtig zu wissen, auf welche Struktur sie stoßen. Zu fragen ist, was für eine Sozialstruktur das Land kennzeichnet. Wie ist das kulturelle Gefüge? Wie ist das musikalische Gefüge in dem Land?

Was für Präferenzen, was für Interessen gibt es? Wie vollzieht sich die relativ autonome Entwicklung, die in jedem Land vorhanden ist? Nun sagt man, da stoßen diese ganz universellen Medien hinein. Mir scheint ein bißchen das Problem dieser Diskussion, daß wir immer das Universelle herausstreichen und die möglichen Einwirkungen. Aber zugleich betrachten wir zu wenig die musikalische Kultur, auf die die Medien eigentlich stoßen. Falls die Massenmedien oder die Medien überhaupt mit dieser Entwicklung mehr oder weniger konform gehen, kann es zu einer sehr positiven Einwirkung kommen. Aber wenn diese Medien ohne Verständnis, ohne Kenntnis für das Wo und Wie ihrer Wirkung arbeiten, kann es zu Kurzschlußentwicklungen und zu negativen Entwicklungen kommen. Ein kurzes Beispiel. Man sagt von der Volksmusik, daß die Massenmedien einen sehr verheerenden und universalisierenden Einfluß ausüben. In der Slowakei gibt es eine Reihe von Sendungen, die universell Einfluß haben könnten, da sie auf das ganze Land ausgestrahlt werden. Da aber die regionalen Unterschiede in der Slowakei groß sind, tragen diese Sendungen eher dazu bei, den Leuten bewußt zu machen, wie unterschiedlich sie selber sind, zu einem Wissen über das kulturelle Gefüge und dem Spezifischen darin. Gerade durch die Massenmedien werden sie sich ihres Eigenen bewußt. Wenn wir diese beiden Dinge vom Verständnis her gut verbinden können, dann können wir auch die Massenmedien gründlich begreifen, und vor allem dann die Massenmedien ausnützen, auch in pädagogischen Lernprozessen, die wir den Massenmedien als eine ihrer Funktionen zuschreiben möchten.

KURT BLAUKOPF: Ich könnte mir vorstellen, daß diese Frage der Bewahrung der kulturellen Identität einer spezifischen Kultur und das Auftreffen der Massenmedien eine Frage ist, die uns alle interessiert.

PETER SPAHN: Man hat von den Idealen und Wertvorstellungen, die eine Gesellschaft in bezug auf Musik ausbildet, auszugehen und diese zur Grundlage für Medienkonzeptionen zu machen. Es muß ein enger Zusammenhang zwischen Gesellschaftskonzeption und Medienkonzeption bestehen. Aus meiner Sicht kann es nur darum gehen, ein tiefer gehendes Musikverständnis, ein bewußteres Reagieren auf musikalische Umwelteinflüsse zu erreichen, aus der Erkenntnis heraus, daß diese Fähigkeiten nicht a priori gegeben sind, sondern durch zielgerichtete musikpolitische, musikpropagandistische Arbeit entwickelt werden müssen. In diesem Prozeß haben die Massenmedien eine ganz wichtige Funktion, dabei geht es darum, gute Musik zu verbreiten. Aber gute Musik kann für mich nicht ein Gegensatz zu der Musik sein, die massenhaft verbreitet wird. Es gibt gute Musik in allen Gattungen und Genres, es gibt gute und schlechte Rockmusiken, es gibt gute und schlechte E-Musik.

TRAN VAN KHE: Je voudrais simplement résumer en disant que les mass média sont ce qu'ils sont. C'est à dire une création de l'homme, mais souvent l'homme crée la machine et l'homme a tendance à devenir l'esclave de la machine, il est temps maintenant de reprendre le dessus et de contrôler. S'ils sont dans de bonnes mains, les mass-media peuvent être d'une très grande utilité. Le problème réside dans l'utilisation. Il y en a une bonne et une mauvaise. Les massmedia en tant que tels ne méritent pas d'être critiqués, mais il faut les utiliser avec beaucoup de prudence comme une lame de couteau à deux tranchants. Si on ne fait pas attention, on se coupe les doigts.

FRANK CALLOWAY: My comments, I think more of a general kind than a specific one, but as I have listened this morning to the initial paper and the comments that have followed it I feel perhaps that it is time that we might look at some definitions. We have been using the word 'music education' and I am wondering if we all have the same concept of what we mean by music education. Could I suggest to you that there are two considerations here. I have been concerned with music in education where music sits beside other subjects as part of the broad study of education which incorporates a manifold list of other subjects and where we are thinking of children and other people, grownups, in class situations that I conceive as music in education or is it education in music where you take the individual child in the private studio and you teach him in a different way with a different fundamental philosophy. I think we just need to think about that because we talk about music education, we may be talking about different things. If we talk about music in education and music for everybody I suggest to you that there are five basic ways in which people can come to music, or if you like ways we can present music to young people. Young people can come to music by performance. Performing either through the voice or performing it through instruments, any form of instrumental music, so they can perform music. Secondly, they can create music. That is I can compose and there are also different levels of sophistication of course also in composition. But we ought to have our young people creating music. Then of course they can involve in music through movement. In simple movements, in sophisticated movements of the ballet and the dance. And there is also of course the question of listening to music. You can just hear music or you can purposefully listen to music. Perhaps I have you given only four, but if you divide performance into vocal voice and vocal performance and instrumental performance then you will have five. If those are the five ways on which you can come to music, then I believe that any meaningful programme of music education should involve always a related field of study. We could go much further on that as we have become in recent years more understanding of music as a worldwide phenomenon. And I think it is a very straight-laced horse-scheme of music education that does not encourage people to realize that music is a worldwide phenomenon and therefore we must realize that our music is not the only music that matters. There are the musics of the world and we need to impart that concept on very young children. On the question of the media, also there is the use of the media and the influence of the mass media. And I am not sure as we use this word 'media' whether we are fully aware of it.

The main point I wanted to make is that I believe that all we have talked about this morning is essentially a challenge to educators. Make sure that the mass media does not take over, but it has a very important role to play in relation to all the other things that we believe are essential to music education. There is a great deal that has been said this morning that could lead to whole long sessions to expose their full meaning. But I just felt that there are one or two points that I have just made that were worth making at this time and it is I believe again a challenge to the music educator to make sure that he brings what influence he can so that the mass media have a fruitful meaning on music education and that we don't sell out to the mass media. So much of the music coming through the mass media is not controlled by educationists. You understand what we would like to think what music education should be about.

KURT BLAUKOPF: Meine Damen und Herren. Wir sind zum Ende gekommen. Ehe ich nach Berlin flog, bat mich ein Kollege, nachzudenken, welche zehn oder zwölf Themen man eigentlich für Diplomarbeiten an Studenten in diesem Semester vergeben könnte. Ich habe von Ihnen vierzig Themen bekommen, sie sind alle notiert. Ich danke Ihnen.

Referatekette II

Tradition in den Musikkulturen

Kazuo Ishibashi Fukushima

The Place of Tradition in the Music Culture of Japan

In this paper I will discuss the place and significance of tradition in the music culture of Japan, focussing primarily on the situation of the present day.

Japan, along with China and the Koreas, is one of the countries of East Asia, and is situated off the eastern coast of the Eurasian land mass. Although during its history it has been influenced by the cultures of the mainland, as an island nation distinct in racial, linguistic, and cultural terms from the other countries of the region, it has developed its own single and homogeneous racial culture.

With reference to music, one particular characteristic can be discerned throughout the long history of this art in Japan. That is, the coexistence at any one time of a variety of musics, which differ respectively according to their character and the period in which they were formed. This is particularly noticeable in the period after the fifteenth century.

To give an example, let us look at the Edo period, which lasted from 1603 to 1868. During this time a wide variety of musics coexisted. Gagaku, the name for an aggregate of musics for both voice and instruments which was fully developed before the Kamakura period, that is pre-1185, was handed down and still performed, passing through various stages of prosperity and decline. Shōmyō, the Buddhist vocal music that developed and was transmitted in close association with gagaku, was also still performed. The music of the nō drama, which developed during the fifteenth century, flourished as the official music of the military class under the protection of the Edo shogunate, which was established in the 17th century as the embodiment of the political power of that class. During this time too, the music of the koto underwent a new stage of development, and following the introduction of the shamisen to Japan in the 16th century, a great variety of shamisen-accompanied vocal musics developed both in connection with theatrical forms such as kabuki, as well as independent of the theatre. In addition, the music of neighbouring China was also imported and cultivated under the name "Minshingaku", or music of the Ming and Shin Dynasties.

In this way, a multiplicity of musics, those developed anew in answer to the demands of the time, as well as those of the immediately preceding and even earlier periods, coexisted concurrently, and each of them strongly retained the characteristics of the periods which produced them. In other words, the newly developed genres of music did not supplant those of earlier periods; on the contrary, older forms were respected for what they were, kept alive, and passed on to following generations. Of course, this is not to say that everything was transmitted in its complete form. Some musical genres, like the medieval song soga, were lost completely, while others, such as the gagaku vocal genres saibara and rōei, approached extinction, only to be brought back to life by a series of revivals which, although they sought only to restore the genres to their original states, were actually closer to reinterpretative reconstructions.

After the Meiji Restoration of 1868, when Japan was reopened to the rest of the world after more than two centuries of virtual isolation, the rapid influx of Western civilization began. In order to protect itself from the wave of Western science and technology that threatened to overwhelm the country, Japan has done its best to turn this science and technology into something of its own, employing this newly gained knowledge to act as a buffer to pressure exerted from without.

The introduction of science and technology naturally leads to the introduction of the culture which lies at its base. It is no easy task to introduce to such a large extent and at such a quick speed a culture which is both historically speaking and in terms of its character so completely different as that of the West. Moreover, at the same time Japan has not renounced its past, but endeavoured to retain its own culture and undertake concurrently the further development of its own traditions.

Fortunately, Japan and the West share a number of important similarities which may have contributed to the ease of introduction of Western culture into Japan. A single common feature that can be mentioned here is the fact that both Japan and the West possessed in historical terms a materially rich feudal period. In regard to the level of culture, let me point out that the oldest still existing and datable printed object in the world, the Hyakumantō daranikyō, was produced in Japan in 770 A.D. In addition, the oldest surviving example of printed musical notation is that of a collection of shōmyō vocal notation produced at Kōya-san in present-day Wakayama prefecture, which was printed from woodblock in 1472.

The possibilities of succeeding in the importation of a foreign culture are swayed by the presence in both cultures of corresponding elements. In the period before the Meiji Restoration of 1868, education in Japan was of an extremely high standard and widespread throughout the population. There were in excess of 300 institutions of higher secondary learning associated with military clans in centres throughout Japan. In addition, schooling at elementary school level for children of the general populace was undertaken at institutions known as terakoya, and at these schools musical instruction was given in the form of training in singing excerpts from nō plays. From the 17th century onwards, large numbers of textbooks for this type of instruction were printed by commercial printing houses. This may be one of the factors that contributed to the rapid adoption of music as a subject in the educational curriculum of the modern school system of post-Meiji era Japan.

The result of the historical processes outlined above has been the development in this century of an extremely varied music culture within Japan. The coexistence of various musical genres of differing ages and characters that could be seen in the Edo and earlier periods has continued into modern day Japan, and further developments in a number of traditional fields can be seen. In addition to this, a great variety of European musical styles have been introduced as a result of both intense curiosity and pressing need on the part of the Japanese, and the sudden increase in opportunities for international and intercultural exchange that have become available as a result of the transformation of world-wide transportation facilities in recent years has contributed to the production of a music culture in which countless varieties of music exist in concurrent and parallel fashion.

Whether this situation is to be viewed as a fragmented mass of disordered confusion, or as an abundant chaos of endless possibilities, is a matter for debate, although I myself tend towards the latter view. Japan has, at least since the 15th century, maintained and developed a music culture characterized by this type of parallel coexistence of musical genres. However, I am personally inclined to think that the present-day situation is perhaps a little too complex in its variety, and I have misgivings as to whether it will be possible from now on to do what we in Japan have managed to do in the past in regard to the transmission of a tradition of this nature.

Let me turn now to the question of the ways in which tradition is and has been transmitted in Japan.

In general terms, tradition has been highly respected, and its transmission from generation to generation has been regarded as being of extreme importance. We may look, for example, at the case of the Shōsō-in, or Imperial Treasure Storehouse associated with the Nara temple, Tōdai-ji. The collection of treasure stored there has, as a result of being carefully tended for more than 1200 years, managed to survive in almost its complete form to the present day. Among the items preserved there are the oldest musical notation surviving in Japan (a fragment of tablature notation for biwa handwritten in ink on paper, completed before 747), as well as a large collection of musical instruments, so that we may rightly call the Shōsō-in a treasure house of historical source materials for music.

In the field of music, tradition has long been respected. The legitimate transmission of correct forms within the tradition, as well as the continuation of that tradition to succeeding generations, have always been emphasized. Those within the tradition have believed that the music of their teachers was the same as that of the original founder of the tradition, that they themselves inherited the tradition in its correct form, and that they would then make all efforts to pass down the tradition without error to the next generation. According to their way of viewing the tradition, then, the music passed on had never changed from the time it was first performed; this belief also guaranteed the legitimacy of the tradition itself.

However, we must consider that the transmitters of the tradition are living people, and that the transmitted object itself is music, something which clearly makes an appeal to the senses. Despite the consciousness or attitude of the conveyers of a tradition, it is a fact that the music itself changes, is changed (or, according to the intent of the transmitters 'rectified'), and elements of it are lost while others are added. The way the music is used also changes; in addition, reconstructions of lost elements have been attempted, as have revivals of a more fanciful nature.

In my opinion, the transmission of a tradition by living human beings is only possible in so far as the object of the tradition is alive, functioning in some way in terms of the individual, the community and society. Tradition is something that cannot exist in a state of inertia like that to be found in a museum.

Music born in a particular period captures the spirit of that period, and possesses various characteristics that reflect it. As the music is transmitted into the next period, it retains its original central or core characteristics, and exerts an influence on the new musics formed in that period while at the same time being influenced by those musics. While newly serving its purpose in this period, it is carried on further into succeeding periods as well. Thus, as several periods go by, the music gains a complicated character formed by the layers of influence of those periods, and yet it still retains at its core the spirit and the reflection of the period during which it was born.

The transfer of tradition from teacher to disciple has customarily been undertaken in a one-to-one situation. From about the 12th century, the levels of training or education were consciously structured, with certain regulations set up in a formalized system of organization. Those disciples officially acknowledged by the teacher to have reached the highest level in the training hierarchy would be formally recognized as musicians within that tradition, and their names recorded on a generalogy of carriers of the tradition. In addition, a single person in each generation was chosen to be the central transmitter of the legitimate tradition.

In many cases, the relationship of student-disciple coincided with blood relationships, so that certain families have adopted a particular type of music or musical instrument as a family tradition, and that related families have formed what may be viewed as a type of occupational group. The leader of the family would train those seen as suitable for carrying on the tradition, and occupy a place of control over the occupational family group. As well as performance ability, instruments, musical notations, performance techniques and customs being transmitted, members of the group would inherit exclusive rights to the use of materials dealing with theory and ancient practices. In addition, certain fixed offices or places of work, as well as associated social positions and privileges are known to have been passed on in a hereditary manner.

To give an example from the genre of gagaku, the Ōno family has occupied a leading position as a group specializing in the music of the court for over one thousand years since the time of its founder Jizemaro, who died in 886. The present head of the family, Tadaaki, is of the forty-first generation, and in the intervening period a total of more than 450 professional musicians have belonged to the family. The Koma family of Nara gagaku musicians has produced during its long history more than 700 musicians.

Another example can be seen in the case of the Kanze school, the most important of the five major nō schools. This family is centered around the descendants of Zeami Motokiyo (1363–1443), who is known as the individual most responsible for the artistic perfection of the genre. It is presently led by 25th generation Motomasa.

In Japan before the modern era, music was regarded as a highly important, indeed indispensable, element in the affairs of state. The head of state was required at all times to cultivate music in a personal fashion, and the study of music along with the study of poetry was regarded as an important element of the scholarship to be undertaken by a sovereign. Throughout Japan's past, emperors have been musicians to some degree, and some of them, such as the 12th-century emperor Goshirakawa, have been major figures in the musical life of their times.

Ability in music formed an indispensable part of the accomplishment of the duties of the nobles and court officials who formed the society of the Imperial court of Kyōto around the central figure of the emperor, since it was one of their specialist functions and not simply a matter of cultural refinement or education. In actual fact, the major groups of musicians during the 9th to 14th centuries were the nobles, Buddhist priests, and professional musicians associated with the court, with the nobles forming the outer and most visible group of the three.

If we undertake an overview of the historical development of the national culture of Japan, I think that it is possible to detect two early major periods of transition. The first of these is that of the 6th century, when Buddhism was introduced from mainland Asia, and the second is that of the 14th to 15th centuries, during which major internal disturbances occurred. In addition, I believe that we are now experiencing a third transitional period. Although it may be possible to date the beginning of this third turning point at the end of the Second World War, I believe that if we look in larger terms the period since the reopening of Japan to the rest of the world with the Meiji Restoration of 1868 can be viewed as belonging to this third transitional period.

In the case of the second transitional period, the musics that managed to survive, that is what we now call gagaku and shōmyō, only managed to do so by undergoing a substantial degree of transformation.

After the Meiji Restoration, the social structures that formed the base for the maintenance of traditions changed in many ways, though after a period of disruption, many of those traditions managed to find new social bases. However, changes in social structure after the Second World War have occurred to an extent not seen in the past, and this has given rise to a number of serious problems in regard to the transmission of the traditional arts. The twenty-or-so families with thousandyear traditions associated with gagaku have halved in number in the last twenty years. In the genres of nō and kabuki, which at first sight seem prosperous even now, there are serious difficulties being encountered in the less glamorous fields that actually form the foundation of these arts. Severe shortages are being experienced with regard to actors for subsidiary roles, as well as makers of instruments and parts of instruments, and the transmission of many technical skills is being endangered.

Perhaps the biggest problem is that of education. In Japan the number of people aware of and interested in European music, but who are ignorant to an alarming degree of Japanese traditional music, has grown enormously in recent years. We must, however, find ways to overcome these difficulties, and pass the tradition of our fathers and grandfathers to coming generations of the next age.

The state of parallel and concurrent existence of multiple music genres, which occurred in Japan from a fairly early period, is one that is going to expand throughout various regions of the world from now on. We must hope that this richness of possibilities, as well as the transmission of our own traditions, will form fertile ground for the subsequent development of new musical cultures, and work towards it in the best ways that we can.

La tradition et ses valeurs dans la culture musicale du Japon (résumé)

A l'égard de la musique, il y a une particularité à suivre à travers toute l'histoire de ce genre d'art au Japon: la coexistence d'une pluralité de formes musicales qui se distinguent par leur caractère et genèse. Voilà un exemple de la période «edo» (1603–1868) pour illustrer cela: cohabitaient ici «gagaku», musique pour voix et instrument, «shōmyō», la musique vocale bouddhistique, la musicque du drame «nō», ainsi que la musique instrumentale pour les «koto» et «shamise» qui était née en liaison avec la forme théâtrale «kabuki». En sus, on a également exécuté la «mishingaku» importée de la Chine et cultivée. Evidemment, on ne saurait dire que toutes ces formes-là aient été adoptée dans leur intégralité. Certains des genres, tels la forme de chanson médiévale du «soga», se sont perdus tandis que d'autres, tels les «saibara» et «rōei» du genre «gagaku» étaient en train de s'éteindre et n'ont été gardés que par quelques revivifications. Après la restauration Meiji en 1868, avec l'ouverture du Japon vers le monde extérieur précédée d'une complète isolation de plus de deux centaines, a commencé la forte influence de la civilisation occidentale. Heureusement, le Japon et l'occident ont de commun un certain nombre d'importants éléments qui ont facilité l'influence de l'occident sur le Japon. Une de ces parallèles, c'est la riche époque féodale des deux systèmes. En effet, le plus vieux exemple préservé d'une notation typographiée est celui de la collection des chants «shōmyō» provenant de koya-san de l'an 1472. Selon le rapporteur, il y a aujourd'hui une trop grande variété de formes musicales pour ne pas douter que l'on arrive à poursuivre la gestion des traditions musicales en ce sens.

La transmission au Japon de traditions musicales s'est vue attribuer de tout temps une haute estime. Dans le «shōsō-in», trésorerie impériale, une multiplicité de matériels historiques et d'instruments musicaux sont à trouver, extraordinairement valables à la recherche. Dans la prolifération des connaissances, chaque génération s'est attachée à garder contenu et forme originaux de la musique par une transmission minutieuse à la génération suivante. Ce serait dire que, au cours de sa transmission, la musique n'ait pas été l'objet de modifications. Mais il nous faut tenir compte du fait que les transmetteurs, eux, sont des hommes vivants et que la musique subit des changements de par l'ambiance. Le rapporteur est d'avis que la transmission de tradition n'est possible que si l'objet de la tradition est valable, après comme avant, et fonctionne dans le rapport avec l'industrie, avec la collectivité et la société. La tradition ne peut exister dans un état de quiétude, comme dans un musée.

Au cours du développement, il est apparu que certaines familles avaient l'emporté sur d'autres en gérant la tradition d'un certain courant musical ou en produisant et cultivant un certain instrument musical et qu'elles savaient poursuivre cette tradition familiale à longueur de siècles. Outre la capacité interprétative, les instruments, la notation musicale, les techniques et usages d'interprétation, elles s'étaient réservé les droits sur l'utilisation des matériels portant sur la théorie et pratique de musique historique.

Au Japon avant des temps modernes, la musique jouissait d'une estime en tant qu'élément prestigieux et indispensable du gouvernail. Dans le passé japonais, les empereurs étaient toujours étroitement liés à l'exécution et même à la composition musicale, et des monarques aussi marquants que Goshirakava du XIIe siècle étaient d'importantes personnalités dans la vie musicale de leur temps. On peut distinguer dans le développement de la culture nationale japonaise trois périodes: la première au 6e siècle, soincidant avec l'introduction du Bouddhisme, la deuxième aux 14e et 15e siècles secoués par de grandes perturbations intérieures, et la troisième période ne commence pas que par la fin de la Seconde Guerre mondiale mais déjà au temps de la restauration des «Meiji» en 1868. Car après cette date, ont été changées radicalement les structures sociales qui étaient à la base des traditions cultivées, et beaucoup parmi elles ont trouvé à la suite une nouvelle base sociale.

Le plus grand problème, peut-être, qui se pose au Japon d'aujourd'hui est celui de l'éducation. Dans ce pays, le nombre de ceux qui s'intéressent à la musique européenne, tout en tournant le dos à la tradition japonaise, augmente rapidement ces dernières années, et il faut trouver un chemin pour surmonter ces difficultés et pour transmettre la tradition des pères et grand'pères à la génération à venir, conclut le rapporteur.

Der Stellenwert der Tradition in der Musikkultur Japans (Zusammenfassung)

Im Hinblick auf die Musik gibt es eine Besonderheit, die sich durch die gesamte Geschichte dieser Kunstgattung in Japan verfolgen läßt. Das ist die Koexistenz einer Vielzahl von Musikformen zur gleichen Zeit, die sich hinsichtlich ihres Charakters und ihrer Entstehungszeit unterscheiden. Ein Beispiel aus der Edo-Zeit (1603–1868) soll das verdeutlichen: Hier existierten «Gagaku», Musik für Singstimme und Instrument, «Shōmyō», die buddhistische Vokalmusik, und die Musik des Nō-Dramas nebeneinander sowie Instrumentalmusik für die «Koto» und «Shamisen», die im Zusammenhang mit der Theaterform des «Kabuki» entstand. Darüber hinaus wurde ebenfalls die aus China importierte und kultivierte «Mishingaku» aufgeführt.

Natürlich läßt sich nicht sagen, daß alle diese Formen in ihrer Vollständigkeit übernommen wurden. Einige musikalische Genres, wie die mittelalterliche Liedform des «Sōga», gingen vollständig verloren, während andere, wie die «Gagaku»-Genres «Saibara» und «Rōei», am Aussterben waren und nur durch einige Wiederbelebungsversuche erhalten blieben. Nach der Meiji-Restauration 1868, mit der Öffnung Japans gegenüber der Außenwelt nach über zwei Jahrhunderten völliger Isolation, begann der starke Einfluß der westlichen Zivilisation. Glücklicherweise sind Japan und dem Westen eine Reihe von bedeutenden Gemeinsamkeiten eigen, die den Einfluß des Westens auf Japan erleichterten. Eine dieser Gemeinsamkeiten besteht in der materiell gesehen reichen feudalen Epoche beider Systeme. So ist z. B. das älteste erhaltene Beispiel einer gedruckten Notenschrift das der «Shōmyō»-Gesänge-Sammlung aus Kōya-san aus dem Jahre 1472. Gegenwärtig herrscht in Japan eine zu große Varietät an musikalischen Formen, so daß zu zweifeln ist, ob es gelingt, die bisher erfolgreiche Traditionspflege in diesem Sinne weiterzuführen.

Die Übermittlung musikalischer Traditionen besitzt in Japan seit je einen hohen Stellenwert. Im «Shōsō-in», der kaiserlichen Schatzkammer, finden wir eine Vielzahl von historischen Materialien und Instrumenten, die für die Forschung außerordentlich wertvoll sind. In der Weitergabe von Wissen bemühte sich jede Generation durch peinlich korrekte Übermittlung an die nächste Generation, die ursprüngliche Gestalt und den Inhalt der Musik zu bewahren; das würde bedeuten, daß sich die Musik im Verlaufe ihrer Übermittlung nicht verändert hat. Man muß jedoch in Betracht ziehen, daß die Überträger lebendige Menschen sind und daß die Musik dennoch Veränderungen ausgesetzt ist. Die Übermittlung von Tradition ist nur möglich, wenn das Objekt der Tradition nach wie vor Gültigkeit besitzt und in Zusammenhang mit Individuum, Gemeinschaft und Gesellschaft funktioniert. Tradition kann nicht in einem Zustand der Ruhe, wie in einem Museum, existieren.

Im Verlaufe der Entwicklung ergab es sich, daß bestimmte Familien die Vorherrschaft in der Traditionspflege einer bestimmten Musikrichtung oder der Herstellung und Pflege eines bestimmten Musikinstrumentes übernahmen und über Jahrhunderte hinweg diese Familientradition fortsetzen konnten. Neben der Fähigkeit des Vortrags, des Instrumentenbaus, musikalischer Notierung, der Ausbildung von Vortragstechniken und -bräuchen okkupierten sie die alleinigen Rechte über die Benutzung von Materialien, die sich mit Theorie und Praxis historischer Musik befaßten.

Im Japan vor der Neuzeit war die Musik als höchst bedeutendes und unentbehrliches Element der Staatsführung geachtet. In der japanischen Vergangenheit waren die Kaiser stets eng mit der Ausübung und sogar der Komposition von Musik verbunden, und Kaiser wie z. B. Goshirakawa im 12. Jahrhundert waren bedeutende Persönlichkeiten im Musikleben ihrer Zeit. Innerhalb eines Überblicks über die historische Entwicklung der Nationalkultur Japans kann man drei frühe Perioden unterscheiden, die erste im 6. Jh. mit der Einführung des Buddhismus, die zweite im 14. und 15. Jh. während großer innerer Unruhen, und die dritte Periode setzt nicht erst beim Ende des II. Weltkrieges an, sondern bereits zur Zeit der Meiji-Restauration 1868. Denn nach der Meiji-Restauration wurden die sozialen Strukturen, die die Grundlage der Traditionspflege ausmachten, radikal verändert und eine Vielzahl von Traditionen fand hiernach eine neue soziale Grundlage.

Das vielleicht größte Problem, dem sich Japan heute gegenübersieht, ist das der Bildung und Erziehung. In Japan nimmt die Zahl derjenigen, die sich für europäische Musik interessieren und dabei der japanischen Tradition den Rücken kehren, seit den letzten Jahren stark zu, und es muß ein Weg gefunden werden, um diese Schwierigkeiten zu überwinden und die Tradition der Väter und Großväter an die kommenden Generationen weiterzugeben.

Ricardo D. Trimillos

Tradition and Colonialism in the Philippines – a Diachronic Phenomenon

Introduction

In this brief presentation, I wish to consider music as a part of national tradition. Although the data are from the Philippines, the points presented are intended as contribution to considering the broader issues of music as tradition and in traditionalism. They proceed from an in-culture-subjective base comprising upon three classes of information: first, the sentiments of present Philippine society expressed through social interactions, structured forums and the popular mass media; second, the historical depth and particular knowledge promulgated by the scholarly community and communicated in published sources; and third, observed societal attitudes and behaviour regarding specific musical genres.

Current sentiment

For the Philippines the topic of cultural tradition is a great concern; it has taken on a number of new dimensions in the contemporary era. Cultural tradition (including music) impacts directly upon national identity and thus carries social and political implications.

At the moment the Philippines seeks to redefine a political stance more clearly independent of the United States, which has been both colonial power and benefactor for the past 87 years. In the process of redefinition the country sees, pragmatically, its context and its locus of interaction to be with its immediate Asian neighbours. In the past the Philippines has prided itself as being "the only Christian nation in Asia"; its close relations to the U.S. has been expressed by the epithet "little Brown Americans": both historic slogans point to a nation heretofore distanced from its Asian surroundings. However changing realities – the shifting balances of political and economic power affected by such developments as petrochemical resources in Southeast Asia, manufacturing activity in East Asia, and an outward-oriented foreign policy in China – has made it incumbent upon the Philippines to pursue a redefinition.

In general cultural life this pursuit coincides with the increase (since 1972) of Tagalong-language theatre, the development of Pinoy rock – popular music with texts in Philippine language rather than in English, and the proliferation of numerous "coffee-table" picture books exploring aspects of Philippine tradition, including festivals, cuisine, dance and distinctive modes of transportation. A signal publication for identity is Being Filipino (Cordero-Fernando 1981), a collection of essays and art work that identifies social stereotypes and describes the respective role of each in Philippine society. The musical establishment of the Philippines (represented by the Cultural Center of the Philippines and the University of the Philippines College of Music), although firmly established in the traditions of Western art music, has taken steps to promote a Philippine identity within these traditions. Operas based upon Philippine history, such as "La loba negra" by Francisco Feliciano (1984), and instrumental compositions using Philippine materials, such as "Agungan" by José Maceda (1966) attest to this undertaking.

The concern for a Philippine tradition has internal as well as external motivation. Internal motivation includes the recognition that a shared cultural tradition reinforces national unity, a goal since the initial resolve to throw off Spanish colonial domination in the late 19th century. The nation is a political entity made up of a diverse number of cultures representing some 80 distinct languages; regional differences are reinforced by natural geographical barriers – islands, mountain chains, and the sea. The possibility of forging a pan-Philippine cultural identity or tradition is not without its challenges. However, the undertaking is seen not only as a desirable adjunct to political unity; it also arises from a popularly-held feeling that there is an indefinable bond among the various cultural-linguistic groups.

External motivation arises from Philippine self-comparison to Asian neighbours such as Japan, Han China, and Java. First, such neighbours exhibit a centralized establishment with associated musics of long tradition. Second, the musics themselves appear more "authentically Asian" than those of the Philippine majority. In the historical present when the terms acculturation and Westernisation have a negative value in most of the Third World, the Philippines appears doubly disadvantaged vis a vis the rest of Asia: it has no establishment music tradition of longstanding, and the musical traditions supported by the present establishment are clearly products of acculturation and Westernization.

Scholarly reflection

The quest for a pan-Philippine tradition is not recent, but has been a concern for at least a century. Individuals from the privileged class – illustrados /educated and meztisos/ mixed European and Filipino – residing in Europe wrote and planned for sovereignty and an independent identity. Dr. José Rizal, the Philippine martyr-hero (educated in Spain and in Germany) expressed this sentiment in such writings as "Noli me tangere" (1886) and "El Filibusterismo" (1891). Both reflected his hopes for a nascent Philippine nationalism whose culture would be distinct from and independent of the 19th century Spanish petite bourgeoisie that comprised colonial power structure.

Filipino intellectuals define the nature of a representative tradition from at least three different viewpoints.

One viewpoint is taxonomic. In the flood of Filipino scholarship during the American colonial period (1898–1946), apologists tended to treat Philippine tradition as an aggregate of named genres considered to be Filipino, primarily those with clear contrasts to the prevailing and popular Western traditions in the Philippines. The earliest known presentation of this type appeared in 1915 entitled "Music of the Philippine Islands" by Josefa Jara, a three-page commentary reprinted in two other journals that same year. However, the significant work upon which subsequent taxonomic discussions drew for both methodology and purview is "Musical instruments and airs of long ago" by Norbert Romualdez. This modest publication, taken from a series of lectures, was based upon his observations as a circuit justice travelling throughout the Philippines. Other authors, notably Madrid (1954), Espina (1961), and de Leon (1966), reinforce this viewpoint. Unfortunately several of the genres cited in writings of this type were moribund or already extinct at the time of citation. Thus this first view of Philippine tradition encompasses a taxonomy of genres without consideration for the historical condition of each.

A second viewpoint of tradition is process-oriented. It posits that tradition derives from a performer's recognizably Filipino treatment or approach to musicmaking, rather than from an established canon of music genres. That is, national tradition is exemplified by the individual artist, who creates or performs "in a Filipino way". The most ardent champion of this viewpoint is Antonio Molina whose writings encompass three historical periods and three languages. He argues his case in "El sistema tonal de la música Filipina" (The tonal theory of Philippine music), 1937, "Ang kundiman ng himagsikan" (The song of revolution), 1940, and "Intellectual curiosity on aural phenomena", 1970. Other writers include Romero (1963) and Mangahas (1972). The operating definition of Filipino tradition as anything a Filipino does, is reminiscent of Charles Seeger's definition for ethnomusicology.[1]

A third viewpoint is genre-specific. It holds that national tradition consists of musical genres developed in the Lowland Philippines during the Spanish and American colonial periods. This definition appears to be gaining ground in the cultural pragmatism of the 1980s and will be examined more closely here. The documentation relative to this attitude exhibits considerable historical depth and appears to have contributed to its level of general acceptance. It has been promulgated in both mass media and public education infrastructures; in the domain of cultural representation it has achieved a de facto status.

Documentation includes publications by Spanish expatriates, including Walls y Merino's "La música popular de Filipinas" (Folk music of the Philippines), 1892, and Diego's "Danzas filipinas" (Filipino dances), 1946. American writers also supported this point of view, notably Brockerishire in "A word about native Philippine bands and musicians" (1916) and Hiestand in "Philippines, a land where everyone sings" (1923). Filipino scholars also promulgated this position. Contributions include "Folk music – its place in our public schools" by Lardizabal (1933); the highly influential compendium of Philippine dance music, "Philippine national dances" by Reyes-Tolentino (1946); and "Philippine music – past and present" by Kasilag (1961). More recent writings, such as those by Maceda (1974) and Samson (1974/75), take exception to this viewpoint, thereby acknowledging its pervasiveness in contemporary Philippine thought.

Four musical genres of the Philippines

When "music of the Philippines" is treated, the genres most often mentioned are the banda, the rondalla, the sarswela, and the kundiman. Each has its basis in the Spanish colonial period (1600–1898) – reflecting various responses to the colonial situation – and continued on into the American colonial period (1898–1946). This section describes each genre, specifically antecedents and historical development in terms of use and function, observing the distinctions made by Merriam (1964, p. 209f.).

Banda. The banda or wind band is the only one of the four genres that maintains a clear parallel to its Spanish counterpart. It was used by the Spanish establishment both for secular (governmental) occasions as well as religious ones. The present musical style, particularly that for religious observances, is surprisingly similar to that of town wind bands of Spain and Mexico. The banda is indispensable to local celebrations, including the Santa Cruzan (presently a kind of beauty pageant) and the Holy Week processions in which life-size icons (santos) of the principal figures in the Passion are carried and venerated.

During the Spanish colonial period the bandas were apparently sponsored by the diocese (simbahan) or by the town government (municipio). During the American period the wind bands received positive reinforcement by the military band; an American-style band was founded by a Black American officer, Col. Walter Loving. Named the Philippine Constabulary Band, it created a sensation at the 1906 Chicago World Exposition (Ejercito y Ferriols 1954, Rubio 1959, de Leon 1963).

The Spanish banda and the American band occupy two separate streams of wind band music in the Philippines. The American band repertory and style is generally prevalent in urban settings for secular concert music. The Spanish-style banda maintains its original uses in town celebrations, both secular and religious.[2]

As one of its major functions, the banda provides a locus for regional identity. It is often the performing medium for the serenata, a musical competition between two different towns. The bands alternate, playing repertory of a particular type (march, paso doble, waltz) as called for by a referee. The competition may last a few hours or an entire day, depending upon the strength of the musicians and the size of the repertory for each group. The serenata ends when one side "surrenders"; thus, the winner is determined by acquiesence.

Rondalla. The rondalla is a plucked string ensemble which derives its name and general musical characteristics from Hispanic sources, both European and New World. With the exception of the guitar, all rondalla plucked lutes underwent further evolution in the Philippines, contrasting in construction with their Spanish and Mexican counterparts. For example, the Philippine bandurya has courses of three strings rather than of pairs typical of the Spanish bandurria. Further the Philippine instrument is tuned in a series fourths rather than the bandurria's mixture of fourths and thirds.

The musical style is Hispanic with simple triadic harmony and shifts between parallel major and minor modes without modulation. Popular 19th century rhythms – the paso doble, the polka, the waltz, the march, and the habañera – are the basis for the repertory.

Its earliest use in the Philippines, like that of its Spanish counterpart (known variously as rondalla, cumparsa or estudiantina), was for serenade and for dance accompaniment. As reported elsewhere (Trimillos 1984a), the ensemble gradually developed other uses, such as competitions, concerts and school music. At present it is regarded by Filipinos as the most "typically Filipino" instrumental music ensemble and is prominent in cultural missions, official receptions, and celebrations of national significance. Thus, one of its major functions is as cultural emblem.

Kundiman. The third genre, the kundiman, represents a conscious attempt by Filipino composers in the Western idiom to create a national artsong tradition comparable to the German lied and the French chanson. This major activity began at the turn of the century by illustrado trained in the Western music – Abelardo, Suarez, and Buencamino, to name a few. The composition of kundiman continues today, with numbers of them finding their way into film scores.

The term kundiman derives from an earlier folk genre (which also partook of the Hispanized musical style); it was an improvised dance-song (Rubio 1973). The title is most often explained as a reduction of the Tagalog phrase "kung hindi man/if this were not so", a stock opening for an improvised text usually dealing with frustrated or unrequited love. By the time the composed kundiman appeared the folk genre was already extinct, apparently going into decline in the early part of the 19th century.

The specific musical referent of this genre purports to be the concert Neopolitana, which was familiar to the 19th century Filipino privileged class through touring artists from Europe. Such a background reinforces the identity of the kundiman as an artsong tradition and explains the preference for a bel canto style. Its use as a concert music reflects the early 20th century nationalist intention to place the Philippines (specifically the Filipino concert performer of European art music) in a position of parity vis a vis the Western concert world.[3]

An important function of kundiman is cultural identity; it is means for the Filipino artist to acknowledge his cultural heritage in music.[4] Programming kundiman for an overseas artsong recital is almost protocol, which the Filipino singer appearing in Europe or America rarely fails to observe. It is also expected of the vocalist in the Philippines as well, as a perusal of graduation recitals at various tertiary schools of music in Manila reveals.

For the artist touring overseas it serves to establish ingroup solidarity with Filipino members of the audience, many of whom decide to attend the concert because the performer is Filipino. This function is especially well served in the United States, where the visiting artist often relies upon the resident Filipino population to provide the audience for the concert.[5]

The kundiman is an instance in which the name of a preexisting folk genre, a rural improvised song-dance, is coopted to denote a created genre with specific cultural-political aims and a derived musical style.

Sarswela. The sarswela is Philippine music theatre derived from the Spanish zarzuela. Although the Philippine sarswela had a relatively short golden period – some thirty years between 1890 and 1920 (Hernandez 1976) – it is still regarded as the Philippine musical theatre. At the present time there are frequent revivals of sarswela productions and organizations dedicated to their re-performance, such as the Zarzuela Foundation of the Philippines. It is vernacular light opera, whose initial libretti represented reworkings of popular 19th century Spanish zarzuelas. However, the sarswela adapted itself readily to social commentary and protest, against both the adapted (as in Walang sugat/without a wound by S. Rayes) and the American (Dahas ng pilak/the power of money by de los Reyes).

The principal use of sarswela was and continues to be entertainment. However its functions included social protest and ridiculing authority. These so-called "seditious sarswela" productions were often closed down by the authorities (Bonifacio 1974). However they demonstrated that the techniques of protest and criticism already existing in indigenous rural genres could be effectively incorporated into a "Western art" form, which itself was to become radically Filipinized. This lesson has not been lost upon the current group of young Filipino film-makers, including Lino Brocka and Behn Cervantes. Both have made this Western entertainment medium a forum for political and social criticism.

A second function in the contemporary period is nostalgic idealization of this earlier era by a broader (in terms of class) population base. For example, Nicanor Tiongson's 1982 revival of the Tagalog sarswela Philippinas circa 1907 played to large audiences in the open-air stage of Rizal Park in Manila and was an oblique commentary upon the present political-social-economic situation (Fernandez 1985).

Discussion

The four genres (for most Filipinos) represent Philippine musical tradition – if not in fact comprising their perception of it – and stand in contrast to specifically regional musics such as the kulintang [gong ensemble of the Muslim south (Cadar 1975, Kiefer 1970, Maceda 1963)], the ogayyam [improvised song of the Upland peoples on Luzon island (Pfeiffer 1976, p. 17)], or the balitaw dance-song of Visayan language groups (Gutierrez 1955). However, clear distinctions among these categories – music in the Philippines, music of the Philippines and Philippine music – still await incountry consensus.

Summary

The three generalizations presented below result from analysis of the data. They place the findings for the Philippines in the broader context of the congress theme, "Tradition in music cultures – today and tomorrow".

1. Borrowing the contrastive terms (but not necessarily each concept in its entirety) from Redfield (1960, p. 40–59), the state of musical tradition in the Philippines at present appears to be a number of little traditions in search of a great tradition. Regional musics (the little traditions) are clearly defined – usually by the criterion of language; but none enjoy full support of the national establishment. No grouping of musical genres can be considered Filipino with either the same conviction or the same criteria that identifies gagaku as Japanese or Bach's works as German. At the moment consensus is only at the level of acknowledging the need for a "great tradition". General agreement about its content has yet to be reached.

However the Philippines, in its representations to the outside, apparently assumes a working, de facto definition of pan-Philippine tradition. For international touring programs of the

Bayanihan Dance Troupe, the University of the Philippines Concert Choir and the Bureau of Tourism's Performing Arts Ensemble the assumption is implicit, reflected in programming – and corresponds to the third approach explicated above.

2. The existence of a Philippine tradition becomes increasingly desirable within the context of international arts exchange. Each national entity needs cultural symbols as artifacts to exchange with others. The successful "dance diplomacy" carried out by the Bayanihan Dance Troupe during the past three decades shows that the Philippines' ability in arts exchange is considerable. Further a national dance tradition seems to have emerged from this activity. Some critics may dismiss it as folklorism, but it is nevertheless a dance theatre with wide popular appeal and acceptance (Trimillos 1979).

3. Colonization of the Philippines began processes that can lead to a national identity – and by extension, to a national art tradition. Filipinos acknowledge that it was the colonizers who forced the separate indigenous peoples to regard themselves as Filipino, united through their collective experience of domination by a foreign power (Guerrero 1968, p. x). A similar impetus for identity has already been analysed for the Black American experience by LeRoi Jones (1968), who observed that enslavement of Blacks in the United States was a critical stage in the development of a Black-American culture. For the Philippines, musics developed during the colonial experience might find ready acceptance as national tradition: because their antecedents are foreign (with appropriate qualifications for the term kundiman), no single linguistic group holds regional-proprietary attitudes toward them. The absence of such attitudes might prevent the kinds of resistance to a national music tradition encountered during the establishment of Pilipino as the national language. Because Pilipino was based upon one regional tongue, Tagalog, it was resisted by non-Tagalog speakers for some forty years, well into the new era (Gonzalez 1980).

Conclusion

As a pragmatic observer (and sometimes advocate) of music in the Philippines, music of the Philippines and Philippine music, I feel a national music tradition is of critical relevance to this country. The opinion is consonant with my view of the arts in the international political arena, discussed elsewhere (Trimillos 1984b):

1. the arts entity is an expression of a people readily available to the outsider,
2. it is an avenue for localised initiative in an increasingly internationalized technological environment,
3. it is a domain that allows equitable and mutual interchange among nationals and cultures,
4. it is an "artifacted" resource that can be shared internally and externally, and
5. it is a part of the international modus operandi of most nations.

There is already a consciousness if not consensus in the Philippines that a national tradition is desirable. However its content and the process by which that content is determined – evolved, recontextualized, redefined or created anew – has yet to be determined. It is my feeling that the power structure, "the establishment", can and should have a significant if not primary role in that process. As the locus of power, the definition of its criteria (political, economic, religious, or intellectual) and the hierarchy of these criteria become clearer, the content for a national Philippine tradition will emerge. It is my opinion that this content will derive its inspiration, if not its substance, from the colonial heritage – unfortunate and unhappy though it may have been. For it was the condition of being colonized that crystallised Filipino identity and generated identifiable sets of experiences shared by the peoples of the Archipelago.

Endnotes

1 "Ethnomusicology is, what ethnomusicologists do." Charles Seeger put forward this definition during a graduate seminar at the University of California (Los Angeles) in 1966; it has become part of the "oral tradition" of ethnomusicology.

2 Guidelines for town bands are contained in Pambansang Samahan ng mga banda sa Philipinas (1960).

3 Notable is that the Philippine interest in an indigenous-language, Western-style artsong was shared by a number of her neighbours during this same era. In the first decades of the 20th century Japan introduced the art songs of Kosaku YAMADA and Kiyoshi NOBUTOKI (Liebermann 1965), China witnessed a flourishing ac-

tivity led by composers Yu-mei HSIAO, Tzu HUANG, and Yuan-jen CHAO (Kuo 1970), and Korea saw the emergence of Nan-pa HONG, Che-myoing HYON, and Tong-jin KIM as pioneers in artsong there (Yi 1968).

4 For another view see Rosca (1972).

5 This aspect is explored further in Trimillos (1985).

Sources cited

- Bonifacio, Amelia L.
1974 The "seditious" Tagalog playwrights. Early American occupation. Manila: Zarzuela Foundation of the Philippines.
- Brockerishire, J.
1916 A word about native Philippine bands and musicians, in: Metronome 32:17–18
- Cadar, Usopay
1975 The role of kulintang in Maranao society. Selected reports, in: Ethnomusicology 2:2:49–62. Los Angeles: Music Department, University of California.
- Cordero-Fernando, Gilda (ed.)
1981 Being Filipino. Quezon City: GCF Books.
- de Leon, Felipe P.
1963 The musicmakers. Esso Salangan 7:3:21–23 January.
1966 Music of the race. Music Journal of the Philippines 1:1:7–8. March.
- Diego, Gerardio
1946 Danzas filipinas (Filipino dances). Revista de Indias 7:25:597–599. July–September.
- Ejercito y Ferriols, Maria L.
1954 A survey of the Philippine Constabulary Band from its foundation to the present. Research paper in education, University of Santo Tomás (Manila).
- Espina, A. Beaunoni
1961 Music in the Philippines and the development of sacred music there. Dissertation in sacred music, Union Theological Seminary (New York).
- Fernandez, Doreen
1985 Philippine theatre after martial law. Unpublished manuscript.
- Gonzalez, Andrew B.
1980 Language and nationalism. The Philippine experience thus far. Quezon City: Ateneo de Manila.
- Guerrero, Léon Ma.
1968 Introduction. Two novels that made a revolution. The lost Eden (Noli me tangere) by José Rizal. New York: W. Norton. pp. ix–xviii.
- Gutierrez, Maria Colina
1955 The Cebuano balitao (sic) and how it mirrors Visayan culture and folklife. Thesis in English (literature), University of San Carlos (Cebu).
- Hernandez, Tomás
1976 The emergence of modern drama in the Philippines 1898–1912. Philippines Studies working paper 1. Honolulu: Asian Studies, University of Hawaii.
- Hiestand, Dwight W.
1923 Philippines, a land where everyone sings. Musical America 38:20:5.8 September.
- Jara, Josefa
1915 Music of the Philippine Islands. Journal of proceedings and addresses. New York: National Education Association. pp. 879–882.
- Jones, LeRoi
1963 Blues people. New York: Morrow.
- Kasilag, Lucrecia R.
1961 Philippine music – past and present. Exchange news 20/21:3–7, 48–53.
- Kiefer, Thomas
1970 Music from the Tausug of Sulu, Moslems of the eastern Philippines. New York: Anthology record and tape.
- Kuo, Chang-yang
1970 Chinese art song. A melodic analysis. Thesis in music, University of Hawaii.
- Lardizabal, Felesa
1933 Folk music – its place in our public schools. Philippine journal of education 16:1:39–40.
- Lieberman, Frederic
1965 Contemporary Japanese composition. Its relationship to concepts of traditional Oriental musics. Thesis in music, University of Hawaii.
- Maceda, José M.
1963 The music of the Magindanao. Dissertation in music. University of California (Los Angeles).
1974 Southeast Asian peoples, Arts of; III. Music. Encyclopaedia Britannica, 15th ed. New York: Encylopaedia Britannica. pp. 237–241.
- Madrid, Esther Samonte
1954 The structure of Philippine music. Diliman Review 2:273–383. October.
- Mangahas, Ruby K.
1972 Philippine art music. A viewpoint. Foo-

kien Times Yearbook 1972. Manila: Fookien Times. pp. 321–323.
· Merriam, Alan
1964 The anthropology of music. Evanston: Northwestern University.
· Molina, Antonio
1937 El sistema tonal de la música Filipina (The tonal theory of Filipino music). La Vanguardia 21 August.
1940 Ang kundiman ng himagsikan (The song of revolution). Publication of the Institute of National Language 22:14:13–29. February.
1970 Intellectual curiosity on aural phenomena. The role of music in a changing society. Proceedings of the Third National Music Conference, Manila 1970. Manila: National Music Council of the Philippines, 1970. pp. 44–49.
· Pambansang Samahan ng mga banda sa Philipinas
1960 Ang gabay, para sa mga banda ng musik isinaayos at pinagtibay mga lupong tagapagpaganap ng Pambansang Samahan ng mga Banda sa Philipinas (A guide for music bands, organized and formulated by the musicians' commission of the National Federation of Philippine banda). Manila: Kiko.
· Pfeiffer, William R.
1976 Music in the Philippines – indigenous, folk, modern. An introductory survey. Dumaguete: Silliman Music Foundation.
· Reyes-Tolentino (Aquino), Francisca
1946 Philippine national dances. New York: Silver Burdett.
· Rizal, José
1886 Noli me tangere (el pais de los frailes); Novela tagala (Touch me not [The land of friars]); Tagalog novel. Valencia: F. Sempere.
1891 El filibusterismo (continuación de Noli me tangere); Novela filipina (The supervisive (sequel to Noli me tangere); Filipino novel). Ghent: F. Meyer-Van Loo.
· Romero, Rendentor
1963 The tempo of Filipino musical life. Comment 19:24–28.
· Romualdez, Norberto
1932 Musical instruments and airs of long ago. Manila: Catholic Trade School.
· Rosca, Ninotchka
1972 Reviving the killed kundiman. Pace 1:31:28. 28 April
· Rubio, Constancio
1973 The magic of the kundiman. Panama 9:35–36. June.
· Rubio, Hilario F.
1959 Development of the brass band in the Philippines. Philippine music festival. Manila: n. p. p. 8 ff.
· Samson, Helen F.
1974–75 Ang budhi Kastila sa kasaysayan ng musikang Pilipino (The Spanish role in Philippine music history). Ang Kasaysayan: diwa at lawak 27/28:303–314.
· Trimillos, Ricardo D.
1979 The changing context of Philippine dance performance. Dance research journal; in press.
1984a Das philippinische Rondalla-Orchester als Spiegelbild bzw. Behälter der philippinischen Geschichte (The Philippine rondalla ensemble as reflection and as retainer of Philippine history). Unpublished revision of paper read at the Second ICTM Colloquium, Schloß Wieperdsorf (German Democratic Republic).
1984b Truth, beauty politics and applause. Cross-cultural dimensions in music and the performing arts. Asian and Pacific Quarterly 16:2:19–27. Summer.
1985 Music and ethnic identity; strategies for the overseas Filipino youth population. Unpublished paper read at the ICTM 28th Conference, Helsinki (Finland).
· Walls y Merino, Manuel
1892 La música popular de Filipinas (Folk music of the Philippines). Madrid: Liberio de Fernando Fe.
· Yi Hung-yol
1968 Han'guk yangak p'alsibnyon-sa (Eighty years' history of Western music in Korea). Seoul: Chungang University.

Tradition et colonialisme dans les Philippines; un phenomene diachronistique (résumé)

Les trois généralisations suivantes résultent de l'analyse des faits. Elles mettent les conclusions pour les Philippines dans le plus large contexte du thème de ce congrès «Tradition dans les cultures musicales – aujourd'hui et demain».
1. En application des notions opposantes (mais non des concepts comme tout) de Redfield, le stade actuel de la tradition musicale dans les Philippines apparaît comme un certain nombre de «petites traditions» à la recherche d'une «grande tradition». La musique régionale («petites traditions») est définie précisément et usuellement par le critère de la langue. Aucun

des genres musicaux ne saurait être qualifié de «filipino», comme par exemple «gagaku» étant japonais ou les œuvres de Bach étant allemandes. A présent, il n'y a consensus qu'en exigeant une «grande tradition», non sur le contenu. Néanmoins, il existe pour les diverses groupes artistiques du pays lors de tournées, une définition «de facto» comme étant filipino.

2. L'existence d'une tradition philippine s'avère nécessaire d'une façon persévérante par l'échange international de la culture, par exemple par l'Ensemble de danse «bayanihan». Certes, celui-ci est qualifié «de folklore» par certains critiques, mais il jouit pourtant de popularité et reconnaissance.

3. La colonisation des Philippines aurait pu aboutir à créer une tradition nationale d'art. Les expériences de l'oppression collective ont promu la prise de conscience des indigènes en tant que philipinos. La musique issue de l'expérience coloniale pourrait être reconnue comme tradition nationale, mais parce que ses origines étaient exotiques (kundiman) aucun des groupes linguistiques ne se sent comme représentant de cette tradition. Dans ce contexte, il faut mentionner l'introduction d'une langue nationale, le «tagalog», dialecte régional, introduction à laquelle se sont opposés à longueur d'années ceux qui ne parlaient pas le tagalog.

En tant qu'observateur de la musique dans les Philippines, resp. de la musique philippine, le rapporteur est convaincu de la nécessité d'une tradition musicale nationale. Cette opinion s'accorde avec mes avis sur le rôle de l'art dans l'arène internationale.

1. L'essence de l'art, c'est l'auto-représentation d'un peuple, règle applicable aussi à des cas spéciaux;
2. C'est le chemin à suivre par une initiative concrète/régionale dans un environnement de plus en plus technologique;
3. C'est une sphère où peut se réaliser un échange mutuel et à pied égal entre les nations et les cultures;
4. C'est une source «artificielle» à utiliser au plan national et international;
5. Cela s'inscrit dans le «modus operandi» international de la plupart des nations.

Dans les Philippines, il y a l'idée qu'une tradition nationale serait souhaitable. Reste à décider du contenu et du processus de la définition. Le gouvernement a à prendre une très grande responsabilité, sinon dominante, dans ce processus, selon le rapporteur. Il est d'avis que ce contenu reçoit son inspiration voire sa substance de l'héritage colonial – peut-être malheureusement. Car ce n'est que à partir des conditions de la colonisation que pourrait naître l'identité philipino et qu'ont été acquises des expériences de l'identification qui sont communes aux hommes de cet archipel.

Tradition und Kolonialismus auf den Philippinen; ein diachronistisches Phänomen (Zusammenfassung)

Die drei nachfolgenden Verallgemeinerungen resultieren aus der Analyse der Fakten. Sie stellen die Schlußfolgerungen für die Philippinen in den breiteren Kontext des Themas dieses Kongresses, «Tradition in den Musikkulturen – heute und morgen».

1. Unter Verwendung der gegenüberstellenden Begriffe (jedoch nicht der jeweiligen Konzepte als Ganzes) von Redfield erscheint das gegenwärtige Stadium der musikalischen Tradition auf den Philippinen als eine Reihe von «kleinen Traditionen» auf der Suche nach einer «großen Tradition». Regionale Musik («kleine Traditionen») ist genau definiert, gewöhnlich durch das Kriterium der Sprache. Keines der musikalischen Genres kann als «Filipino» bezeichnet werden, in dem Sinne wie «gagaku» als japanisch und Bachs Werke als deutsch es werden. Gegenwärtig besteht nur Übereinstimmung in der Forderung nach einer «großen Tradition», nicht über deren Inhalt. Trotzdem gibt es für die verschiedenen Kulturgruppen des Landes bei Gastspielen eine «de facto»-Definition als Filipino.

2. Die Existenz einer philippinischen Tradition macht sich nachhaltig durch den internationalen Kulturaustausch, z.B. über das Bayanihan Tanzensemble, erforderlich. Es wird zwar von einigen Kritikern als folkloristisch eingestuft, genießt aber nichtsdestotrotz Popularität und Anerkennung.

3. Die Kolonisation der Philippinen hätte dazu führen können, eine nationale Kunsttradition zu schaffen. Die Erfahrungen kollektiver Unterdrückung förderten das Selbstbewußtsein der Einheimischen als Filipinos. Die aus der kolonialen Erfahrung hervorgegangene Musik könnte Anerkennung als nationale Tradition finden, da ihre Voraussetzungen jedoch ausländisch (kundiman) waren, fühlt sich keine der

Sprachgruppen als Vertreter dieser Tradition. In diesem Zusammenhang sei auf die Einführung einer Nationalsprache, dem «Tagalog», einem regionalen Dialekt, hingewiesen, der sich Nicht-Tagalog-Sprecher jahrelang widersetzten. Schlußfolgerung:

Als praktischer Beobachter der Musik auf den Philippinen bzw. philippinischer Musik bin ich von der Notwendigkeit einer nationalen Musiktradition überzeugt. Diese Meinung steht in Übereinstimmung mit meinen Ansichten zur Rolle der Kunst in der internationalen Arena.

1. Das Wesen der Kunst ist die Selbstdarstellung eines Volkes, anwendbar auch auf Sonderfälle,

2. es ist der Weg für eine konkret-regionale Initiative in einer zunehmend technologischen Umwelt,

3. es ist ein Bereich, der einen gleichberechtigten und gegenseitigen Austausch unter den Nationen und Kulturen ermöglicht,

4. es ist eine «künstliche» Quelle für nationale und internationale Nutzung, und

5. es ist Teil des internationalen «modus operandi» der meisten Nationen.

Es gibt auf den Philippinen das Bewußtsein, daß eine nationale Tradition wünschenswert wäre. Über den Inhalt und den Prozeß der Inhaltsbestimmung muß noch entschieden werden. Die Regierung hat meiner Meinung nach in diesem Prozeß eine außerordentlich große, wenn nicht gar dominierende Verantwortung zu tragen. Ich bin der Auffassung, daß dieser Inhalt seine Inspiration, wenn nicht gar seine Substanz aus dem kolonialen Erbe bezieht, unglücklicherweise vielleicht. Denn nur aus den Bedingungen der Kolonisation entstand die Filipino-Identität und wurden Erfahrungen der Identifikation gewonnen, die den Menschen der Inselgruppe gemeinsam sind.

Erich Stockmann

Volksmusik in Europa – Tradition und Gegenwart

Singen und Spielen von Volksmusik zählen heute nicht mehr ohne weiteres zu den Selbstverständlichkeiten oder gar zu den täglichen Gebrauchshandlungen. Volksmusik gehört zu unserem kulturellen Erbe und ist ein Teil unserer Geschichte. Um sie zu verstehen, bedarf es bereits der Interpretation und der Vermittlung von Wissen über ihr geschichtliches Leben. Hierin besteht eine aktuelle und problemreiche Aufgabe für die Volksmusikforscher. Nicht weniger Schwierigkeiten haben aber auch diejenigen, die versuchen, sich die Volksmusik praktisch anzueignen und sie in das Musikleben der Gegenwart zu integrieren – die Sänger und Musiker. Probleme gibt es schließlich auch auf der Seite der Hörer, die nicht mehr durch unmittelbare Anschauung oder eigene Praxis mit der Struktur und Funktion der Volksmusik vertraut sind oder durch die Volksmusikpflege in der Vergangenheit in bestimmte, nur zum Teil zu akzeptierende Richtungen gelenkt wurden. Diese komplizierte Situation verlangt nach intensiver Diskussion zwischen allen Beteiligten, wie sie ja bereits seit einiger Zeit begonnen hat. Volksmusik ist wieder im Gespräch. Um ihre heutige Situation zu verstehen, müssen wir sie als Ergebnis eines historischen Prozesses betrachten, der sich über einen langen Zeitraum erstreckte. Auf diese Weise werden wir die neue Qualität der Volksmusikproduktion und -rezeption deutlicher sehen. Meine These lautet daher: Detaillierte Kenntnisse über die Geschichte der Volksmusik und über die Geschichte ihrer Aneignung ermöglichen es uns, klarer zu erkennen, was wir heute tun sollen und tun können.

Bereits eine Aufzählung der wichtigsten Merkmale der traditionellen Volksmusik kann zeigen, welche fundamentalen Unterschiede zur heutigen Volksmusikpraxis bestehen, aber auch, wo sich Anknüpfungspunkte ergeben. Es handelt sich dabei um ein Bündel von Merkmalen, die in einem Systemzusammenhang stehen und daher auch nicht isoliert betrachtet werden dürfen. Selbstverständlich hat das gesamte Eigenschaftssyndrom wie auch jedes einzelne Merkmal im Laufe der Geschichte in den verschiedenen Ländern entsprechend der jeweiligen konkret-historischen Situation Differenzierungen und Veränderungen erfahren, auf die hier nicht eingegangen werden kann. Die folgende, sehr grobe Kennzeichnung von insgesamt fünf Merkmalen soll daher lediglich dazu dienen, Möglichkeiten für einen Vergleich mit der heutigen Situation zu gewinnen.

1. Volksmusik war in den Klassengesellschaften der Vergangenheit die Musik derjenigen Klassen und Schichten, die sich überwiegend mit der Produktion der materiellen Güter befaßten. Konkreter gesagt: Es war die Musik der Hirten und Bauern, der Handwerker und Arbeiter. Diese soziale Bindung ist ohne Zweifel das erste und wichtigste Merkmal der Volksmusik. Sie bestimmte ihre Funktion, ihre Existenzform, ihre Struktur und ihre Ausführung. Die sozialen Gemeinschaften waren gleichzeitig aber immer auch ethnische Gruppen, so daß sich zu dem sozialen Faktor stets der ethnische gesellte, der ebenfalls Wesentliches zur Differenzierung und Prägung der Volksmusik beitrug.

2. Ein weiteres Kennzeichen für die traditionelle Volksmusik ist ihre Regionalität, das heißt, Volksmusikkulturen, Dialekte oder Stile, basierend auf einem bestimmten Repertoire und spezifischen Aufführungspraktiken, wurden in der Regel von nur relativ kleinen sozial-ethnischen Einheiten getragen und waren entsprechend zumeist auch nur in begrenzten Gebieten verbreitet.

3. Die sozial-ethnischen Trägereinheiten der Volksmusikkulturen bildeten gut funktionierende Kommunikationsgemeinschaften. Jedes ihrer Mitglieder beherrschte den Code der als kollektives geistiges Eigentum betrachteten Volksmusik und war zumeist auch fähig, diese Musik aktiv auszuführen. Selbst in den Fällen, in denen besonders begabte oder sogar professionelle Spezialisten die Ausführung der Volksmusik übernahmen, war das, was sie sangen und spielten, der Gesamtheit der jeweiligen sozial-ethnischen Gemeinschaft als kollektives Wissen vertraut. Die Kollektivität wie das gesamte Leben der Volksmusik beruhte somit auf gesellschaftlichen Konventionen, die sich eine bestimmte Gemeinschaft in einem konkret historischen Zeitraum schaffte oder die sie annahm. Bei den Konventionen handelt es sich um Normen des Gebrauchs, die den gesamten Musikprozeß steuern. Sie regeln sowohl das Musikmachen wie das Hören und Bewerten von Musik im jeweiligen sozial-funktionalen Kontext. Diese Normen und Regeln für musikalisches Handeln und Verhalten, die man auch Traditionen nennen kann, garantieren, daß jedes Mitglied einer Gemeinschaft die zu ihr gehörige Musik versteht und als gemeinsames Eigentum anerkennt. Jeder Angehörige der Gruppe hat so die Möglichkeit, sich mit ihr zu identifizieren. Das Funktionieren der Volksmusik und ihr kollektiver Charakter basieren somit auf einem intersubjektiven System von mündlich tradierten Gebrauchsnormen in Form von Regeln für musikalisches Handeln und Verstehen. Die hiermit angesprochenen Wechselbeziehungen zwischen einem abstrakten System von gesellschaftlichen Konventionen und dem konkreten Handeln und Verhalten der Einzelnen, also den Beziehungen zwischen Gemeinschaft und Individuum, sowie das ebenfalls dialektische Verhältnis von Produktion und Rezeption, das in diese Konzeption einbezogen ist, bestimmen entscheidend Existenz und gesellschaftliche Funktion der Volksmusik in Geschichte und Gegenwart.

4. Die Volksmusik der Vergangenheit wurde nicht für sich selbst, gleichsam zweckfrei zum bloßen Anhören gemacht, sondern war in der Regel in Lebens- und Arbeitsprozesse der jeweiligen Gemeinschaft integriert. Die Musik bildete einen festen Bestandteil von Gebrauchshandlungen. Sie sollte etwas bewirken, Nutzen bringen. Sie erfüllte einen außermusikalischen Zweck, eine utilitäre Funktion. Ästhetisches Verhalten fehlte zwar niemals, doch stand es nicht im Vordergrund.

5. Kennzeichnend für die historische Erscheinung der Volksmusik war nicht zuletzt ihre im wesentlichen memoriale, gedächtnismäßige Existenz und ihre orale, mündliche Tradierung. Diese Eigenheiten bildeten selbst wiederum Voraussetzung und Grundlage für weitere Kriterien, von denen das wichtigste die Variabilität darstellt, zu denen aber auch das Vorherrschen von kurzen Formen und Strukturen und auch nur kleinen Ensembles mit wenigen unterschiedlichen Stimmen gehört.

Fragt man nach dem Verhältnis von Volksmusik und Kommunikation in der Vergangenheit, so muß man als typisch die interaktive Gruppenkommunikation nennen. Als wichtigstes Kriterium dieser Kommunikationsform gilt, daß alle Gruppenmitglieder sich aktiv am Singen und Spielen beteiligen. An nur Zuhörer ist dabei nicht gedacht. Solch gemeinsames Musikmachen trägt in hohem Maße zum Selbstverständnis der Gruppe und zu ihrer kulturellen Identität bei. Auch der Gegensatz zur Gruppenkommunikation, das Allein- und Für-sich-

117

selbst-Singen und -Spielen nämlich, hat in der traditionellen Volksmusikübung ihren Platz. Doch handelt es sich beim Individuum, das sich – selbstverständlich auch im Rahmen der gesellschaftlichen Normen und unter Verwendung des kollektiven Repertoires – singend ausdrückt, um eine Grenzsituation. Aus dem Für-sich-Singen wird sehr oft ein Für-andere-Singen, ein Vortrag, eine Darbietungskommunikation. Charakteristisch für diese Form waren vor allem erzählende Lieder. Die Sänger und Sängerinnen der Vergangenheit ließen die Lieder aus ihrem Gedächtnis zwar jeweils neu entstehen. Ihren Zuhörern aber – zum Beispiel den Angehörigen der Familie, den Nachbarn, der Arbeitsgruppe – waren sie bekannt und vertraut. So hörte man aktiv zu. Man bemerkte jede Veränderung, jede Variante der Sänger, die sich im Rahmen des Liedtyps und der gesellschaftlichen Normen des Liedvortrags bewegten. Die Kommunikation funktionierte selbst dann, wenn es sich beispielsweise um professionelle Epensänger handelte, Spezialisten also, die in ihrem Gedächtnis Tausende von Zeilen gespeichert hatten, deren Vortrag oft Stunden währte. Auch hierbei folgte man der Darbietung mit Verständnis und mit dem Wissen des Kenners. Mit diesen Eigenschaften ausgestattet, war die Volksmusik für die jeweilige sozial-ethnische Gemeinschaft Mittel und Ausdruck ihrer Auseinandersetzung mit der Gesellschaft und der natürlichen Umwelt, erfüllte ihre kulturellen Bedürfnisse und trug in hohem Maße zu ihrem Selbstverständnis und zu ihrer Identifikation bei.

Die traditionelle Volksmusik in der beschriebenen Existenz- und Kommunikationsform verlor zunehmend ihre Lebensgrundlage durch sozial-ökonomische Veränderungen, die durch die Entwicklung des Kapitalismus bewirkt wurden, insbesondere durch die industrielle Revolution, die sich in den verschiedenen Teilen Europas zu unterschiedlichen Zeiten vollzog. Die heutige zweite Existenz der Volksmusik basiert nun im wesentlichen auf der erfolgreichen Arbeit zahlreicher Wissenschaftler, Sammler und Liebhaber. Diese haben die traditionelle Vokal- und Instrumentalmusik seit dem 19. Jahrhundert in zunehmendem Maße zunächst schriftlich, in unserem Jahrhundert auch akustisch aufgezeichnet. Die schriftlichen und akustischen Fixierungen der Volksmusik, die millionenfach erfolgten, fanden Aufnahme in Archiven. Ein nicht unbeträchtlicher Teil wurde inzwischen auch publiziert. Diese handschriftlichen, gedruckten und akustischen Aufzeichnungen bildeten die Grundlage für neue Aufführungen der Volksmusik in den verschiedensten Formen – quasi originalgetreu, bearbeitet, stilisiert, weiterentwickelt etc. Als Folge der Schriftlichkeit ist heute die Volksmusik nahezu aller Völker für jedermann an jedem beliebigen Ort der Welt zumindest potentiell zugänglich und verfügbar. Damit wurde die Volksmusik aus den sozialen, ethnischen, regionalen und funktionalen Bindungen und Begrenzungen herausgelöst, die für das erste Dasein der Volksmusik charakteristisch waren. Neue Formen der Aufführung und Vermittlung entstanden und wurden genutzt, Funktionen und Rezeptionsmöglichkeiten veränderten sich und näherten sich derjenigen von Literatur und komponierter Musik an. Hier einige Stichworte zu den Problemen. Im vielfarbigen Spektrum des heutigen Musiklebens nimmt die Volksmusik nur einen bescheidenen Raum ein. Singen und Spielen von Volksmusik ist nicht mehr wie in früheren Zeiten eine Praxis der Massen, sondern eine Angelegenheit von vergleichsweise wenigen Menschen. Doch behauptet die Volksmusik neben der Popmusik, einer umfangreichen und wohlorganisierten Konzertmusikpraxis und vielfältigen Formen des Laienmusizierens in Chören und Instrumentalensembles einen festen Platz in unserem Musikleben. Zu ihren allgemeinen Existenzbedingungen gehört, daß an die Stelle des Musizierens für die eigene sozial-ethnische Gemeinschaft mehr und mehr die Darbietung für ein gleichsam anonymes Publikum tritt, das sogar anderen Nationen angehören kann. Die Vermittlung der Volksmusik und die Konfrontation mit ihren unterschiedlichen Interpretationsformen erfolgt heute – ein weiteres wichtiges Merkmal – vor allem durch die Medien, in erster Linie durch das Radio, das mit seinen Sendungen Volksmusik aller Art verbreitet und damit viele Menschen erreicht, das heißt aber nicht mehr in direkter mündlicher Kommunikation. Es hat auch so etwas wie eine Radio-Volksmusik hervorgebracht, die – bedingt durch spezifische Aufnahmetechniken und entsprechende Qualitätsanforderungen – hinsichtlich der musikalischen Bearbeitung komponierter Musik und hinsichtlich der Ausführung einer konzertmäßigen Aufführung verpflichtet ist. Die Rezeption dieser Studioproduktionen erfolgt denn auch im wesentlichen auf Grund einer ästhetischen Bewertung der musikalischen und textlichen Strukturen der Volksmusik. Der ästhetische Gestaltwert dominiert bei der Rezeption gegenüber dem ursprünglichen Gebrauchswert der Volksmusik. Charakteristisch für diese Radio-Volksmusik, zu der sich eine ähnliche Schallplatten-Musikfolklore gesellt, ist auch, daß sie eine reine Medienexistenz führt, die eine unmittelbare Wechselbeziehung zwischen Darbietung und Rezeption nicht erlaubt. Die Wissenschaft transformierte die Volksmusik seit dem 19. Jahrhundert zunehmend aus ihrer ursprünglich gedächtnismäßigen Existenz in die der Schriftlichkeit, ein Vorgang, der bedeutsame Folgen haben sollte. Die schriftlichen Aufzeichnungen bildeten fortan die Grundlage für alle neuen Aufführungen der Volksmusik in den verschiedensten Formen. Als teilweise verhängnisvoll sollte es sich auswirken, daß man die schriftliche Version der Volksmusik bereits als die ganze Wirklichkeit betrachtete und an ihre spezifischen Lebensbedingungen zumeist nicht mehr dachte. Man sah nur auf die Noten und meinte, man müsse die einfachen Volksmelodien bearbeiten, arrangieren, herausputzen, verbessern. Die Komponisten betrachteten die aufgeschriebenen Melodien nicht selten als Rohmaterial, das man beliebig verwenden und mit mehr oder weniger prachtvoller Ausstattung herausstellen konnte.

Diese Bemühungen um das Volkslied im 19. und 20. Jahrhundert haben zum Teil bemerkenswerte Ergebnisse gezeigt. Doch muß man feststellen, daß dabei die Eigenheiten der Volksmusik, ihre konkret-historischen Bindungen, ihre sozialen Funktionen und die daraus resultierenden musikalischen Strukturen und kommunikativen Wirkungsformen verkannt oder nicht beachtet wurden.

Es waren mehrere Faktoren, die vor etwa zwei Jahrzehnten eine Bewegung unter der Jugend entstehen ließ, für die wenigstens zwei unterschiedliche Konzeptionen für die Auseinandersetzung und die Beschäftigung mit der Volksmusik charakteristisch sind. Die eine wird beispielhaft repräsentiert durch die sogenannte «Tanzhaus»-Bewegung in Ungarn. Dort begannen vor 15 Jahren Laien-Tänzer und Musiker, sich durch intensives Studium der noch lebenden Volkstraditionen und sorgfältige Auswertung wissenschaftlicher Forschungsergebnisse Kenntnisse und Praktiken anzueignen, die es ihnen ermöglichen, die Volkstänze und die Volksmusik Ungarns in den überlieferten Formen so lebensvoll zu reproduzieren, daß sie damit die Jugend mit sensationellem Erfolg wieder zum Singen, Tanzen und Musizieren animierten. Bewußt verzichtete man auf Weiterentwicklungen beziehungsweise Bearbeitungen und vertraute ganz den Volkstraditionen. Ähnliche Wege beschritt man in der Sowjetunion, der Slowakei, aber auch in Schweden, Frankreich, Italien und anderen europäischen Ländern.

Die zweite Richtung wurde bestimmt durch die politischen Liedermacher vor allem in den USA und in Lateinamerika. Dazu gehörten als Leitfiguren z. B. der Amerikaner Pete Seeger und der Chilene Victor Jarra, die – auf ihren jeweiligen Volksmusiktraditionen fußend – neue Lieder zu aktuellen politischen Ereignissen schufen und sich damit an den Klassenkämpfen unserer Zeit beteiligten. Diese Beispiele bewirkten zunächst, unter der Jugend verbreitete Vorurteile abzubauen, daß nämlich Volksmusik altmodisch und unpolitisch sei. Sie waren entstanden auf Grund negativer Erfahrungen der Jugend mit der praktizierten Volksmusikpflege (Medien, Chöre) und durch den Schulunterricht und wurden auf die Bewertung der Volksmusik übertragen. Als Vorläufer dieser Bewegung in der DDR sind anzusehen insbesondere die Singebewegung des Jugendverbandes FDJ und die Festivals des Politischen Liedes mit dem Auftreten von Ensembles aus allen Teilen der Welt.

In unserem Lande wurden von den neuen Volksmusikgruppen vor allem die sozialkritischen Lieder der Vergangenheit zum ersten Mal ins Bewußtsein einer breiten Öffentlichkeit gerückt. Sie haben wesentlich dazu beigetragen, ein realistisches Bild vom Volk und seinen Liedern, seinem Leben und vor allem seinen Klassenkämpfen in der Geschichte zu vermitteln. Man beginnt heute zu begreifen, daß die soziale Funktion der Volksmusik, ihr Inhalt, ihre musikalische Struktur, ihre Interpretation und ihre Kommunikationsformen eine Einheit bilden. Sämtliche Faktoren sind aufeinander bezogen und voneinander abhängig. Sie werden geprägt durch die jeweilige historische Situation, in der die Volksmusik existiert.

Was heute innerhalb dieser Bewegung passiert, läßt z. T. erstaunliche Analogien zu den Existenzformen, Wirkungsmechanismen und Praktiken der Volksmusik in der Vergangenheit erkennen. So bilden sich vor allem in den Jugendclubs gut funktionierende Kommunikationsgemeinschaften, relativ kleine Gruppen, die wie in vergangenen Zeiten ihr Musik- und Tanzrepertoire als geistiges Eigentum betrachten, es entsprechend gebrauchen und kollektiv bestimmen und prägen. Das Angebot der Musiker wird stets vom ganzen Kollektiv geprüft, auch verändert und bedarf in jedem Falle seiner vollen Anerkennung, wenn es ins Repertoire Aufnahme finden will. Nur Darbietung und als dessen Folge zumeist passives Rezipieren gibt es nicht. Aktive Teilnahme ist gefordert: Nach- und Mitmachen, bis Kopf und Beine Tänze und Musik gelernt haben und Selbermachen zur reinen Freude wird. Mündliche Tradierung und gedächtnismäßige Existenz – wesentliche Kriterien für die Volksmusik der Vergangenheit – werden überraschend für die heutige Praxis wieder wirksam. Andererseits – und dies ist besonders wichtig – wird das Volksmusikerbe nicht als sakrosankt angesehen. Typisch für die neuen Gruppen ist z. B. eine Instrumentalisierung der Volksliedinterpretationen, die ein völliges Novum bedeutet und keine Wurzeln in unserer Tradition besitzt. Ungewöhnliche, unkonventionelle, durch keine historische Quelle belegte Instrumentenkombinationen werden gesucht, um überraschende und nicht abgenutzte Klänge zu erzielen. Ein neuer Sound, ein besonderer Stil der Interpretation wurde gefunden. Die Beschäftigung mit der Volksmusik der Vergangenheit wird selbst wieder zum Ausgangspunkt für eine neue Entwicklung. Die Gruppen verändern inhaltlich und formal Texte und Melodien, wie es ihnen angemessen erscheint, oder sie komponieren neue Weisen im Stil der Traditionen zu Texten, die sie selbst verfassen oder die der Literatur der Vergangenheit entstammen. Damit eröffnen sich Möglichkeiten für Innovationen, die die Kraft der Traditionen unter Beweis stellen.

Um nun in der Gegenwart eine möglichst optimale Aneignung der Volksmusik als kulturelles Erbe zu erreichen und sie kreativ weiterzuentwickeln, d.h. sie in das Musikleben unserer heutigen Gesellschaft zu integrieren, um mit ihr umzugehen wie mit etwas Alltäglichem, ist Hilfe und Unterstützung von seiten der Wissenschaft erforderlich. Drei Aufgabenkomplexe sind vor allem zu nennen.

1. Die Bereitstellung geeigneten Materials für die Wiederaufführung. Es ist klar, daß nicht jede Art von Volksmusiküberlieferung für die neuen Aufführungsformen und Funktionen geeignet ist. Ein nicht unbeträchtlicher Teil, z. B. der eng mit Arbeitshandlungen verbundene, verschließt sich der Aneignung und läßt sich lediglich als historisches Bildungsgut vorführen. Die sorgfältige Prüfung der Bestände auf ihre Eignung für das heutige Musikleben ist zu verbinden mit der Publikation der ausgewählten Materialien in einer Form, die der Praxis nutzt.

2. Die zweite Aufgabe der Wissenschaft läßt sich als Beratung in aufführungspraktischen Fragen beschreiben. Mit Nachdruck muß aber festgestellt werden, daß es heute keine allein richtige, keine quasi authentische Wiederaufführung von Volksmusik gibt und geben kann. Die Ausnutzung der unterschiedlichsten Möglichkeiten ist daher nur zu begrüßen. Andererseits darf jedoch auch nicht verkannt werden, daß eine hinsichtlich Struktur und Vortragsweise dem Original nahekommende Ausführung die von ihren Schöpfern intendierten Eigenschaften und Funktionen der Volksmusik am besten zum Ausdruck bringt und erfüllt. Nicht jede Volksmusikerscheinung bedarf der Weiterentwicklung und der, wie wir oft überheblich meinen, Verbesserung ihrer Aufführungsform. Dies ist selbstverständlich kein Plädoyer für museale Aufführungen. Doch wird oft vergessen, daß z. B. Vortrag und Ausführung der Volksmusik in der Vergangenheit durch große Variabilität gekennzeichnet waren und die Interpreten – im Rahmen der Normen des jeweiligen sozial-kulturellen Systems – einen beträchtlichen Freiraum für kreative Gestaltung besaßen. Diese und andere Merkmale und Eigenheiten der Aufführungspraxis muß die Wissenschaft verstärkt erforschen, so daß sie auch für die heutige Volksmusikinterpretation genutzt werden können.

3. Die Volksmusikforschung hat schließlich die Aufgabe, Geschichtswissen zu vermitteln, vor allem ihre Kenntnisse über die sozial-kulturellen Funktionen der Volksmusik in den vergangenen Gesellschaftssystemen und über die Kreativität des Volkes, die sich auch in der Struktur, den Vortragsweisen und der klanglichen Gestaltung der Musik dokumentiert. Dieses historische Wissen und Geschichtsbewußtsein ist für eine angemessene Interpretation der Volksmusik heute einfach erforderlich und fördert die anzustrebende Rezeption der Volksmusik auf der Grundlage der dialektischen Beziehungen zwischen ihrem Gebrauchswert und ihrem Gestaltwert.

Das Resümee aus meinen Betrachtungen lautet: Die vielfältigen Formen und Gestalten der Volksmusik, die in der Vergangenheit entstanden und entwickelt wurden, sind, zumal wenn sie heute nicht nur passiv rezipiert, sondern durch aktives Musizieren angeeignet werden, vorzüglich geeignet, zur Entfaltung der sozialen und individuellen Persönlichkeit der Menschen beizutragen. Die Volksmusik kann ferner die Identifikation mit ihren historischen und heutigen sozialen, ethnischen und nationalen Gemeinschaftsformen und das Verständnis für die Volksmusikkulturen anderer Völker wecken. Es ist die Pflicht der Volksmusikforscher, diesen sich vor unseren Augen und Ohren vollziehenden Prozeß mit ihren Möglichkeiten zu unterstützen.

Folk Music in Europe – Tradition and Present (Summary)

If a person involved in folk music research is to analyse and understand the subject he deals with and assess it as part of the cultural heritage, the conclusions he arrives at widely depend on interpretations and reference material of various forms. Practising folk musicians, too, are faced with the somewhat problematic situation of authentic sources. In addition, audiences who have no direct contact with genuine folk music, have problems with reception. Aware of this complex problem, the author tries to classify the most important features of European folk music. Under the class societies of the past, folk music was the music of the classes and strata of the population who were involved in the manufacture of material goods. Social communities at the same time formed ethnic groups. According to the author, another feature was the regional demarcation of folk music cultures within which the socio-ethnic representatives of these cultures formed well-functioning communication groupings. This provides the prerequisite for folk music having been handed down and understood. Another feature is that folk music has fulfilled a specific function. It has been part and parcel of customs and, hence, served a specific purpose outside music. Moreover, folk music as a historical phenomenon has mainly become possible because it has been handed down orally, from the memory, which has resulted in short forms and structures and high standardization and which has chiefly been realized through intra-active ethnic communication. These features have made folk music serve social self-identification of small communities. The latter groups' stabilization was nearly exclusively reached through the inclusion of all members in the activities. The industrial revolution gradually revoked that musical practice. Today, folk music is gaining a new existence thanks to efforts by musicologists and interested audience. It continues to exist in form of youth music (political song movement, dance) and, in addition, is really broadly represented in the mass media, particularly on radio and in the record industry, where, cut off its original function, it is presented to a now anonymous audience in line with the listeners's dominant aesthetic demands. Experiments by young musicians who make music together prove the creative strength the folk music tradition has preserved for shaping human personalities until our time.

Musique folklorique en Europe – tradition et présence (résumé)

Lorsque le rechercheur sur la musique folklorique veut analyser et comprendre son objet d'étude, l'évaluer comme élément de l'héritage culturel, ses cognitions sont liées à l'interprétation et aux connaissances dispensées dans diverses formes. Egalement les interprètes de la musique folklorique sont exposés à la situation problématique des sources. Enfin, il y a aussi des problèmes de perception pour ceux des auditeurs qui n'ont pas d'accès immédiat au folklore autochthone. Partant de cette situation, le rapporteur cherche à classifier les plus importants traits de la musique folklorique en Europe: celle-ci était dans les sociétés divisées en classes du passé la musique des classes et couches sociales chargées de la production des biens matériels. Les communautés sociales étaient de tout temps aussi des groupes ethniques. Une autre caractéristique, pour le rapporteur, est l'isolation régionale des cultures folkloriques où les «unités porteuses» socio-ethniques ont constitué des collectivités de bonne communication. Cela crée la base de la transmissibilité et de la compréhension de musique folklorique. Autre caractéristique selon le rapporteur: l'assujettissement à la fonction. La musique s'intégrait fermement aux actions d'usage, elle remplissait une fonction extramusicale. Au delà, la transmission essentiellement orale et mémoriale était décisive pour l'apparition historique de la musique folklorique, qui aboutissait à la domination de brèves formes et structures, à un haut dégré de normalisation, étant réalisé surtout dans la communication interactive de groupes. De par ces qualités, la musique folklorique servait à l'auto-identification sociale des petites collectivités. La stabilisation de celles-ci se faisait dans la quasi-totalité par l'intégration de tous les membres de la collectivité.

La révolution industrielle annulait peu à peu cette pratique musicale. Aujourd'hui la musique folklorique regagne une nouvelle existence assurée par des scientifiques et amateurs. Elle consiste dans la musique de la jeunesse (mouvement du chant politique, danse) et mène à côté de cela une existence tout à fait médiale. Détachée de sa connexité vitale, elle est présentée à un public désormais anonyme dans la mesure dominante de ses besoins esthétiques. Les expérimentations de jeunes musiciens qui poursuivent une exécution collective de musique mettent en évidence la force innovatrice qui est inhérente jusqu'à présent à la tradition folklorique en faveur du développement de la personnalité.

Tradition in den Musikkulturen und kulturelle Identität

Krister Malm

Filmvorführung: «Die Musikindustrie in kleinen Ländern»

The usual way a musicologist or ethnomusicologist goes about his work is to collect his data, analyse it and write down the results in some obscure report which, if he is lucky, at least a few of his colleagues will read. Even if the results of his research are published in one of the more wellknown journals of our discipline it is very unlikely that the results are going to be put at practical use by those who make decisions regarding politics of music.

It is also very unlikely that the results will reach a more general audience this way. To spread your results in an effective way you must use the modern mass media: daily papers, radio, and television.

The MISC project started out as an ordinary research project, but right from the outset we, that is Roger Wallis and myself, were aiming at getting the results known. We planned to spend just as much time spreading the results as we had spent on the research phase of the project. This work resulted in a TV-series of 4 programmes that have been broadcasted by Swedish radio, Danish radio, the BBC, and UN Radio. Also a series for educational TV and radio with a booklet directed at college students and adults education programmes. And of course a book and a popular summary of this book. Thus we have tried to use the electronic mass media together with the printed word to present our research results. I believe this gives you much better possibilities then only the written word to really present your research results. Maybe the day is not far away when the first Ph.D. dissertation in ethnomusicology in the form of a videotape will be presented.

Now two excerpts from the TV series "Big Sounds from Small Peoples" will be shown. These are results of our macrostocktake of the activities of the music industry in a sample of a dozen smaller nations and countries on 5 continents.

Our findings have been summarized in a series of television films which cover the following areas:

1. A general summary of the many problems facing the music cultures of smaller nations. The internationalization of the music industry, copyright theft and piracy, mass tourism etc.

2. The global spread of music industry software and the threat this poses to indigenous cultures. Small music cultures function as marginal markets for the international products of the music industry. Small cultures with their wealth of traditional richness also function as sources of talent for the international industry.

3. Music industry hardware – the music machines – have spread to every corner of the globe in an incredibly short period of time. What effects do they have on traditional ways of making music. Are they friend or foe?

4. In spite of all the threats that modern technology and business pose, there still are a multitude of thriving music cultures, often thanks to the efforts of those remarkable enthusiasts who devote so much time and energy to their own music. These are the people whom governments and institutions must support.

First an excerpt from the beginning of the first programme, where the MISC project is presented.

1. Programm 1 "Save our songs" first 7 min. 15 sec.

The second excerpt will be a longer one from the programm we have called "Going for a song" where we focus on the exploitation of the music of small countries. In this excerpt you will find illustrations of quite a few threats against the music traditions and cultural identity of small nations. But also of strategies to meet these threats. We will briefly mention some of the threats and strategies to counteract these threats shown on this excerpt.

Passive consumption – local activity, venues for music.

Transculturation – active media policy, local production of music in media.

Concentration, local business bought up – as above.

Corruption – unions and other active interest organizations.

Copyright system – local PRS (doesn't work very well so far).

Cost of technology – choose low cost technology.

Sponsors with demands, commercialism – government subsides to independent music entities.

Anmerkung des Herausgebers:

Die audio-visuellen Ergebnisse der ersten komparatistischen Studie über die Wirkungen der Musikindustrie auf die Musikkulturen kleiner Länder (The Music Industry In Small Countries Research Project) liegen in einer vierteiligen Serie des Swedish-Television von insgesamt 255 Minuten Dauer vor, deren Gesamttitel lautet:

BIG SOUNDS FROM SMALL PEOPLES.

Diese Serie gibt ein globales Bild der Musikindustrie und enthält Aufnahmen, die in Sri Lanka, Trinidad, Jamaika, Tansania, Tunesien, Kenia, Wales, Skandinavien, London und New York gemacht worden sind. Darin werden unter anderem präsentiert: Jimmy Cliff, Rita Marley, Yellowman, Littiz Mento Band (Jamaika), Growling Tiger, Roaring Lion, Tobago Crusoe, Stalin, The Desperadoes (Trinidad), Safari Sound, The Bagamoyo folk music group, The Mlimani Park Orchestra (Tansania), TP Sumo Sumo, Fadhili William, Kabaka, The Bomas (Kenia), Anton Jones, The Superstars, Desmond Rodrigo, The National Drummers (Sri Lanka), Salah el Mehdi, Zoubaier, The Rachidia (Tunesien), Ar Log, Dafydd Iwan, Tecwin Ifan (Wales), Lasse Tennander, The Gothenburg Symphony Orchestra, The Delsbo fiddlers (Schweden), Hyldemor (Dänemark), The Monroes (Norwegen). Außerdem sind darin Ergebnisse enthalten von Interviews mit CBS, EMI, ASCAP und anderen Vertretern von Schallplatte, Rundfunk, Fernsehen und Musikverlagen sowie mit Komponisten, Politikern und Regierungsvertretern.

Round-table-Gespräch

Probleme – Positionen – Perspektiven in der und für die Musikpolitik

JOHN PETER LEE ROBERTS: My name is John Peter Lee Roberts and I come from Canada where I am senior adviser in cultural development to the Canadian Broadcasting Corporation. I am also a past President of the International Music Council and a Vice-President of the International Institute of Audiovisual Communication and Cultural Development in Vienna.

On my left, Professor Manuel Enriquez.

Here Mr. Roger Wallis from Great Britain and also from Sweden, you just saw him on television.

JAN STESZEWSKI: Ich bin Musikethnologe, beschäftige mich mit Musikgeschichte und teilweise mit musikwissenschaftlicher Methodologie. Ich bin Leiter des Musikwissenschaftlichen Instituts in Poznań, lese an der Universität in Kraków. Zur Zeit bin ich Präsident des polnischen Musikrates sowie Vizepräsident des IMC.

LUPWISHI MBUYAMBA: Je suis enseignant de formation, j'enseigne l'esthétique musicale à l'Institut des Arts de l'Université Nationale du Zaïre, mais depuis bien des années, je travaille à la réalisation de programmes d'administration, de recherche et de coopération internationale. C'est ainsi que pendant près de dix ans, j'ai eu à m'occuper de la coopération universitaire du Zaïre et que depuis deux ans j'ai pris la responsabilité de conduire un projet d'assistance technique au Centre international de la civilisation bantoue, centre qui regroupe une dizaine de pays de l'Afrique centrale, orientale et australe, et qui a pour objectif la recherche, la conservation et la promotion des arts et de la musique notamment. Bien sûr, à ces diverses responsabilités, j'ai eu autant affaire aux problèmes administratifs de la promotion qu'aux questions spécifiques de l'enseignement et de la recherche.

MANUEL ENRIQUEZ: I am a composer, a violinist, and a teacher. I have been Director of the National Conservatory in my country and at present I am General Director of Music in Mexico, member of the executive committee of the International Music Council, also member of the executive committee of the Inter-American Music Council from the Organization of American States.

ROGER WALLIS: My name is Roger Wallis. My career in the academic world started quite well back at a very famous British university where I studied industrial management. Then I moved to Sweden and through the industrial management and the dustbin, then I played rock music in Sweden for about five years. I then got involved practically in the record industry, working with local musicians, I was starting cooperative record companies just working with Swedish music, then got involved in broadcasting and was fortunate enough to meet up with Dr Malm and got back in that wonderful academic world and also got the opportunity to travel round the globe, three times in the course of this project. In now continue to work on this project with Dr Malm looking at problems of the music industry, its development, and its affect on particularly the smaller nations. I have worked for Swedish radio and television and I also do work for the BBC.

LUIGI PESTALOZZA: Je suis professeur d'histoire de la musique à l'Académie des Beaux-Arts de Milan et je donne aussi des cours à l'Université de Pise. Je suis directeur d'une revue musicale. Je m'occupe donc de l'histoire de la musique, de la musique des siècles passés et de la musique contemporaine, et je m'intéresse au rapport existant entre la musique et les mass média.

JOHN PETER LEE ROBERTS: We have already heard about tradition in music cultures as this subject relates to the different geographic areas in the world. We have also heard about tradition in music cultures from different perspectives, for example the perspective of music education, the perspective of composition and musical creation, of cultural imperialism, the perspective of heritage. These and many other perspectives have all been mentioned and been gone into to some degree. Every speaker has spoken about problems, and it is very clear that there is no shortage of problems. There has been perhaps less talk about solutions to problems and there has not been a great deal said on music policies or the components of music policies as such. There has been a great deal of talk about our subject from the historical point of view and the kind of cultural imperialism coming from the mass media. However, instead of continuing in this, and instead of concentrating on the present and the past I would like to suggest that we concern ourselves more with the future in our roundtable this morning.

However, coming out of all the discussion has been the major problem of cultural identity which is not just a local or regional issue of worrying. This is a problem that seems to be facing the whole world. Our discussions and papers in the conference have also demonstrated what a vital part is cultural identity. I would like to suggest that our speakers this morning should say what they can about music approaches and music policies in their particular countries and regions of the world, which have either worked or nor worked, and from which we can all learn something so that we can all be better equipped and prepared when trying to forge out our own way into the future. In particular, it would be interesting to know what music policies have been successful in strengthening those musics which are an important part of cultural identity. Our speakers all work in different areas of music as we have heard and of course this will I think particulize what they have to say and make the morning very interesting.

JAN STESZEWSKI: Ich möchte skizzenhaft auf einige wissenschaftstheoretische Aspekte innerhalb unserer Problematik hinweisen.

1. Es geht um die ontologische und folglich auch sprachlich-semantische Ebene der im Titel des Roundtable-Gesprächs angewandten Wörter Tradition und Identität. Als Beispiel möge das Wort Identität dienen, das klar von solchen Wörtern und Begriffen wie Gleichheit und Ähnlichkeit unterschieden werden sollte. Schon nach Gottfried Wilhelm Leibniz' logischen Erörterungen kann sich Identität nur auf ein und dasselbe Individuum beziehen, das mit zwei Namen bezeichnet wird. Identisch ist man zum Beispiel also nur mit sich selbst. Wenn man also die Identität so verstünde, sind alle anderen Anwendungen des Identitätsbegriffes loser Sprachgebrauch, Metapher, irreführende Hypostase. Solche Soziologen wie Peter Berger und Thomas Luckmann warnen ausdrücklich vor einer vergegenständlichenden Anwendung des Begriffes kollektive Identität, weil dieser Begriff zuerst wissenschaftlich gerechtfertigt sein müßte. Außerdem war «kollektive Identität» oft verschiedenen Manipulationen dienlich, was die sogenannte «Hegelsche Soziologie» der 20er und 30er Jahre von Ottmar Spann bezeugt. Meine erste, sozusagen ontologische subjektbezogene Frage lautet wie folgt: In welcher Beziehung und auf welche Weise läßt sich die individuelle musikalische Identität in kollektive Identität umsetzen? Oder, was heißt es, sich musikalisch mit einer sozialen Gruppe zu identifizieren? Nebenbei sei bemerkt, daß die Inhalte der Identität nicht starr, unveränderlich sind, sondern dynamischen und historischen Prozessen unterliegen.

2. Angenommen oder vorausgesetzt, daß man doch Identität, wie es üblich ist, das heißt, als kollektive versteht, erhebt sich eine weitere Frage: Wie ist die musikalische Identität beschaffen? Zum Beispiel wird die Identität oft gleichgesetzt a) mit musikwissenschaftlichen, werkbezogenen, meistens historischen Feststellungen, b) mit musikpsychischer intersubjektiver Zustimmung oder mit Zugehörigkeitsbewußtsein der einzelnen im Rahmen einer sozialen Gruppe oder c) mit der Identifizierung dieser Zugehörigkeit durch außenstehende Menschen aus interkultureller Sicht. Als Beispiel der letztgenannten Alternative ziehe ich die popular-polnische bzw. die populare Musikgeschichte des 16. und 17. Jahrhunderts heran. Seit Ende des 16. Jahrhunderts tauchen in verschiedenen Manuskripten und Drucken sogenannte polnische Tänze auf, die als solche von den Ausländern, vornehmlich Deutschen, auf polnische musikalische Identität bezogen werden. Es sei bemerkt, daß zu dieser Zeit in Polen nirgends diese Benennung zu bezeugen ist. (Übrigens, der Nachtanz dieser Tänze sollte zum Beispiel nach Valentin Haußmann nach dem Muster der Mazurka-Rhythmen gestaltet werden.) Weiter: Die Identifizierung kann entweder aktives Mitwirken in der Musikausübung, wie etwa in der lebendigen Volksmusiktradition, oder passives, zustimmendes Zuhören, wie etwa der repräsentativen Staatlichen Volksmusikensembles, bedeuten.

3. Meine dritte Überlegung zielt auf die Objekte und Kriterien der musikalischen Identität. Wie wird die musikalische Identität definiert? Als ein bestimmtes Repertoire von Melodien oder von musikalischen Zügen, als ein Musikstil oder mehrere Musikstile? Denken wir nur an die geschichtliche und soziale Dimension

der Tradition. Zu den sogenannten nationalen polnischen Rhythmen gehören Mazurka, Polonaise und Krakowiak-Rhythmen, was man heutzutage den Kindern in den Schulen anhand der Werke von Chopin, Smetana beziehungsweise Bach, Wagner und Smetana beizubringen versucht. Korrekterweise ginge es dann aber um die sogenannte europäische Identität. Weiterhin ließen sich leicht erlernbare kurze Melodien nennen, die jeder vorsingen kann. Die Nationalhymnen etwa lassen sich von zwei Strömungen herleiten. Die einen sind auf Initiative von Herrschern beziehungsweise Regierungen entstanden. Und darin wird oft Gott gebeten, den König zu schützen. Sie wurden normalerweise im üblichen Zeitstil komponiert. Andere, wie die Marseillaise, sind aus patriotischen Aufwallungen und Wünschen der Völker heraus geboren worden. Hierzu gehört auch das bedeutende polnische nationale Lied, die Dombrowski-Mazurka. Dieses Lied ist 1797 außerhalb der polnischen Grenzen in Italien entstanden. In einer Atmosphäre der Begeisterung und in der Hoffnung auf eine baldige Rückkehr an die Weichsel, wurde es von einem eher unbedeutenden polnischen Dichter nach der Melodie einer volkstümlichen Mazurka niedergeschrieben. Die ungewöhnliche Beliebtheit des Liedes erklärt sich vor allem aus seinen ersten Worten: «Noch ist Polen nicht verloren, solange wir leben». Das Lied wurde sofort ein Symbol der Standhaftigkeit Polens, zu einem Symbol, das alle Polen ohne Standesunterschiede im Kampf um die Freiheit des Volkes vereinte. So war es im 18. und 19. Jahrhundert. Heute sind die Inhalte des Liedes kaum oder nur begrenzt relevant. Aber der Hymnus ist musikalisches Symbol der polnischen Zugehörigkeit geblieben. Nur am Rande sei bemerkt, daß viele Nationalhymnen in keiner Beziehung zur lokalen Musiktradition stehen.

4. Ganz kurz möchte ich darauf hinweisen, daß im Unterschied zum Fall der Nationalhymne musikalische Identität innerhalb einer sozialen nationalen etc. Gruppe mehrfach gespalten und überschneidend sein kann. Nach den Schichten, Klassen, Berufs- und Altersgruppen, Religionsgemeinschaften etc. Habermas geht soweit, daß Identität, etwa Gemeinsamkeit der Überzeugungen, in den pluralistischen Gesellschaften nicht möglich ist. Mit einer Ausnahme, daß sie in reflexer Gestalt gebildet wird, in der Aufklärung, im Lernprozeß.

5. Im Rahmen einer traditionellen, relativ isolierten musikkulturellen Gemeinschaft ist die Aufrechterhaltung des Identitätsbewußtseins wahrscheinlich viel einfacher als im Zeitalter des blühenden musikalischen Historismus, in dem menschliche Perspektiven die Regionen, Länder, Kontinente übergreifen lassen, was durch die technischen Medien möglich ist. Der heutige Mensch steht vor einer fast unbegrenzten Informationsflut, aus der er sich ziemlich willkürlich gewisse Teile aneignen kann, was nicht unbedingt eine Identität erleichtert und aufbaut. Da die Reglementierung der technischen Medien kaum möglich ist, ist vielleicht die Parole, die die Welt als globales Dorf faßt, nicht so ganz unsinnig. Wie man diesem Trend sich entgegensetzen könnte, möchte ich als meine letzte Frage formulieren.

6. Es wäre sehr nützlich, genau zu überlegen, welche Überzeugungen, Weltanschauungen, Ideologien, Wertsysteme und Theorien die Tradition und die kulturelle Identität unterstützen und warum. Inwieweit sind diese haltbar? Diese Fragestellung ragt in die Kulturpolitik, in die kulturelle Praxis, in die praktischen Zielsetzungen hinein.

JOHN PETER LEE ROBERTS: I think you are quite right to warn us of the necessity of understanding that what we are speaking about, music identity and cultural identity. But may I say that having wonders of that I do hope that perhaps the other speakers will leave it as that because if we come involved in the whole question of definition I am afraid we may be like people in a swamp, we are wandering into a swamp, we may find ourselves going in deeper and deeper and I think purpose of this discussion, if it could be generally understood that what we mean by cultural identity really is the right of the creators and performers of a country to have a voice and have a presence in their own country and to be heard and to not be obliterated by musics coming in from elsewhere so that the people of one's country would not know what one's music is or would not be able to experience it in an ongoing way.

LUPWISHI MBUYAMBA: J'interviens pour indiquer dans ce vaste champ des préoccupations contemporaines sur l'identité culturelle, la démarche engagée en Afrique, l'expérience que nous avons vécue sous divers aspects qui ont été indiqués auparavant, aspects de la recherche, aspects de l'enseignement et de l'éducation, aspects de la promotion, en épinglant au besoin les difficultés rencontrées, et puisque cette table ronde a pour objet précis d'indiquer la politique et les perspectives du futur; j'essayerai d'esquisser brièvement, de la façon la plus précise possible les recommandations qui s'imposent. Les questions d'identité culturelle ont été discutées à travers le monde entier, mais pour ce qui touche spécifiquement l'Afrique, disons que cela se fait davantage depuis dix ans. En 1975 à Accra, l'UNESCO a réuni une conférence régionale sur les politiques culturelles en Afrique. De cette conférence est sorti un plan, appelé plan décennal pour la préservation, la conservation et la promotion des arts du spectacle et de la musique, trois ans après à Kinshasa, les experts se réunissaient pour définir les procédés de mise en œuvre de ce plan. Il a été décidé de créer un centre régional dont on attend toujours le démarrage dix ans après, mais ils stigmatisaient néanmoins la nécessité et mettaient en même temps les garde-fous en fonction des expériences acquises. Ils recommandaient aux Etats des actions sur le plan national et ils proposaient des projets à la fois sur le plan régional et sous-régional. Nous avons pu voir dans des pays comme le Zaïre des institutions comme l'Institut des musées nationaux, l'Institut national des arts créer un centre de recherche, un centre d'étude et de diffusion des arts. Nous avons vu éclore des institutions régionales comme le Centre de recherche dans le domaine de la documentation et des traditions orales au Cameroun, mais qui est compétent pour l'ensemble de l'Afrique centrale. Nous avons assisté à la création d'autres centres et très récemment un centre placé sous l'angle de l'identité culturelle qu'est le bantou, la tradition bantoue, la langue bantoue et donc la culture bantoue. Je voudrais me limiter à la partie centrale de l'Afrique et appuyer mon intervention par des exemples précis. Sur le plan de la recherche, quand on voit ce qui a été fait à l'Institut des musées du Zaïre, à l'Institut national de la recherche orientale ou dans d'autres centres, on se rend compte que les choses ne sont pas simples. On a envoyé des équipes de chercheurs sur le terrain pour récolter du matériel, mais lors de la première séance d'évaluation du séminaire que je présidais à Yaoundé au Cameroun, il y a trois ans, on s'est trouvé devant un matériel de la qualité la plus douteuse et on a dû jeter au panier la moitié au moins des bandes enregistrées. On s'est aperçu qu'il y avait un problème dépassant celui de la formation de type accéléré des techniciens travaillant sur le terrain, qu'il y avait un problème de connaissances théoriques, non seulement pour les enregistrements et les analyses, mais un problème de connaissances préalables de ce qu'on entend par tradition musicale authentique, un problème théorique. Qu'est-ce que c'est la tradition réelle? L'autre jour à Dresde, nous parlions de la catégorisation de la musique traditionnelle; il me suffit d'indiquer ici que, lorsque vous envoyez les experts, les chercheurs et les techniciens sur le terrain pour rapporter de la musique traditionnelle, de la musique témoin de l'identité culturelle, il faut les mettre en garde contre ce qui peut être de la musique évoluée, de la musique polluée, si vous voulez. Une autre question touchant ce travail de terrain toujours au niveau de la recherche, c'est la collecte des instruments de musique. Vous pouvez vous trouver dans un institut comme celui de Kinshasa, l'Institut des musées nationaux en face de 200, 300 types de Zensa, piano à main africain dont le rôle est capital, c'est pour cela que nous nous permettons d'en avoir 200 à 300 spécimen. Vous pouvez ainsi vous trouver devant un dépôt d'instruments, sans que ceux-ci aient été collectés en vue d'une philosphie, d'une théorie très précise, en vue d'un profil, d'une démarche au préalable suffisamment décantée. Je me tourne vers l'enseignement et je vois les expériences qui ont été initiées. Lorsqu'on s'est réuni à Lagos, au Festival mondial des arts nègres, 2e Festival des arts nègres en 1977, on a lancé l'idée de réintroduire l'enseignement de la musique dans les écoles, parce que du temps de la colonisation, l'enseignement n'existait que sous la forme de l'apprentissage du solfège, de l'initiation au chant. Ces matières ayant été supprimées au moment de l'indépendance, on s'est à nouveau trouvé dans une situation difficile. Malgré tout, on a décidé de réinstaurer l'enseignement du chant et de la musique dans les écoles de formation générale maternelle, primaire, secondaire. Il s'agissait de définir le programme. Plus tard, chaque pays travaillerait pour son compte. A Kinshasa, nous avons essayé de concevoir un programme d'enseignement du chant et de la musique dans les écoles primaires et secondaires et sommes parvenus à la conclusion qu'il fallait créer des écoles spéciales. Je reçois alors l'autorisation d'en ouvrir quatre à Kinshasa et aussi dans les provinces. Allant dans le sens de la discussion sur l'identité, la revalorisation de la tradition, je propose qu'une de ces écoles soit de type expérimental, soit orientée vers l'enseignement partant de la tradition vers la découverte du solfège et du reste, mais les difficultés que j'ai rencontrées, ont été nombreuses. C'était le principe d'abord qui était rejeté par les enseignants et ensuite par les élèves eux-mêmes, aucun enfant n'acceptait de tendre la Zenba ou le likembé pour commencer à apprendre la musique. Il voyait autour de lui les tambours, les trompettes et le piano et il ne voulait que cela. Il y a là un problème de type psychologique qui se pose, dès qu'il s'agit de développer l'enseignement de la tradition. J'indique un jour aux professeurs de musique au cours d'un conseil pédagogique qu'il fallait que l'instrument traditionnel fasse son entrée, ne serait-ce que comme deuxième instrument, je veux bien que le premier instrument de l'étudiant soit le violon ou le violoncelle, mais que chacun de nous puisse avoir un deuxième instrument qui soit un instrument de tradition africaine. Première réaction, les professeurs disent que ce n'est pas possible, s'il n'y a pas de manuel, pas de méthode, s'il n'y a rien, on ne peut pas et on ne voit pas comment l'intégrer dans un orchestre, ce n'est pas possible, disent-ils alors. Finalement une décision officielle imposait comme deuxième instrument un instrument traditionnel, les élèves ont dû l'apprendre trois ans plus tard, ils se sont rendu compte que finalement c'était utile et que ce n'est que par cette filière-là qu'on pouvait non seulement intéresser le public mais aussi communiquer sur le plan international. Je ne crois pas que ce sont des orchestres de chambre avec violons et violoncelles qui soient attendus de l'Afrique, quand il y a des concours en Europe, c'est davantage les instruments de tradition africaine qui peuvent donner à ces musiciens que nous formons la possibilité d'assurer une présence dans le monde. Dernier volet de la promotion, où je veux étudier l'aspect administratif. Au cours des séances qu'on a eues ici depuis deux ou trois jours, on a beaucoup parlé des mass média, mais lorsque vous parlez des mass média en Europe ou en Amérique, vous parlez des chaînes de télévision, des chaînes de radio privées. En Afrique centrale, à l'heure actuelle, il n'existe pas de chaînes de télévision privées, pas de radios privées. Lorsque nous parlons de la promotion par les mass média, par la radio et la télévision, nous parlons en fait de l'Etat. La responsabilité de la promotion revient aux Etats, ce qui est vrai pour l'Afrique et en tout cas pour l'Afrique centrale. Alors peut-on demander à ces Etats de veiller à la qualité du travail des chaînes de radio et de télévision? Nous avons eu en janvier la 7e tribune de la musique africaine organisée avec le concours de l'Union des radios et télévisions de l'Afrique, à Brazzaville au Congo, une des résolutions présentée à l'assemblée générale était que nous puissions au niveau du Conseil international de la musique indiquer à l'Union des radios et télévisions les œuvres que nous primons dans la semaine de la musique africaine et que nous recommandons pour une diffusion élargie, une diffusion de qualité et que nous puissions ensemble au besoin instaurer une politique de diffusion. Personnellement, je suis allé au-delà et j'ai plaidé une politique d'édition, si des éditeurs, si des maisons, des industries sont intéressés à ce que les musicologues et autres soient responsables de la musique en Afrique. On pourrait proposer un modèle de musique traditionnelle tous les deux ans, je pense que ce serait l'occasion de lancer cette affaire. Les chaînes de radio qui sont des chaînes nationales généralement, sont en partie responsables ainsi que l'Etat au niveau de l'organisation de la promotion de la musique, des festivals. Que de réunions ont été annoncées dans les différents Etats pour le Festival national de la culture par exemple, celui du Zaïre s'est tenu en 1976 à la veille du Festival mondial des arts, juste pour préparer ce festival-là, depuis on attend le deuxième; celui du Gabon, il a eu lieu également à la même période et depuis deux ans on annonce la tenue du deuxième, on vient de le reporter en décembre prochain. Le premier festival du Cameroun a eu lieu l'année dernière à l'occasion des festivités portant au pouvoir le nouveau chef de l'Etat. Je pense que l'organisation des festivals permet aux responsables nationaux des Etats d'offrir une tribune pour la présentation de la musique traditionnelle de façon à ce que les artistes eux-mêmes puissent se servir de cette occasion pour faire leur propre promotion. Je n'ose pas parler de la promotion économique, de la promotion politique, vous le devinez, vous connaissez bien ce qu'on dit actuellement sur la nécessité de développement. L'occasion qui nous réunit ici étant le tricentenaire de Bach, Haendel et Schütz, nous avons demandé que les autres continents réagissent à cette identité culturelle européenne qui a fait tâche d'huile si on veut dire. Je pense que s'il y a une leçon qui peut être retenue de l'œuvre de Bach et des retombées de l'œuvre de Bach, c'est que le chant religieux, de par sa dimension propre, a pu non seulement captiver mais inviter le musicien, le compositeur, le musicien-interprète à un certain retour en lui-même. Je voudrais faire remarquer que la profondeur de l'esthétique musicale apparaît, lorsque le compositeur et le musicien reviennent sur eux-mêmes, intériorisent la musique et les faits musicaux et essayent d'exprimer des sentiments sans perdre le contact avec le public. Le langage de Bach, a-t-on fait remarquer, se retrouve dans la pop-music d'aujourd'hui et qu'il est devenu finalement une mine inépuisable de richesses musicales. Je pense aux expériences qui sont tentées en Afrique à l'heure actuelle autour des églises pour retrouver les rythmes traditionnels, avec le folklore, le geste, la danse. Elles représentent un souci de profondeur, de recherche en profondeur, mais aussi un souci de recherche savante classique, je pense que ces expériences peuvent effectivement indiquer des voies possibles, je ne dis pas du maintien de la tradition ou de l'identité culturelle, mais d'un développement de cette tradition vers une sorte de classicisme qui n'est en fait qu'une identité de toujours, une musique de toujours, mais est-ce que le mot classique a une autre définition?

MANUEL ENRIQUEZ: I would like to speak about general problems we have in Latin America, especially concerned with the musicians and composers in the so-called consumed music or consumer music. In just to have an idea towards what is going on in Latin America and especially my country, I would like to say that for instance in Mexico-City we have about 28 radio stations of "FM" and about 75 stations of "AM", and about 10 channels of television, but everyone only commercial. So, we don't have that kind of organization you have here in Europe of a state radio and a state television and so forth that are mostly supported by the state or even some private organizations; so everything is private, profitable, business, commercial, money for these enterprises. So it affects really the quality of the broadcasting they do, and of course it affects profoundly the taste of the public, and also the taste and even the products of the art of the composers and even the musicians. So, thinking of this problem, I just have written some few ideas and some comments I would like to read to you.

Those composing today especially means the production of concert works, it is the task of the musicians to take position with regard to different ways used to insert music in an third world society. What is there to be said schematically about the information and the production of the musical phenomenon? Our musical atmosphere in Latin America is largely composed of different products, or generally speaking, of elements without our control and which we have to learn to understand. The auditive perception is not able to escape from the number of different acoustic obstacles and, hence, appears generally as being voluntarily blocked or restrained. The attention paid to this environment is nought or rather. The ear tries in vain to turn away from it as if the negative aspect of the perception should finally be eliminated. Perhaps, this reaction is associated with the impression that we do not control the sound, that in our communities we are not able to measure its impact on our life, especially on our daily life. The listening is solely very active for certain forms of music, in function of the admitted hierarchy between commercially organized, composed and non-organized sounds. The media and the means for mechanic reproduction which are sent by the capitalistic countries as they them now operate do not draw the attention to the sounds, on the contrary, they make the listeners something very banal, that means that they are oriented perpetually to the loudest, the worst and the most commercial in the music. Now then, a moment of music is a choice, a decision to make. If someone pushes the button of the radio it can simply be an automation to start of which he or she knows nothing but which can give the impression of emptiness. As compared to our older sensorial capacities, the auditive perception seems to be sacrificed as if a selective attitude vis-a-vis the sounds could never be practised or is for minor importance.

Up to now, the media in Latin America were assigned a passive vocation. The media always individualized the perception of the music, which has, however, always been the realization of an irreversible event to experience in community. We find this confusion that leads to the labelling and the impoverishment of the faculties of listening. Hence we see that in despite of the diversity of the phenomenon that our environments become always almost identical. The uniformization everywhere is extended also all over the countries. All difference is blunted.

Any violation of the places of information, realization, apprenticeship and production of music is a question by all those who live in the more or lesser luxury of official avantgarde or musical centres of Latin America. It is the task of the musicians to suggest means even if they are still fragmentarian to meet the aspirations of individuals who can no longer live with the passive role of the consumer offered by our society.

If this does not happen, there is the consequence of the eliminated feel in the awakening to sound. The privilege feel of the concert or the musical research work in laboratories in some information centres in Latin America would be useless. Investigating in music today is looking for points of contact with our own life, making the music a catalyzer of reunion of sources of joy. This can be one of the fundamental aspirations of the Latin American composers and musicians. This could certainly be the essence of involvement of the musicians in our social life.

Luigi Pestalozza: En ce qui concerne la situation italienne, aujourd'hui très compliquée, le problème de l'identité est aussi un problème de la propriété des moyens de production, de l'organisation de la musique, autant dans le domaine de la musique sérieuse que dans le domaine de la musique populaire. C'est là que réside le problème central. En ce moment dans la vie musicale italienne, le processus est déjà en marche, ce qui permet d'observer un changement fondamental, je ne veux pas parler d'une situation contradictoire mais complexe. La musique italienne a connu une période positive, lorsqu'elle était financée par de l'argent public. Il existe une loi en Italie qui stipule que c'est à l'Etat de financer la musique. Dans les années soixante et soixante-dix, l'Etat est passé d'un Etat centralisé à un Etat régional, conformément à la Constitution italienne. Cela a favorisé l'initiative locale, autonome et a donné la possibilité à la gauche italienne, en particulier au Parti communiste, de conduire une lutte pour la restauration de la vie musicale italienne, pour la création de nouveaux moyens de production et pas seulement dans les villes, dans les régions qui étaient gouvernées par la gauche mais aussi dans les autres régions. Et je donne un exemple, dans les années soixante et soixante-dix se sont créés en Italie 12 orchestres régionaux et 4 orchestres radiophoniques, dont trois ont commencé à jouer non seulement pour la radio, mais aussi pour le public, à faire des tournées dans les villes et donc à socialiser le travail des orchestres. Beaucoup d'autres initiatives étaient également en cours, lorsqu'il y a eu une réforme de la radio en 1974. Les choses ont commencé à changer dans les années quatre-vingts. Il y a des coïncidences intéressantes, les grandes multinationales de disque sont entrées dans le pays de manière organisée en 1978, c'est une date très importante pour la musique dans notre pays, parce qu'a commencé à changer la politique du gouvernement et qu'a commencé à changer la situation générale. C'est justement à cette date que la direction de la radio, de la télévision italiennes a commencé à parler de supprimer les orchestres. Aujourd'hui, le risque est devenu de plus en plus réalité et pourquoi? parce qu'a commencé une agression sur les mass média italiens, en particulier à la radio. La musique à la radio privée et publique est pur 50 % achevée à l'étranger, mais sur les trois canaux de la radio les plus populaires et du point de vue technologique les plus développés, c'est à dire sur les trois canaux de musique stéréo, la programmation des musiques est faite à 100 % chez les multinationales de disque. C'est la politique choisie par les dirigeants italiens, il faut dire naturellement que la gauche n'est pas un parti, la gauche c'est un mouvement démocratique et c'est intéressant que le projet de loi vraiment réactionnaire a été rejeté, parce que non seulement la gauche, mais l'ensemble de l'organisation musicale italienne, les dirigeants politiques des villes et des régions modérées sur le plan politique s'y sont opposés. L'État autonome a réagi contre le gouvernement central, mais j'ai ici la nouvelle loi qui aura des conséquences très graves non seulement pour les orchestres qui risquent de cesser leur travail, mais aussi pour le développement de la musique moderne. Vous savez que les grands monopoles de disque ont presque cessé ces dernières années de s'intéresser à la musique moderne. Les disques de musique contemporaine sont presque disparus du marché de l'Europe occidentale. Entre 1974 et 1984, les opéras des compositeurs contemporains à la radio sont tombés à 60 % en Italie. Les compositeurs italiens disent que les opéras sont passés de 43 % à 15 %. Par contre, la présence d'auteurs étrangers est passée de 57 % à 87 %. Je ne fais pas de nationalisme, je trouve préoccupant que le travail des compositeurs italiens ne puisse pas être connu. La condition de compositeur en Italie est une condition très difficile, parce que ceux qui passent dans les média, passent tout de suite dans l'organisation de la musique vivante, les concerts, les opéras, mais cela crée, si on veut dire une situation de dépendance.

An mon avis, pour revenir au problème de l'identité, le travail des acteurs et des créateurs italiens va dépendre de plus en plus du marché international, sans qu'il existe une possibilité d'intervenir sur cela. Je dis que l'Italie devient toujours plus un pays qui exporte et qui importe des produits. Ce qui me préoccupe beaucoup plus que l'identité, c'est le passage du financement public au financement privé. Le risque, c'est de détruire l'organisation italienne, de passer à un système comparable à celui des Etats-Unis. Quand je lis dans la loi qui va sortir qu'il faut donner de force aux sponsors qui certes jouent une fonction indéniable, j'y vois un changement profond. Je suis réaliste, j'habite un pays capitaliste, le sponsor existe, il faut maîtriser l'événement sponsor. Pour le moment, on est loin d'y arriver, on constate une déformation du concept sponsor, du rôle du sponsor. Il ne va pas sans dire que l'identité vitale d'un pays est ainsi menacée très fortement. Alors quoi faire? Je crois que le problème central est localisé dans les mass média. Les maisons de disque italiennes indépendantes ont disparu, et les grandes maisons sont en difficulté. Je crois, parce que le problème est international, que cela est dû aux multinationales, sans vouloir faire une politique nationale.

Il faut développer les contacts, il faut développer les débats, il faut vraiment changer la conception que l'on a de la musique étrangère, sinon cela constitue un risque pour la musique nationale. Il faudrait un statut permettant à compositeur italien qui a la possibilité d'être joué à la radio de réagir à cela. Tout en mettant le doigt sur les problèmes dramatiques qui existent en Italie, faisons remarquer qu'une réaction se développe. La vie musicale progresse avec de grandes difficultés, mais elle n'a pas encore la possibilité d'empêcher ce type de loi. Ce n'est pas un problème propre à l'Italie, c'est un problème du monde occidental, c'est un problème que connait d'une certaine manière un pays très lointain comme le Mexique et c'est important d'en avoir conscience, parce que sur le terrain, à mon avis, on peut développer une politique positive et disons même démocratique de la musique.

ROGER WALLIS: Last night I was fortunate to be present at a discussion about music and television with one or two local television producers, they were mostly from the GDR. Also present was Professor Blaukopf, and, you know, when Professor Blaukopf is present, he will draw an extraordinary stall of very simple, very important trueismus. One of the first points Professor Blaukopf made last night was that we were talking about media, we were talking about a phenomenon which is exploding all around us, we were talking about the use of music in a certain sector of this medium which amounts to seventy or eighty per cent of the time. Yet we know virtually nothing about the effects of music in the media, how it is received, how its policy affects musical activity in surrounding society. There is very little literature, very little research has been done basically because technology is leaping forward so quickly. When Dr Malm and I embarked on this comparitative study on the music industry, including radio and television, in a number of small nations around the world, we soon discovered that it was virtually impossible to attempt even a rudimentary quantitative study, simply because statistics were not there or if they were there they were just not comparable. We found that grammophone records imported were measured in kilos in one country, and in dollars in another. It is rather difficult to compare them at times. So, we chose a policy of a qualitative study, very basically trying to describe what is going on. And we did that by identifying what we termed "critical incidence", trying to find certain events which we could look at not only to describe ourselves, but ask number of people to describe for us, and thereby trying to approach the truth, the sort of thing which is supposed to go on in legal courts, but does not always go on in legal courts. That was our process and we found out once again how little we knew, how little we understood. What I like to do now is trying, despite the lack of knowledge, the lack of understanding, be as practical as possible and mention a couple of observations I made last week and tell you a bit about a practical experiment to which we have been attempting in Sweden, which involves using radio and Swedish music.

Two little stories which I think are interesting. Last Saturday night I was running a radio programme in Sweden where we were talking about the phenomenon of pop music artists, suddenly getting so concerned about the plight of starving people in Ethiopia. I think known as Band Aid in the western world, and selling records and the profits go to an organization in London which is supposed to help the very serious problem of starvation in Africa. In the studio we had a young Swedish rock group, who had just released a record, and the profits from sales of this record are going to Africa, but not to Band Aid. They said they wanted the profits to go to the ANC, the African National Congress, and they had worked this out very poppy in their minds that they said giving money just for short-term relief for famine is going not to do anything with the real problem. This is an indication of how that group was relating its music to a debate which is going on in Sweden and in other countries about the situation not only in Ethiopia but even in southern Africa. This rock group, they first emerged four, five years ago, even earlier, about eight years ago, in a concrete suburb of Stockholm. At that time they were playing rock group with amplifiers, not that sort of music which one could have discussed on Tuesday morning this week in this room, maybe, with amplifiers that were making extraneous noises, because of lose connections in the wiring, but they achieved a good following, they chose an interesting name, they called themselves "Ebba Groen", which happened to be the code name Swedish secret police used for an operation to round up suspected Baader-Meinhof terrorists in Sweden. I think it is a sign of a healthy society that a young rock group can choose a name like that. Once again, very related to things that are going on and debated very much in society. They have now changed their name to "The Empire", also an interpretation in an ironical sense. But here we were talking about playing their music and I said what would you like to play of this new music, which was very the same sort of noise, less extraneous noises and lose connections, they can afford better equipment now, but they said we want to play "Surabaya Johnny", and the sound was screaming away. That was my experience from Saturday. I came here on Tuesday morning and listened to an interesting discussion about concepts such as good and bad music, whether one should play ornaments or sing ornaments when interpreting Handel, which seemed to me rather a pointless discussion as the only problem I can possibly see is a medical one if the organist gets his fingers stopped between the keys, trying to play the ornaments that can become a problem or it affects the voice of the counter-tenor in an adverse fashion. But it occurs to me that what is going on here is a sort of institutionalization process which has applied to Handel's music for a number of centuries. But the same process is going on with this Swedish rock group.

My next interesting observation occurred on Tuesday night when I got the chance to go to a rock concert here. I found it very interesting, a group called "Elektra". Playing were brilliant musicians, a perfect example of what Professor Ling was saying the other day this crossover has occurred between these young rock musicians, I can well imagine the chapter was playing synthesizer, two saxophones at the same time, the flute could well be sitting in a symphony orchestra playing Beethoven the next day, there has nothing been wrong with his ability to play the instrument. One or two things I did not like, I am allergic to groups that have smoke on stage, I think groups that produce smoke and clouds should have the fuses removed from their amplifiers, but the interesting thing for both Dr Malm, and myself as I think, it happened at the end of the concert. As is normal and as is tradition in concert life, they were asked to play an encore and we thought they will probably play one of their own local hits here, they had a local hit, I don't know the group at all, but they suddenly started playing "One Night in Bangkok", which is a Swedish song from the ABBA people who wrote a strange opera called "Chess", which is attempted to be just like a contribution to the debate about peace in the world and the relationship between the superpowers, because one of the chessplayers is an American, the other one is a Russian. What I am trying to say is we could have heard exactly the same discussion, maybe not the same people, but we could have heard exactly the same discussion, say comparing the music of Elektra the other night, their interpretation of "One Night in Bangkok", did the chap do the ornaments right, did they get the wrapping right in the middle, and the same discussion with comparing them, their music to this group from Stockholm that were singing in their own way. If you put those together you could have exactly the same discussion we had here about good and bad music, bad music somehow being in the media and good music being what we heard in certain concert halls. I am not saying that I would mark good or bad, I am just saying this is part of ongoing institutionalization process in music life of any society. It has got to go this way, it will always go that way, there is nothing wrong with it. We have the right, we reserve the right to say what we think is good and bad. But where it becomes really dangerous is if this music life gets squashed, so that this young group in that concrete suburb cannot start making those noises or your group of people, say, downtown Kingston/Trinidad cannot start bashing oil drums to express themselves in music. And this is the risk which your are explaining, in a country like Sweden we suddenly find ourselves under the footsteps of something like two or three new satellite channels in television every year. On none of those channels is there one minute of Swedish music as a rule. This is a real threat. Because the nation of national sovereignty in broadcasting has gone overboard now because of new technology, we have to choose new methods, we have to be more aggressive, we have got to learn that one can never stop technology coming into your society, it is just as impossible, say, for the Swedish government to tell the police to pull down any parabolic satellite antenna, as it is for the government in the GDR to stop the import of synthesizers. You cannot stop this process, you have to look on it in a way of how can you use them in a positive fashion and what can we do.

My last little example concerns an attempt to do something practical, using the old-fashioned technology, but technology that works. Sweden has just got a very large medium-wave transmitter on a relatively free frequency, which has been negotiated. We asked to be out to do a project, for seven nights a week we would play four hours of Swedish music, presenting that music, one hour presenting it in French, next hour in German, and then two hours almost presented in English. So, technical limitations, with a highly compressed medium wave AM you cannot play music with a large range of dynamics, it sounds rather silly. So, your natural choice obviously is folk music, jazz, pop and rock, some electronic music, too, is possible, one can play if you have a strong and clear signal. We did this, spreading Swedish music out over Europe. We were quite amazed by the response. It was difficult to interpret signals but with that type of technology you can have people listen to radio in Great Britain, which is transmitted from Sweden over thousand miles, people can use the telephone to call you up. We found when we were giving the telephone number, people from Britain were calling us up, saying it was very interesting, have not heard this before. Which of course they have not, but you never hear any Swedish music in Britain, apart from ABBA, which is not Swedish music anyway. We also got letters, September there were eight or nine hundred letters and they are still coming in. From people who clearly did not turn the station off, despite the fact that there was Swedish music, some of it sung in English, some instrumental, some sung in Swedish. And we combined this with a number of topical subjects such as this discussion with the pop group on Saturday night about giving aid to the ANC, or giving aid to Ethiopian people. We had one evening when we devoted the whole programme to the problem of pollution, air pollution, because Sweden has a big problem, as you do have in Central Europe, with trees, dying because of sulphur, coming in from the air, acid rain, and we got people phoning in, and once again they did not turn off, which meant that the music was not so boring so unpleasant for they could not live with it. And I had a sort of division. It occurred to me what would happen if the medium wave AM radio in Europe at night, when you can hear programmes from other countries, if we could hear a programme from Austria with Austrian music, from East Germany with Elektra and other groups, if we could hear a programme from Denmark with Danish music. There is a risk. It might go the same way as the Eurovision Song Contest where everybody would trying to sound just the same for that people would listen to them.

We have got to try new methods. And maybe we will succeed in keeping up music alive for ourselves and for everyone else.

JOHN PETER LEE ROBERTS: Canada is a country which is being studied a great deal at least in the West, because we share the longest undefended border in the world with the United States. The defence, which we need is a sort cultural defence, because naturally we are able to pick up all kinds of American television channels and all kinds of American radio signals. I think, one thing, the allround availability of channels has brought about is a society which has become very used to, and very adapt at using the mass media. In Canada, 63 % of the people listen to radio about 18 hours a week, and they also watch television for 22 hours a week. That's an awful lot of time. A child leaving school will have spent much more time in front of a television set than in a classroom. Of course, one has to meet people where they are apt and as there is such abuses of the mass media this is where one must meet them. The Canadian government has been concerned for quite a long time about Canadian cultural sovereignty. Various attempts have been made coming up with policies to deal with this are now quite urgent and a serious matter. Perhaps the first attempt which was made was in terms of the ownership of Canadian stations. They must be owned by Canadians, this is commercial stations. Apart from that there is a corporation, Canadian Broadcasting Corporation, which has the longest radio and television networks in the world in English and French languages. It also broadcasts to the far north of Canada, in the Canadian Indian languages and in dialects of the Moso and also in Innuit. This, of course, is all huge undertakings, doing this what the government is trying to do to establish a genuine Canadian presence, by that I mean that

Canadians will be aware when they listen to the radio and when they watch television of their own country, of the creators and of the performers of their own country. It has already been suggested in radio there are thousands and thousands and thousands of hours of music and in this there is a music created from all over the world, of course of great deal comes from the United States. There has never been a concept trying to shut anything out. We have always felt that if we encouraged our creators and performers in an appropriate way by their pure excellence and by the fact that they are singing to their own people, that they are performing to their own people, communicating with their own people, they would in fact make an impact. In both, radio and television Canadian content quotas were introduced, this meant that in "AM radio" thirty per cent of all the music performed had to be Canadian according to certain criteria, and in "FM" certain proportions of music had to be Canadian according to certain other criteria. In television 50% of all the programmes had to be Canadian throughout the day, and 60% in prime time, which is from seven o'clock to eleven o'clock in the evening.

This was one attempt. Perhaps in taking that approach what we failed to do, and it was a mistake, was to realize that Canadian content demands simply created a demand. If you create a demand you also must worry about a supply. For radio you clearly need recordings of music of your artists and of your creators. We were not very good at doing that. However, the CBC stepped in and started making recordings in the popular music field with popular music artists, began to work with small independent companies who were struggling to make their way at the same time that the multinationals in Canada were in fact extending their influence. The situation has developed, of course, in a new way. Recently, because of the explosion of videos, of course I am referring to pop music videos, this has become a very big thing. One of the many channels available in Canada is concerned absolutely with popular music in television and nothing else. The big problem for the station is that it is obliged to Canadian content quota, a quota which is going to double very shortly. So, the government quite recently has come up with a discussion on a paper in which a number of proposals are made and the paper has been distributed throughout the country. For the music industry, the organizations and the individuals working in the music industry to discuss and feed back their comments. This process is now almost complete. What is likely to happen is that a fund will be set up by the government to assist the smaller independent companies to make recordings for radio and also for video. But many more recordings that is one step. Another step, which is being considered, we already have many cooperative ventures in radio around the world. But it is thought that there is an enormous scope for development here. I think it does not matter where the country is, there are all kinds of possibilities for music exchanges, music cooperation and co-productions in the whole field of recordings. Clearly, there is also a great scope in the production of films and videos and television programmes, and of course films and television programmes have a very important music component even when they are dramas. These are some of the things which are being considered. I am often asked by people: "Don't you feel that with so much material being produced by multinationals that what you are trying to do in Canada is a little like tilting with the impossible?" Our answer to that is that we have absolutely no choice. Is it at last being understood that who we are, how we address each other in our country, how we feel about things, how we communicate with each other in popular music and more serious kinds of music, is of extraordinary importance? It is in fact a priority, a great priority and this is something we really must address to ourselves. The other thing, which is becoming very clear, is that we are not serving our citizens in an appropriate way if we are only providing them with a very limited variety, for example of musics. A much more democratic approach is to use the technology other people have suggested very positively. We are in an exploding environment of multichannels now, those countries that don't have them, I presume that eventually will have them, happening elsewhere in the world, and these channels offer the possibility of presenting, perhaps for the first time, the cultures of other countries and other regions of the world. I think that if we can achieve that Canada and hopefully elsewhere, too, will be serving not only our own people better but perhaps will be serving the whole of humankind better.

The first question is what is the place of music in discussions of cultural identity? In other words what kinds of music are indeed threatening cultural identity in different parts of the world? Do you have particular views on this which you would like to express?

MICHAEL JENNE: Ich bin Leiter des internationalen Instituts für vergleichende Musikstudien in Berlin(West). Mir ist in dieser Diskussion etwas aufgefallen. Der IMC und die meisten seiner Mitgliedsorganisationen sind hier mit dem Ziel angetreten, Grenzen musikalisch zu überwinden, Musik international verfügbar zu machen und sich über die unterschiedlichen Musiktraditionen und Musikkulturen zu informieren. Inzwischen, in den letzten Jahrzehnten ist die Technologie enorm entwickelt worden und stellt uns die Möglichkeiten dafür in ständig erhöhtem und verbessertem Maße zur Verfügung. Nun aber hören wir verschiedene Plädoyers für den Schutz der nationalen Musikkulturen, den Schutz vor starken internationalen Einflüssen. Ich meine, wir sollten uns der Paradoxie dieser Situation deutlich bewußt werden. Man kann wohl unterscheiden zwischen den Möglichkeiten, international an der Vielfalt der Musikkulturen zu partizipieren, und andererseits sich der Gefahren bewußt werden, die durch einen starken, kommerzialisierten Einfluß entstehen. Der kann so stark sein, daß wir das Gefühl haben, gewissermaßen im sauren Regen einer, wenn Sie den Ausdruck gestatten, interkontinentalen Pipi-Musik zu ertrinken. Aber ich meine, wir müssen uns davor hüten, jetzt in das Extrem zu verfallen, uns wieder national einzuschotten und abzuschließen, sondern wir müssen hier neue Wege finden und uns mit dem Problem einer starken Einflußnahme auseinandersetzen und gleichzeitig aber an dem Bestreben festhalten, daß die Vielfalt der Musikkulturen uns überall in der Welt verfügbar sind, in ihrer Identität dabei erhalten bleiben sollen und nicht zu einem gemischten Salat zusammengeworfen werden. Wir sollten also sehr vorsichtig sein, meine ich, jetzt wieder nach den Wällen, nach den Mauern zu rufen, die unsere nationalen Musikkulturen beschützen. Es sind ja keineswegs nur die kommerziellen Tendenzen, die diese eben beschriebenen Einflüsse verursachen. Auch in den Medien, in den Massenmedien, die staatlich geleitet und geführt sind, gibt es die Tendenz, der stärksten Nachfrage zu folgen. Und die größte Nachfrage ist eben in der Regel nicht das Unbekannte, das Differenzierte, sondern das, was sich mühelos konsumieren läßt. Also unser Widerstand gegen diesen Einfluß sollte keineswegs nur ein Widerstand gegen Multis, gegen internationale Multi-Konzerne sein, sondern überhaupt gegen diese Tendenzen der Medien, jeweils wieder das anzubieten, was ohnehin schon den größten Abnehmerkreis hat, das heißt, also weiterhin für eine Diversifizierung, eine Vielfalt des Angebotes zu plädieren. Das, meine ich, sollte Vorrang haben vor einer möglicherweise gefährlichen und falsch verstandenen Nationalisierung.

ROGER WALLIS: I noticed that Dr Malm also wants to ask a question, so I suspect that he also would like to respond to this. Can I just say that I, too, am very sceptical about the use of the word "nationalism", especially when it has a large "N" in this context. But, on the other hand, I find it essential that music activity in every society has a chance to continue and is not squashed by the forces which are beyond its control. What happens now? Perhaps, an example I mentioned earlier. If you look at the attempts we have made through international cooperation, maybe not through the IMC, we take an organization like the EBU, the European Broadcasting Union, which attempts have they made to use this extraordinary media to allow people, say, in one end of Europe to get an experience of the actual musical experiences of music that is going on in one country at the other end of Europe? The one example that comes to mind is a thing called the Eurovision Song Contest, started up in 1956, I think, and the idea was to give people in different countries a chance to hear the popular traditions in songs of other Eurovision Song Contest countries. And we all know what happened to that. And the extraordinary thing to me, I believe, that the Intervision network takes it as well without asking any questions. It just gives you exactly the opposite. So, what we have to do, we have to be bold and daring, we have to say that we do have something which we are proud of, which is essential as a contribution to our quality of life. We do not talk in terms of nationalism we talk about activity in the community as opposed to just a passive reception of staff coming in from above or outside. So I do not see that there is a paradox as long as we are careful with our terminology, particularly the use of the word "national".

LUIGI PESTALOZZA: Nous parlons du risque de tomber dans le nationalisme, mais à mon avis, ce n'est pas là le problème. Le problème c'est de faire en sorte que la musique étrangère ne devienne pas un instrument capable de tuer la musique nationale. Je donne l'exemple de la recherche, en Italie, c'est très important pour les études de musicologie, d'informatique, de musique électronique, justement dans les années où les multinationales sont entrées en Italie. La radio a fermé alors les laboratoires de musique électronique qui étaient dirigés par Maderno Berio que beaucoup connaissent. Je vous donne l'exemple du grand musicien italien Luigi Nono qui est aujord'hui directeur du laboratoire de la computer-musique de Fribourg. Il travaille maintenant à l'étranger, il travaille sans doute aussi à l'Université de Padoue qui a un laboratoire de musique électronique, je trouve très significatif que la radio publique a fermé tous les laboratoires de musique électronique. Ça, c'est un changement très net chez nous et pas tous les compositeurs ont la possibilité d'aller à Fribourg ou à IRCAM à Paris, pas seulement pour des raisons personnelles, mais aussi parce que par exemple IRCAM a son projet, son programme et que tous les compositeurs n'y sont pas admis. Cela reflète le problème de la musique nationale, des instruments de production, des instruments de recherche, des instruments de la distribution musicale. Ce risque qui existe dans mon pays de passer du public au privé, signifie aussi qu'on ne sera jamais membre du conseil d'administration d'un théâtre privé, cela traduit le passage de la politique d'indépendance à une politique de dépendance. La grande industrie italienne, ce sont les chiffres officiels a 33 % de son capital qui vient surtout des Etats-Unis, mais aussi de l'Allemagne de l'Quest et de la Suède, la grande industrie électronique italienne Olivetti est propriété américaine. Cela n'est pas sans répercussion pour la musique. C'est une chose qui met en danger l'identité musicale italienne.

KRISTER MALM: I think the danger of blocking out or creating some hinders for music to cross borders is not existing. The music technology is a technology that spreads very very quickly. I think there is no other technology in the world that has spread in such a short time as the cassette technology has done over the past ten years. Today you can find cassette recorders in the remotest village of this planet, long before there are electricity or running water or anything like that. There is a cassette recorder or cassette radio. We have got the possibility to pick up any music you want, even your neighbour singing in the next house via microphone. This is what actually happens for good and for bad. We have this technology now very widely spread, we now are fighting a battle of what we are going to put into these machines. We are at a very critical stage in this battle, because still there exists a lot of music in the world and we want it to continue that way. This is the point we ought to debate. Via satellites there are coming now more dishes where you can pick up music from the air and the transition in television and music broadcasting from special musical productions made by individual TV companies to the video clips, free-minute, ready-made piles of music made by music corporations, the same shift you have had from the own music productions to the records, and this is taking place now very quickly, simply for it is cheaper for a TV company to broadcast ready-made, free-minute music. There will be a lot of such music in the next few years. These are questions that could be addressed on different levels, internationally, nationally and locally, though there is a little bit confusion about national cultural identity. But the national level is just one aspect of a wider concept of cultural identity. But the national level is one very necessary level for another different reason, because the state of political unity is perhaps today the only unity that can forcefully counteract the actions of the transnational companies. Of course, other developments are also important such as local actions and so on. I think we need a lot of support from governments to the local music life, to have a multitude of music going on in the future.

JAN STESZEWSKI: Vor allen Dingen ist auf zwei besonders wichtige die Menschen verbindende Faktoren hinzuweisen: die Staatszugehörigkeit und die Sprache. Nun fragt man sich aber, ob ebendiese zwei Faktoren auch für die musikalische Identität bindend sind? Ich habe da Zweifel. Es ist nicht unbedingt nötig, daß sich die Staatsgrenze oder die Sprachgrenze genau mit der musikalischen Identität decken. Als Beispiel möchte ich die USA anführen. Hier versuchen die verschiedenen Nationalitäten ihre kulturelle Identität zu bewahren und wieder zu Wort kommen zu lassen. Wenn verschiedene gesellschaftliche Systeme irgendwie zusammenarbeiten wollen, ist eine Ausgewogenheit zwischen den nationalen und den internationalen Merkmalen einer Kultur unbedingt nötig. Dabei sind die Rechte des einzelnen Menschen nicht zu vergessen, zum Beispiel, daß er sich seine eigene Identität auch selbst gestalten darf.

JOHN PETER LEE ROBERTS: Thank you. I can just quickly say that I think if we are talking about cultural identity this does not necessarily mean cultural or musical identity of an entire nation, because many nations are made up of different peoples. The peoples have perhaps different musical identities or particular musical identities. The Soviet Union perhaps is a very good example of that. They have an extraordinary richness in that they have musical cultures of many different peoples, all combined within a single geographical entity, the Soviet Union. In Canada, for example, we have many people from all over the world. In fact in my house sometimes as I look round the table at supper with visitors, there is perhaps none born in Canada, none, everyone is from somewhere else. What we have tried to do is to say to people from different part of the world: "Please keep your musical identity, please keep your cultural identity. Please preserve it, it is a very precious thing." Some have mentioned the United States' melting pot. I think actually it has stopped melting. I think there, too, there is a great deal of respect for the cultures of the many different countries which have made up that very big country. The question is how can national or regional musical cultures survive in the wake of the inflow of an ever increasing number of outside musical cultures? How can music cultures from all over the world be integrated if you like in a sort of musical coexistence with the country's or region's culture without the country's or region's culture losing their identity? What steps can be taken to allow many musics to come into a country or into a region without swallowing and devouring the musics which are already there?

TRAN VAN KHE: Une musique peut vivre malgré l'influence d'autres musiques, lorsque la tradition est puissante. Cette tradition est puissante, lorsque les personnes qui appartiennent à cette identité culturelle, sont conscientes de la valeur de cette tradition. Je pense à l'Inde. Les musiciens de l'Inde comme le peuple indien sont très conscients de la supériorité de leur musique et ont une connaissance précise de leur culture musicale, c'est pourquoi les autres musiques qui viennent en Inde, n'arrivent pas à exercer une influence néfaste. C'est exactement comme si, lorsqu'on possède sa langue maternelle d'une manière parfaite l'étude d'une langue étrangère ne fait qu'enrichir la langue maternelle. Mais par contre, si la langue maternelle subit par des influences extérieures une faiblesse, c'est comme si l'organisme subit une maladie, à ce moment-là, avec l'éclatement de la maladie et quelquefois d'une épidémie, on risque de perdre sa santé, comme un peuple risque de perdre son identité culturelle. A ce moment-là, malgré les processus de défense, l'organisme n'est pas prêt à résister et il y a alors perte de l'identité culturelle. Citons quatre principales causes, tout d'abord la cause politique. Les peuples colonisés ont déjà commencé à perdre leur identité culturelle, parce qu'ils voient en l'image du colonisateur quelque chose de bon, quelque chose de puissant, non seulement du point de vue technologique et militaire, mais aussi culturel, il s'ensuit un complexe d'infériorité qui fait qu'ils se sentent paralysés vis-à-vis du peuple colonisateur. Et ce complexe d'infériorité fait qu'ils négligent leur identité culturelle pour adopter l'identité du peuple colonisateur, il y a un phénomène de dépersonnalisation. Citons ensuite les causes économiques. La musique commerciale surtout venue de l'occident permet à un musicien de gagner facilement sa vie, alors qu'en tant que musicien traditionnel, il gagne difficilement sa vie. C'est pourquoi, cette difficulté à obtenir un salaire correct fait qu'un musicien n'a plus le courage de sacrifier son temps à rejouer des musiques traditionnelles. Voilà donc les causes, c'est pourquoi, à mon avis, quand une tradition est puissante, elle résiste à toutes les attaques de l'extérieur, comme un organisme sain ne faiblit pas à l'attaque des microbes extérieurs. Lorsque l'organisme est assez fort, lorsque l'identité culturelle est assez forte, il n'y a aucun risque.

WOLFANG LESSER: Ich möchte versuchen, ein paar Überlegungen anzuschließen. Natürlich ist Sprache Moment der kulturellen Identität. Aber sie hat keine direkte Verbindung zur Musik. Dennoch kann man von ihr etwas ableiten. Man lernt Sprache in der Schule, als Kind von seinen Eltern. Ganz ähnlich, scheint mir, muß das ausschauen mit der Musik. Da es nicht möglich ist, mit Gesetzen, mit Verboten die Medien so zu lenken, wie wir es gerne hätten, ist es notwendig, im Volk selbst eine Bewegung zu haben, so daß die Musik weitergegeben wird, daß sie lebt. Und wenn das gelingt, so wird auch gelingen – darin dürfte eine große Aufgabe der nationalen Musikräte bestehen –, mit den Regierungen in jedem Land darüber zu sprechen, was getan werden kann, damit die eigene Musikkultur nicht von anderen abgeschirmt wird, zugleich aber selber lebt, sich selber entwickelt und ihren eigenen wertvollen Beitrag zur Musikkultur dieser Welt leisten kann.

FRANK CALLOWAY: I think there is a point to be made. Yesterday in one of the sessions I mentioned the word "music education" in connection with the mass media problem. It's a challenge to education. And the word "education" we have mentioned this morning has, I feel, changed fundamentally when we look at the problem you have raised, the question of maintaining the authorinticity of the musics of the world. I think the biggest single instrument to achieve that is of course the educational process. And the educational process goes on well, there are armies of music teachers. I am not sure whether these music teachers are aware of their tremendous responsibility, one might say of their tremendous path. Some of my colleagues within the International Music Council have heard me on this particular point before, but I feel within the International Music Council, and its under the IMC flag that we have gathered together here, I believe we are not relating the different international organizations of the International Music Council nearly enough. I believe, for example, in connection with this particular question, that the educationists of the world need to be in much closer collaboration with the members of the Council for Traditional Music. Because the whole of the educational force is there, I think, to be educated to what their great opportunity is in maintaining the authorinticity of musics within a particular region and of introducing people, say children to that problem.

JOHN PETER LEE ROBERTS: You have again raised the question of musical education which is of utmost importance to the process of bringing up people, i. e. the generation of tomorrow. In doing so you have brought us back to our initial point by reminding us of practical steps that could be taken without great difficulties. I would like to thank you for this.

Abschlußdiskussion

GÜNTER MAYER: In der Abschlußdiskussion geht es uns darum, zu besichtigen, was wir auf dieser Konferenz erfahren haben, was sich an gemeinsamen, übergreifenden Fragestellungen und Notwendigkeiten abzeichnet und welche Empfehlungen für die weitere Arbeit an der generellen Thematik unserer Konferenz «Traditionen in den Musikkulturen – heute und morgen» gemacht werden können.

Ich möchte einige wenige, einleitende Bemerkungen machen. Es ist zum ersten Mal in der Geschichte des Internationalen Musikrates auf einer Generalversammlung, die wenige Tage vor unserer Konferenz in Dresden stattgefunden hat, auch über inhaltliche Fragen diskutiert worden, und zwar zu dem Thema «The State of Musics». Es ging dort um die Situation nicht nur der Musik, sondern der Musikkulturen in der Welt heute. Das war eine sehr nützliche, anregende Diskussion, und wir hatten zum ersten Mal in der Geschichte des Internationalen Musikrates gewissermaßen eine inoffizielle kleine Vorkonferenz vor der wissenschaftlichen Konferenz, die ihrerseits einen Aspekt des Themas «The State of Musics» aufgegriffen hat, nämlich den der Tradition und ihres Schicksals im gegenwärtigen Zustand der Musikkulturen. Das scheint mir ein gutes Zeichen für die weitere Arbeit des Internationalen Musikrates zu sein. Wir haben auf unserer Konferenz versucht, möglichst weltoffen und weltweit zu sein. Und wir haben auch versucht, möglichst welthaltig zu sein, also viele Vertreter aus Regionen der Welt auf der Konferenz zu haben, die auf früheren Konferenzen, aus welchen Gründen auch immer, nicht so stark vertreten sein konnten. Wir haben auf der Konferenz Redner gehört aus Afrika, aus Mittelamerika, aus Kanada, aus Indien, von den Philippinen, aus China, aus der Sowjetunion, aus Österreich usw. Ich nenne vor allen Dingen solche, die erfreulicherweise auf unserer Konferenz stärker vertreten waren. Und unser Ziel war es, möglichst viel aus verschiedenen Regionen der Welt zu erfahren, wie es mit der Situation der Tradition in den Musikkulturen aussieht, und viel über die Gesamtzusammenhänge zu erfahren, die wir Musikkultur nennen, also nicht nur über einzelne Aspekte der Musikentwicklung, eines Genres oder Probleme kompositionstechnischer Art, sondern über generelle Zusammenhänge der Musikkultur in verschiedenen Regionen der Welt. Wir haben dies in zwei Referateketten zu erreichen versucht, was die internationale Information, den Informations- und Kenntnisgewinn angeht. Wir hatten aber auch zwei spezielle Gesichtspunkte in unserer Konferenz, nämlich die Frage der Tradition im zeitgenössischen Komponieren und die Fragen der Tradition im Zusammenhang mit Musikerziehung unter dem Gesichtspunkt der Funktion der Massenmedien. Insofern haben wir versucht, mit dieser Konferenz auch die Konferenz von Stockholm, also die von vor zwei Jahren fortzusetzen, wo Musik und moderne Medien bereits zur Diskussion standen, aber nur unter einem speziellen Gesichtspunkt. Und wir haben versucht, den Aspekt der Musikindustrie und ihrer Wirkungen auf die verschiedenen Musikkulturen zum Gegenstand unserer wissenschaftlichen Konferenz zu machen. Das haben wir heute früh in den Filmdemonstrationen und in der sich daran anschließenden Diskussion erlebt. Wir haben versucht, auf einer Konferenz auch einmal eine andere Art von musikwissenschaftlicher Praxis, einer weltweiten und auch ihrer Wirksamkeit in die Praxis hinein zu demonstrieren als anregendes Beispiel für unsere eigenen musikwissenschaftlichen Aktivitäten und die anderer Länder, so daß wir also in dieser Abschlußdiskussion eine gewisse Bilanz ziehen können: in einer Diskussion über den Status der Musik, die zugleich für uns auf einer wissenschaftlichen Konferenz eine Diskussion über den Status der Musikwissenschaft ist. In Kenntnis dessen, was wir über die Entwicklungswidersprüche in aller Welt erfahren haben, müssen wir uns nun fragen, was wird davon in der Musikwissenschaft behandelt? Wie reagiert die Musikerziehung auf alle diese enormen Entwicklungsprozesse? Ich möchte vorschlagen, daß wir uns drei Fragen stellen. Erstens: Inwieweit haben wir auf unserer Konferenz in den verschiedenen Veranstaltungen einen wirklichen Informationengewinn gehabt? Inwieweit ist unsere Kenntnis von den realen Entwicklungswidersprüchen heute erweitert worden? Wo gibt es Erweiterungen, wo gibt es noch Lücken? Und was hat das, was wir gewonnen haben, für einen Einfluß auf die Art und Weise, wie wir über Musik reden? Was meinen wir, wenn wir Musik sagen, wenn wir über Traditionen reden, wenn wir von Kultur sprechen? Wie reden wir über Medien, und was meinen wir eigentlich, wenn wir Medien sagen? Und inwieweit hat das Einfluß darauf, wenn wir uns äußern über gute Musik, gute Tradition, gute Kultur, guten Mediengebrauch. Es geht also um die Beantwortung qualitativer Fragen. Inwieweit kann das, was wir durch die Konferenz gewonnen haben, auf diese Zusammenhänge hin fruchtbar werden? Und wie gesagt: Was hat das für Konsequenzen für die Einschätzung des «State of Musicology», des Zustands der Musikwissenschaft gegenüber dem Zustand der Musik? Zweitens: Wo zeigt sich, in dem, was wir hier erfahren haben, etwas an übergreifenden Gemeinsamkeiten, an ähnlichen Erfahrungen, ähnlichen Widersprüchen, unabhängig davon, wie verschieden die nationalen Bedingungen auch sein mögen? Inwieweit hat diese Konferenz dazu beigetragen, unser Bewußtsein von internationalen Entwicklungswidersprüchen zu vertiefen, damit auch das Bewußtsein von der Notwendigkeit übernationaler Kooperation im wissenschaftlichen Betrieb, da sich – um aufzugreifen, was Georg Knepler im Einleitungsreferat gesagt hat – Züge einer Art von Weltmusikkultur abzeichnen. Hat diese Konferenz dazu etwas beigetragen?

Die dritte und letzte Frage: Wenn wir die erste und zweite positiv beantworten können, welche Konsequenzen ergeben sich aus der Konferenz im Hinblick auf grundlegende Veränderungen? Welche Konsequenzen ergeben sich aus der Konzeptionsbildung für die Entwicklung von Musikkulturen? Welche Konzepte haben wir, um mit den gegenwärtigen Widersprüchen fertigzuwerden? Was kann Musikwissenschaft in diesem Zusammenhang leisten, um auf Veränderungen im Bereich staatlicher Leitungsebenen oder im großen Bereich der Musikindustrie einzuwirken? Wer kann das tun? Wie muß Musikwissenschaft sich gewissermaßen organisieren, um zum Teil einer kulturellen und politischen Bewegung zu werden? Wie muß sich also Musikwissenschaft auch politisieren, damit sie überhaupt praxiswirksam werden kann? Welche Konsequenzen zeichnen sich ab, um das, was Professor Knepler im Einleitungsreferat vorgeschlagen hat, nämlich, daß der Internationale Musikrat eine Initiative für ein langfristiges Programm zur Entwicklung demokratischer Musikkulturen ergreift, zu realisieren? Was kann diese Konferenz mit ihren Ergebnissen dazu beitragen?

Und dann möchte ich über diese drei Fragen hinaus noch sagen: Es wäre sehr gut, wenn die Teilnehmer im Saal sich an dieser Aussprache, an dieser Bilanzierung und an dieser Ideenfindung möglichst aktiv beteiligen. Ich möchte auch diejenigen bitten, die in Projekte des IMC eingebunden sind, uns vielleicht zu sagen, inwieweit die Konferenz auf diese Projekte positiv gewirkt hat, oder ob es Ideen für neue Projekte gibt, die sich aus der Übersicht, wie sie uns zugänglich geworden ist, ableiten.

KURT BLAUKOPF: Ich glaube, der Informationsgewinn, den diese Tagung gebracht hat, ist größer, als man es erwarten durfte. Wenige Schritte vom Marx-Engels-Platz entfernt muß man wohl nicht sagen, daß das Bewußtsein hinter dem Sein nachhinkt. Und wenn das Sein sich noch schneller entwickelt, als es bisher in der Geschichte der Menschheit der Fall war, zumindest im technologischen Bereich, in dem die Massenmedien eine große Rolle spielen, dann besteht die Gefahr, daß das Bewußtsein noch weiter zurückbleibt. Die Gespräche und die Referate haben gezeigt, daß wir uns in einem Wettlauf befinden, daß diejenigen, die an Erkenntnisgewinn im Bereich der Vermittlung von Musik über die technischen Medien, um nur ein Problem zu nennen, nachdenken, mit der Entwicklung schwer mitkommen. Wir haben im technischen Bereich eine solche Entwicklungsbeschleunigung, daß es geradezu atemberaubend ist. Von der Erfindung der Photographie bis zu ihrer massenhaften Anwendung hat es in der europäischen Geschichte rund hundertzwanzig oder hundertfünfzig Jahre gebraucht. Von der Erfindung des Halbleiters, des Transistors, bis zu seiner massenhaften Anwendung im musikalischen Bereich hat es etwa fünf Jahre gedauert. Das ist ungefähr das Tempo der Entwicklungsbeschleunigung. Und wenn wir dazu rechnen, was an Kabel-Kommunikation und Satelliten-Kommunikation noch in den nächsten achtzehn Monaten dazukommt, dann können wir sehen, daß wir große Schwierigkeiten haben, auf dem laufenden zu sein. Eine solche Konferenz, mit einem Austausch von Informationen über die Entwicklung in verschiedenen Ländern, bringt uns eine ganze Reihe von neuen Erkenntnissen. Zugleich werden wir auf die großen weißen Flecke unserer Landkarte aufmerksam gemacht.

WALTHER SIEGMUND-SCHULTZE: Die Fragen der Tradition in den Musikkulturen heute und morgen berühren in hohem Maße auch Bach, Händel und Schütz. Sie haben ihr großes Jubiläum in diesem Jahr. Insofern gehören sie hier schon hin. Es wurde mit Recht die Frage gestellt, ob die Musik dieser Komponisten für die hier versammelten Länder von Wert sein kann. Die Informationen, die ich zum Beispiel selbst von dieser Konferenz mitnehme, sind sehr groß. Ich habe erstaunlich viel gelernt, von diesen wunderbaren Kulturen, die uns zum Teil noch wenig bekannt sind, die wir noch viel mehr kennenlernen müssen. Aber umgekehrt ist das sicherlich auch der Fall.

Ich bin zum Beispiel dem Teilnehmer aus Gabun sehr dankbar, der über seine eigene Musikkultur in Zentralafrika sprach, über die Schwierigkeiten und Widersprüche bei der Weiterführung der nationalen Musiktradition mit dem Einfluß von anderen Kulturen, europäischer Musikkulturen usw. Er hat dann als erster, so weit ich gehört hatte, nach unserem ersten Roundtable von Bach, Händel, Schütz gesprochen. Es hat mich außerordentlich gefreut, daß er von Bachs Musik beeindruckt war und auch glaubt, daß durch sie die nationale Integrität oder Identität nicht gestört wird. Sie kann, und ich glaube, das ist ein ganz wichtiges Ergebnis, durch eigenes Hören, durch eigene Interpretation bereichert werden. Ich bin zum Beispiel, wenn wir hier darüber auch viel gestritten haben, nicht so ängstlich, daß Händels oder Bachs oder Schütz' Musik nicht auch woanders musiziert werden kann. Ich habe viele Interpretationen von Werken dieser Komponisten gehört. Und sie machen das anders als wir, man hört es deutlich. Ich finde unsere Interpretationen, auch die in England oder der BRD zum Teil besser. Es fragt sich bloß, ob das ganz egal ist, wie man das spielt. Ich bin schon empfindlich, wenn das Largo von Händel, das eigentlich eine Liebesarie ist, als Kirchenmusik aufgefaßt und in doppelt so langsamem Tempo gespielt oder gesungen wird, wie das oft geschieht, oder wenn die Träumerei von Schumann mit ganz anderen Instrumenten gespielt wird. Das mag gemacht werden. Aber der eigentliche Sinngehalt, auch der emotionale Gehalt geht dabei oft verloren. Ähnlich ist es mit Bachscher Musik oder der von Beethoven. Wenn von der IX. Sinfonie dann bloß der «Song of Joy» zurückbleibt, lehne ich das nicht vollkommen ab, aber es genügt mir nicht. Und solche Fragen sind eben zum Beispiel auch, wenn gesagt wird: Verzierungen kann man machen, wie man will, Hauptsache, man bricht sich nicht den Finger oder verdirbt sich nicht die Stimme. Ich glaube, da geht es um etwas mehr. Wenn wir über Verzierungen oder ähnliche Ornamentik bloß aus medizinischen Gründen sprechen würden, wäre das furchtbar. Es geht darum, ob wir dem Geiste dieser Musik durch mehr oder weniger Verzierungen näher oder ferner stehen. Das ist ein ganz wichtiges Problem, was aber auch für alle anderen Musikkulturen gilt. Und ich denke, das ist eine wichtige Frage, daß man darüber nachdenkt und auch gemeinsam berät und auch nicht zu fanatisch auf seinen eigenen Sachen besteht. Das ist ein ganz wichtiges Ergebnis dieser Konferenz. Man sieht, daß es andere Möglichkeiten gibt. Es ist wichtig, daß man sich mit der Identität nicht bloß der Nation oder der Kulturen beschäftigt, sondern auch mit der Identität von Werken der Vergangenheit oder Gegenwart. Die haben auch ihren Wert, ihre Identität für sich selbst und für die Hörer.

TRAN VAN KHE: Ce qui m'a frappé dans ce congrès, c'est la nouvelle attitude adoptée envers toutes les traditions musicales du monde. Je me rappelle en 1972, à l'occasion du congrès organisé par la Société internationale de la musique, il y avait une table ronde intitulée «Musicologie aujourd'hui», en tant que membre j'ai voulu proposer une petite intervention sur l'état des recherches musicologiques au Japon et aux Indes et on m'a répondu: «Nous parlons de musicologie et non pas de folklore». Alors on ne m'a pas admis à table ronde, parce que je voulais parler des recherches musicologiques au Japon, des recherches sur l'histoire de la musique japonaise, l'histoire de la musique de l'Inde. Cette fois-ci, je constate que deux séances ont été consacrées aux traditions musicales de tous les pays du monde et on parle de ces traditions avec autant de respect que lorsqu'on évoque la tradition musicale de l'occident, et c'est pour moi quelque chose de nouveau. Ensuite, chaque orateur a la possibilité d'aller en profondeur et d'aborder les problèmes qui se posent dans sa propre tradition, conscient du fait que ces problèmes peuvent être les mêmes dans d'autres traditions et c'est pour nous très instructif de voir ce qui se passe avec toutes ces traditions, les unes traditions populaires, comme dans les pays d'Afrique, les autres savantes. Si une grande différence est constatée entre ces traditions, celle qui est populaire, liée aux faits et gestes de tous les jours sans aucune fin artistique en soi, non dépourvue de caractère artistique et celle dite tradition savante avec des règles codifiées et un répertoire très riche, on s'aperçoit aussi que toutes ces traditions reflètent la même inquiétude et le même sentiment d'une certaine évolution. Je suis très heureux de voir que cette fois toutes les traditions du monde sont traitées à égalité, que l'on examine toutes les traditions avec autant de soin, autant de sérieux, autant de respect et que l'on ne place pas simplement la musique occidentale d'un côté et le folklore de l'autre.

JOHN PETER LEE ROBERTS: We were reminded this morning by a distinguished panelist from Zaire that research and quality research is an extremely important thing in all searchings for ways and means moving from the present into the future. We have to remember that there are whole areas of research which have hardly been tapped. Here we are concerned about music policy for the future, and there are certain dimensions of research which are extraordinarily important and vital for decision-making in terms of music policy but which we all know too little. I said this morning that in Canada people were listening to radio for 18 hours a week, that's rather a long time. But what I did not say is that 95 % of that is a second reactivity. People are in fact doing other things. If they are listening to music, and of course I am not talking about people in Canada, I am talking about people everywhere, it's a second reactivity. How much is actually penetrating in their mind? The same can be said of television, including music on television. When we know that in certain instances people may be watching television, they may have the television set on but in fact are not paying attention to it, the television set is in fact blowing like a fire in a heart, in a corner somewhere. When people have a question about what they are watching, they really have a very limited recall. So, I think research is a very big area, a very important area where I live but I think also it is extremely important in the world. Another thing which came to my mind, really by implication than rather by what was said, was that finally music policies are made by people, and who is making them? A lot of people who are making them and who have the power to make music policy decisions are really totally qualified to undertake such extraordinarily important activity. I think if you look at what has been discussed, and if I can put it this way you may put the magnifiying glass on it, you see much more, and you can see all kind of very particular things, coming out of discussions, which would not only supply a topic for the next general assembly or the next conference of the IMC, but could quite usefully provide topics for whole series of conferences leading up to that particular one.

DIMITER CHRISTOFF: Weil gestern die beiden Round-tables parallel stattgefunden haben, möchte ich etwas über Traditionen aus der Sicht der Komponisten sagen. Sie haben ein wenig andere Auffassungen über diese Sachen. Komponisten vertreten einen schöpferischen Beruf, einen Beruf, der in der Stille vor sich geht, der viel mit Denken, Analysieren und Zusammenfassen zu tun hat. Komponisten denken, daß Traditionen dynamisch und polemisch sind. Das ist eine sehr wichtige Auffassung, die wir gestern vertreten haben. Und zweitens: Die größten Verbrecher gegen die Traditionen sind die größten Schöpfer neuer Traditionen. Diese bestimmte Dialektik unterstützt die hier geäußerten Auffassungen zur Tradition. Ich möchte jetzt noch etwas hinzufügen. Komponisten betrachten musikalische Traditionen niemals für sich selbst. Sie haben eine andere Auffassung davon als Musikwissenschaftler. Für die Komponisten sind musikalische Traditionen viel mehr mit dem Sozialen verbunden. Musikalische Traditionen zeigen für die noch etwas anderes. Darauf hat gestern Professor Goldschmidt aufmerksam gemacht. Für uns Komponisten steht die Frage, wie wir durch die Traditionen die gegenwärtige Gesellschaft und ihre Probleme beeinflussen werden. In Dresden hatten wir eine sehr gute und interessante Diskussion über Lärm und Lautstärken und über die Gefahr, die in der heutigen Welt für das Ohr besteht. Aber ich muß doch als Komponist sofort sagen, daß die heutige Menschheit unter einer viel stärkeren Gefahr lebt: das ist die Gefahr der Atomaufrüstung. Die ist viel schrecklicher als die Gefahr für die Ohren, die durch die Lautstärke entsteht. Oder: für den heutigen Menschen besteht eine schreckliche Gefahr durch die Chemisierung der Nahrung. In jedem Moment könnten wir zu Tausenden vergiftet sein. Und dann kommt die Frage: wie gefährlich ist in diesem Zusammenhang das Problem des Ohres? Das heißt: wir möchten die Gesellschaft durch musikalische Traditionen ausdrükken und nicht die musikalischen Traditionen in sich selbst und isoliert betrachten.

KURT BLAUKOPF: Zum Informationsgewinn dieser Konferenz gehört auch, was wir im Anschluß an das Referat von Frau Professor Abel-Struth diskutiert haben, nämlich: daß jene fast schon traditionelle Art des Wehklagens über den schädlichen oder vermeintlich schädlichen Einfluß der Medien in bezug auf die Musik durch die Suche nach der Nutzung der besten Möglichkeiten ersetzt wird, die im Bereich der Medien der Musik dienen. Und in diesem Zusammenhang war eine pointierte Formulierung diejenige, nach der zumindest in einem Land (und das wurde von Professor Jan Ling erwähnt) nämlich in Schweden, eine Revitalisierung, ein Wiederaufleben der authentischen Volksmusikpraxis nicht denkbar gewesen wäre ohne die Hilfe der Medien. Hinzu kommt, daß wir jetzt von der negativen Betrachtung der Medien, die besonders in Kreisen der Musikerzieher lange Zeit üblich und verständlich war, zur Frage der besten Nutzung übergehen. Das heißt, es hat sich eine Öffnung der Musikpädagogik zu den Medien hin im Hinblick auf deren Anwendungsmöglichkeiten ergeben. Diese Öffnung betrifft nicht nur die Musikpädagogik, sondern, wie Herr Professor Tran Van Khe schon erwähnt hat, auch die der Musikwissenschaften, die zu (ich hasse den Ausdruck) außereuropäischen Musikkulturen (er ist ebenso eurozentrisch wie alles andere, was auf diesem Bereich fabriziert wurde) eine neue Stellung eingenommen haben. Die Legende von der Geschichtslosigkeit dieser Kulturen ist endlich überwunden. Das ist die Voraussetzung, das hat sich abgespielt zwischen 1972 und 1985. Wir stehen am Beginn einer zweiten Öffnung der Musikwissenschaft. Für die Musikwissenschaft werden jene weißen Flecken auf unserer Wissenslandkarte immer deutlicher, und es gibt viel mehr Versuche, diese Landkarte zu vervollständigen, als das früher der Fall war. Eines der Ergebnisse dieser Veranstaltung ist die Erkenntnis, daß die Massenmedien, insbesondere Rundfunk und Fernsehen, die größten Bildungs- und Erziehungsorganisationen, Institutionen der gegenwärtigen Gesellschaft sind. Dennoch bestehen hier immer noch weiße Flecken. In der Diskussion ist von Massenmedien generell, von Rundfunk und Fernsehen generell gesprochen worden. Wir wissen aber, daß die rechtlichen und ökonomischen Rahmenbedingungen für Rundfunkanstalten und damit für diese Bildungsanstalten im Bereiche von Musik in den einzelnen Ländern sehr unterschiedlich sind. Wir haben gehört, daß es in Mexiko nur private kommerzielle Rundfunkanstalten gibt. Wir haben gehört, daß es in Italien eine öffentlich rechtliche Rundfunkanstalt gibt, die RAI und eine Fülle von anderen privaten Anstalten, die ein großer Unternehmer gegenwärtig alle zusammenkauft. Wir haben andere Typen von Ländern, wie zum Beispiel mein eigenes Land, wo es nur eine öffentlich-rechtliche Rundfunkanstalt gibt und kein privates, kein kommerzielles Fernsehen und keinen kommerziellen Rundfunk. Und wir haben Versuche in wieder anderen Ländern, demokratische, lokale Runfunkanstalten aufzubauen. Warum ist das bei einem Kongreß, der sich mit Musik beschäftigt, notwendig zu besprechen? Weil das die Vermittlungskanäle der musikalischen Kultur, die bedeutendsten Vermittlungskanäle sind. Und die Musikwissenschaft ist im Begriffe, sich dieses Themas anzunehmen, wenn ich es optimistisch ausdrücke. Wenn ich es negativ sagen wollte, würde ich sagen, die Musikwissenschaft tut das noch viel zuwenig. Wenn ich am Anfang von den weißen Flecken und von neuen Elementen gesprochen habe, dann gehören dazu sicher auch die Versuche, die nationale Musik eines Landes in einer Mittelwellenstation zu propagieren, wie das in Schweden geschieht, und es gehört dazu, daß wir in einer Reihe von Ländern, ich kann nicht sagen wie viele, nicht nur in Europa, eine Miniaturisierung der Produktionsmittel der Aufzeichnung und Wiedergabe von Musik haben, die dazu geführt hat, wie zum Beispiel in meinem Land, daß wir etwa hundert kleine Privatstudios und etwa (geschätzt) vierhundert bis fünfhundert musikalische Gruppen haben, die nicht einmal als Vereine organisiert sind, die ihre eigenen Aufnahmen machen und zumeist auch auf genossenschaftlicher Basis die Investitionen tätigen und die Gewinne unter sich aufteilen, also Kooperativen, um mich in einer wirtschaftlichen Terminologie auszudrücken. Eine solche Bewegung ist bisher von der Musikwissenschaft nicht signalisiert worden. Sie erfaßt sogar in den Vereinigten Staaten, von denen hier kaum die Rede war, Hunderte oder vielleicht sogar Tausende von kleinen Gruppen. Wenn man weiß, daß allein siebzigtausend Rockgruppen in Holland existieren, dann kann man durch Extrapolation die Umrechnung auf ein Riesenland wie die Vereinigten Staaten machen. Alle diese Dinge kommen vielleicht nicht einmal so sehr sofort aus der Debatte heraus, aber manchmal aus den

Pausengesprächen und aus den Kontakten, die diese Konferenz gestiftet hat, und ich glaube, das ist der Zeitpunkt, wo man doch den Veranstaltern danken soll, daß sie uns dazu die Gelegenheit gegeben haben.

WALTHER SIEGMUND-SCHULTZE: Ich bin vollkommen mit Herrn Blaukopf einverstanden, daß die Musikerziehung und die Musikwissenschaft sich noch mehr in richtiger Weise der Massenmedien, der technischen Mittler bedienen soll. Auch die einzelnen Lehrer und Wissenschaftler müssen vielleicht noch besser Bescheid wissen über deren Notwendigkeit und Möglichkeiten. Das betrifft mich zum Beispiel. Aber auf der anderen Seite möchte ich doch zu bedenken geben, ob durch diese ungeheure Bedeutung der Massenmedien nicht eine Gefahr der Verflachung der Musikkultur einsetzt. Was unser Land betrifft, so glaube ich manchmal, man braucht nicht mehr selber zu singen, nicht mehr zu spielen, sich nicht mehr mit den Partituren zu beschäftigen, was sowieso nur wenige tun. Ich glaube, daß die eigentlichen Werte großer Musik, die sich aus den Volksleistungen herausgebildet haben, manchmal sehr schwierig aufzufassen sind. Man kann diese Musik zwar öfter hören, per Schallplatten, Rundfunk und Fernsehen, aber besteht da nicht die Gefahr einer Verflachung der Musikkultur durch eine massenhafte Verbreitung, eine Nivellierung der individuellen Sprache der Musik, die doch auch zur Menschenbildung wichtig ist? Interessiert uns die nicht mehr? Ich glaube doch sehr. Eine zweite Frage im Anschluß daran noch: Ist es notwendig, von der Musikkultur eines Landes oder eines größeren Territoriums, meinetwegen von Bach, Händel, Schütz, oder Haydn, Mozart, Beethoven bestimmte Musikleistungen in anderen Völkern zu propagieren? Ist das für deren eigene Musikkultur notwendig, wird sie dadurch bereichert oder gestört?

DIMITER CHRISTOFF: Eine Bemerkung über die Situation von Musikwissenschaft und Massenmedien. Es ist verständlich, warum die Lage so ist. Im Scherz möchte ich hinzufügen: Die Musikwissenschaft wird warten, bis die Leistungen und Wirkungen der Massenmedien eine geschichtliche Tatsache werden. Dann wird die historische Musikwissenschaft kommen, alle Dokumente herauszuziehen, über alles Aufzeichnungen machen und dokumentieren, danach wird die systematische Wissenschaft kommen und theoretische Konzeptionen aufbauen, schließlich kommt die semiotische Methodologie und alles mögliche, und dann wird alles klar, hoffe ich! Wir müssen eine bißchen Geduld haben!

GÜNTER MAYER: Aber die Absolventen solcher Ausbildung kommen an die Stätten, wo sie über Musikkultur entscheiden müssen, ohne daß sie sich damit jemals beschäftigt haben. Das ist ein echter Widerspruch. Das ist auch eine Kritik an einer nur historisch orientierten Musikwissenschaft, wenn ich das richtig verstanden habe.

JOHN PETER LEE ROBERTS: Its absolutely essential that musicology does catch up, does realize that. I don't want to sound unkind, but there is a real world up there in which music is being used every hour of the day by millions of people, in a very ongoing way. And this means something, one may not like it, but it means something, it's something which is to be studied. It is a situation from which we need a knowledge, knowledge that should bring us a wider understanding of a very complex situation, a situation which is part of the information revolution in which we are all living. Music in media maybe perhaps somewhat shallow, as this morning one watches a programme and it goes by very quickly. I can only say that we have to be aware that technology is changing all the time, it is now the advent of the VCR (Video cassette recorder), they are generally available in some countries, in some parts of the world and because the price of it is coming down rapidly they will, I am sure, become available elsewhere in the world. This simply means that you at home when your are watching this programme this morning, and you found that it went by a little bit too quickly, you would simply record it. And you could watch it, you could slow down a part and stop it, and go back and look at it again. You can in fact use the media in a new way. You have been able to do this with radio for a long time, because of recorders. I think another thing which has happened, which is very significant is that audio and video recorders have removed what I call the tyranny of broadcasting schedules. We saw that one had to listen by the radio to a certain programme at a certain time, and when you missed it you missed it. Now, if you want to watch a film or a music television programme and you cannot be there, it is possible to tape this. It is possible to use music through the media in quite a new way, according to the individual lifestyle you happened to be following. This is a new thing and I think very significant. If I may say so, a positive thing.

Günter Mayer: Gestatten Sie mir eine Bemerkung dazu. Mir scheint auf der Konferenz deutlich geworden zu sein, daß wir zum Beispiel mit dem Begriff der Medien wesentlich differenzierter umgehen müssen. Um mich auf das zu beziehen, was Prof. Siegmund-Schultze gesagt hat, also auf die Klagen über die verflachenden Wirkungen der Medien, über die Uniformierung des musikalischen Hörens. Sie gehen alle von einer Betrachtung aus, die die Medien relativ abstrakt, vor allem aber als Distributions-, als Verteilungsorgane anschaut in Richtung auf musikalische Rezeption. Und so sind sie weitgehend auch verstanden worden. Wenn man von dem Medium redet, müßte man Medien meiner Ansicht nach (und das ist für mich auch ein Ergebnis dieser Konferenz) in vierfacher Hinsicht unterscheiden. Einmal gibt es sie als Tonspeicher, zum Festhalten oder Speichern eines unabhängig vom Medium existierenden Musikereignisses, etwa die einzelne Schallplatte oder das Tonband als Reproduktionsmittel. Aber wir reden auch von den Medien als Radio, also als Rundfunkstation. Das sind die Medien des Radios. Aber das sind riesige Institutionen, große Apparate, in denen Entscheidungen getroffen werden, in denen Musik proportioniert wird, Relationen hergestellt werden, wo vor allem unter dem Gesichtspunkt der Verteilung mit Musik umgegangen wird, denn es heißt «broadcasting», also Verbreitung einer vor dem Radio und unabhängig davon existierenden Information. Sie wird möglichst exakt aufgezeichnet und an viele herangebracht, also verteilt. Television heißt auch nichts anderes. Und dann reden wir aber auch von Medien, von elektronischen Medien, wenn wir die Musikindustrie meinen. Die großen Schallplattenfirmen gehören ebenfalls zum Bereich der Medien. Aber das ist wieder ganz was anderes. Das ist die staatlich geleitete oder die nach kapitalistischen Prinzipien arbeitende große Medienindustrie, wo zum Beispiel Hard- und Software massenhaft hergestellt wird, gewissermaßen ein Massenprodukt herauskommt, dessen sich das Radio bedient und das auch für den einzelnen verfügbar wird. – Und dann gibt es eine vierte Ebene: Die ganze Geräteindustrie. Das betrifft, wie wir heute früh gesehen haben, die Recorder, den Videorecorder, die Miniaturisierung der Apparaturen generell. Das ist elektronische Industrie, das sind elektronische Medien für den Zweck Nummer 1, nämlich zu speichern und zu reproduzieren, aber als ein riesiger sozialer, ökonomischer Prozeß industriell organisierter Art. Interessanterweise führt die profitorientierte Entwicklung von immer kleineren und billigeren Geräten dazu, daß diese nun mehr und mehr nicht nur als Speicher und Reproduktionsmittel, sondern als Mittel der Entwicklung musikalischer Kreativität brauchbar werden, daß das Studio nicht mehr an die große Rundfunkstation gebunden ist, sondern daß studioreife Produktionen in «home-recording» gemacht werden können. Und der Hinweis auf siebzigtausend Rockformationen zeigt, daß hier ein produktiver Gebrauch von den Medien gemacht wird, daß Leute sich ausdrücken in den Medien, daß per elektronischer Medien produziert wird, eine Musik, die an den Lautsprecher gebunden ist, was überhaupt keine Verarmung bedeuten muß, sondern im Gegenteil, wie wir vorhin gehört haben, die Freisetzung von Potenzen einer Demokratisierung der medienspezifischen Musikproduktion bedeutet. Darin liegen einige Tendenzen für die Zukunft. Daß viele Musikwissenschaftler davon gar nichts wissen oder nichts wissen wollen, weil es zu fernab von ihnen ist, und daß das nur als eine graue Masse von undifferenzierten Ereignissen erscheint, ist mehr oder weniger ein Informationsmangel, aber nicht ein Mangel der Realität. Mir scheint, wenn wir die Medien so differenziert auffassen, stehen wir auch vor großen Problemen der Musikwissenschaft. Man muß sich mit der Medienindustrie beschäftigen. Da kann man aber eben mit den traditionellen Methoden musikalischer Werkanalyse oder historischer Forschung nichts erreichen. Man muß mit Ökonomen, Politikern, Juristen, Soziologen und mit Medienspezialisten zusammenarbeiten. Das kann man nur interdisziplinär machen, ohne die Musik, das Zentrum der Musikwissenschaft, dabei zu verlieren und damit die Frage nach den musikalischen Werten. Aber man muß anders arbeiten! Als einzelner kann man das nicht mehr so machen wie früher. Wallis und Malm haben vorgemacht, wie so eine Arbeit aussehen kann, als eine realisierte Möglichkeit. Insofern regt uns diese Konferenz auch dazu an, doch etwas differenzierter von den Medien zu sprechen. Das ist häufig ein abstrakter Begriff. Und die Klage, die kulturpessimistische, und der Jammer über die negativen Wirkungen der Medien entstehen vor allem deshalb, weil man sie nur als Verteilungsmittel anschaut und nicht fragt, welche produktiven Potenzen in der Sache stecken.

Klaus Huber: Meine erste Anmerkung ist eine eher instrumentale und betrifft das Schreiben von Musik bzw. die Transkription von bestehender Musik oder Musikkultur, insbesondere von nichteuropäischer Musikkultur. In der Avantgarde begannen die Komponisten über die Zwänge eines Notationsguts nachzudenken, das sich in Europa ausgebildet hat. Diese Notation bedient sich eines Schlüssels, hat fünf Linien und ein temperiertes chromatisches System. Das hat sich in einer, wie mir scheint, wenig reflektierten Weise so verbreitet, daß dies Notationsgut überall greifbar ist und man sich immer darauf bezieht. Wenn ein Afrikaner die Stimmung der Marimba beschreibt und er dann cis, dis, fis, gis, ais, h sagt, ist das nach meiner Meinung ein Mißverständnis. Vielleicht ist es eine Aufgabe der vergleichenden Musikwissenschaft, die Notation von bestimmten gesammelten Musiken zu fixieren oder zu falsifizieren. Ich habe vor allem bei fernöstlicher Musik erlebt, die mir vorgelegt wurde, daß man das ernst nimmt und daß man vielleicht auch von anderen Notationscodes, die entwickelt wurden, man denke an Japan, China, Anregungen aufnimmt als Komponist, als außereuropäischer Komponist sowieso, daß man beginnt, die Zwänge dieses Notationscodes, die ich eben als eine Gefahr der Falsifizierung bezeichnet habe, zu durchbrechen. Das zweite wäre, daß gerade in einer solchen Versammlung von den Komponisten über ihre Rolle beim Produzieren des Kunstwerks nachgedacht werden muß. Wie der während der dreißiger Jahre in Spanien gefallene englische Schriftsteller Christopher Caudwell meinte, daß in einer spätbürgerlichen Gesellschaft der Komponist unter den Zwang kommt, entweder für den Markt etwas zu liefern und das Stück abzugeben, dem Markt auszuliefern, wie die bürgerliche Gesellschaft das will, oder er umgekehrt unter den Zwang gerät zu sagen, ich mache da nicht mit. Das wäre dann die Verweigerung, die auch wieder mit Massenmedien zusammenhängt. Er kann sagen, ich mache meine eigene Musik und alles übrige geht mich nichts an. Dabei kommt er in die Gefahr der Sprachlosigkeit, weil er dann seine privaten Mythologien entwickelt, die eine Bedeutungslosigkeit der Kunst nach sich ziehen kann. Christopher Caudwell meinte, daß in beiden Extremen die Bedeutungslosigkeit der Kunst das Resultat wäre. Ich meine, das gilt heute noch radikaler. Nicht zuletzt wegen der Massenmedien müßte der Komponist eine «Ästhetik des Widerstands», um den Buchtitel von Peter Weiß so zu modifizieren, entwickeln und sich fragen, wie er zwischen diesen beiden Extremen ein Bewußtsein entwickeln kann, das in dieser Weise dann ein Widerstandsbewußtsein sein müßte. Etwa salopp gesagt, müßte er mehr überlegen, was er denn wirklich an Musik schreiben, produzieren will. Es geht nicht darum, wieviel er produziert, sondern was er produziert. Es fällt ein gewisser Druck auf, der die Komponisten zwingt, viel zu produzieren und auf diese Weise an Reflexion zu verlieren, wenn sie sich durchsetzen wollen. Als drittes möchte ich eine Anregung anschließen, ausgelöst in erster Linie durch die Intervention von Harry Goldschmidt und Christoff, betreffend die Gefahren, die sich aus gewissen Präferenzen ergeben, für das, was dagegen zu tun wäre. Es gibt, jedenfalls im Westen, eine große Tendenz abnehmender Solidarität zwischen den Komponisten. Eine minimale Solidarität war vielleicht einmal angedeutet. Die hätte man entwickeln können. Es kommt mir vor, als ob heute jeder wieder nur daran interessiert ist, seinen eigenen Käse ins trockene zu rollen, wenn Sie mir dieses etwas schweizerische Bild erlauben. In diesem Zusammenhang meine ich, es sollte eine Möglichkeit geben, daß sich die Komponisten auch einmal zusammensetzen und sich ähnlich wie die Schriftsteller zwischen Ost und West treffen und an einem Roundtable die Gefahren der Gegenwart in dieser Weise radikal diskutieren, um so möglicherweise der Friedensbewegung einen konkreten Dienst zu leisten.

JAROSLAV ŠEDA: Ich möchte etwas über «Zustand und Einfluß der Musikologie auf die zeitgenössische Entwicklung der Musikkultur» sagen, als konkrete Information und zugleich als mögliche Initiative. In der ČSSR, das heißt unter sozialistischen Bedingungen versuchen wir seit zehn Jahren der Musikwissenschaft durch die Musikpraxeologie neue Möglichkeiten zu eröffnen. Der in drei Phasen (Komposition, Interpretation, Rezeption) verlaufende einheitliche Prozeß der gesellschaftlichen Existenz der Musik stellt eine gesetzmäßige Voraussetzung dar, ohne die sich Musik gesellschaftlich nicht erfolgreich realisieren kann. Die Musikwissenschaft muß sich in unserer Zeit mit der komplexen gesellschaftlichen Existenz der Musik auseinandersetzen. In diesem Zusammenhang benutzt die Musikpraxeologie eine Reihe von benachbarten Wissenschaftsdisziplinen. Sie erfaßt und kombiniert die Erkenntnisse dieser angrenzenden und übergeordneten gegenseitig hierarchisierten Fachbereiche und appliziert sie auf die Praxis des Musiklebens, ohne sie ersetzen zu wollen. Ausgehend von den analytischen

Erkenntnissen, die uns diese Wissenschaftsdisziplinen anbieten, kommt die Musikpraxeologie zu deren Bewertung und Verallgemeinerung, zur Entdeckung von Gesetzmäßigkeiten und zur Modellierung von Prinzipien und alternativen Verfahrensweisen. Diese Erkenntnisse sind dazu angetan, den Prozeß der gesellschaftlichen Existenz der Musik in ihrem Funktionieren dynamischer, in ihrer Organisation, ihrem aktiven Geschehen logischer, kohärenter und in ihren zeitlichen Bindungen ausgewogener zu gestalten und diesen Prozeß dadurch auf eine qualitativ höhere Stufe zu führen. Wir beschäftigen uns in der Musikpraxeologie in erster Linie selbstverständlich mit den wichtigsten Ergebnissen der musikologischen Disziplinen. Es handelt sich dabei um die Musiksoziologie und -psychologie, um Ästhetik, Semiotik, Historiographie, diese in Beziehungen zur Rezeptionspraxis, um die Musikkritik, um Probleme der Musikaufzeichnung, der Editionstheorienpraxis, Organologie, Musikakustik, Dokumentation, Pädagogik und Musikpopularisierung. Wie Sie sehen, handelt es sich um solche Disziplinen der Musikologie, die bisher nicht im Zentrum der Aufmerksamkeit standen, die aber für die gesellschaftliche Existenz der Musik wichtig sind. Die Musikpraxeologie stützt sich aber auch auf die Erkenntnisse einer Reihe von wissenschaftlichen Disziplinen außerhalb der musikologischen Fachbereiche: insbesondere auf die Theorie der Kultur, auf die Theorie der Leitungstätigkeit, die Theorie der Ökonomik der Musikkultur, auf Rechts- und Verwaltungsnormen in direkter Beziehung zum Prozeß der gesellschaftlichen Existenz der Musik sowie auf einen Komplex von Fragen der Gebiete Musik und Technik. Einige Ergebnisse: Die in Teamarbeit vorangetriebene musikprognostische Tätigkeit mit dem Zeithorizont bis zum Jahre 2020 konnte bei uns in den letzten Jahren fünf Ergebnisse ausweisen, die der Leitung der gesellschaftlichen Musikprozesse geholfen haben und schon jetzt als ständige Tätigkeit in direkter Verbindung mit der Akademie der Wissenschaften und der föderativen Regierung angewendet werden. Ein Projekt der Überführung einer kompletten Dokumentation des Musikbetriebes in unserer Republik auf EDV-Basis wird seit zwei Jahren realisiert. Erste Resultate werden noch in diesem Jahr verfügbar sein. Die den Musikbetrieb in unserer Republik unmittelbar betreffende legislative Basis der Rechtsnormen wurde unter Benutzung der Resultate der Musikpraxeologie in allen Einzelheiten ergründet und analysiert. Als Konsequenz dieser Analyse wurde eine neue grundlegende Rechtsnorm für den Konzertbetrieb in unserer Republik ausgearbeitet. Die in vieler Hinsicht umwälzenden Züge dieses Gesetztes wurden vollständig und zum ersten Mal in unserer Musikhistorie unter dem direkten Einfluß der Musiker auf die Musikpraxeologie erarbeitet. Die Musikpraxeologie wirkt bei uns auch auf die Entwicklung der musikwissenschaftlichen Forschung, die jetzt um vieles umfangreicher ist als vor zehn Jahren, das heißt, vor Beginn der Arbeit der Musikpraxeologie. Wir wissen jetzt besser, was musikwissenschaftliche Forschung braucht. Die Musikpraxeologie gibt wertvolle, neue Anregungen für die Entwicklung gewisser musikwissenschaftlicher Disziplinen, besonders für die Musiksoziologie, in theoretischer Hinsicht und durch direkte Bestellungen bei der Musikpsychologie. Wir haben endlich ein wertvolles musikpsychologisches Wörterbuch. Ein Ergebnis der Arbeit der Musiksemiotik ist als Buch bereits in der DDR erschienen. Schließlich: Das Projekt und Ergebnisse der Musikpraxeologie wurden in Vorlesungen am Lehrstuhl für Musikwissenschaft der Karls-Universität in Prag vorgestellt mit dem Ziel, die Studierenden noch vor ihren Abschlüssen eingehend über diese neue Orientierung der Musikologie zu informieren und sie dazu zu inspirieren, noch vor ihrem Einstieg in die Praxis des gesellschaftlichen Musiklebens ihr Interesse auch der Musikpraxeologie zuzuwenden.

OSKAR ELSCHEK: Ich möchte versuchen, etwas richtigzustellen, da wir uns vor allem mit den Medien befassen. Ich glaube, es ist falsch zu behaupten, daß sich die Musikwissenschaft nicht mit den Medien befaßt und mit dem Einfluß der Medien auf die Musik, auf Musikkultur. Doch verständlicherweise wird diese Forschung nicht von Musikhistorikern durchgeführt. Doch die Forschung, die erfolgt, ist nicht klein. Nicht nur die Musiksoziologie, sondern auch die Medienanstalten haben ihre eigenen Forschungsbereiche, oft eigene Forschungsinstitute, die Erhebungen durchführen, wo auch Musikwissenschaftler arbeiten. Und bestimmt könnte Professor Blaukopf die Fülle von Veröffentlichungen auch zu diesen Fragen bestätigen. Das Problem ist, daß die Musikwissenschaft insgesamt diese Forschungen nicht genügend zur Kenntnis nimmt, das heißt, daß sie sie nicht genügend nutzt, um die musikkulturellen Probleme auch aus dieser Sicht zu sehen. Daß die Musikpädagogik, die Rezeptionsforschung, die Musikpsychologie, die Interpretationsforschung und andere Forschungsbereiche sich dieser Untersuchungen bedienen werden, ist klar. Ich möchte in Zweifel stellen, daß sich die Musikwissenschaft nicht damit befaßt.

TRAN VAN KHE: A propos des mass média, je voudrais mettre l'accent sur le fait que les mass média dans certains cas ont rendu de très grands services à la musique, j'ai cité le cas de l'enregistrement du radif, de tout le répertoire de tharre joué par le regretté Pr Boulman de l'Iran et sans les enregistrements sur bandes magnétiques et vidéo-cassettes, on aurait perdu un grand nombre de séquences mélodiques que l'on ne peut plus retrouver ni dans les mémoires des étudiants, ni dans la mémoire d'autres musiciens. Un autre exemple, ce sont les disques, j'ai déjà parlé des enregistrements de flûte de pan de Syrens des peuples arriérés de l'Ile Malaita faisant partie des îles Salomon et ce sont ces disques stéréo sortis en France qui ont émerveillé les jeunes gens de ces régions surpris d'entendre une musique si belle. Bien sûr, il y a le prestige de la technologie occidentale, mais les jeunes gens ont été émerveillés et ont recommencé à apprendre la flûte qu'ils avaient délaissée pour apprendre à jouer de la guitare et de l'accordéon. Je pense également à ces pêcheurs de perles qui ont enregistré un chant de pêcheurs, et par un hasard leur disque était le centième de la production de l'UNESCO et pour cette raison l'UNESCO les a invités à venir chanter au siège à Paris. C'était une révélation, on était surpris d'entendre une musique qui redonne une force, une profondeur, une originalité à la polyphonie et maintenant ils sont devenus des musiciens presque professionnels, semi-professionnels, puisqu'ils ont été invités partout, je les ai entendus en Australie. Ils ont dit que les jeunes gens commencent à s'intéresser à ces chants et qu'ils veulent les apprendre. Ce sont les mass média qui ont contribué à faire revivre une certaine tradition. Pour répondre aux problèmes de transcription de la musique d'Asie, je dirais que nous avons en Asie une certaine transcription comme pour la musique de Tinn, la cithare à six cordes de Chine, nous avons la transcription par tablatures, une transcription assez précise, puisqu'avec un signe on sait quelle corde il faut attaquer, quel doigt il faut utiliser de l'intérieur vers l'extérieur ou de l'extérieur vers l'intérieur et en même temps quel doigt de la main gauche doit toucher tel point de la corde avec glissement ou vibrato. Ces transcriptions en tablatures sont considérées comme une des transcriptions les plus précises du point de vue technique, quant à la nuance d'exécution, il y a toujours la part du maître à l'élève. La transcription par portées musicales ne donnent aucun détail précis. On a cherché à mettre quelques signes qui donnent une approximation, mais la transcription à elle seule ne nous permet pas de reproduire exactement ce que l'on veut faire. Le problème de la transcription est considéré comme une arme à double tranchant, car quelquefois une transcription assez précise rend cette musique plutôt sclérosée. Ceux qui l'étudient, ont peur de s'écarter de la transcription, ce qui fait que la part laissée à l'instrumentiste désireux de donner une certaine interprétation diminue avec une transcription trop précise. Je suis content de savoir que vous vous penchez sur les effets des mass média, les problèmes de transcription, les différents types de transcription, ce que doit être la musicologie d'aujourd'hui et de demain, car tous ces sujets de recherche figurent dans un projet de l'UNESCO, auquel nous travaillons depuis quatre ans.

WALTHER SIEGMUND-SCHULTZE: Eine Bemerkung noch zu den Massenmedien. Ich bin weit davon entfernt, irgendwie die Massenmedien zu unterschätzen. Sie sind unentbehrlich für jeden, nicht nur für den Musikwissenschaftler. Ich hatte mit einem Satz auf eine gewisse Gefahr der Verflachung der Musikkultur hingewiesen. Wenn die nicht gegeben sein sollte, nehme ich das sofort zurück. Aber bewiesen ist das bisher nicht. Denn es kommt darauf an, wie ihre Möglichkeiten genutzt werden. Gerade wenn es solche großen Medienkonzerne gibt, eine große Medienindustrie, die für die Verteilung von Informationen verantwortlich sind, dann kommt es sehr darauf an, in wessen Verantwortung sie diese verteilen. Es geht also nicht bloß um die Gegenüberstellung, die eine historisierende Forschung etwa vermuten lassen könnte, sondern vor allen Dingen um die Verbreitung der Musikkultur. Eine andere Frage bedrückt mich eigentlich ein bißchen mehr, und dies noch im Zusammenhang unserer Konferenz. Ist denn die Musik, die wir hier in Europa, in der DDR oder in anderen Ländern so intensiv pflegen, wie Bach-Händel-Schütz, Haydn-Mozart-Beethoven, wirklich irgendwie wichtig für andere Völker, die nicht in Amerika, England oder Frankreich leben?

JOHN PETER LEE ROBERTS: In terms of the resources musicology can draw, those which are in the domain of the mass media, one wonders very often how much of them has been tapped. In terms of musicological studies, for example when one considers that in the archives of most state broadcasting organizations is quite a considerable part of the heritage, the musical heritage and other heritage of whole countries. For example, if one looks in archives one will find all kinds of programmes in which composers who are now dead are talking about their music sometimes in a very technical way, perhaps a way much too technical for the general public. In Canada, for example in the CBC archives is a very interesting programme in which Igor Stravinsky describes in a very detailed way, practically note by note, how he composed the "Anthem" and as far as I know, that has never been taped, never been used. There are many other projects that concern him and in which he talks about his life, his training, his early years in St. Petersburg as it then was, his life later on in Paris, his working with other great figures such as Diaghilev and Balanchine and so on, and about his later life in the United States. There is an immense amount that be tapped not just on that one composer. In documentary form there is very important research that has gone into the making of certain projects. I can think about one of the American composers Charles Ives. It has been pointed out to me by people who, I feel, know there is an information in the documentary on Charles Ives which does not exist in written form. All these things are waiting to be taped. Furthermore, one could say that new art forms are in fact emerging in the mass media which involve music very much. The Canadian pianist Glenn Gould developed a way of doing radio essays, some people call it documentaries, but they are really essays, in which he uses taped interviews with various people and he takes this material and works with it as though it was music. He in fact has constructed essays which have musical form. It is a rather complex subject and I don't want to go into it, except to say that in this way he was pushing back to frontier, this kind of thing has never been done before. It is using concepts of music but in a different way. He also did it with television in trying to find new ways of bending the television medium to fit music much better. In order to do this he did quite new things. In this case the material was now being looked at, but of course not much by musicologists, but really by other broadcasting organizations and certain companies in other countries that are anxious to project him to audiences in other parts of the world.

Another art form that is emerging is that of the music video. This has at the moment really been used only with popular music and I don't know if you are aware of what has been done, but some absolute extraordinarily creative, really amazing things have been done in this field, a marriage between music, side music and video in a way, which I think has been hardly dreamt of even five years ago. It seems to me that for composers, for creative musicians there is now a big field there, waiting to be opened up. It offers a whole new possibility, a whole new landscape for creative people in music. I think these are quite positive and quite valuable things which we will probably see developed, I imagine, in the very near future.

GERD RIENÄCKER: Verschiedene Musikwissenschaftler haben gesprochen. Ich bin Vertreter der historischen Musikwissenschaft. Ich meine, daß die Fragen, die hier diskutiert werden, gerade den Historiker angehen, meine aber auch, daß sich Historiker und Historiker sehr unterscheiden. Denn bevor man sich über Medien unterhält, muß man sich über den Musikbegriff unterhalten. Muß man sich darüber unterhalten, was Musikkultur ist. Ob denn auch zur Musikkultur die verschiedenen Produktionsapparaturen gehören, oder ob die Medien eigentlich nur eine Art Appendix der Musikkultur sind, die von der eigentlichen Musik weglenken bzw. die eigentliche Musik nur zu verbreiten oder auch nachzuvollziehen haben. Weiter muß man sich darüber unterhalten, was denn Musik ist, ob es nicht auch dem Historiker im Musikbegriff auffällt, daß er ein synkretischer ist, das heißt, eigentlich sehr viel verschiedene Künste unterhält. Ich muß gestehen, als Historiker, daß ich mich mit der Idee der absoluten Musik oder der autonomen Musik nie habe befreunden können. Sie schlug eigentlich dem Historiker, wenn er sehr konkret arbeiten wollte, geradewegs ins Gesicht. Es war immer eine Fiktion, daß Musik für sich allein existiere, daß Musik ihre Sprache von und für sich allein ausnutze. Ich meine, daß ein Musikhistoriker, der erstens einen sehr weiten Musikbegriff hat – den muß er haben, wenn er überhaupt Musikgeschichte machen will, sonst macht er einen Schein von Musikgeschichte –, damit einen Begriff hat, der sehr viele Künste umfaßt. Zweitens hat er folglich einen Musikkulturbegriff, in dem die verschiedenen Apparaturen konstitutiv enthalten sind, einen Begriff, der mit der Gesellschaft, in der musiziert wird, zu tun hat, der also auch ein Bild von seiner Gesellschaft gibt, gleichgültig, ob es ein sehr positives oder ein sehr kritisches Bild ist. Der Musikhistoriker soll nicht aufhören, Philologie zu machen, und nicht so, daß er alles das, was zur sogenannten Musikpraxeologie gehört, allein machen kann. Aber er ist auf den Austausch der verschiedenen Disziplinen ebenso angewiesen wie der Psychologe, wie der Soziologe und wie sehr viele andere. Damit bin ich bei einem zweiten Gedanken. Wir haben über das Komponieren gesprochen, über die Rolle der Medien. Wissenschaftlich-technische Revolution beginnt doch beim Komponieren nicht erst dort, wo technische Medien unmittelbar benutzt werden. Es ist auch darüber zu reden, wie musikalisches Denken seit mindestens hundert Jahren durch massenmediale Produktion beeinflußt ist. Als Musiktheater-Historiker bin ich gerade gezwungen, Musiktheater im Zusammenhang mit Massenmedien außerhalb des Musiktheaters zu betrachten, und nachzuweisen, welche Rolle sie schon für die ganz einfache Komposition, für die Libretti und nicht nur für die Verbreitung der Werke spielt. Ich meine, daß in der Diskussion über das Komponieren heute auch solche Fragen der industriellen Standardisierung eine Rolle spielen müssen, und zwar auch für die spezielle Komposition. Wir müssen die Musikgeschichte des 20. Jahrhunderts unter diesen Aspekten, was etwa technologische Prinzipien hineingebracht, was Medien hineingebracht haben, auch für die traditionelle Konzertsaalmusik in vielem neu überdenken. Und genau dort werden sich sehr viel mehr Gemeinsamkeiten zwischen den sogenannten verschiedenen Stilen herausstellen, als das etwa diese unselige Gegenüberstellung zwischen Konstruktivisten und Folkloristen vermuten läßt. Ohnehin eine Diskussion, die eher einer Anpreisung von Marktwaren als dem wirklichen Sachverhalt dient.

Günther Mayer: Damit sind wir auch bei Überlegungen über Konsequenzen, Schlußfolgerungen hinsichtlich der künftigen Entwicklung, also bei Akzentsetzungen und Schwerpunktverschiebungen.

Luigi Pestalozza: Du point de vue de l'histoire de la musique, il faut considérer que les enregistrements phonographiques des mass média ne sont pas seulement une reproduction, mais une création nouvelle, l'historien de la musique doit prendre cela en considération. C'est très banal, mais on peut parler de transformation radicale, la même symphonie de Beethoven jouée par le même chef d'orchestre dans la salle et pour le disque est différent. Le résultat de l'exécution est différent, pour des raisons technologiques parce que la destination est différente. Il y a donc des changements dans l'histoire de la musique du point de vue de la fructification de la musique, du point de vue de la connaissance vive de la musique. Nous savons que la plupart des musiques connaissent une évolution à travers le disque et pas directement à travers lui, je pense que les temps changent beaucoup, le rapport des connaissances aussi, et il faudra se demander à l'avenir ce qu'est la musique et l'histoire de la musique, l'histoire directe et indirecte, lors de la reproduction et de la création. Prenons un opéra de Verdi, Macbeth par exemple, où il y a une rationalisation de la voix. Verdi disait que les chanteurs devaient parler, faire une sorte de déclamation. Si je veux trouver des disques dans lesquels la chanteuse parle, je ne peux qu'en citer un. C'est intéressant que Verdi ait recommandé cela en 1848, l'année de la première. Mais aujourd'hui, je ne crois pas que le marché permette qu'il y ait une version de ce type enregistrée sur disque. Je veux dire que le disque change ainsi l'histoire de Macbeth.

J. M. Ojha: I think the whole discussion has brought up two issues clearly: one is the world of musical heritage and the other the mass media and their role in the above-mentioned field. I am not too well familiar with the European traditions. But as far as my country is concerned we have distinguished between musical traditions and traditional music. We do have musical traditions but since we are having so many different cultures in our society it is difficult to say which one represents traditional music. As far as the role of the mass media is concerned we have that technology now but it has no system and cannot be checked. An important thing we can do is to try to get the mass media under control and particularly to control the controllers of mass media to make sure that the mass media really become an instrument of ours and not only an instrument of exploitation and commercial interests, but, instead, a genuine instrument for the propagation of culture. What we have to do is to resolve on a new definition of the role of the mass media and to bring our influence to bear on the persons who make the decisions as to mass media and other systems of communication.

Günter Mayer: Gibt es zu diesem Problem der globalen Wirkungen der Massenmedien, was die verschiedenen nationalen Besonderheiten übergreift, und hinsichtlich der Erfahrungen medienpolitischer Maßnahmen etwas zu berichten beziehungsweise aus den Erfahrungen ein paar Schlußfolgerungen, die mitgeteilt werden könnten? Vielleicht von Media-Kult?

KURT BLAUKOPF: Das Wirken der Massenmedien, in aller Differenziertheit, ist ein internationales, ein globales Phänomen. Aber die Auswirkungen sind vermutlich in verschiedenen Ländern je nach ihrer sozialen, politischen, rechtlichen, ökonomischen Struktur verschieden. Sie sind auch verschieden nach ihrer Größe. Wenn es ein Land gibt, das ein musikalisches Medienprogramm finanziert, das ihm innerhalb der eigenen Grenzen für hundertfünfzig oder zweihundert Millionen Menschen nutzen kann, dann ist das eine rentable Proportion. Wenn das Land nur rund sieben Millionen Einwohner hat wie meines, dann beginnt das ein Problem zu werden. Das heißt, man kann daraus lernen, daß die Förderungsmaßnahmen, die von politischen Instanzen gemacht werden müssen, vermutlich, je kleiner und schwächer das Land ist, desto stärker sein müssen. Das gilt vermutlich nicht nur in der Gegenüberstellung von Industrie- und Entwicklungsländern, sondern auch im Unterschied zwischen großen Industrieländern und kleinen Industrieländern. Wenn man diese konkreten Unterschiede der rechtlichen und ökonomischen Situation betrachtet, dann kann man in nahezu allen Ländern der Erde, gleichgültig zu welchen wirtschaftlichen und politischen Maximen sie sich bekennen, feststellen, daß kulturelle staatliche bzw. öffentliche Förderungsmaßnahmen notwendig sind, um gewisse Institutionen am Leben zu halten. Das marktwirtschaftlich prononcierteste Land der Erde, die Vereinigten Staaten, kommt ohne eine Nationalstiftung für die Förderung der Künste nicht aus und kann gar nicht ohne sie auskommen. Daß manchmal, je nach politischer Einstellung, die Mittel gekürzt oder aufgestockt werden, ist eine andere Sache. Aber grundsätzlich existieren diese Mechanismen. Wenn man diese Mechanismen ins Kalkül zieht, und wenn man die Aufgaben der systematischen Musikwissenschaft, der musikwissenschaftlichen Zeitgeschichte, wenn wir es so nennen wollen, näher betrachtet, dann fragt man sich, ob unsere Diskussion eigentlich nur vom Standpunkt der Pädagogik wichtig ist, ob sie nur vom Standpunkt der Wissenschaft wichtig ist, ob sie nur vom Standpunkt der Musik wichtig ist, oder ob sie nicht eine darüber hinausgehende Bedeutung hat. Ich glaube, daß aus dem Vergleich der Bemühungen in verschiedenen Ländern und der Bemühungen, die die Massenmedien und ihren Einfluß auf das kulturelle Leben untersuchen, eines eindeutig hervorgeht: Es gibt vermutlich keinen Staat der Welt, in dem bei Bestehen einer bestimmten kulturellen Absicht die politischen Entscheidungsträger nicht darauf angewiesen wären, von jemandem zu erfahren, wie es heute aussieht und was man tun kann? Wir dürfen nicht so anmaßend sein zu glauben, daß diese wissenschaftliche Bestandsaufnahme im Medien- und Musikbereich den Politikern sagen kann, was sie tun müssen. Das sicher nicht. Aber sie kann Politikern sagen, wenn ihr a macht, dann wird vermutlich x das Ergebnis sein. Wenn ihr b macht, dann wird vermutlich y das Ergebnis sein. Ich nehme an, daß die Prognostik, von der hier in bezug auf die Musikpraxeologie gesprochen wurde, nichts anderes ist. Sie ist nicht eine Vorschrift an die politische Instanz, sondern ist ein Versuch, Leitlinien zu erstellen. Es gibt einen berühmten Satz, der da lautet: «Man soll nie Voraussagen machen, das ist gefährlich, und besonders gefährlich ist es, Voraussagen über die Zukunft zu machen.» Das ist unter Soziologen ein beliebtes Witzwort, als Warntafel dafür, daß wir nicht genau sagen können, was eintritt. Denn wenn wir in Österreich die Erhebungen des Schweizer Rundfunks über das Musikpublikum und seine Geschmacksbildung blind übernehmen, dann kommen wir zu falschen Schlußfolgerungen, weil unsere Traditionen andere sind und die Auswirkungen andere sein werden. Die Funktion einer solchen Tagung ist es meines Erachtens, Anregungen zur Kenntnis zu nehmen. Das ist vielleicht eine Möglichkeit der Beantwortung der Frage, was der Internationale Musikrat auf diesem Gebiete tun könnte. Sicherlich kann er kein eigenes Forschungsprogramm entwickeln. Er kann aber für die Koordinaten nationaler Foschungsprogramme sorgen, als Hilfe für kulturpolitische Entscheidungen, die in jedem Land wieder anders ausfallen werden.

GÜNTER MAYER: Damit sind wir längst bei der Frage nach Schlußfolgerungen. Ich sagte vorhin schon, daß wir das nicht so sehr streng auseinanderhalten wollen. Es gibt Vorstellungen der Exekutive des Internationalen Musikrates, die Diskussion über den Status der Musiken, die in Dresden begonnen worden ist, auf geeignete Weise weiterzuführen, also in eine Aktion des Internationalen Musikrates einfließen zu lassen. Das ist auch der Grundgedanke dessen, was Professor Knepler in seinem Einleitungsreferat an Initiativen des Internationalen Musikrates vorgeschlagen hat.

TRAN VAN KHE: Je remarque que dans toutes les communications qui ont été faites, on s'inquiète d'assister au déclin des traditions populaires et des traditions savantes dans les pays d'Asie et d'Afrique. Et ce déclin est dû à beaucoup de choses, en particulier à un nouveau mode de vie, une nouvelle façon de vivre, ce qui fait que les musiques qui convenaient à une certaine classe ou aux peuples des pays d'Asie à une certaine période ne peuvent plus convenir maintenant. L'influence des musiques appelées électroniques dans les pays africains a été également évoquée. On a dit de même qu'au Japon il était difficile de trouver des chanteurs pour des rôles de second ordre, parce que ces rôles ne permettent pas de gagner convenablement sa vie. Donc les conditions économiques expliquent le déclin remarqué en Asie et en Afrique et il est naturel de tirer la sonnette d'alarme. Les traditions musicales de l'Asie et de l'Afrique ne sont pas enseignées ni dans la tradition elle-même, c'est à dire de maître à élève, ni dans les écoles, et c'est pour cela que ces traditions sont maintenant méconnues et inconnues des jeunesses de ces pays. Ajoutons à cela que dans tous les pays d'Asie et d'Afrique, il y a toujours une école de musique ou un conservatoire où l'on enseigne beaucoup la musique occidentale. Quand je me suis rendu dans les conservatoires du Vietnam, où à l'heure actuelle une certaine importance est accordée à la musique traditionelle, j'ai pu constater qu'au conservatoire de Hanoi, il y environ 35% à 40% des étudiants qui étudient la musique traditionelle et 60% à 65% qui étudient la musique occidentale. Dans le sud, à Hô Chi Minh-ville, 35% étudient la musique occidentale. Et lorsque j'ai visité une université japonaise il y a un certain nombre d'années, sur 1000 étudiants qui préparaient le diplôme de licence d'éducation musicale, 100 aient choisi des instruments japonais et 900 des instruments occidentaux. Dans ce cas, vous voyez qu'il y a un certain attrait, je ne suis pas contre cet attrait, mais lorsqu'il y a une attraction, cela veut dire qu'on n'a une base solide que si on a une tradition musicale solide. Dans tous ces pays, il est bien de s'ouvrir et d'avoir la possibilté d'entrer en contact avec les autres traditions. Bien que dans ces pays la tradition ne soit pas suffisamment forte, on apprend la tradition occidentale. On peut comparer cela à un enfant qui apprend une langue étrangère avant d'apprendre sa langue maternelle et qui ne sera jamais capable de parler sa propre langue maternelle.

Citons ensuite le problème de la formation des spécialistes. Les étudiants qui arrivent d'Asie ou d'Afrique, viennent dans les pays occidentaux pour apprendre une certaine méthodologie et ils apprennent la méthode pour étudier des musiques occidentales en général: on peut regretter que trop peu d'étudiants aient la possibilité d'acquérir des méthodes qui soient adaptées aux recherches sur la musique asiatique ou africaine. Dans un petit nombre de pays seulement, on enseigne vraiment les principes de la musicologie. Quand ces étudiants ont appris à étudier les musiques occidentales, la plupart d'entre eux sont attirés par cette musique et restent définitivement dans le pays pour servir comme professeur ou bien comme musicien, et c'est vraiment dommage pour ces pays d'Asie et d'Afrique qui n'ont pas la possibilité d'avoir accès à une méthode de recherche qui corresponde à leur propre musique. C'est pourquoi, nous souhaitons à l'avenir qu'il y ait une révision du système d'enseignement et que les pays d'Asie et d'Afrique reconsidèrent la place donnée à la musique traditionnelle.

DIMITER CHRISTOFF: In den letzten zehn oder vielleicht zwanzig Jahren ist das musikwissenschaftliche Interesse an einem umfassenden Bild von Weltmusikkultur leider sehr zurückgegangen. Da gibt es viele einzelne Forschungen, Detailforschungen, viele einzelne Bilder, die immer tiefer in die Musikauffassungen verschiedener Regionen eindringen. Aber ein zusammenfassendes Bild von Weltmusikkultur fehlt. Meine Erklärung dafür ist, daß Musikwissenschaftler mehr und mehr einer philosophischen Schule folgen, daß bestimmte philosophisch-methodologische Probleme einen sehr großen Einfluß haben. Wir als Musikwissenschaftler sollten in den nächsten Jahrzehnten unser Interesse neu orientieren, vor allem auf ein zusammenfassendes Bild. Denn aus verschiedenen Gründen ist so eine zusammenfassende Arbeit jetzt und besonders auf dem Gebiet der Musikwissenschaft notwendig. Wir werden dann sehen, wieviel wir gemeinsam haben, was uns verbindet und nicht nur das, was uns verbindet und nicht nur das, was uns unterscheidet. Vielleicht können wir dann wirklich sagen, daß der Planet Erde schon ein einheitlicher Planet ist und nicht ein Konglomerat von verschiedenen Rassen und Kontinenten. Hier in Dresden und in Berlin wurde etwas probiert, was sehr wichtig für uns sein könnte. Wir sprechen über wissenschaftlich-praktische Arbeit, oder praktisch-wissenschaftliche Arbeit. Das heißt, Wissenschaft und Praxis sollten zusammenkommen und gemeinsam arbeiten. Vom Standpunkt der Wissenschaft betrachtet sind dabei immer verschiedene Momente zu beachten. Ich zähle einige davon auf: zum Beispiel Forschung, Verbreitung der Forschungsresultate, Verwirklichung der Resultate in der Praxis. Das ist jeder seriösen Wissenschaft immanent. Das heißt, wir sollten die Tribüne des Internationalen Musikrates als einen Platz betrachten, auf dem praktisches Management und Musikwissenschaft zusammenkommen müssen. Aber am Anfang jeder Wissenschaft und jeder praktischen Arbeit steht Analyse, da wir wissen müssen, was dieser Welt fehlt. Deshalb ist das, was in Dresden und Berlin getan wurde, eine symbolische Arbeit. Aber vielleicht sollten wir etwas an der Organisation ändern. Ich meine, erstens muß der Kongreß und dann die Generalversammlung durchgeführt werden. Das heißt, wenn von der Wissenschaft festgestellt wird, was fehlt, welche Analyse und was da ist, dann können wir die Verantwortlichen auffordern, etwas in dieser Richtung zu tun.

JOHN PETER LEE ROBERTS: I think, for me it has been a very valuable and fascinating conference and in fact so much has been said in papers and responses to those papers and in other discussions. I think particularly today, that warrants are close to examination and we can bring to it now in terms of suggestions of what might be done for there is programmes involving the International Music Council or organizations connected with the IMC. I would think that the report that comes out of the conference is really quite crucial, because the report would need to capture all these essential elements, elements which may influence the programme of the IMC and of related organizations. I think in terms of the mass media quite valuable things have come out of the conference in terms of interrelationships between the various aspects of the mass media such as radio and recordings to, for example, music education, to musicology and other dimensions of musical life and musical tradition. I think that, though difficult it may be, we have some concept of what the future is likely to be, the future is not going to be precise the continuation of the present. I think as far as the mass media is concerned, if in fact what is happening in some parts of the world in terms of an explosion in the electronic media consisting of radio and television, recording and films, is to spread, if it spreads elsewhere in the world it can do so in a very positive way, because the countries that do not have that kind of broadcasting system have the advantage of being able to look at a development which is already taking place in other countries and see the problems and the things which perhaps have not worked well, see the things which have been not useful, and have perhaps a better concept than responsible earlier of research which needs to be done in this very big, very vast area. I think that if it is possible to invisit the future with more channels than in the present time, there is the possibility for having a future which will present the cultures of other countries, cultures which we do not know, cultures with which perhaps we don't come in contact very often, available in a non-guerring way. I personally think this is a very wonderful thing, a positive thing and Dimiter Khristov touched on the fact already that in fact music has something of a role to play in bringing about a greater understanding of the peoples in the world. And it is that, which above all is the priority for the continuation of humankind. I think it is an extremely important thing and something which the IMC should think about and in such a way that it can come forward with proposals, suggestions to broadcasting organizations, research institutions, recording companies and other related organizations.

GÜNTER MAYER: Ich möchte diese Bemerkungen von John Roberts als abschließende Bemerkungen für dieses Rundtischgespräch nehmen. Unsere Zeit ist vorüber. Ich möchte Herrn Professor Herz herzlich bitten, zu uns zu sprechen über «Tradition und Fortschritt, Meinungen eines Interpreten».

Joachim Herz

Tradition und Fortschritt. Meinungen eines Interpreten

Wenn jemand – vor Jahren – bei uns ins Ausland reiste, dann bekam er ein Merkblatt mit, was für Waren er bei seiner Rückkehr einführen dürfe – so wie anderswo die Einfuhr von Whisky limitiert ist. Er durfte, unter anderem, neben Musik des Erbes einführen Schallplatten mit «fortschrittlicher Musik der Gegenwart».

Ein paar Jahre später lautete die Weisung «wirklich fortschrittliche Musik der Gegenwart». Vive la petite difference!

Worin sich die gleiche Hochachtung ausdrückt an der möglichen Wirkung von Musik wie bei Platon, als er seine Politeia schrieb und das Wohl der Bürger ihm am Herzen lag.

Aufgefordert, hier pauschal über Tradition und Fortschritt etwas zu sagen, und zwar als Interpret, hatte ich leichtfertig zugesagt, nicht ahnend, auf was ich mich da einlasse. Dies wurde mir klar, als ich studierte, was andere, und zwar sehr kluge Leute, dazu vorzubringen hatten.

Dabei sind die Meister, die wir heute ehren, der von mir gepflegten Kunstgattung ‹Oper› auf merkwürdige Weise entrückt und doch verbunden:

– hätte Schloß Hartenfels nicht gebrannt, sähe die Geschichte der Oper anders aus; denn systematischer konnte man überhaupt nicht herangehen, als Heinrich Schütz dies tat;

– von Johann Sebastian Bach besitzen wir keine Oper aus dem höchst trivialen Grund, daß Köthen zufällig keine Oper hatte – was ein paar Jahre zuvor geradezu normal gewesen wäre;

– das Opernwerk Domenico Scarlattis harrt noch seiner Auferstehung;

– bei Händel haben wir den epochalen Fall vor uns, daß sein Opernwerk totgesagt war und über ein Jahrhundert lang nur noch Gegenstand einsamen Forschens in Archiven, bevor es in zwei Anläufen, beide erwachsend aus der Kunst ihrer eigenen Epoche, in Göttingen und in Halle, zu einem höchst überraschenden Leben erblühte – auf den Plan rufend die Problematik einer Opernregie, erstmalig, denn hier gab es nun keinerlei Tradition mehr, und sei sie noch so entstellt und verschroben.

(Als bescheidene Legitimation, hier zu reden, kann ich nur auf einen Belshazzar verweisen und auf einen Serse, welch letzterer nur der Händel-Gesellschaft mißfiel, ansonsten jedoch in dreizehn Ländern ein höchst unterschiedliches Publikum vergnügte.)

– und schließlich Alban Berg, den zweimal die Aufführung eines, beide Male höchst anrüchigen, Schauspiels, eines jahrzehntelang verschollenen Politikums und eines überhaupt nur auf der Privatbühne zugelassenen Sittenspektakels, zu Opernwerken anregte, die beide ich inszenieren zu dürfen die Ehre hatte. Die eine davon, Lulu, gleich hintereinanderweg als das vom Meister hinterlassene Fragment und als die von seiner Witwe perhorreszierte Komplettierung – letztere in der Behrenstraße die seinerzeit bestgehende Operette des Hauses, die noch den allseits beliebten Offenbach schlug.

Fortschritt in der Musik – ob vielleicht Beethoven einen Fortschritt darstellen solle gegenüber Bach, die Frage schien mir absurd, und ich merkte bald, daß dies so ja wohl nicht gemeint sein könne.

Und Tradition? Gerade in meinem Fach, der Regie, scheint sie total über Bord zu gehen; wir erleben den Umsturz in Permanenz – bei der Vermittlung tradierter Werke, bei der Vermittlung von Tradition.

Als ein schwer, aber notwendig zu erklimmendes Bergmassiv türmt sich Tradition vor uns, die wir einziehen durften in die neue Semper-Oper. Das grandiose Als-ob eines theatralen Festraumes: so als sei nichts geschehen, so neu, wie er in unserem Jahrhundert nie war – darin nun die verpflichtenden Werke der Vergangenheit, zum überwiegenden Teil älter als das Haus, das in seinem architektonischen Bezugssystem wiederum hinter sie zurückreicht: die Aktualität einer neuen Neo-Renaissance. Wir sind sehr dankbar, daß gleich zu Beginn zwei Meister unserer Tage darin zu Worte kamen, Udo Zimmermann und Siegfried Matthus. Denn dieses Haus, dessen Tradition aus jeder Stukkatur zu sprechen scheint, war in seinen besten Zeiten groß in einer Tradition von Avantgarde. Wir sollten uns also keinesfalls überschatten lassen von Nostalgie, auch nicht uns blenden lassen vom Glanz großer Namen, die ihrer Zeit voranschritten oder ihrer Zeit Genüge taten; die Primadonna der metastasianischen Hofoper, Faustina Hasse-Bordoni, gehört ebenso zur Dresdner Tradition wie das Enfant terrible der frühen Wagner-Szene und der Barrikaden, Wilhelmine Schröder-Devrient – an uns muß es sein, den Punkt zu bestimmen, wo wir anknüpfen möchten.

So ist Tradition für uns eine Herausforderung – Herausforderung auch, auszuwählen. Nicht alles muß geheiligt werden, was im Tempel dereinst sich vollzog.

So wie umgekehrt bei «Fortschritt» gefragt werden muß, wohin oder wovon fort geschritten wird. Man kann auch fort schreiten von seinen Hörern, von seinen Besuchern. «Fortschritt» ist überhaupt nicht faßbar, wenn der Maßstab nicht mit genannt wird, der Bezugspunkt.

Ganz gewiß war ein Fortschritt die Eroberung der Mehrstimmigkeit – erkauft unter anderem durch eine rhythmische Ordnung, die (vermutlich davorliegende) rhythmische Flexibilität zunächst aus dem Hörfeld verbannte. Fortschreiten zu größerer Differenzierung kann, muß aber kein Wert sein um seiner selbst willen. In der Zeit sich entfaltende Architektur, den Hörer vereinnahmendes Pathos, Distanz vorschlagende Kühle – ich kann da keinen «Fortschritt» sehen von einem zum anderen. Doch gewiß im Hinzugewinn jeweils neuer Bereiche, etwa dem des Dramatischen, das als eine neue Kategorie, eine Kategorie innermusikalischer Struktur, erregend in Erscheinung trat, ein In-Frage-Stellen, ein analysierendes Aufspalten des bis dahin vorgegebenen und lediglich durch immer neue Umwelten geführten oder spielerisch variierten (musikalischen) Themas – im Geiste einer neuen Zeit. Zu unserem Erbe gehört der fatale Bruch zwischen «U» und «E», zwischen Massenbedürfnis, Massenaktivität und Neuland suchender, Neuland findender Avantgarde. Während bei Carl Maria v. Weber noch zusammenging der «Jungfernkranz», den sogleich die Schusterjungen pfiffen, mit der buchstäblich unerhörten Vision einer Nachkriegshölle in der «Wolfsschlucht» (ohne pfeifende Schusterjungen), halte ich die Frage heute für nicht blasphemisch, ob denn nun (bitte verzeihen Sie den Kalauer) Andrew Lloyd Webber oder Anton Webern Musik unserer Zeit sei. Ich wage zu behaupten, daß nur die Spannung zwischen beiden – der wir ins Auge sehen müssen – die Musik dieser unserer Zeit ausmacht.

Die da kämpfen für ein Überleben unserer Welt – welches ist ihre Musik? Die sie singen, einander bestätigend und stärkend? Die sie hören mögen in der Kampfpause? Oder die ihren Kampf Klang werden läßt in seiner Härte und Gnadenlosigkeit? Tönende Analyse einer Welt, die bedroht ist vom Irrsinn der Rüstung, Bewältigung des Grauens unserer Welt in Musik – Aktivierung, dagegen anzukämpfen – bescheidener Dienst an den Menschen, die solchen Kampf auf sich nehmen – es kann da, meine ich, kein dogmatisches Entweder/Oder geben.

Daß es einen partiellen Fortschritt gibt, ein Aushorchen dessen, was eine einmal gewonnene Form, ein einmal entdecktes, beispielhaftes Klanggeschehen an Möglichkeiten birgt, die ausgeschritten werden wollen, zu einem immanenten Ziele geführt, wird niemand bezweifeln. Und zwar so lange, wie in diesem Klanggeschehen der Grundwiderspruch einer Epoche, der Glaube einer Epoche, ihre Hoffnungen und Zwänge, ihre Befangenheiten und ihr Ausbrechen-Wollen tönend sich manifestiert.

Und dann gab es zu wiederholten Malen den großen Bruch in der Geschichte, alles ging über Bord, worum man bisher gerungen hatte – denken wir etwa an das Jahr 1600 oder auch 1750: Was nicht ohne Mühe schließlich im genialen Zugriff einer Vollendung zugeführt worden war, zählte nicht mehr, lohnte nicht mehr der Mühe, wurde verteufelt, man begann von neuem – (wenn auch durchaus nicht vom Stande Null, sondern auf neuer Ebene) –, doch erst später, wenn das über Bord Gegangene, sei es durch ein Bewahren unbeachtet im stillen, sei es durch überraschenden Glücksfall, wieder auftauchte, erneut faszinierte, integriert wurde in nunmehr ganz andere Tonsprache – da schlug wieder die große Stunde der Musik. Doch nicht ohne den vorangegangenen schmerzlichen Hinauswurf!

Vielleicht kann Fortschreiten nicht mehr bedeuten als: seiner Zeit Genüge tun und über sie hinausweisen nach vorn. Nicht besser zwar, «nur» anders – aber eben weiterschreitend im Einklang mit der Geschichte, einer neuen Gesellschaft gemäß. Was sehr viel wäre ...

Es wird gesagt: Anspruchsvoll strukturierte Musik sei immer nur zugänglich gewesen, in ihrer Struktur verstehbar, einer Elite, oder sagen wir: einer kleinen Gruppe von Menschen. Die isorhythmische Motette, gewiß, die ersten Zwölfton-Stücke, sicher – aber es gab ja auch einmal, in glücklichen Phasen der Historie, den Choral der Reformation, es gab die Zauberflöte – Sternstunden beide Male, um 1500 und um 1800, als man glauben konnte, die Menschheit schaffe es. Volkstümlich und zugleich Spitze des vorwärtsdrängenden Neuen – als einen echten Fortschritt würde ich es bezeichnen wollen, wenn Gipfelwerke einer «Neuen Musik» und «die Massen» sich wieder einmal begegnen könnten. Von wo dies auch immer ausgehen möge – von einer Musikpädagogik, deren sprunghaften Anstieg wir dringend uns erbitten, oder von einem Hinhören der Komponisten. Dem Rosenkavalier wird angelastet, er sei bereits ein Werk der Regression – ich kann mich nur einem Wiener Kollegen anschließen, der da meinte, die Welt wäre ärmer ohne diese Komödie in Musik. Aber es heißen uns hoffen die Schlangen an der Kasse nach Karten für Lulu, wenn Moses und Aron in Dresden 38mal gegeben werden konnte, ausverkauft ohne Abonnement, oder Krieg und Frieden in Leipzig 56mal, eine Oper, von der bis dato kaum einer auch nur gehört hatte. Hier helfen Bild und Aktion, es hilft das Wort – ohne solche Brücken tun wir uns noch schwer.

Musik ist eine von Menschen gemachte Sprache, eine – ihren Möglichkeiten nach – universelle Sprache, die Völker verbinden kann – aber man muß diese Sprache erlernen; die uns vertraute, wenn's über Simples hinausgeht, ebenso wie die neuen Idiome – vor allem aber: es gibt deren mehrere «Musiksprachen».

Wenn Yehudi Menuhin und Pierre Rampal musizierend sich hineinhören in indische Musik, wenn indische Musiker ihren Ragas den Jazz integrieren, wenn, wie in Japan, eine ganze Nation eine zweite musikalische Sprache erlernt – nicht nur um zu genießen, nein, um uns bereits vorzumachen, wie sie zu artikulieren sei, virtuos und weltweit, auf unseren Instrumenten – inzwischen japanischer Bauart –, dann kann man sich doch schwer die Frage verkneifen, ob hier nicht auch für die Komposition (oder für etwas, was anstelle von Komposition treten könnte) Anregungen zu holen seien, nicht im Sinne eines Exotismus (bei uns) oder einer Überschwemmung mit Popmusik (woanders), nicht als musikalischer Reisbrei mit Coca Cola (oder Kartoffeln mit indischer Würze), sondern als echte strukturelle Bereicherung.

Wie begrenzt ist unsere Hörweise, wenn wir uns bescheiden auf dreihundert Jahre E-Musik aus Europa, wenn wir uns beugen der lastenden Wucht der akkreditierten Meisterwerke in immer neuen Einspielungen, in immer neuen Abonnementsreihen für ein Stammpublikum. Vor uns liegen – vielleicht, und ich möchte dies hoffen – Ausweitungen des sozialen, des räumlichen und des zeitlichen Horizonts; des zeitlichen Horizonts sowohl in die Zukunft als auch in die Vergangenheit. Und obwohl ein David Munrow uns gezeigt hat, wie «in ihrer Fremdheit heutig» alte Musik sein kann – wie man denn nun tradierte, aus althergebrachter oder neugewonnener Tradition uns überkommene Musik zu musizieren habe –, da gibt es, trotz trefflicher Streiter, noch einige Fortschritte zu erzielen.

Zweierlei scheint unabdingbar: Immer tieferes Eindringen in die authentische Musizierweise der Vergangenheit – und immer neues, unmittelbares Heranreißen in die Gegenwart mit Herz, Sinnen und Verstand eines Musikers von heute. «Die spielen um ihr Leben» meinte einer unserer Generalmusikdirektoren über ein britisches Kammerorchester, und ich meine: Dann ist Kunst gerade richtig. Das «Wie» solchen Musizierens ist weithin erforscht – doch es dauert respektgebietend lange, bis solche Forschung nach unten sickert, in die Praxis. «Der Furtwängler hat das auch nicht gemacht» – damit ist für manchen «General» die Diskussion beendet, schon eine Appoggiatur bereitet Bauchgrimmen, und der Kollege am Cembalo (ein solches zu besitzen gehört immerhin bereits zum guten Ton) darf die Kinderakkorde spielen, die Georg Schünemann von seinen Vorgängern abgeschrieben hat – basta. Dem Original, dem Geiste des Originals näher war ein Richard Strauss, obwohl es seine Zeit gewesen ist, die er improvisierend einbrachte.

Es gab und gibt in der Regie eine Richtung, die sich mit Quellenstudium befaßt – aber wie oft, besser gesagt: wie selten interessiert ein Dirigent sich dafür, was mit dem Flautino in der «Entführung» eigentlich gemeint sein könnte? Man weiß das doch – aus Tradition! Ein Piccolo!

Welche Bereicherung an Farben ein originales Instrumentarium bedeuten kann, welch verblüffende Übereinstimmung von Komposition und Klang sich einstellt, wird jeder bestätigen, der ein Mozartsches Klavierkonzert mal auf einem Instrument seiner Zeit hat spielen hören. Hier wäre neu zu begründende Tradition der Durchbruch zum Ursprung – in eins gebracht mit einem Musiziertemperament von heute, hindurchgegangen durch genaueste Kenntnis einer nicht mehr durch Zwischenglieder verstellten Überlieferung. Gerade bei Händel scheint der Übergang geschafft von einer zuweilen spätromantischen Elephantiasis zu einem Swing, der Damals und Heute verbindet.

Nun aber auf das Glatteis meines Fachgebietes – Aneignung vergangener Kunst als einer heutigen auf der Opernbühne.

Wenn man so manche Inszenierung heute sieht, fragt man sich: Geht das noch an die gleichen Adressaten wie vor zehn oder zwanzig Jahren? Natürlich nicht: Neue sind hinzugekommen, andere nicht mehr da – ist die Zuschaukunst mittlerweile so ins Kraut geschossen, oder sind unsere Besucher der Werke, der immer wieder neu dargebotenen, so überdrüssig?

Ich bin mir bewußt, daß ich mich der lächerlichen Position nähere: Bis zu einem gewissen Punkt war's Fortschritt; darüber hinaus ist's vom Übel. Irritierend das epidemische Auftauchen von Kunstmitteln, die – mit Vernunft und gezielt eingesetzt – ihre Wirkung tun können, etwa das der Zeit-Transplantation. Geht es überhaupt noch darum, Werke zu vermitteln? Wird entschlüsselt oder geht es um Bilderrätsel? Wo es dereinst noch heißen konnte, und zu Recht, «Tradition ist Schlamperei», da wird jetzt – auf ganz anderer Ebene – Verwunderung laut, wenn einer sich weigert, unentwegt nach vorn zu rennen: Weg von dem, was unser Ausgangspunkt war. «Glaubhaft und verständlich» sei für den Zuschauer eine Aussage zu übermitteln – sollte das Wirken eines Walter Felsenstein, eines Heinz Arnold einer jener «klassischen» Augenblicke gewesen sein, eine jener Sternstunden, wo Werk, Gesellschaft und Interpret in Harmonie einander begegnen konnten, wo der Interpret Diener am Werk und zugleich Bahnbrecher sein konnte, Entdecker des Neuen, bisher Verborgenen (gleichwohl in Werk und Zeit Enthaltenen) und Bewahrer, ja Wiederhersteller des Überlieferten, oft Verschütteten, im Zugleich von Volkstümlichkeit und Avantgarde? War es einer jener klassischen Augenblicke, die sich weder festhalten noch wiederholen lassen?

Ich hoffe, nicht mißverstanden zu werden: Wir waren die ersten, die – drei Jahre vor Chereau – meinten, es müsse endlich einmal gezeigt werden, worum es im Nibelungenring geht, nämlich um ein Parabelspiel über die Probleme und Konflikte von Wagners eigener Zeit, zu entschlüsseln aus der nordischen Bildersprache des Autors.

Es geht mir hier auch nicht um Gags, die genüßlich, süffisant den Kritikern ihre Zeilen füllen. Irgendwo, anderswo ist das Roß Grane jetzt der Autoschlüssel, den Vater Wotan seiner Tochter Brünnhilde vermacht hat. Es geht darum, ob ein Regieteam sich die Geschichte erzählen läßt, die in einer Oper sich begibt, und auf die Bühne bringt, was ihm zu dieser Geschichte einfällt, oder ob es zur Kenntnis nimmt, daß einem Librettisten und einem Komponisten dazu bereits etwas eingefallen war. Es darf als ausdiskutiert gelten (obwohl es von der anderen Flanke uns unentwegt als Vorwurf präsentiert wird), daß «Werktreue» für ein Bühnenwerk ein Phantom ist, weil ein Stricheziehen zwischen den Punkten, für die der Autor eine szenische Anweisung hinterlassen hat, ebensowenig einen Theaterabend hervorbringt wie die Rekapitulation einer mehr oder weniger dokumentierten Inscene aus dem Jahr der Uraufführung. Ohne das ganz und gar heutige Bewußtsein der Produzenten entsteht kein Theater. Aber warum sich absichern durch eine hochkarätige Musik und eine hochkarätige Dichtung, wenn man eigentlich etwas ganz Neues machen wollte? Was hat das entfesselte Theater so in die Fesseln eines konkurrierenden Originalitätszwanges geschlagen? Vielleicht die zu seltene Herausforderung durch wirklich neue Werke, die alle Künste des Theaters auf den Plan rufen?

Will hier eine Entwicklung zu Ende geschritten sein, sind wir ihr hörig? Damit man eines Tages befinden kann: Genug, nun das Pendel zurück, ganz ans andere Ende, in die Nostalgie?

Werk und Zuschauer sind die beiden Regulative, Bühnenkunst hängt nicht frei im Raum als künstlerische Leistung an sich. Für wen spielen wir? Gilt das noch, daß unser Adressat der unvoreingenommene Zuschauer ist, der sein Bewußtsein von heute mit in die Vorstellung bringt, und dem das Werk übermittelt werden soll als ein uns überkommenes, heute gültiges – nicht aber vortäuschend, es sei ein Werk von heute?

Das Wunderbare scheint mir ja gerade darin zu liegen, daß Werke der Musik oder des Musiktheaters ein Leben leben mit uns, daß sie mit uns weiterschreiten – doch wohl darum, weil in ihnen weit mehr angelegt ist als Ausdruck, Abbild, Spiegel ihrer Zeit zu sein – weil ein Gehalt sich in ihnen manifestiert, der sich uns erst nach und nach, von Generation zu Generation erschließt – ein Gehalt, der dem Suchen der Menschen auch einer späteren Zeit Antwort zu geben oder auch produktiv sie zu irritieren vermag – weil das, was die Werke der Großen meinen, auf ein Ziel zusteuert, dem wir erst schrittweise uns nähern. Aber eben auf der Basis einer Historizität, geboren aus einem «Heute und Hier» von damals, im zeitlich und örtlich begrenzten Konflikt aufscheinen lassend ein Wegstück der Menschheit. Und Tradition mag uns dann wohl erscheinen als nichts anderes als ein sinnerfülltes Fortschreiten.

cases of challenge by really new works which mobilize the arts of theatre in their entirety? These arts should be based on "room and time" we live in, and on the basis of the latter two things' roots in history they should reflect a stage of mankind's development as temporarily and locally determined conflict. "In such a case, we understand tradition as nothing else than purposeful advance", the author adds.

Tradition and Progress (Summary)

The author asks what are the specific features to determine tradition and progress in music, particularly in the genre opera music. Tradition means also always a challenge to make a choice. When it comes to "progress" one should ask what is the development heading for and on what is it based. Progress cannot be measured without a yardstick, a certain reference. Enrichment of musical material with new features, as for example by way of polyphony, has always been done purposefully, the author says and mentions a number of examples from cultural history, which also includes the "fatal division" between entertainment and so-called serious music, i. e. between mass consumption and avant-garde. Popular and, at the same time, the head of the new that is coming to the fore – this is how the author describes his concept of genuine progress and he does so by mentioning events in history when both features coincided. He hopes that mass demand and musical avantgarde will again meet in "top works" of a "new music". The author then deals with international aspects of music life. It is imperative not only to proceed from three hundred years of European art music. Ahead of us is extension of the temporal horizon, the author says. To him, two things are essential: development of an ever deeper understanding of the way music was originally played in the past, and making that knowledge productive for the present in a direct and ever new way. Joachim Herz opposes superficial approach towards interpretation of music that has been handed down to us and speaks out in favour of historic and social authentication. He criticizes excessive use of symbols and gags which benefit the work of critics only. The author asks: how has it come that the unchained theatre has been put in the chains of a vieing restraint to be original? Maybe, the too rare

Tradition et progrès (résumé)

Le rapporteur se demande à quoi peut être attaché la tradition et le progrès dans la musique, notamment dans le genre d'opéra. Tradition est un défi de sélectionner. A l'inverse, s'agissant de «progrès», il faut se demander d'où ou dans quelle direction ça «pro-gresse». Le progrès n'est point concevable si l'échelle, le point de repère n'étaient pas indiqués en même temps. L'enrichissement par de nouvelles qualités du matériel musical, par exemple par la conquête de la polyphonie, ne s'est jamais fait pour soimême, argumente le rapporteur en citant un certain nombre d'exemples, dont aussi la «rupture fatale» entre «sérieux» et «variété», entre besoin de masse et avantgarde. «Popularité et pointe du neuf avançant» – telle est la formule lancée par le rapporteur pour essayer de concevoir le véritable progrès. Il nomme des événements historiques où tous les deux éléments ont coincidé. Son désir est de voir se rencontrer à nouveau besoin de masse et avantgarde musicale dans des «œuvres de crête» d'une «musique neuve». Par la suite, il aborde des aspects internationaux du phénomène musical. Il importe de partir non seulement des 300 ans de musique artificielle européenne. Il y a devant nous extension de l'horizon temporel, constate le rapporteur. Deux choses sont indispensables selon lui: pénétrer jusqu'au fonds de la façon de musiquer dans le passé et s'en emparer à l'intention de notre temps. Faisant face à une approche superficielle de l'interprétation de musique transmise, Herz plaide pour une authenticité historique et sociale. Il critique les surcharges symbolistiques, les gags qui remplissent avec délicatesse les lignes des critiques. Il se demande ce qui a tant enchaîné le théâtre déchaîné, à la contrainte d'originalité concurrencée; peut-être le défi trop rare par des œuvres véritablement nouvelles qui font entrer en jeu tous les arts du théâtre? Ces œuvres devraient naître d'un «aujourd'hui et ici», en mettant en lumière, sur la base de leur historicité, une traite parcourue par l'humanité au conflit localement et temporellement limité.

«Et alors, la tradition pourrait bien nous paraître rien d'autre qu'une progression ingénieuse», conclut le rapporteur.

Anhang

Lupwishi Mbuyamba

Traditions dans les cultures musicales et identité culturelle. Problèmes et Perspectives: l'expérience de l'Afrique Centrale

Accra. 1975. Une conférence régionale réunie à l'initiative de l'UNESCO sur les politiques culturelles en Afrique (l'AFRICACULT) formulait une résolution au terme de laquelle une action urgente devait être engagée en direction de la tradition dans la musique et les arts du spectacle en vue de la préservation et de la promotion. Un plan décennal était aussitôt conçu et lancé et des concertations engagées dans la région pour l'établissement d'un centre régional à cet effect.

Défini à l'atelier colloque de Kinshasa en septembre 1978, ce plan préconisait une démarche dans la triple direction devenue classique: la recherche, la conservation, la promotion.

Deux ans plus tard, l'Organisation de l'unité africaine décrète à Lagos que le développement repose sur sa dimension culturelle. Des projets alors surgissent de toute part qui vont dynamiser l'action culturelle.

Des structures à vocation régionale ou moins ambitieuses naissent sur la base du critère géographique comme le Centre de Niamey pour la vallée du Niger ou le CERDOTOLA en Afrique Centrale ou, plus récemment, des regroupements sur la base d'un critère de l'affinité culturelle telle que le Centre international des civilisations bantu précédant en cela des recherches entreprises autour de la spécifité des cultures mandingues de la partie ouest du continent.

Nous limiterons le champ d'expérimentation sur lequel notre réflexion va pouvoir porter – et pour cause – et ne retiendrons que les institutions implantées en Afrique centrale et plus précisément sur sa côte ouest et le sud-ouest c'est-à-dire dans les pays qui se situent dans ou à la périphérie de la forêt équatoriale relayée par les collines de l'est. Il s'agit des pays suivants: l'Angola, le Congo, le Gabon, le Zaïre auxquels pourraient s'ajouter la Ruanda et la Burundi, le Cameroun.

Dans ces pays, le regard se porte vers des institutions culturelles existantes comme l'Institut des musées nationaux au Zaïre, l'institut national de la recherche scientifique au Rwanda, l'Académie de musique en Angola. Mais seront également concernées, puisque les préoccupations d'identité culturelle en musique ont suscité la création et le lancement d'institutions nouvelles, des organismes de création récente comme le Cerdotola né au Cameroun à l'initiative des Etats de l'Afrique centrale dès 1979 et lancé par le projet ethnomusicologie d'Afrique centrale (EMAC). De même le Ciciba, né au Gabon en 1983 qui inscrit dès sa naissance un département de musique dans ses priorités, ainsi qu'un centre national comme le Cédar (centre d'études et de diffusion des arts) créé près l'institut national des arts au Zaïre qui se dotait dès son démarrage d'un orchestre expérimental entr'autres choses.

Il s'agira dans la démarche préconisée d'interroger leur expérience dans la recherche, dans l'éducation ou la formation, dans la promotion. D'identifier les problèmes soulevés par ces actions de façon à permettre une esquisse de perspectives et au besoin une redéfinition d'un plan d'action.

Au terme du discours déclenché il y a 10 ans marqué par la bonne volonté des initiateurs, on peut en effet évaluer la méthode choisie et procéder aux corrections éventuelles.

A – La recherche musicale ou quête de l'identité

La recherche engagée dans des structures existantes outre qu'elle vise l'identification et la promotion s'est inscrite grosso modo dans deux directions.

D'une part, la collecte de la tradition orale, des chants et la définition préalable à cet effet des genres et des styles. C'est ainsi qu'on a pu imaginer d'attaquer l'opération ici par des berceuses, là par des chantefables ou des épopées, ailleurs des chants rituels, des chants de divertissement et des jeux.

A chaque étape, il était utile que l'état de la question soit fait et établie la fiche technique pour le terrain de façon à permettre à l'enquêteur d'identifier la catégorie du chant, d'en établir l'authenticité de tradition et de réaliser avec le maximum de précisions non seulement l'enregistrement (dont la haute fidélité est souhaitée) mais l'ensemble des éléments propres à faciliter et la compréhension et l'information générale sur le contexte du chant enregistré.

S'est posée alors la **question de la pureté de la tradition**, des rythmes comme des mélodies et des cadences: il s'agit de permettre l'établissement des variantes et donner lieu à une classification judicieuse des divers matériaux dans les catégories fixées telles que la musique classique traditionnelle, la musique traditionnelle folklorique, la musique d'inspiration traditionnelle etc ... Exemple 1. Le premier séminaire d'évaluation du projet d'ethnomusicologie d'Afrique centrale portant sur les berceuses récoltées en vue de leur édition a abouti au rejet de près de la moitié des enregistrements réalisés par des équipes nationales: cela donne à réfléchir ...

C'est que peut-être la formation en trois mois des techniciens d'enquête n'avait pas suffi. Au demeurant, s'impose la nécessité d'un personnel qualifié comme d'un conducteur des opérations. Dans un cas comme dans l'autre une sensibilité et la culture de cette faculté semblent requises pour une tâche véritablement complexe.

2. Mais le travail de terrain porte également sur la collecte de témoignages matériels, des instruments de musique traditionnelle.

L'opération telle qu'elle a été engagée à l'heure actuelle consiste à ramasser d'abord avant de classer par familles des spécimens jugés représentatifs des instruments. Il est apparu rapidement que ce choix, lui aussi, gagnerait à être guidé par une carte de bord, un atlas-même provisoire – bien pensé et suffisamment détaillé appuyé par l'approche de la spécificité de chaque lieu.

On peut en effet, arrivé dans un village, être tenté de ramasser tous les sanza par exemple du coin et rassembler ainsi des centaines de l'espèce: l'institut des musées nationaux du Zaïre l'a fait pour la sanza de l'ethnie Yaka.

L'intérêt de ce dépôt pourra apparaître lorsqu'on aura établi le rôle particulier qu'une sanza joue dans cette culture pour qu'elle ait pu faire l'objet de tant de soins. A partir de là, l'enquêteur va sur le terrain avec un **plan de travail**.

Le problème posé est donc de l'ordre de l'information, de la connaissance préalable qui permette de concevoir, d'orienter l'exécution et de contrôler la fiabilité des résultats.

3 – Cette connaissance théorique n'est pas à confiner à la maîtrise de la théorie musicale. Elle est à étendre à l'approche de la réalité musicale, de ce qu'on a appelé «music in african cultures» et qui évoque nécessairement une vision multidisciplinaire et une **approche interdisciplinaire**. Ainsi la linguistique venant au secours de l'anthropologie permet à la musicologie devenue ethnomusicologie de donner un éclairage complet dans l'esprit du chercheur sur ce que pourrait avoir de complexe une musique donnée.

Il arrive par exemple qu'une musique extraite du contexte de la danse et du rite qu'elle soutient perde sa consistance. C'est un lieu commun de parler du lien entre la danse et la musique en Afrique. Mais ce n'est plus le cas dès que l'on pousse l'observation au delà de la simple interprétation de l'influence et de l'explication d'un chant ou de l'accentuation d'une mélodie.

On n'a pas su aller au fonds du problème pour l'étudier non seulement sous l'aspect sociologique, mais dans l'approche intérieure, formelle, esthétique de la musique.

Ainsi l'approche d'un kasala exécuté à l'occasion du deuil dans la culture luba du centre sud du Zaïre et à la frontière avec l'Angola et la Zambie d'un côté, la Tanzanie de l'autre, permet d'interroger le mode mineur dans son acception académique et de relier à celui-ci l'expression d'un sentiment comme la douleur ou au contraire l'arbitraire, d'une telle théorie compte tenu par exemple des cadences finales et de leur environnement.

Mais, ce n'est qu'une fois l'évidence d'une particularité, d'une spécificité constatée, répétée que peuvent intervenir des conclusions au terme d'une étude comparative d'éléments semblables, de l'existence d'un style, d'un genre à l'intérieur duquel la hiérarchisation des similitudes comme des identités est à faire.

La vision touristique et superficielle qui a caractérisé la recherche en musique africaine dès ses débuts il y a une quarantaine d'années continue à peser sur elle et des chercheurs africains sont encore formés dans cette perspective.

Ce qu'il y a à redresser ce n'est pas une vérité d'évangile. C'est au terme d'observations, d'examens, de discussions et de débats que l'on peut aborder la question dans ses profondeurs.

Mais, là encore, rien n'est simple.

B – Education musicale et développement de l'identité

L'éducation artistique a depuis une dizaine d'années occupé une place à part dans les rencontres culturelles sur le continent.

Le colloque qui sous-tendait le 2ème festival mondial des arts négro-africains de Lagos en 1977 et qui portait sur la civilisation noire et l'éducation avait un sous-titre consacré à l'enseignement artistique et musical notamment.

Un colloque national organisé trois ans après par le centre d'études et de diffusion des arts au Zaïre reprenait le thème et proposait une démarche pour la réintroduction du chant et de la musique dans l'enseignement général primaire et secondaire. Dans cette perspective, me décidant de passer aux actes en me conformant aux recommandations des différentes réunions indiquées ci-dessus et après observation des expériences des autres, je proposais et obtenais la création des écoles secondaires de musique et d'arts du spectacle dont l'une, expérimentale, avait comme méthode de partir de la vision traditionnelle pour intégrer les éléments reçus de la théorie musicale. Le principe était donc «per visibilium ad invisibilium».

Ainsi, dès la première année, l'enfant (dont la moyenne d'âge se situe entre 11 et 12 ans) fait l'apprentissage du likembe et du madimba comme du tambour. Le chant folklorique qui lui est appris, lui est expliqué par la suite. La reconnaissance des échelles et des hauteurs des sons se fait alors à partir de ces exemples et sur cette base. L'étude des gammes et de l'harmonie interviennent enfin lorsque l'enfant découvre les instruments étrangers comme la trompette et la guitare – proche de l'esthétique de son milieu – le piano ayant servi à visualiser pour lui la localisation des notes et des gammes.

Mais cette approche ne va pas sans problème.

1 – Le premier de tous est celui qui concerne les **formateurs** eux-mêmes. Sont-ils préparés à cette tâche? Sont-ils prêts à faire «tabula rasa» pour repartir à zéro et ainsi recommencer leur propre formation?

2 – Le second problème consiste en l'élaboration d'un **contenu théorique** à livrer à l'élève suffisamment dense, cohérent, systématique et progressif ainsi que la possibilité de pouvoir travailler avec des instruments performants et constants.

3 – Encore faut-il que la jeunesse elle-même soit prête à **accueillir cet enseignement**, l'environnement musical qui est le sien ne l'y prêtant pas à priori.

Lorsque procédant à la réforme des programmes d'enseignement de l'institut national des arts au Zaïre en 1978, j'indiquais la nécessité d'introduire l'instrument de musique traditionnelle comme 2ème instrument pour chaque étudiant, la réaction négative est venue des professeurs eux-mêmes d'abord qui, presque obligés, devaient convaincre par la suite les étudiants du bien-fondé de la démarche. Ce n'est que trois ans après que progressivement les étudiants commençaient à réaliser que l'avenir de la musique africaine, leur musique, résidait dans l'exploitation et l'assimilation de la musique de leur tradition: ce que le monde pouvait attendre d'eux, se sont-ils enfin dits, n'est autre que cet apport spécifique. Mais l'apport n'est pas à présenter brut. Il faut l'élaborer.

La réaction normale du musicien théoricien formé au conservatoire et acceptant de traiter de la musique traditionnelle est de tenter de ramener celle-ci à celle-là en exigeant par exemple que le madimba soit accordé au piano, que les instruments à precussion soient assimilés à la batterie de l'orchestre et qu'une partition soit rédigée pour ces nouveaux instruments.

D'autres pensent au contraire qu'il faut laisser à la musique traditionnelle sa personnalité intacte et la livrer telle quelle.

D'une part, on doit reconnaître en effet l'irréductibilité d'un monde à un autre, d'un univers à l'autre, d'un langage à l'autre.

D'autre part, on ne peut pas d'emblée décréter l'impossibilité de communication.

Sur le plan externe d'abord.

Des exemples foisonnent d'une évolution de la tradition elle-même de par la qualité de ceux qui l'ont en charge: conscients qu'ils sont du poids qu'ils portent et de l'importance qu'il y a à veiller sur le destin d'une culture, d'un peuple.

L'antique civilisation de l'Inde a dégagé un art musical classique, c'est-à-dire éternel et permanent en même temps que de haut niveau dans son élaboration, art savant, art de contemplation s'il en est auquel le joueur de la lyre est initié, formé sur un instrument construit avec précision et entretenu avec délicatesse.

La vieille musique chinoise, musique classique, a développé un art classique chinois où le violon chinois a gardé son timbre propre. Intervenant dans un ensemble aux côtés des instruments d'autres cultures comme le violon européen, il ne s'intègre pas plus que celui-ci ne s'intègre: les deux instruments co-habitent et donnent à l'ensemble un tonus précisément recherché à l'heure actuelle et par les compositeurs et par les musiciens eux-mêmes.

J'ai en mémoire un concert donné un après-midi d'octobre 1983 à l'école supérieure des arts de Jinan. Ce qui m'avait frappé là et m'amène à féliciter chaleureusement le chef d'orchestre c'est que cette nouvelle composition préparant un festival national me semblait avoir réussi à donner et aux instruments de tradition chinoise et aux autres une couleur nouvelle: C'est une musique toute originale qui invite à la quête de nouvelles voies.

Encore faut-il **que le public suive** et qu'une action conséquente soit engagée en faveur de la promotion de cet art traditionnel, sorti du fonds des âges et porteur d'un classicisme vivant qu'il s'agit de présenter et de promouvoir.

C – Promotion musicale et illustration de l'identité

A cet effet, une action de promotion doit être engagée. Celle-ci peut prendre plusieurs directions et les problèmes qu'elle soulève apparaître dans les préoccupations qui doivent être celles du pouvoir public.

Ainsi la question du public. Certes, le comportement du public sera toujours de l'une ou de l'autre manière dépendant du public. Mais le public devant un genre nouveau a tendance à le rejeter.

Aussi est-ce à l'action publique de l'inviter et de lui proposer un programme qu'elle a intégré à son patrimoine.

La question est d'éviter la rupture avec le public et de soutenir ainsi la créativité populaire qui alimente sans cesse la tradition musicale. Mais, comment?

Déjà la musique traditionnelle n'est pas l'appât désiré du public ordinaire en temps normal. C'est au programme public des mass media, de la radio et de la télévision de l'y aider. Les négociations entamées entre l'Union des Radios et Télévisions Nationales d'Afrique et le Conseil International de la Musique dans le cadre de la Tribune de Musique Africaine devraient se poursuivre et aboutir. De même la politique de production des disques de l'UNESCO devrait **encourager une politique de distribution et de diffusion** des traditions musicales au-delà des centres de recherche et des cercles des musicologues.

Mais les Etats eux-mêmes devraient mettre à contribution leurs institutions compétentes et inscrire une action systématique dans ce sens. Ce souhait devient pressant.

Car, le premier festival national de la culture a eu lieu au Zaïre en 1976 à la veille du festival mondial de Lagos: le 2ème est toujours attendu. Au Congo, le premier festival de musique organisé en 1982 avait annoncé sa tenue tous les deux ans, on attend toujours le second. A Libreville, après le premier festival national de la culture il y a quelques années, le second, programmé et annoncé vient d'être reporté pour la 2ème fois. Au Cameroun, le premier festival de la culture vient seulement d'avoir lieu. Après 25 ans d'indépendance politique, de réaffirmation des identités, cela peut étonner.

C'est que la culture n'est pas encore suffisamment perçue comme rentable. Et pourtant la dimension culturelle du développement n'est plus aujourd'hui en discussion.

Que de musiciens traditionnels verraient leur art promu avec eux-mêmes, leur bonheur faisant le bonheur du village!

Que de facteurs d'instruments de musique traditionnels se verraient honorés et reconnus, leur artisanat utilitaire devenant industrie la région toute entière en bénéficiant!

Que l'ensemble d'une nation enfin gagnerait à présenter des ensembles originaux et compétitifs aux concours et festivals internationaux rentables culturellement puisque développant la culture nationale propre, rentables politiquement puisque manifestant la présence de l'État dans le monde, rentables économiquement puisque les retombées peuvent en être fabuleuses!

A condition cependant de savoir s'organiser: s'organiser dans la présentation, s'organiser dans la création.

Cependant si les festivals sont organisés ou au moins envisagés pour la musique traditionelle – généralement folklorique ou d'inspiration du folklore – pour la musique populaire moderne et urbaine, quelques fois pour les chorales, nulle part on n'a entendu parler d'un festival ou d'un concours des musiques de création et de recherche savante; c'est à se demander si elles existent. Or, il s'agit au-delà de la simple présentation ethnographique d'interroger concrètement la tradition dans ce qu'elle a de prometteur pour un développement musical qui ne soit pas seulement de divertissement ou fonctionnel comme les chorales – encore que celle-ci soient déjà une des voies à partir desquelles on peut pressentir des perspectives nouvelles dans l'éclosion de la musique traditionnelle.

Une musique expérimentale a été tentée au Zaïre avec l'orchestre MAISHA. L'expérience vise la co-habitation des instruments anciens et modernes, le dédoublement de la partie mélodique et de la partie rythmique avec des instruments de chaque catégorie, la recherche des harmonies nouvelles et même un spectacle musical nouveau et une esthétique nouvelle. Le projet semble hésitant. A l'origine enthousiasmant, il flotterait pour des questions d'intendance, d'inconstance dans les humeurs et davantage par manque d'un souffle créateur et d'un fil conducteur (Exemple 3).

Avec cette musique expérimentale, les chorales religieuses et la musique des ballets nationaux – à condition qu'elle porte sur des œuvres majeures (par exemple des épopées) la promotion interne de la musique traditionnelle africaine peut être interpellée.

La célébration du tricentenaire de Bach, Haendel et Schütz qui a permis la présente rencontre permet en guise de conclusion une réflexion prospective.

En observant, en examinant le rôle prépondérant joué par le chant religieux dans la constitution du bagage classique en Occident – avec les cantiques, les chorales, les motets et les oratorios – on ne peut manquer d'être frappé par le sérieux et la profondeur du travail inhérent à la fonction même religieuse de la méditation et de la création comme propre à procurer et à soutenir le souffle créateur qui transcende les temps et les lieux.

La fidélité à un message qu'exige la conformité avec la parole biblique, le souci de l'auditoire, des fidèles invités à la participation, l'émotion poursuivie et ressentie dans l'expression des sentiments, ne sont-ce pas là aussi ce qui fait la force de la tradition et qui permet de demeurer tel ce roc inébranlable au travers des temps.

On peut se demander si c'est pure gratuité la présence du folklore traditionnel dans la musique liturgique en Afrique aujourd'hui, le rôle essentiel joué par la procession, le geste et la danse dont on observe un développement parallèle. L'expérience engagée par les églises depuis une trentaine d'années mérite d'être observée à tout le moins, suivie et même encouragée!

Mais là encore on ne peut qu'attendre: que ces expériences aboutissent à la production d'œuvres majeures.

C'est là que nous revenon sau point de départ pour constater en conclusion que la tradition musicale renferme en elle-même les germes d'identification et de promotion d'une musique propre, classique tout à la fois, c'est-à-dire permanente, ouverte donc universelle. La recherche engagée doit pouvoir permettre par l'éducation, la création d'œuvres majeures et la promotion globale de la musique des temps nouveaux comme d'une culture et d'une société à la croisée des chemins.

Experiences of Central African Nations (Summary)

At the initiative of UNESCO, a 1975 regional conference on African cultural policy (AFRICACULT) adopted a resolution on urgent measures to preserve and foster tradition in music and popular art. A ten-year cultural working scheme, which was elaborated immediately after that conference, provided for concerted actions as to regional centres, conferences, festivals, facilities, education programmes and other things. In 1978, a three-stage scheme was adopted, which has become a pattern to model on: research – preservation – fostering. The lecture, too, is subdivided into categories along these lines: A. Music research or search for identity, B. Musical education and development of identity. C. Fostering of music and reflection of identity. The author confines himself to experience he has gathered in Angola, the Congo, Gabon, Zaire, Rwanda, Burundi and Cameroon.

as to A. – Research has to consider three dimensions: 1. recording of the oral traditions with the definitions of the genre and stylistic elements given in advance; for example cradle-songs, fabulous/epic songs, ritual music, amusement songs and games. In this, varieties had to be noted and exact classifications given: traditional classical music, traditional folk music, folklore-inspired music. 2. recording and classification of reference material, of traditional local musical instruments. 3. the former tourist-like surface-scratching attitude of African musical research has to be overcome to guarantee both scientifically valuable multi- and inter-disciplinary approach.

as to B. – Pan-African cultural gatherings have repeatedly emphasized the importance of artistic and musical education. Hence, the National Colloquium of Zaire resolved on the reintroduction of singing and music as subjects of the curriculum of general schooling. The author has been successful in translating into practice his initiative for creating musical schools and schools of popular art in Zaire, including an experimental school which is guided by local traditions and makes use of internationally recognized elements of musical theory under the motto "per visibilium ad invisibilium". However, reception of traditional music is not problem-free. There are two trends: the one is to leave traditional music as it is and to hand it down that way, the other aims at assimilating it. There is a wealth of examples to illustrate both trends.

as to C. – Fostering of music and reflection of identity have to be the concern of gouvernment control. However, the attitude of the audience is somewhat problematic since there is a trend to ignore new genres. Radio and television or UNESCO records are suitable means to overcome such position. State-launched initiatives (festivals, contests) have unfortunately turned out to be discouraging: promising beginnings have not been backed enough by adequate follow-up measures. Why is it so? Because the field of culture is regarded as not being profitable enough. The author believes, however, that all sides would benefit from greater commitment. Respective initiatives would be culturally (fostering of national cultures), politically (international renown of the nations concerned) and economically (impact could be enormously) lucrative. Prerequisite for these ends: perfect organization. Finally, the author points to the nearly complete lacking of art music. Creation of bigger and more representative works should be inspired with European art music (ballet, church music) setting examples for this. The local musical traditions already provide the foundation on which such works can develop.

Erfahrungen Zentralafrikas (Zusammenfassung)

Auf UNESCO-Initiative wurde 1975 bei einer Regionalkonferenz über Kulturpolitik Afrikas (AFRICACULT) eine Resolution über dringliche Maßnahmen zur Erhaltung und Förderung der Tradition in Musik und Unterhaltungskunst verabschiedet. Ein unmittelbar darauf konzipierter kultureller Zehnjahresplan sah konzertierte Aktionen für Regionalzentren, Konferenzen, Festivals, Einrichtungen, Bildungsprogramme usw. vor. 1978 wurde ein Dreistufenprogramm beschlossen, das nachgerade klassisch geworden ist: Forschung – Erhaltung – Förderung, dem die thematische Gliederung des Referats entspricht: A) Musikforschung oder Identitätsfindung – B) Musikerziehung und Identitätsentwicklung – C) Musikförderung und Darstellung der Identität. Der Referent beschränkt sich auf seine Erfahrungen in den Ländern Angola, Kongo, Gabun, Zaire, Rwanda, Burundi und Kamerun.

ad A) – Die Forschung muß in drei Richtungen gehen: 1) Erfassung der oralen Traditionen mit vorheriger Definition der genre- und stilmäßigen Elemente; z. B. Wiegenlieder, Fabelgesänge/Epopöen, Ritualgesänge, Unterhaltungsgesänge und Spiele. Es waren Varianten zu konstatieren, genaue Klassifizierungen vorzunehmen: traditionelle klassische Musik, traditionelle Volksmusik, folklore-inspirierte Musik. 2) Erfassung und Klassifikation der materiellen Belegstücke, der lokaltraditionellen Musikindustrie. 3) Die frühere touristisch-oberflächliche Sicht der afrikanischen Musikforschung ist zu überwinden, um wissenschaftlich einwandfreies multi- und interdisziplinäres Herangehen zu gewährleisten.

ad B) – Interafrikanische Kulturtagungen betonten wiederholt die Bedeutung von Kunst- und Musikerziehung, und so verfügte das National-Kolloquium von Zaire die Wiedereinführung von Gesang und Musik in den allgemeinen Schulunterricht. Der Referent konnte seinen Vorschlag zur Schaffung von Musikschulen und Schulen für Unterhaltungskunst in Zaire durchsetzen, darunter auch einer Versuchsschule, die von lokaltraditioneller Sicht ausgeht und international anerkannte Elemente der Musiktheorie integriert nach der Devise «per visibilium ad invisibilium». Aber die Erschließung der traditionellen Musik geht nicht problemlos vor sich. Zwei Tendenzen stehen sich gegenüber: sie unangetastet zu lassen und so weiterzugeben – oder aber sie zu assimilieren. Für beide Richtungen gibt es zahlreiche Beispiele.

ad C) – Musikförderung und Identitätsdarstellung müssen Sache der öffentlichen Hand sein. Problematisch aber ist die Haltung des Publikums: es hat Tendenz, zunächst das neue Genre abzulehnen. Hier ist durch Rundfunk und Fernsehen, durch UNESCO-Schallplatten Abhilfe zu schaffen. Staatliche Initiativen (Festivals, Wettbewerbe) sind leider ziemlich enttäuschend: nach verheißenden Anfängen ist wenig Fortsetzung zu spüren. Weshalb? Weil die Kultur noch nicht für genügend rentabel gehalten wird. Nach Ansicht des Referenten würden aber alle Beteiligten nur gewinnen dabei. Solche Veranstaltungen sind sowohl kulturell rentabel (Förderung der nationalen Kulturen) als auch politisch (Präsenz der betreffenden Staaten in der Welt) und ökonomisch (Auswirkungen können enorm sein). Vorbedingung dazu: man muß zu organisieren verstehen. Zum Schluß macht der Referent auf das fast völlige Fehlen der Kunstmusik aufmerksam. Nach dem Beispiel der europäischen Kunstmusik (Ballett, Kirchenmusik) sollte zur Schaffung größerer, repräsentativer Werke angeregt werden. Die Keime dafür liegen in den lokalen Musiktraditionen zugriffbereit.

Josef Mertin

Zum 400. Geburtstage von Heinrich Schütz

Das Gedenkjahr der großen Komponistennamen ist bisher nur benützt worden, im Konzertleben zu reüssieren. Bachs Geburtstag zu Frühlingsbeginn ist vorbei – eine Vertiefung des Verständnisses seiner Musik auf breiterer Basis ist weder geplant noch erreicht worden. Noch schlechter steht es um die Musik von Schütz. Hier handelt es sich um einen Zeitabstand von vier Jahrhunderten, und jene Musik ist in einer anderen Notenschrift geschrieben, als es heute geläufig ist. Aus jenem Bereich kommen Fehldeutungen, die in erster Linie die metrischen und rhythmischen Strukturen betreffen. Aber auch zu Melos und Harmonik jener Zeit kann man ohne genaue Kenntnis der musikalischen Mittel keine zutreffende Bewertung finden. Bei Schütz kommt noch erschwerend dazu, daß die meist benutzten Neuausgaben das Werk einer Aufführungsweise um 1930 angleichen. Man versucht, das Notenbild der Musik Schützens so zu erstellen, daß ein Interessent die Probleme stilistischer Natur gar nicht sieht (damit der Absatz nicht gestört wird). Wir leiden schwer an einer heute geläufigen Aufgabentrennung: die zünftige Musikwissenschaft weicht einem lebendigen Musizieren aus – ja, sie fürchtet es, denn die Hörerschaft ist praktisch musikalisch unausgebildet, ja unmusikalisch –, die verantwortlichen praktischen Musiker (die Kapellmeister!) sind meist nicht dazu zu bringen, jene musikwissenschaftlich erarbeiteten Grundlagen in einem Spezialstudium aufzuarbeiten. Sie verlassen sich auf ihre Routine und ihren Mutterwitz, und nun passieren peinliche Fehler – vielleicht noch per Schallplatte auf breiter Basis kolportiert –, ein häßliches Bild der Musiksituation Europas. Nach diesen dem Verfasser schmerzlichen Feststellungen ein Versuch, ein paar Handgriffe als Steigbügelhalter anzubieten:

Schütz schreibt sogenannte «weiße Mensuralnotation» des 16. Jahrhunderts, und bei all seinem Einsatz für eine voranschreitende Musik ist Schütz der Praktiker, der den Ausbildungsstand der Musiker kennt und mit der ganzen Komplexität der Musikpraxis rechnet.

Ab dem zweiten Drittel des 16. Jahrhunderts verschwindet das Schriftzeichen des tempus perfectum (des ruhigen Dreitaktes). Nicht, daß nun die Musik ohne die Realität dieses metrischen Systems auskäme! Man notiert nur als proportio sesquialtera. Also ist im Schützschen Rhythmusbild nur jenes «imperfectum» mit sehr ruhigem tactus-Wert aufgeboten (um MM 50 und darunter, je nach der Akustik des Aufführungsraumes). Diese Einheit darf man nicht modern kapellmeisterlich zerklopfen, sonst ist ein Spezifikum alter Musik vernichtet. Je größer der tactus-Wert, desto toleranter sind seine Grenzen! Dem Großwert werden die verschiedensten Teiler «zugeschmiegt». Das ist die einzige Methode, Großrhythmen auszumusizieren. Es ist das Kriterium der Meisterwerke jener Zeit und die Voraussetzung einer Sakralkunst, daß die Maßstäbe vulgärer Natur negiert werden und in einen rhythmischen Großraum einmünden. Das Metrum unterbietet den menschlichen Normbegriff, den Herzschlag, um ein Bedeutendes und läßt Ordnungen erleben, die über die Maßstäbe menschlicher Bedingtheit hinausgehen. In jene Großwerte legen sich exakte Teiler. Wenn jene Unterteilungen ein wesentliches Bewegungsgesetz bilden, so sind damit die verschiedensten Allegrotypen geboren. (Viele Musiker sehen im Tempobegriff vornehmlich ein Continuum von «ganz langsam» zu «ganz schnell» und die Metronomzahlen nennen einen Pegelstand. Wenn wir Schüler spieltechnisch abzurichten haben, so bedienen wir uns auch jenes Beschleunigungsverfahrens und schädigen im Schüler das Bewußtwerden von Relationen.) Schütz disponiert in zielstrebiger Methodik; Bezeichnungen wie Adagio oder tarde weisen an, jene Großraumwerte optimal zu präsentieren. Auf den Kapellmeistertrick des exakten Unterteilens darf man sich dabei nicht einlassen, sonst entstehen langweilige Moderatotypen. Man wolle doch bedenken: erst im 18. Jahrhundert ersteht ganz langsam die Dirigierpraxis der Richtungsschläge, mit denen heute ausschließlich eine Direktion ausgeführt wird. Zur Musik Schützens sind sie von böse entstellender Wirkung, weil sie doch eine Großordnung zerklopfen. Ein Kapellmeisterrat: man hüte sich in allen Schlagformen vor dem Zweierschlag (ob 3/4-, 4/4- oder 6/8-Takt etc.)! Mit diesem, durch den Ductus des prononcierten (akzenttragenden) Zeitschlages aufgedrängten Kleinmetrum zerstört man alle Großordnungen; statt den entsprechenden Seitenschlag zu setzen ist es besser, jedes «Zwei» als weiche Wiederholung des «Eins» auszuführen, dann ist der Zweierwert eingebunden in eine größere Ordnung.

Wir kommen um unsere Kapellmeisterpraxis nicht herum: unsere Ensembleformen wollen von einem Kapellmeister zu gehobener Leistung angespornt werden. Aber: alle Zeichen, alle Dirigierformen sind auf den besonderen Einsatz adaptierbar, und zum stilistisch richtigen Erfassen einer Komposition – in Einfühlung auf den zu erreichenden Zweck – sind alle Schlagformen, alle Details anpassungsfähig. Im Zugriff des Kapellmeisters entscheidet sich alles.

Zurück zur spezifischen Notation Schützens: Zählnote ist die Semibrevis, sie entspricht dem Maßstab des historischen Tactus (in unserem vertrauten Notenbilde die «ganze Note»; ihr ist der Großwert zu geben.). Als exakte Teiler sind die Ordnungen der «proportio» eingeschrieben. $^3/_1$ bedeutet Kürzung der Notenwerte auf das Drittel. Der Diminutumstrich durch das Mensurzeichen (oder die Ziffer 2) reduziert auf den Halbwert. $^3/_2$ ist «proportio sesquialtera», – aus zwei mache drei. «Adagio, tarde, lento» heißt Darstellung des Großwertes; «praesto» weist an, die metrische Ordnung erstellt sich im betreffenden Teiler.

Eine weitere verunsicherte Materie ist die Realtonhöhe in Schützens Musik. Wir müssen überall, ob für das «Opus primum», die «Italienischen Madrigale», oder Musik im Dresdener oder dänisch-schwedischen Kulturbereich den «Cornetenton» annehmen (die Stimmung des weißen Zinken; eine europäische Norm), d. h. zum a von 435 Hz einen knappen Ganzton höher. Schütz verwendet im Op. I und auch später Chiavettennotation, das sind exakt vorgeschriebene Transpositionen. (Achtung: Bis etwa zum Tode Josquins ist weiße Mensuralnotation ohne Bezug zu einer Realtonhöhe! Nur das Semitonium mi-fa ist festgelegt. Man musiziert in für die Ausführenden bequemer Lage. Erst im zweiten Drittel des XVI. Jahrhunderts erfolgt die Einpegelung auf den Cornetenton.) Es geht bei Schütz um die hohe Chiavette, die eine Abwärtsversetzung befiehlt! Aus dem Instrumentenbau weiß der Verfasser, daß es bei Schütz um Terztransposition abwärts vom Cornetenton geht. Solche Vorschriften sind aus der Wahl der Schlüssel zu erkennen, und darum soll eine seriöse Ausgabe alter Musik die Originalschlüsselung angeben. (Hohe Chiavette: Discant g-Schlüssel, unser Violinschlüssel; Altus Mezzosopranschlüssel, Tenor Altschlüssel und Baß im Baritonschlüssel; f-Schlüssel auf mittlerer Linie.) Daß man für Orgelpositive, die zur Cappella gespielt wurden, die Doppeltasten gis-as und es-dis angebracht hat (samt doppeltem Pfeifenwerk und Trakturelementen), erklärt sich nur aus der Terztransposition der hohen Chiavette. Es konnte aber auch eine Quarttranspositon gefordert werden; wie zum Beispiel in der «Missa Papae Marcelli» Giovanni Pierluigi Palestrinas. Ein Orgelpositiv zur Musik von Schütz müßte «mitteltönig» (und auf das Niveau des Cornetentones) gestimmt sein, d. h. nur schwebungsfreie Durterzen aufweisen. Dann erst ist jene spezifische Qualität des Klanges präsent.

Schütz rechnet mit keinen Großkollektiven. Das «Opus primum» verlangt fünf Sänger mit solistischem Einsatz (zwei Frauenstimmen, Altist, Tenor und Baß). Man dürfte damals eine Laute als Nothelfer beigezogen haben. Als Großraumensemble sind es wenige Knaben beziehungsweise Altus-Falsettisten und vielleicht zwei bis drei Tenöre und Bässe. Standen keine Knabenstimmen zur Verfügung, so sangen Tenöre im Falsett den Cantus. Der Einsatz von Kastraten betraf die Oper, nicht die Sakralmusik, wenngleich man sie heranzog, sofern sie verfügbar waren. Kastraten sind die vokalen Supervirtuosen. (Die «Sixtina» hatte 1937 noch zwei in ihrem Ensemble; man bekommt eine Gänsehaut.) Complementchöre waren zusammengestoppelt aus Sängern und Instrumenten, im äußersten Fall Voces und ein Regal.

Unsere Ensembles brauchen Schützens Musik ebenso notwendig, wie sich unsere Klavierausbildung der Inventionen und des Wohltemperierten Klaviers bedienen muß. Es geht hier um die gleiche Generalausrichtung auf eine optimale Fähigkeit der Gestaltung von Strukturen und die zeitlos gültigen Werte und Aspekte historischer Musik. Die Pianistenausbildung hat die Qualitäten der Bachschen Kompositionen zu erarbeiten. Eine Ausschlachtung in den Maßstäben und auf die Möglichkeiten des Steinway ist suspekt. Und genauso liegt es mit der Gewinnung des Schützschen Werkes für unsere Chöre. Der Kapellmeister muß genau wissen, was er in einer Aufführung zu entwickeln hat. Noch eine die Balance in Schützschen Werken betreffende Eigenart wird oft übersehen: wie zum Beispiel im ersten Concerto aus dem «Opus decimum» geht es bei diesen Stükken um die halbinstrumentale Besetzung, Singstimmen und Geigen («oder dergleichen ...»), um ein motettenhaftes Linienspiel. Hier sind die Geigen Partner, nicht Begleiter. Jene «Deutschen Concerten» dürfen nirgends mit einem Kollektiv besetzt werden. Den Instrumenten steht die gleiche Amplitude zu wie den Vokalsolisten. Schützens Instrumentalstimmzüge sind vokal geprägt! Gleich in diesem ersten Konzert wird mit einem Monteverdi-Recitativ begonnen; die ganze Note ist Zählnote. Dann folgt ein rascher Sechstakt (imperfectum cum proportio tripla – in einem Sechsachteltakt notiert, würden die Musiker richtig zugreifen, zwei punktierte Viertel, triolisch aufbereitet). Es folgt ein kurzes Instrumentalzwischenspiel, voll Schwung und Bewegung, ein knappes Recitativ und dann der nächste große Abschnitt wieder in der Proportio tripla. Im Verlauf desselben weist Schütz an: «praesto». Hier ist in der Generalbaßausführung dafür zu sorgen, daß die sechsteilige Kleinrhythmik in Erscheinung tritt. Am Notenwert ändert sich nichts! Nun folgt auf die zwei Stollen (Recitativ und Arie) der «Abgesang» im Tempus imperfectum, also die Großraumzählung (die quasi ganze Note bleibt metrische Einheit – nicht umsteigen auf Halbe oder gar Viertel!). Es geht um den solistischen Einsatz, der die Freiheiten des Großmetrums braucht. Schütz hat einen klar formulierten Typ komponiert, die italienische Profankantate. Das ist Barform aus zweimal Recitativ und Arie und einer Conclusio. (Benützt man Bärenreiter-Ausgaben, so sind dort zusätzliche Taktstriche eingezogen, und der uneingeweihte Ausführende sieht ein gewohntes Notenbild. Er erkennt weder das Recitativ noch die Proportio tripla, und das Werk wird total verdorben. Der Verlag müßte Beihefte zulegen, die solche Fehldeutungen verhindern.)

Die Fragen des Continuo sind auch ein Problem, das in den Neuausgaben nicht effektiv gelöst ist. Oft liegt eine Situation wie bei Monteverdi vor und man muß als Organist wissen, es geht um einen Fall Colla parte, einen Basso seguente oder um eine echte Generalbaßsituation. In den originalen Vorreden hat Schütz darüber geschrieben. Im «Opus decimum» zum Beispiel wird ein effizienter Generalbaß feinnervig einzugehen haben auf die Augenblickssituation. Wenn er gar allein ist, das heißt die obligaten Stimmen pausieren, dann muß ein Außenstimmensatz improvisiert werden, der etwas zu sagen hat. Und für jede solche Stelle muß dem Organisten etwas Neues einfallen. Eine Anweisung «Presto» hat der Organist durch reiches Bewegungsdetail in seinem Part darzustellen. Schütz rechnet im Falle des echten Continuo nur mit dem «Gedackt in die Music», und die Dichte der Stimmigkeit muß sich wechselnd der Situation anpassen. Die Aufforderung in der Auferstehungshistorie zur ausdruckssteigernden Diminution (zum Part des

Evangelisten im gregorianischen Lektionston!) durch den Organisten oder einen Gambisten kann auch nicht ein dauerndes Tongewimmel sein, sondern muß den Fluß gliedern und gewisse Situationen «ausspielen». Man getraut sich nicht, solches auszuschreiben, sonst ist es «komponiert». Aber ein Organist wächst an solchen Aufgaben!

Es gibt der Aufführungsprobleme noch gar viele, aber sie sind erst am konkreten Beispiel abklärbar. Ein Umstand aber sollte zu Konsequenzen führen: Es gibt in deutscher Sprache (noch jenseits bewußten instrumentalen Konzertierens) keine bedeutendere Sakralmusik. In Verfolgung des II. Tridentinums kann Schützens Musik das optimale Beispiel präsentieren. Vielleicht geht den entscheidenden Stellen diese Erleuchtung zu Schützens 400. Geburtstage auf!

On the 400th Birth Anniversary of Heinrich Schuetz
(Summary)

The author deals with problems of understanding and authentic interpretation of music by Heinrich Schuetz which mainly apply to metric and rhythmical structures but also to melodic patterns and harmonics. What adds to these problems is that most of the reprints of his music today in use are based on interpretation practice of around 1930, i.e. on a system of notations that covers stilistic issues. In addition, there exists a division in activities between musicologists and musicians which on the one hand leads to a neglect of the practical side and of special findings of research into historical sources on the other. The author then tries to give advice as to performance practice, including the transformation of the so-called «white mensural notation» into the modern one, specific features of acoustics in concert facilities, differences in beats and accentuation, the intervals, modal tonality, and tempo. It is the criterion of the masterworks of that time and the prerequisite for a sacral art that the music neglects the rules of vulgar nature and ends up in a wide rhythmical room; the metre underbids man's concept of norm – the heart beat – by far and allows to experience orders that exceed human guidelines, the author says. On this basis different tempi within a continuum of between «very tardo» until «highly veloce» develop. Another «disconcerted matter» is the real pitch in Schuetz's music. It ist nearly one whole tone higher than the a of 435 Hz. Respective transpositions are made on this basis. Other problems are the numerical composition of the performing musical ensembles and rules in harmonics which are given with the necessary basso continuo. The author holds that the creative space for interpretation, brought about by formal structure and basso continuo, should not be set down in notes so as to ensure that the performers can bring in their creativity and an adaptation to performing practice goes smoothly.

Pour le 400e anniversaire de Heinrich Schütz
(résumé)

Le rapporteur part des difficultés qu'il y a à expliquer et interpréter authentiquement la musique de Schütz et qui se réfèrent surtout aux structures métriques et rythmiques mais aussi à mélos et harmonie. A ceci s'ajoute en aggravation que les rééditions les plus utilisées assimilent l'œuvre aux usances de la pratique d'exécution des années 30, soit à une graphique de notation qui cache les problèmes stylistiques. S'y joint une séparation qui néglige d'une part la pratique et, d'autre, ne prend pas en considération les connaissances spéciales gagnées dans l'étude des sources. Le rapporteur cherche à donner certaines précisions sur l'exécution. Celles-ci concernent la transcription de la notation mensuraliste dite "blanche" dans la notation moderne, les specifiques acoustiques des salles d'exécution, les temps et accents divergents, les intervalles, la tonalité moderne ainsi que la question des tempi. C'est le critère des chefs-d'œuvres de ce temps-là et les prémisses d'un art sacré, qu'il nie les normes de nature vulgaire et débouche sur un large espace rythmique; le mètre abaisse considérablement l'étalon humain, le battement de cœur, et laisse éprouver des ordres transcendants qui dépassent toute dimension humaine, constate le rapporteur. Sur cette base se font jour divers tempi au-dedans d'un continuum allant de "lentissimo" jusqu'à "allegrissimo". Un autre "facteur d'incertitude", c'est le diapason réel dans la musique de Schütz. Par rapport au la = 435 Hz, il est d'un presque ton entier plus haut, ce qui détermine chaque fois les transpositions. D'autres problèmes concernent les effectifs des ensembles et les standardisations harmoniques écrites dans la basse continue. Pour conclure, le rapporteur insiste à ce que les espaces laissés libres pour l'interprétation, de par la facture formelle et la basse continue, ne sont pas à remplir par des notes, parce que autrement ce serait demander trop peu aux interprètes et que l'adaptation aux réalités d'exécution serait rendue plus difficile.

JOHN PETER LEE ROBERTS

Cultural Sovereignty and Music Policy in the Electronic Media

In recent years the matter of cultural sovereignty has become a prime concern of governments and all those who care about cultural identity. This has come about because major changes have taken place in the delivery systems of the electronic media.

In the past, radio and television signals were regarded as a precious commodity because there were relatively few of them. Since the arrival of cable and satellites it is now possible to have an abundance of television signals and it has been predicted that there will be an explosion in the number of audio channels available. For example, it has been predicted that in Canada as many as ninety channels could be added to those already in existence in the 1990s.[1]

As more and more radio and television signals have become available broadcasting regulatory authorities in some areas of the world are turning to what has been called regulation with a light hand an the United States has entered an era of deregulation. The age of satellites is making us all neighbours of each other in new ways so that international cultural penetration is likely to occur with increasing frequency unless some measure of meaningful control can be reached through international agreements.

With the development of digital technology both audio and visual recordings have reached a degree of extraordinary technical sophistication and television and film are coming closer together for practical reasons, such as the need to improve editing procedures and the insatiable appetite of emerging television channels for video material of all kinds.

Developments in radio, recordings, television, film and video are all dimensions of a larger phenomenon which is sweeping the world, often described as the information revolution. It is such a major and multi-dimensional change that its impact is difficult to grasp, because there is always a time-lag between technological innovation and cultural adjustment and development.

It is a development which has political, industrial, social, economic and very major cultural dimensions. More profound and far-reaching than the industrial revolution of the last century, it is engulfing cultures, challenging and changing them and affecting the manner, means and place of work as well as altering lifestyles and whole environments.

In very many countries of the world delivery systems for the electronic media are in the hands of governments, and there are state broadcasting organizations and often state film and recording bodies as well. The opposite of this situation exists in the United States where the electronic media and their delivery systems have been developed by private enterprise conglomerates, the financial resources of which can hardly be matched in other countries. Furthermore their power reaches around the world, not only through financial resources as such but through their vast inventory of cultural products and their ever expanding international delivery systems. They are also seen as the arbiters for public taste world-wide and because of their dominant position are not infrequently accused of cultural imperialism.

Canada has a broadcasting system which is a mixture of both public and private broadcasting.

The public sector consists of the Canadian Broadcasting Corporation which operates the longest radio and television networks in the world in the English and French languages. It also broadcasts to the far north in Canadian Indian languages and Innuit. The CBC is the largest producer of regional programming in the western world and is the major producer of Canadian programming. In other words, it acts as the heart of the Canadian system. Also in the public sector are a number of services supplied by the provinces and concerned essentially with education.

The private sector is made up of commercial stations which, although obliged to meet Canadian content regulations, depend heavily on foreign programming because it is cheaper to buy than to make equivalent programs in Canada. Cable operators are also part of the private sector but Telesat Canada, which operates the Canadian satellite system, has an ownership which embraces both the public and private sectors.

In Canada, as elsewhere, music plays a crucial role in the electronic media. There are 600 program-originating radio stations, both AM and FM, of which about sixty are owned and operated by the Canadian Broadcasting Corporation. The remainder are commercial stations, privately owned and operated. While there has been a marked increase in the number of FM stations, AM stations still outnumber FM stations by about three to one. In relation to the demography of the country, English-language stations outnumber French-language stations by about four to one.

Some time ago the body which regulates broadcasting in Canada, the Canadian Radio Television Telecommunications Commission, imposed a 30% Canadian content demand on music broadcast by AM radio stations. This means that 30% of all music played on AM stations must be Canadian according to certain criteria. The Canadian content demands for FM will be mentioned later in the paper.

As the radio and recording industries are inextricably bound up together, it is clear that the attainment of Canadian content regulations depends on the availability of sufficient quantities of Canadian recordings. The recording industry is looked upon as the engine which drives radio stations, and the reverse is also true because the sales of recordings depend on the amount of air play they receive from radio stations. Bearing this symbiotic relationship in mind, when it is understood that about 92%[2] of all the recordings sold in Canada are foreign, it can be seen that foreign culture is permeating the lives of Canadians on a daily basis. Furthermore, as most of these recordings are of popular music of one kind or another, it is evident that popular culture provides a backdrop to the lives of the majority of the population.

Canadians are certainly avid users of the electronic media. About 63%[2] of them spend six hours a week listening to recordings, but the figure gives only a partial view of the listening capacity of Canadians. Listening to radio is the second most important leisure time activity of Canadians. In fact, on average, they listen to radio for about eighteen hours a week. However, at the same time it must be understood that as much as 95%[3] of all the listening is of a secondary nature. In other words, it is simply accompanying some other activity.

From an industrial point of view, sound recording activities in Canada bring about retail sales of over $600 million annually, and directly drive an economy of close to $1 billion inclusive of live performance – manufacturing, music publishing, recording studios, packaging and associated merchandising revenues. Furthermore, it can be said that indirectly recorded music supports an additional $1 billion economy which includes radio broadcast revenues, home and professional audio equipment sales and rentals related to popular music.

While it is true that during the past decade there was an increase in the number of Canadian record labels from a very few in 1970 to 130 in 1981, in real terms the Canadian recording scene is dominated by a small group of foreign multinational interests.

The slump in the recording industry in the western world in recent years has particularly effected Canadian record companies because of the smallness of the Canadian market and the lack of distribution systems which would allow them to compete with foreign recordings, not just in Canada but in the United States market and overseas as well. Even though there are some signs of improvement in the sales of records, particularly related to the success of compact discs, certainly in Canada the recording industry is still in a precarious state.

As mentioned earlier, the problem which Canada has to face is that the recording industry in the western world is dominated by a small group of multinational conglomerates. One is British Capitol-EMI, another is the joint German and Dutch, Polygram – and others are: CBS, WEA, RCA and MCA. These large multinational companies are primarily manufacturers and distributors of proven hit music and in the case of Canada, with some notable exceptions, do not play a significant role in the development of either Canadian music or musicians. The creative work of discovering, recording and promoting Canadian musical talent is left to the small Canadian-owned companies – the independents, as they are called.

Of course both radio and recordings are essentials in the cultural life of any country. In Canada, those involved with cultural policies are increasingly concerned with the slump in the Canadian recording industry because Canadian writers, composers and musicians play a role in Canada's evolving cultural identity. This fact is extraordinarily important because recorded music is the most important cultural medium for Canadian young people. Indeed, 60% of the purchases of recordings and tapes in Canada are made by people under the age of 25, and teenagers as a group listen to music programming for about one-fifth of their waking hours.[4]

In the whole field of popular music the artists and writers who have reached international fame such as: Ann Murray, Brian Adams and Corey Hart, are a sufficient reminder that musical talent is one of Canada's most important cultural assets. In serious music John Vickers, Maureen Forrester and Teresa Stratas are but three of numerous Canadians enjoying major international success, nevertheless they represent a sample of the talent available in Canada, and the same thing can be said for Oscar Peterson in the field of jazz. However, although the most famous artists have been recorded, it would be wrong to assume that recordings are available of all exceptional musical performers in Canada.

Quite apart from Canada, the treasure house of talent which is also present in other countries, not only in Europe but in such areas of the world as Africa and Latin America, is largely excluded from the largest international markets because the multinationals choose to focus on a relatively small number of artists and groups. The magnitude of this imbalance is heightened when it is remembered that it has been estimated that as much as 70%[5] of the music heard in the western world is produced by a small group of conglomerates. This in turn has led some people to believe that a trans-national music is the major direction of music in the future. In Canada there is not a great deal of sympathy for this belief. Such a development would stifle Canadian creators and performers and survival of the smaller recording organizations and companies. However without appropriate government policies, there is unlikely to be any kind of breakthrough with the success of smaller recording companies either in terms of the quality and quantity of the recordings they produce or their distribution. So many people in Canada are now aware of the threat to Canadian cultural sovereignty that many organizations such as the Canadian Conference of the Arts, The Friends of Public Broadcasting, The Canadian Music Council – just to mention of few – are acting as watchdogs and putting pressure on the Canadian government to strengthen cultural policies.

In Canada various attempts have been made to improve the number of recordings of popular music of various kinds made by the independent companies.

Some years ago Standard Broadcasting, a commercial broadcasting company established the Canadian Talent Library and this has now been amalgamated with the Foundation to Assist Canadian Talent on Records (FACTOR) an organization which has supported 128 sound recordings since 1982. FACTOR/CTL, as the new body is called, has the support of certain commercial broadcasters and the performing right societies. Although this development represents a step in the right direction, FACTOR/CTL is not yet a powerful enough force to balance the overwhelming number of foreign recordings available in Canada.

For many years the Canadian Broadcasting Corporation has been concerned with making popular music recordings of various kinds and in the period since 1966 has established itself as the major producer of serious music recordings in the country. Nevertheless, a lack of financial resources has greatly limited the number of recordings it can release in any year.

For a long time in Canada there was an expectation that the Canadian content regulations of the Canadian Radio Television Telecommunications Commission would bring about a flowering of Canadian musical culture in both the radio and recording industries. However, for years the Commission has been saying that such a development cannot be brought about by regulations alone, and that additional measures would have to be taken. Canadian recording producers and performers have never had any doubts that without special financial incentives and other measures to greatly strengthen the Canadian recording industry, Canadian content regulations can do little else than sustain the status quo. That is a continuation of the present lack of Canadian recordings, particularly in certain categories of music. The conclusion is understandable when the Canadian content demands for FM stereo are examined. There are a number of different music formats which call for different Canadian content demands. Country and western music stations must meet a 30% Canadian content demand, rock music stations a 20% demand and other stations using other music formats must meet lower demands. At the moment there is a Canadian content demand of only 7% for serious music, and as long as the chronic shortage of Canadian serious music recordings continues this figure will not be increased.

Radio and recordings offer a very direct and personal way of communicating, because generally speaking music reaches each person on an individual or one-to-one basis. Because sociologically the electronic media have become the nerve centre of society for both sending and receiving communications, they have become the most important meeting ground between creators, performers, and audiences. In fact, as the Canadian musician Glenn Gould pointed out in 1964, the most significant and innovative way for musicians to enrich musical tradition and serve humankind lies in having increased access to the electronic media. Not only in Canada, but in many other countries as well, musicians with extraordinary talent do not have sufficient access to the electronic media. Clearly, if musicians do not have enough access, they will be unable to communicate in the unique ways which the electronic media provide, thus remaining a seriously undeveloped cultural resource.

In Canada, through the pioneering work of the Canadian Broadcasting Corporation and others, it is very clear that when Canadian recordings at the highest international level are made available, promoted and distributed, Canadians will buy them with great enthusiasm. However, if Canadian recordings are conspicuously absent from record outlets, Canadians will of course buy whatever quality recordings are available from elsewhere.

In saying this it should be made clear that there should be an appropriate balance between the general availability of indigenous and foreign recordings and their use on radio stations. The key word is **balance**. It would be absurd to want to shut out the many foreign recordings of great quality which are available in Canada. At the same time it is equally absurd to be so flooded with foreign recordings that indigenous recordings cannot have an appropriate hearing on home ground.

Among the small serious music companies in Canada is Centrediscs, which is a division of the Canadian Music Centre.

Assisted by the Canadian Broadcasting Corporation, Centrediscs has become the major producer of recordings of serious music composers. Of course, the demand for serious contemporary music is small but with this kind of music, as well as with some others, policy concepts related to supply and demand are inappropriate. Some music should be recorded simply because it is important in its own right. In particular, this applies to any music which is an important part of a nation's artistic creation or a part of its national heritage.

The attempts by FACTOR/CTL, the CBC, Centrediscs and individual companies are all-important initiatives dealing with different musics which relate to Canadian society. However, this has all happened outside the area of government policy. Frankly, the real problem in Canada is that there has never been an integrated policy for radio and recordings. However, with the number of Canadian recordings diminishing and radio broadcasters complaining that it is difficult to meet Canadian content demands, the government has indicated it will introduce incentives to strengthen both the Canadian radio and recordings industries in the near future.

Recently the Department of Communications released a policy discussion paper called "Initiatives for Radio and Sound Recording Industries" and has asked for public debate and comments on the ideas and proposals contained in it.

In dealing with the challenges and opportunities which are facing radio, the paper cites potential opportunities which include the development of new regional networks nation-wide, satellite-to-cable audio programming services which would permit catering to very particular music tastes and "pay-radio" services which in part could be devoted to different musics. It also deals with AM stereo, which is being used experimentally in Canada at the moment. The strength of AM stereo lies in its relatively interference-free signal in urban areas and in car radios. If generally adopted, AM stereo could lead to a re-birth in the popularity of AM as a medium for broadcast music and a new kind of coexistence between AM and FM stereo.

The paper points out that for the past five years audio tapes have been eroding the album pressings' share of the market to the point where tape sales now exceed album sales, and that the sales of compact discs in North America are expected to reach $1 billion by 1988. All this is an indication that the Canadian recording industry must change quickly to adjust to a future which is already upon us or face the consequences of being left behind.

The government is envisaging sufficient funds for the Canadian recording industry to assist in the production of about 150 to 175 English and French sound recordings a year. This of course would substantially increase the quality and quantity of recordings available for broadcasting. Broadcasters would have to continue to meet Canadian content demands which would in certain instances gradually be increased.

Further government funds would be directed towards the development of radio programming, for example, in experimenting with music formats and the broadcasting of more live concerts and special events.

The government intends to establish a fund to provide assistance to the Canadian recording industry. Presumably the fund will be set up using a model similar to the Canadian Broadcast Program Development Fund which has been highly successful in assisting independent film and television producers.

Another initiative being discussed is concerned with obtaining greater international exposure for Canadian performing artists and better international distribution of their recordings.

Music videos also receive attention in the discussion paper. This new form of recording is becoming important partly because of the increasing use of videocassette recorders. In Canada in 1984 the penetration level of VCRs climbed from 15% of the population in January to 27% in December and videocassette recorders have now assumed a major importance in Canadian life, to the surprise of certain forecasters. The use of VCRs is now more important than pay-television. In fact, there are now more than five times as many Canadians living in VCR homes than pay-tv homes.[6]

Music Videos have arrived at a moment when the already insatiable appetite of television for video material of all kinds has increased because of the expanded number of channels which have become available. In Canada, one of the specialty channels, Much-Music, concentrates on popular music and it is very dependent on the availability of pop music videos. The CBC and other broadcasters are also programming pop music promotion and marketing strategies of the sound recording industry. Indeed, nowadays it is almost impossible to strive for the mass success of any audio recording without launching it with an accompanying video.

However, pop music videos are expensive to make and require a considerable amount of experimentation because they are an emerging art form. Because of the high costs involved, the sound recording industry and the Much-Music Channel have come together to form Video-FACT, a foundation to assist Canadian talent in the production of music videos in Canada. Administered by the Canadian Independent Record Producers Association (CIRPA), Video-FACT has acted as a pioneer in the production of music videos but it is hampered because of insufficient founding. Once again, with government funding added to whatever monies can be found in the private sector, the number of videos being made annually in Canada could triple in the near future.

Canadians have a lively interest in television because on average they watch it for about twenty-two hours a week.[7] In fact, next to work and sleep, it is the most consuming activity of the population. Of all the specialty channels now available, by far the most successful is Much-Music, but once again most of the material is foreign. However, as more Canadian videos become available, the Canadian content obligation which Much-Music has to meet will be raised from 10% to 20% and this will in turn be increased providing the production of Canadian pop music videos continues to grow.

Still largely unexploited is the possibility of making videos of other kinds of music. In Canada the CBC has begun to experiment in a new area of music with the Canadian Brass – a brass quintet – and there is undoubtedly a rich field waiting to be opened up which will allow serious music to reach wider audiences. With videos, a new world of recordings is coming into view and those working in the music such as composers should use such technological advances to the advantage of their art and its widest propagation.

Other opportunities are opening up in another dimension of television as a result of film and television policies already in place. About 50% of all viewing in Canada consists of dramas of one kind or another, and because of an increasing demand for Canadian material, Canadian composers and musicians are already making a greater contribution to this area. Over and beyond dramas, there are other types of programs which will offer more opportunities to musicians if the number of them is increased. Documentaries, childrens' programs and nature series are some which come quickly to mind. Music programs themselves are in short supply. While serious music has never been easy to present on television it is very evident that new technology is helping productions of operas and dance to become more viable within the framework of the small screen. Because of the high cost of music programs the private sector and the Canadian Broadcasting Corporation have become much more concerned with co-productions and sales of major projects abroad. Clearly in the future new ways and means will need to be found to pool resources through international ventures of various kinds. In many instances it will not be simply a matter of limiting joint international projects to television exposure but giving them a life as videocassettes as well.

The Canadian government's proposed initiatives in the field of radio and recordings are all concerned with boosting Canadian cultural sovereignty and attempting to provide a better balance between Canadian and foreign recordings. They also take the economic importance and further economic potential of these industries into consideration as well.

However, it should be made clear that the initiatives under discussion for radio and recordings are simply part of a much larger strategy to try to bring order into a broadcasting system which has been revolutionized by new delivery systems and other technological developments. Because the government's basic cultural policy is concerned with multiculturalism within the framework of the two official languages of English and French, renewed attention is being given to multilingual and multicultural broadcasting. Beyond this, further attention is being paid to the minority cultures of the Canadian Indian peoples and the Innuit.

Any discussion about radio and television in Canada tends to underline the complexity of the Canadian broadcasting system and the inter-connectedness of its components.

Elsewhere in the world, other broadcasting systems are also becoming more complex as they seek to harness technological developments to serve a variety of constituencies and at the same time achieve cultural economic, social and political objectives. However, as more channels are added, the common question is what programming or what cultural materials are going to be used to fill the thousands of hours becoming available? In Canada the answer contained in official policies is that national regional and local cultural resources must be mined to the maximum. In radio and any other emerging audio services this means that there must be a major Canadian presence and the same thing applies to television and video.

While it is vital for us to understand others, in Canada we feel we must understand ourselves first and in achieving this we need more than ever our musical creators and performers. We need them to help us value traditions, renew our heritage and take us to the centre of cultural development. However, it must be added that further channels could also allow us to know the cultures of other peoples in a way which was undreamed of in the past. New kinds of cultural co-operation are now possible between different countries. Canada has signed film and television treaties with a number of countries, and will be considering ways and means of expanding international co-production in radio. Recently six European broadcasting organizations concerned with television joined together as a co-production force with the intent to producing 100 hours of programs in the next three years as a way to combat the ready availability of U. S. television programming in Europe. Quite apart from the EBU and the OIRT and any closer relations which they might develop, similar initiatives in the radio area may emerge in the future. There is also plenty of room for international co-productions in the recording field.

The possibilities of paying attention to other cultures is cited here as a positive aspect of technological development. While we all must think first about cultural sovereignty, in our multicultural world it is necessary to situate it in a wider context. In other words a context which offers real diversity and not one in which the power of multinational conglomerates severally limits the choice of music or any other form of culture.

Anmerkungen

1 A Glimpse Just Over The Horizon, Marketing, By Colin Wright, June 4, 1984.
2 Woods Gordon Study on the Canadian Recording Industry, Department of Communications, Ottawa.
3 Explorations in Time Use. The Place of Cultural Activities in our Daily Lives. CBC Research, Ottawa, 1985.
4 Initiatives for the Radio and Sound Recording Industries Discussion Paper, Department of Communications, Ottawa.
5 Music and Youth Culture. An International Collaborative Research Project of Oregon, Oregon, U.S.A.
6 CBC Audience Research.
7 CBC Audience Research.

Souveraineté culturelle et politique musicale dans les media electroniques
(résumé)

Avec le développement rapide en matière «computer domestique électronique», se pose pour un nombre croissant de pays la question de la souveraineté culturelle et de l'identité culturelle. Surtout par l'éclosion de la télévision par câble et par satellite, certaines autorités voient le seul remède dans une réglementation des transmissions radiophoniques et télévisuelles. Et qui plus est, en le domaine du disque, l'introduction de la technologie digitale a amené une sophistication technique extraordinaire, et télévision et film ne cessent pas de s'approcher l'un de l'autre. Cette inondation du monde par des systèmes d'information de plus en plus nouveaux et perfectionnés, on la qualifie bien de «révolution d'information». Les problèmes y afférents résultent également de la divergence entre l'introduction d'une innovation technique et son assimilation culturelle ou esthétique. D'autres nombreux problèmes découlent de la répartition inégale sur la plan administratif. Après comme avant, les groupes d'industriels et radios locales privées sont en écrasante majorité. Au Canada, il y a un système mixte de radios étatiques et privées. Le secteur public se présente par la Canadian Broadcasting Corporation qui propose le plus important programme en anglais et français au monde. Déterminé par des stations commerciales et limité par la règle du contenu canadien des émissions, le secteur privé dépend pour la plupart, quand même, des programmes moins chèrs étrangers. Au Canada comme partout, la musique joue un rôle décisif dans les médias électroniques. Il y a quelque temps, la «Canadian Radio Television Telecommunication Commission» a fixé un pourcentage d'émissions canadiennes à 30%, c.-à-d. 30% de toutes les émissions doivent être classées «canadiennes» en fonction de certains critères.

Cette disposition se réfère aussi à l'industrie phonographique étroitement liée aux organismes de radiodiffusion, certes, mais celle-ci ne peut respecter ces dispositions qu'à un certain dégré. Il faut partir du fait qu'environ 92% des disques mis en circulation au Canada sont d'origine étranger, et cela influe fatalement sur la culture du Canada. Quoiqu'il y ait progression énorme des maisons de disques canadiennes ces dernières années, le marché reste dominé, après comme avant, par une poignée de firmes étrangères. Mais en effet, un certain nombre d'artistes canadiens a gagné récemment des positions de premier ordre dans le monde international de la musique, tels Ann Murray, Brian Adams et Corey Hart au secteur populaire, Jon Vickers, Maureen Forrester et Teresa Stratas au secteur «sérieux» et Oscar Peterson en matière du jazz. Afin d'améliorer la situation de l'industrie culturelle canadienne, on a fait de nombreux tentations ces dernières années pour freiner par des firmes dites «indépendantes» au moins l'influence étrangère. Mais le problème crucial, pour la solution de ces tâches et de semblables, reste la question financière. Somme toute, il faut dire que le mot-clef pour une bonne politique d'information ou politique musicale est «équilibre», équilibre entre les produits locaux et étrangers. Or, récemment a été publié un papier qui met en discussion des idées et propositions fondamentales, dont ces questions: développement, à l'échelon du pays, de programmes transmis par satellite ou câble; introduction sur onde moyenne d'émissions stéréo; éclosion rapide au Canada du disque compact etc ... En sus, on aborde le problème des vidéos musicales, un genre d'art qui exerce une influence croissante. Toujours largement inutilisé est le domaine des vidéos de la sphère non populaire. Ici, la «Canadian Broadcasting Corporation» fait pionnage avec un quintette à vent qui s'est mis à disposition pour des enregistrements vidéo.

Pour nous autres Canadiens, il importe grandement de non seulement apprendre à comprendre les autres, mais avant tout de parvenir à la propre compréhension de nous-mêmes, et d'obtenir que, plus que jamais, les musiciens et compositeurs soient demandés. Aussi à l'avenir il y aura coopération multinationale, entre autre avec six stations européennes. C'est en le domaine du disque également que je vois bien des possibilités d'une collaboration fructueuse. C'est dire, il faut que nous soyons multiculturaux, en ce sens toutefois que nous nous approprierons des cultures du monde et n'admettrons pas d'être dominés par les industries multinationales.

Kulturelle Souveränität und Musikpolitik in den elektronischen Medien (Zusammenfassung)

Mit der raschen Entwicklung auf dem Sektor der Unterhaltungselektronik stellt sich für mehr und mehr Länder die Frage nach der kulturellen Souveränität und kulturellen Identität. Besonders durch die Entwicklung von Kabel- und Satellitenfernsehen sehen einige Autoritäten die einzige Rettung in einer Regulierung der Übertragungen in Radio und Fernsehen. Darüber hinaus hat auf dem Gebiet der Schallplatte die Einführung digitaler Aufnahmetechnik zu einer außerordentlichen technischen Verfeinerung geführt, und Fernsehen und Film nähern sich stetig an. Diese Überschwemmung der Welt mit immer neueren und perfekteren Informationssystemen wird auch «Informationsrevolution» genannt. Die besondere Problematik resultiert auch aus der ständigen Diskrepanz zwischen der Einführung einer technischen Neuerung und ihrer kulturellen bzw. ästhetischen Verarbeitung. Viele Probleme resultieren auch aus der ungleichmäßigen Verteilung in administrativer Hinsicht. Nach wie vor sind die privaten Sender und Industriegruppen in überwältigender Mehrheit. In Kanada haben wir ein gemischtes System aus staatlicher und privater Sendebeteiligung. Der öffentliche Sektor ist durch die Canadian Broadcasting Corporation vertreten, die das bedeutendste Programm in Englisch und Französisch in der Welt unterhält. Der private Sektor, bestimmt durch kommerzielle Stationen und eingeschränkt durch die Bestimmung über kanadischen Inhalt der Sendungen, hängt jedoch vorwiegend von den billigeren ausländischen Programmen ab. Wie überall spielt auch in Kanada die Musik eine entscheidende Rolle in den elektronischen Medien. Vor einiger Zeit bestimmte die Canadian Radio Television Telecommunication Commission einen Sendeinhalt von 30 % kanadischer Sendungen, d. h., 30 % aller Sendungen müssen entsprechend bestimmten Kriterien als kanadisch eingestuft sein. Diese Bestimmung bezieht sich zwar auch auf die eng mit den Rundfunkanstalten verbundene Schallplattenindustrie, die sie jedoch nur bis zu einem gewissen Grade erfüllen kann. Man muß davon ausgehen, daß etwa 92 % aller in Kanada vertriebenen Schallplatten ausländischen Ursprungs sind, und das übt einen entscheidenden Einfluß auf die Kultur Kanadas aus. Obwohl die Zahl der kanadischen Schallplattenfirmen in den letzten Jahren enorm angewachsen ist, wird der Markt doch nach wie vor von einer Handvoll ausländischer Firmen beherrscht. Eine Reihe von kanadischen Künstlern hat in den letzten Jahren in der internationalen Musikwelt vordere Positionen erreicht, wie z.B. auf dem populären Sektor Ann Murray, Brian Adams und Corey Hart, auf dem «ernsten» Sektor Jon Vickers, Maureen Forrester und Teresa Stratas sowie auf dem Gebiet des Jazz Oscar Peterson. Um die Situation der kanadischen Kulturindustrie zu verbessern, wurden in den vergangenen Jahren zahlreiche Versuche unternommen, durch sog. unabhängige Firmen den ausländischen Einfluß zumindest aufzuhalten. Doch das Hauptproblem bei der Lösung dieser und ähnlicher Aufgaben bleibt die finanzielle Frage. Alles in allem muß man sagen, daß das Schlüsselwort für eine gute Informations- bzw. Musikpolitik Ausgewogenheit heißt, Ausgewogenheit zwischen einheimischen und ausländischen Produkten. Erst kürzlich wurde ein Papier veröffentlicht, das grundlegende Ideen und Vorschläge diesbezüglich zur Diskussion stellt, darunter Fragen wie die Entwicklung landesweiter Satelliten- bzw. Kabelprogramme, die Einführung von Stereosendungen auf Mittelwelle, die rasche Entwicklung von Compact Disc in Kanada etc. Darüber hinaus wird das Problem von Musikvideos angesprochen, einer Kunstform, die zunehmenden Einfluß gewinnt. Weitgehend ungenutzt liegt noch immer der Bereich von Videos aus dem nichtpopulären Bereich. Hier leistet die Canadian Broadcasting Corporation Pionierarbeit mit den Canadian Brass, einem Bläserquintett, das sich für Videoaufnahmen zur Verfügung stellte.

Für uns Kanadier ist es von außerordentlicher Bedeutung, daß wir nicht nur die anderen verstehen lernen, sondern vor allem und zuerst uns selbst einmal begreifen, und daß wir erreichen, daß mehr als je zuvor Musiker und Komponisten gefragt sind. Auch in Zukunft wird es multinationale Zusammenarbeit geben, so z.B. mit sechs europäischen Stationen. Auch auf dem Gebiet der Schallplatte sehe ich viele Möglichkeiten für eine fruchtbare Zusammenarbeit. Das heißt, multikulturell müssen wir sein, jedoch in dem Sinne, daß wir uns die Kulturen der Welt zu eigen machen und uns nicht von multinationalen Unterhaltungskonzernen dominieren lassen.

Teilnehmerliste

AUSTRALIEN
Callaway, Sir Frank
Callaway, Lady Kathleen
Nelson, Steven George

BELGIEN
Swinnen, Joseph-Camille-Marcel

BRASILIEN
Correa de Azevedo, Luis Heitor
Corker-Nobre, Maria-Luiza
Nobre, Marlos

VR BULGARIEN
Christoff, Dimiter

BUNDESREPUBLIK DEUTSCHLAND und WESTBERLIN*
Finscher, Ludwig
Jenne, Michael
Sass, Dorothea
Sass, Herbert
Touma, Habib

CHILE
Claro-Valdes, Patricia
Claro-Valdes, Samuel
Herrera Rivanera, Juana Margarita Elvira

VR CHINA
Chen Dezhang
Chen Xiannan
Dhing He Lu
Ju Li
Qu Wei
Quan-You Zhao
Shi-Qin Ma

DÄNEMARK
Larsen, Jens-Peter

DEUTSCHE DEMOKRATISCHE REPUBLIK
Albrecht, Charlotte
Allihn, Ingeborg
Bachmann, Werner
Baethge, Wilhelm
Becker, Birgit
Becker, Max
Belkius, Gerd

Beyer, Werner
Bimberg, Siegfried
Binas, Eckehard
Brock, Hella
Brunne, Ingrid
Brunner, Axel
Burckhardt, Brigitte
Burde, Tamara
Dänhardt, Mattis
Demuth, Marion
Dietze, Horst
Domizlaff, Ilse
Duschl, Karl-Heinz
Ebermann, Wolf
Elsner, Jürgen
Engel, Rosemarie
Feist, Peter
Förster, Sonja
Frohberg, Carola
Frohberg, Renate
Frohberg, Wolfgang
Fromm, Regina
Fuchs, Torsten
Ganschinietz, Eva-Maria
Geißler, Mechthild
Gerber, Ruth
Goldschmidt, Harry
Grimm, Hartmut
Groth, Rosemarie
Gysi, Irene
Hahn, Jochen
Hauck, Ingrid
Heller, Karl
Hellmundt, Christoph
Henning, Roland
Herberger, Rainer
Herz, Joachim
Heyn, Thomas
Hillmann, Eva-Maria
Hirsch, Ferdinand
Höntsch, Winfried
Huschke, Wolfram
Jank, Birgit
Jung, Hans Rudolf
Kaden, Christian
Kaiser, Antje
Kiehl, Ernst
Kießling, Erika
Kleinschmidt, Klaus
Klemm, Eberhardt
Kluge, Rainer
Köhl, Anne

Köhler, Karl-Heinz
Köhler, Klaus
Körner, Friedrich
Kremtz, Eberhard
Krökel, Erika
Kroll, Karl-Peter
Lange, Willi
Lengwinat, Katrin
Lesser, Wolfgang
Liebel, Winfried
Linsel, Eckhard
Lucchesi, Joachim
Mayer, Günter
Mehner, Klaus
Mißlitz, Dieter
Müller, Ilse
Musielak, Wolfgang
Neumann, Christel
Nitschmann, Gerlinde
Ottenberg, Hans-Günter
Palent, Andrea
Pischner, Hans
Pfeiffer, Rüdiger
Pölle, Marion
Posselt, Klaus
Rudolph, Günter
Ranft, Peter
Rebling, Eberhard
Reckin, Ingrid
Reglin, Herbert
Reichel, Sabine
Reiner, Vera
Richter, Horst
Selditz, Christa
Siegmund-Schultze, Walther
Spahn, Peter
Szeskus, Reinhard
Schaefer, Hansjürgen
Schmidt, Hans-Peter
Schmiedel, Peter
Schnakenburg, Frigga
von Schneidenbach, Mario
Schneider, Annerose
Schneider, Frank
Schröder-Nauenburg, Beate
Schulze, Helmut
Schumann, Manfred
Schumann, Rudolf
Schwaen, Kurt
Stockmann, Erich
Strauß, Wolfgang
Streithof, Kirsten

Tänzer, Bianca
Teske, Frieder
Thalheim, Margit
Thomas, Kurt
Thorbeck, Joachim
Wauer, Katharina
Weitzendorf, Heinz
Wicke, Gisela
Wieberneit, Heinrich
Wiencke, Erich
Winkler, Renate
Worm, Dieter-Gerhardt
Würzberger, Manfred
Zander, Kirsten
Zauft, Karin
Zechlin, Dieter
Zechlin, Ruth

FRANKREICH
Masson-Forestier, Jacques

GROSSBRITANNIEN
Wallis, Roger

INDIEN
Ojha, J.M.

IRAK
Abbas, Khalil Ibrahim
Al-Kaisy, Dawoud
Bashir, Munir
Kaddouri, Hussein
Petros, Bassim Hanna

ITALIEN
Pestalozza, Luigi

JAPAN
Fukushima Ishibashi, Kazuo

JUGOSLAWIEN
Lebić, Lojze

KANADA
Huot, Guy E.
Roberts, John Peter Lee

KENIA
Kemoli, Arthur
Mganga, Boniface
Omondi, Washington

KOREANISCHE
DEMOKRATISCHE
VOLKSREPUBLIK
Beng-Cho Jeon
Kim Cha-Kyung
Kim Chang-Bae

KUBA
Alèn Rodriguez, Olavo
Brouwer, Leo

MEXIKO
Alfare, Susana
Enriquez, Manuel

VR MOCAMBIQUE
Avendila Bakili, Aveni

MONGOLISCHE
VOLKSREPUBLIK
Natsagun, Jantsannorov

NEUSEELAND
Turnovsky, Frederick
Turnovsky, Liselotte

ÖSTERREICH
Blaukopf, Kurt
Marinitsch, Erik
Melkus, Eduard
Scholz, Gottfried

PLO
Al-Jamal, Mohammed Machmud

VR POLEN
Steszewski, Jan

SCHWEDEN
Ling, Jan
Kanz-Wallin, Christina
Malm, Krister Olof
Wallin, Nils

SCHWEIZ
Huber, Klaus

SUDAN
Gumaa, Gaber

SYRISCHE ARABISCHE
REPUBLIK
Elard, Rached Cheh
Nadim Al Masri, Mohamad

TSCHECHOSLOWAKISCHE
SOZIALISTISCHE REPUBLIK
Burlas, Ladislav
Bužga, Jaroslav
Elschek, Oskàr
Ferency, Oto
Klinda, Ferdinand
Šeda, Jaroslav
Stěpánek, Vladimir
Stěpánkova, Julie

VR UNGARN
Sàrai, Tibor
Vècsey, Màrta

UdSSR
Agawonikow, Wassili
Geodakjan, Georgij
Kantscheli, Georgij
Kapustin, Michail
Krimoschejew, Jewgenij

VEREINIGTE STAATEN
VON AMERIKA
Andersen, Eugenie
Brook, Barry S.
Brown, Rex
Bryan, Josephine
Clarke, Garland
Christensen, Dieter
Coates, Gloria
Dunn, Helen
Ferell, Ernestine
Geiger, Kelly
Gunderson, Ethel
Heininger, Mary
Howar, Bruce
Howar, Florence
Hudgens, Walter
Jent, Crawford
Jent, Sue
Johnson, Mary Grace
Johnson, Norman
Kramer Montgomery, Merle
Ludman, Jean
O'Keeffe, Anne
Ratcliff, Ona Mae
Richter, Marion
Saltsman, Dorothy
Seale, Ruth
Seale, Virginia
Trimillos, Ricardo D.
Wakefield, Ethel
Williams, Marian
Woodhouse, Mary Ellen

SR VIETNAM
Le Huy
Sau Pham Dinh
Thin Dinh
Thin Hung
Tran Van Khe
Viem Nguyen
Vy Cuu

ZAIRE
Kanama, Ngombe
Mbuyamba, Lupwishi

* in Übereinstimmung mit dem
Viermächte-Abkommen vom
3. September 1971